에티오피아에서 마다가스카르까지
아프리카 14개국 종단기

내가 만난 아프리카

내가 만난 아프리카

에티오피아에서 마다가스카르까지 아프리카 14개국 종단기

ⓒ 김성호, 2011

초판 1쇄 2011년 12월 20일 펴냄(안녕, 아프리카)
2판 1쇄 2015년 9월 21일 펴냄
2판 2쇄 2018년 2월 5일 펴냄

지은이 김성호
펴낸이 김성실
지도 일러스트 김민주
인쇄·제책 한영문화사

펴낸곳 시대의창   **등록** 제10-1756호(1999. 5. 11)
주소 03985 서울시 마포구 연희로 19-1 (4층)
전화 02) 335-6125   **팩스** 02) 325-5607
전자우편 sidaebooks@daum.net
페이스북 www.facebook.com/sidaebooks
트위터 @sidaebooks

ISBN 978-89-5940-571-8 (03930)

이 책의 국립중앙도서관 출판예정도서목록(CIP)은
서지정보유통지원시스템 홈페이지(http://seoji.nl.go.kr)와
국가자료공동목록시스템(http://www.nl.go.kr/kolisnet)에서 이용하실 수 있습니다.
(CIP제어번호: CIP2015021108)

내가
만난
에티오피아에서 마다가스카르까지
아프리카 14개국 종단기
아프리카

김성호 지음

시대의창

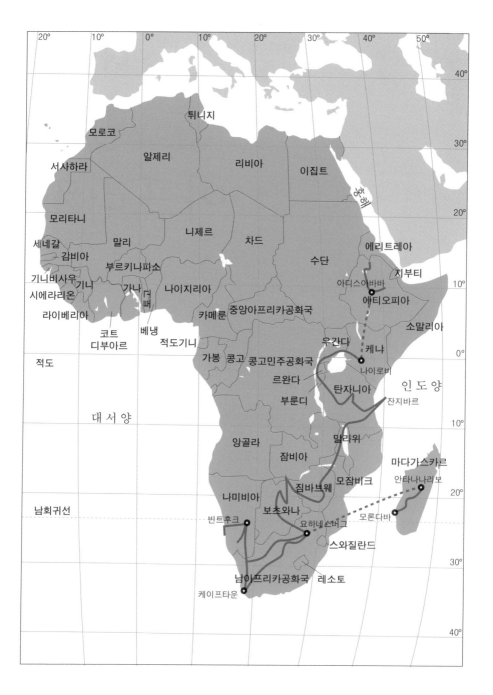

20°	10°	0°	10°	20°	30°	40°	50°

40°

튀니지

모로코

30°

서사하라   알제리   리비아   이집트

20°

모리타니   니제르   차드   수단   에리트레아

세네갈   말리   지부티

감비아   부르키나파소   아디스아바바   10°

기니비사우   기니   가나   나이지리아   에티오피아

시에라리온   너비   소말리아

라이베리아   코트   중앙아프리카공화국

디부아르   베냉   적도기니   카메룬   우간다   케냐

적도   가봉   콩고   콩고민주공화국   0°

르완다   나이로비

대 서 양   부룬디   탄자니아   인 도 양

잔지바르

10°

앙골라   말라위

잠비아   마다가스카르

안타나나리보

짐바브웨   모잠비크

나미비아   보츠와나   20°

남회귀선

빈트후크   요하네스버그   모론다바

스와질란드

30°

남아프리카공화국   레소토

케이프타운

40°

빨리 가려면 혼자 가라.
멀리 가려면 함께 가라.
빨리 가려면 직선으로 가라.
깊이 가려면 굽이 돌아가라.
외나무가 되려거든 혼자 서라.
푸른 숲이 되려거든 함께 서라.

—아프리카 속담

어느 날 문득

열심히 일하다 잠시 휴식을 취하던 어느 날, 문득 이런 생각이 들었다. 나는 지금 제대로 가고 있는 것인가, 혹시 번지수를 잘못 찾은 것은 아닐까. 살다 보면 내가 가는 길이 맞는지 틀리는지 헷갈릴 때가 있다. 어느 날 다가오는 자신에 대한 질문이다. 그러면 어떡하지?

그러면 무작정 앞으로만 달려가지 말고, 잠시 멈춰 서서 이정표를 봐야겠지. 그런데 이정표는 어디에 있는 거야? 사랑과 행복을 찾는다며 엉뚱한 곳에서 인생을 허비할 수는 없다. 정말 인간이 저지를 수 있는 최악의 죄는 '인생을 허비한 죄'다. 신창원의 '큰형님'인 빠삐용이 오래 전 한 말이다. 인생은 누구나 한 번뿐이니, 결코 헛되게 낭비할 수는 없다. 어느 때는 철학자나 지식인보다, 빠삐용 같은 감방대학 졸업자들로부터 인생의 참맛을 배우는 경우도 있다.

그런데 갑갑하다. 삶의 길은 사막과 같아서 이정표가 없다. 오랜 친구 정식이를 기준으로 삼을까, 첫사랑 순이를 기준으로 삼을까. 그럴 수도 없다. 우리가 가는 길은 다르니까. 지문이 다르듯 살아가는 삶도, 찾는 행복도, 추구하는 가치도 각자 다르니, 누구를 기준으로 삼을 수도 없다. 결국 나 자신으로 돌아갈 수밖에 없다. 아무리 힘들더라도 내가 처음 출발한 곳으로 되돌아가야 한다. 이정표가 없는 여행의 길에서는 출발지가 유일한 이정표다.

　내게 마침 인생에서 잠시 쉬어가는 시간이 생겼다. 오랜만에 찾아온 휴식이었다. 앞만 보고 달려온 삶에서 잠시 휴식이 주어졌을 때, 그때서야 뒤늦게 나는 뭔가 허전함을 느꼈다. 100미터 경주하듯 인생을 달릴 때는 몰랐는데, 잠깐 멈춰 보니 아! 행복이라는 놈이 어디론가 도망가 버렸다. 어릴 적 시골에서 코흘리개 순이하고 소꿉장난할 때는 늘 구질구질한 손톱 때마냥 붙어 있던 행복이었는데. 그럴 만도 하다. 그냥 공짜로 마시는 산소마냥 행복이를 홀대했으니, 나에게 붙어 있을 리가 있겠는가. 행복이가 나에게 느꼈을 배신감과 섭섭함을 이해한다. 우리나라만큼 행복이를 뒷간 취급하는 나라도 드물 것이다. 경제력이 세계 10위니 뭐니 떠들지만, 한국의 행복지수는 세계 102위(2006년 영국 레스터Leicester 대학 에이드리언 화이트 교수가 작성한 '세계행복지도'와 영국 싱크탱크인 신경제학재단NEF의 조사 발표에서)다. 내가 대한민국을 대표할 자격은 없지만, 어떻든 이번 기회에 행복이에게 "미안해!"라고 말하고 싶다.
　그때 아프리카가 자유, 해방, 그리고 약간의 고독으로 내 앞에 나타났다. 아, 행복이가 아프리카로 도망갔을지 모르겠다는 생각도 언뜻 스쳤다. 행복이를 찾아 아프리카로 가볼까.

내가 아프리카를 처음 만난 것은 어린 시절, 흑백텔레비전이 비춰주던 〈동물의 왕국〉을 통해서였다. 끝없이 펼쳐진 아프리카의 푸른 초원에서 뛰노는 동물들을 보면서 원숭이와 함께 풀밭에서 뒹굴고, 얼룩말과 누가 빠른지 달리기 시합을 하는 꿈을 꾸었다. 그러나 입시지옥에 시달리던 중학교와 고등학교 시절은 꿈의 암흑시대였다. 13세기 종교시대가 문명의 암흑시대였듯이, 입시가 짓누르는 우리 사회의 중·고교 시절은 어둠의 터널이다. 꿈이 자랄 수 없었고, 아프리카의 초원도 잊어졌다.

대학생이 되었을 때, 엉뚱하게도 남미의 혁명가 체 게바라를 통해 아프리카가 다시 돌아왔다. 인간에 대한 해방과 진보, 혁명에 대한 열정이 휩쓸던 80년대에 《아리랑》의 일제 시대 혁명가 김산과 남미혁명의 우상인 체 게바라의 삶은 당시 젊은이들의 가슴을 뒤흔들어 놓았다. 두 사람은 고국을 떠나 인간 해방과 독립을 위해 싸우다 이국땅에서 쓸쓸히 사라져갔다는 점에서 닮았다. 다시는 돌아오지 못할 낯설고 물선 이국의 여정에서 이들이 찾고자 했던 것은 무엇일까. '집 나가면 고생'이라며 울타리에서 맴도는 우리를 마냥 부끄럽게 했다.

의대생이었던 게바라는 젊은 시절 친구와 함께 오토바이를 타고 4개월 동안 남미를 여행하면서 개인의 질병 치료보다 세계의 모순을 치유하는 것이 더 중요하다고 깨달았다. 게바라에게 여행은 의대생에서 혁명가로 건너가는 징검다리였다. 1959년 쿠바혁명이 성공한 뒤, 그는 1965년 1월 아프리카 여러 나라를 여행하면서 정의가 불의에 짓밟히는 현실을 목격했다.

"나는 정치가가 아니라 혁명가다. ······세계 어디에서든 불의가 저질러지면 그것에 분노할 줄 알아야 한다. 그게 어떤 불의이든, 어떤 사람에게 저질러진 불의이든 상관없이. 이것이야말로 혁명가의 가장 아름다운 자질이다."

게바라가 그해 5월 쿠바 산업부장관직을 던져버리고 혁명군 100여 명과 함께 콩고로 떠나면서 남긴 편지에 적힌 말이다.

체 게바라로 인해 아프리카는 제국주의 지배로부터 벗어나야 할 인간 해방의 장으로, 인종 차별의 부끄러운 전시관으로 나에게 다가왔다. "가슴속 깊은 곳에서 우러나는 사랑이 없으면 진정한 혁명가가 될 수 없다"는 게바라가 '자유를 위한 혁명'과 '인간에 대한 사랑'을 실천하기 위해 모험을 떠났던 곳이 바로 아프리카다.

게바라만 아프리카를 꿈꿨던 것은 아니다. 오랜 세월이 흘러 한 젊은이, 영화 〈말아톤〉의 주인공 초원이도 있었다.

"아프리카에 있는 세렝게티 초원은 지구상에 얼마 남지 않은 야생 동물들의 천지입니다······. 기나긴 건기가 끝나고 드디어 세렝게티 초원에 우기가 왔습니다······. 세렝게티 초원에 비가 내리면, 얼룩말이 뜁니다."

하루하루의 삶에 쫓긴 사회생활에서 뒷전이 되어버린 꿈을 다시 일깨워준 것은 발달장애 청년의 이야기를 감동적으로 그린 영화 〈말아톤〉이었다. 〈말아톤〉의 주인공 초원이는 〈동물의 왕국〉에 나오는 저 해설의 말을 맨날 외우고 다닌다. 초원이에게 아프리카 초원에서 마음껏 뛰어다니는 얼룩말은 가장 가까운 친구이면서 꿈이자 이상이다. 인간이 침팬지로부터 마지막으로 갈라져 나오기 전 인간과 동물은 아프리카 초원에서 그렇게 뛰어놀았다.

〈말아톤〉에 이어 비슷한 시기에 상영된 영화 〈모터사이클 다이어리〉는 내 가슴을 마구 헤집어놓았다. 스물세 살의 게바라가 친구인 알베르토 그라나도와 함께 8개월 동안 '포데로사'라는 중고 모터사이클을 타고 중남미를 여행한 8000킬로미터의 대장정을 그린 영화다. 여행이 끝나갈 무렵 게바라는 친구 알베르토에게 말한다. "아니야, 알베르토, 무언가가 잘못됐어"라고 나지막이. 그리고 게바라는 다시 마음속으로 외친다.

"난 더 이상 내가 아니다. 예전의 나는 이제 없다!"

세월은 흘렀어도 꿈은 결코 죽지 않았다. 어릴 적 '초원의 꿈'과 젊었을 적 '열정'은 내 마음속 깊은 곳에 숨겨졌을 뿐 사라진 것이 아니었다. 세계 지도를 펼쳐보았다. 여행은 지도를 펼치는 순간 이미 시작된다. 에티오피아와 케냐, 우간다, 탄자니아, 남아공, 그리고 섬나라 마다가스카르가 어릴 적 밤하늘의 별이 쏟아져 내리듯 눈 안으로 밀물처럼 밀려들었다.

홀로 떠나는 것은 두렵지 않다. 처음 떠나는 곳은 언제나 낯선 곳이고, 여행은 늘 혼자인 것이며 고독한 것이다. 자유를 누리려면 기꺼이 고독을 감수해야 한다. 부딪히고, 넘어지고, 깨어지고, 그리고 다시 홀훌 털고 일어나서 앞으로 걸어가야 한다. 지렁이가 꿈틀거리듯, 삶은 그 자체가 꿈틀거림이 아닌가. 여행이라는 것은, 인생이 양탄자 길만이 아니듯, 푸른 초원과 밤하늘의 별들이 다정히 속삭이는 낭만의 연속은 아니다. 아프리카 대륙에서 낭만은 잠시 스쳐 지나는 바람이고, 위험과 고독은 살집을 헤집고 뼛속 깊이 파고드는 찰거머리일지도 모른다. 그러나 아프리카도 사람이 사는 곳이다. 아프리카라고 겁낼 이유는 없다.

600만 년 전 응아~ 하는 힘찬 아기 울음소리와 함께 인류가 태어난 곳, '인류의 자궁' 아프리카로 가는 길은 잃어버린 나의 탯줄을 찾아 떠나는 여행이다. 아프리카 여행은 고독을 벗 삼아 떠나는 오디세이고, 잊어진 꿈을 찾아가는 동심의 탐험이고, 진정한 나를 찾아 떠나는 자아 탐사다. 고독이 나를 짓누르면, 아프리카 푸른 초원과 밤하늘의 별이 말동무가 되어주겠지.

무더운 날씨가 답답한 가슴을 짓누르던 어느 초여름날, 나는 집을 나섰다. 낡은 배낭을 메고, 때 묻은 지도를 손에 쥐고. 꼴도 보기 싫은 나를 떠난버린 행복이도 찾을 겸 해서. 내가 아프리카에서 행복이를 찾는다면 내 행복의 크기도 커지겠지만 우리나라 행복지수를 높이는 데도 기여하는 셈이다. 아프리카 초원에서 길을 잃고 방황한다면? 괜찮다. 어차피 인생은 태어나면서부터 스스로 길을 찾아 홀로 헤매는 것이니까.

| 차례 |

<u>03</u>

사람들은 왜 킬리만자로에 오르는가 _ 214
르완다 • 탄자니아 • 말라위 • 모잠비크 • 짐바브웨 • 잠비아

04

캐리비안의 해적은 왜 희망봉을 두려워하는가 _386
보츠와나 • 남아프리카공화국 • 나미비아

05

뉴욕의 동물들은 탈출해서 왜 이곳으로 달려갔을까 _ 516

마다가스카르

에티오피아

—
인류의
자궁
속으로
—

• 01 •

에티오피아

"그래, 에티오피아를 빼놓고 아프리카를 봤다고 할 수는 없지."

케냐에서부터 시작하려던 나의 아프리카 종단 여행은 마지막에 출발지가 바뀌었다. 대부분의 아프리카 여행자들처럼 케냐에서 시작하는 여행 일정을 짜니 아무래도 허전했다. 무엇이 잘못된 것일까. 다시 아프리카 지도를 펼쳤다. 에티오피아가 그날따라 내 눈앞에 크게 다가왔다.

"그렇지, 에티오피아가 있잖아!"

아프리카 지도가 나에게 말하는 것 같았다.

"야, 이 멍청아. 내가 항상 그랬잖아. 여행을 하려면 지도부터 똑바로 보라고!"

에티오피아를 여정의 맨 앞줄에 놓고 보니, 드디어 여행의 톱니바퀴가 맞물리듯 아프리카 종단 여행의 퍼즐이 완성되었다. 아프리카의 자존심, 에티오피아를 빼놓고 퍼즐을 맞추려고 했으니, 제대로 될 리가 없었다. 농담이 아니라, 어디로 여행을 갈지 헷갈릴 때는 일단 세계 지도를 펴라. 그리고 어느 날 갑자기 우리 땅에 만주 땅이 합쳐진 듯이 실제보다 유난히 커 보이는 나라가 있으면 그대로 찍으면 된다. 눈을 감고 세계 지도를 펼쳐놓고 아무 데나 찍어서 핀란드로 가는 영화 〈카모메 식당〉의 여행법보다는, 내 방식이 훨씬 과학적이고 낭만적이다.

어쨌든, 나는 에티오피아에서부터 아프리카 여행을 시작했다. 아프리카 여행의 첫 출발지 에티오피아가 잘못된 선택이 아니라는 것을, 넬슨 만델라가 재빨리 보증해주었다. 1962년 에티오피아를 방문했던 넬슨 만델라는 자서전 《자유를 향한 머나먼 길》에서 이렇게 말했다.

에티오피아를 방문하는 것은 프랑스, 영국, 미국 모두를 여행하는 것보다 더 매력적이었다. 나를 아프리카인으로 만든 뿌리를 캐면서 나의 조상을 방문하는 것이라고 느꼈다. 황제를 만나는 일은 역사와 악수를 하는 것처럼 여겨졌다.

에티오피아는 다양한 얼굴을 가진 나라다. 오랜 역사와 유서 깊은 수도원이 있는 신비의 나라다. 은은한 향기를 뿜어내는 커피의 고향이며, 아프리카의 자존심이다. 인류의 어머니 루시의 고향이며 시바의 여왕 전설이 서린 곳, 한때는 유럽이 우러러보던 동방의 이상적 기독교 국가인 '사제왕 요한'의 나라, 아프리카 민족주의의 상징, 맨발의 마라톤 영웅 아베베의 나라, 1년이 13개월인 나라, 그리고 아프리카 국가로는 유일하게 6·25전쟁에 지상군을 파견한 나라.

이런 에티오피아가 언제부터인가 가뭄과 기아, 쿠데타와 부족 갈등으로 인한 내전, 냉전과 대리전쟁, 기독교와 이슬람의 종교 갈등, 에이즈와 풍토병이 만연한 참혹한 나라가 되었다. 미국 CNN 방송을 통해 우리는 오늘도 '문명과 동떨어진 아프리카'의 상징이 되어버린 에티오피아를 본다.

에티오피아로 가는 길은 멀고도 험했다. 내가 탄 비행기는 깜깜한 밤에 에티오피아 수도 아디스아바바 공항에 내렸다. 정확히 밤 9시. 시커먼 밤하늘 아래에서 비행기는 쿵 소리와 함께 둔탁하게 내려앉았다. 나를 태운 비행기를 끌어내리는 어둠의 무게와 지구의 중력에 나의 배낭 무게까지 더해져, 마치 저 멀리 우주에서 날아온 운석이 떨어지는 듯한 속도감과 무게감이 느껴졌다.

인천에서 출발해 홍콩과 요하네스버그에서 비행기를 갈아타고 아디스아바바까지 오는 데 무려 31시간이 걸렸다. 나를 맞이하는 것은 시내의 희미한 불빛뿐이었다. 뿌연 대마초 연기 속을 헤매듯, 왠지 에티오피아에 머무르는 동안 신비감에 휩싸일 것만 같은 느낌이 들었다.

내가 얼마나 먼 거리를 달려왔는가를 재보니, 정확히 1만 7041킬로미터다. 서울과 홍콩, 요하네스버그, 아디스아바바까지의 거리를 모두 합친 직선거리다. 실제 비행 거리를 계산하면 아마 2만 킬로미터 이상을 날아왔을 것이다. 비행기는 포물선으로, 때로는 돌아서 곡선으로 운행하지, 빛처럼 직선으로 날아가지는 않는다. 비행기가 직선으로 날아갔다면, 아프리카는커녕 중국이나 인도 어디쯤에서 땅에 처박혀 아마 나는 송장이 되어 있을 터. 지구는 평평하지 않고 공처럼 둥글다는 사실을 우리는 가끔 잊어버린다.

입국 수속은 생각보다 빠르고 친절하다. 택시를 타고 시내로 들어가는데, 밤거리가 우리의 60~70년대처럼 어둡다. 전기가 부족한 탓에 가로등이 거의 없고, 간혹 한두 개 희미한 전등만이 그림자처럼 사람들을 비춘다. 어두운 뒷골목에서는 젊은 남녀들이 담벼락에 기대어 이야기를 나누고, 아직 다 팔지 못한 채소를 가져갈 마지막 손님을 기다리는 아주머니 행상들의 모습도 보인다.

첫날 밤은 세계 배낭여행자들이 가장 많이 모이는 '바로 호텔'에서 지냈다. 방 안의 전깃불은 깜빡깜빡 들어왔다 나갔다를 반복하고, 침대는 삐그덕삐그덕거리고, 옆방 투숙객의 숨소리가 생중계로 들리고, 화장실 천장에 달린 낡은 샤워기 꼭지에서는 물이 담석 걸린 사람의 오줌같이 찔끔찔끔 나오다 만다. 하루 숙박비가 에티오피아 돈으로 60비르다. 우리 돈으로 하면 7000원 정도인 싼 숙소다. 허름한 여인숙이라 봐야 할 텐데, 에티오피아에서는 아무리 허름한 숙박 시설도 모두 '호텔'이라 부른다. 나, 아프리카에서 쭉 호텔에서 잤다.

다음날 아침 7시가 되자, 전 세계에서 몰려온 여행자들이 배낭을 메고 각자의 행선지를 찾아 떠나느라 부산하다. 아침이면 가장 분주한 곳이 여행자 숙소다. 새벽에 가장 먼저 부지런을 떠는 것은 수탉이고, 수탉의 울음소리에 파블로프의 개처럼 조건 반사로 반응하는 것이 여행자다. 해 지기 전 목적지에 도착하려면, 해 뜨기가 무섭게 출발해야 한다. 아프리카에서는 해가 진 뒤의 안전은 누구도 책임지지 않는다. 사자의 밥이 되든, 하이에나의 먹이가 되든, 코끼리 뒷발에 밟혀 죽든.

나는 하루 종일 아디스아바바 시내를 돌아다녔다. 방랑이나 방황, 배회, 뭐라고 해도 좋다. 그냥 정처 없이 걸어다녔다. 에티오피아 공용어인 암하라어Amharic로 '새로운 꽃'이라는 아디스아바바의 이름처럼, 거리에선 유칼립투스와 캐모마일, 에티오피아불꽃나무, 코스모스, 선인장 등 수많은 꽃이 방긋 웃고 있었다. 그러나 아디스아바바의 '진짜 꽃'은 에티오피아 사람들의 얼굴에 활짝 핀 웃음이다. 한결같이 시바의 여왕 같은 웃음을 띠고 있다.

제일 먼저 눈에 들어온 것은 인종박물관이었다. 잘됐다 싶었다. 박물관에 가서 에티오피아의 역사와 문화를 알아두면 손해 볼 일은 없으니까. 재미로 보나 효율성으로 보나, 두꺼운 역사책을 읽는 것보다 박물관을 둘러보는 쪽이 훨씬 낫다. 티베트불교에서는 안에 경전이 든 마니차(겉면에 진언이 적혀 있는 원통)를 한 번 돌릴 때마다 경전을 한 번 읽은 것과 같다고 한다. 박물관을 한 번 둘러보는 것은 역사학개론을 한 번 읽는 것과 같다.

인종박물관은 아디스아바바국립대학 교정에 있었다. 여느 나라 캠퍼스와 마찬가지로, 아디스아바바대학 교정에도 젊은이의 낭만이 넘쳤다. 에티오피아 마지막 황제인 하일레 셀라시에의 왕궁이었던 인종박물관은 3층으로 되어 있다. 말 그대로 다양한 인종과 지역의 전통 공예와 문화를 보여주고 있었다. 우리에게는 낯설지만 80여 개 종족으로 이뤄진 다민족 국가인 에티오피아에서는 당연한 박물관이다.

인종박물관 구경을 마치고, 바로 근처에 있는 국립박물관으로 갔다. 고대 유물과 화폐, 문화재, 그리고 현대 작가의 그림 등이 전시되어 있었다. 단연 여행자의 눈길을 끄는 것은 인류의 어머니 루시의 화석이다.

지하 1층 전시실 가장 깊숙한 곳에 에티오피아어인 암하라어와 함께 영어로 'Lucy Room(루시 방)'이라는 문패가 걸려 있는 방이 있다. 물론

루시의 석고 모형(오른쪽)과 다른 유골 화석(왼쪽).

이곳에 전시된 화석은 석고로 된 모형이다. 진짜 유골 화석은 일반에 공개되지 않은 채 박물관의 별도 보관소에 보존되어 있다.

모형인들 어떠랴. 화석은 인류 역사상 최초로 두 발로 서서 걸은 직립 보행의 원조답게, 키 110센티미터 정도에 몸무게는 채 30킬로그램이 나가지 않을 작은 체구지만 인류의 어머니다운 당당함이 느껴졌다. 320만 년 전이라는 오랜 옛날에 살았던 최초의 인간이라고 느껴지지 않을 정도로, 역동적이고 생생한 모습이었다.

내 눈길이 꽂힌 곳은 둥글고 단단한 루시의 골반이다. 우리 인류가 저 단단한 골반, 아니 저 작은 자궁 속에서 나왔다니 경이롭다. 루시의 자궁과 나를 잇는 탯줄은 사라졌지만, 유전자는 내 몸 속에 남아 있다. 나는 아프리카 여행을 하면서 사라진 루시의 탯줄, 아니 나의 탯줄을 찾아보리라 다짐했다. 루시의 긴 팔에서는 자신의 굶주린 배를 움켜쥐면서도 자식에게 고구마 하나라도 건네주던, 어릴 적 어머니의 손에서 느껴지던 따뜻한 온기가 전해진다. 인류가 아무리 진화해도, 10개월 동안의 고통을 참으면서 자식을 낳는 것은 변함없이 어머니다.

미국의 젊은 고고인류학자 도널드 조핸슨(1943~)은 1974년 에티오피아 북동부 하다르에서 인류의 어머니 화석을 발견했을 때, 비틀즈의 〈Lucy in the Sky with Diamonds(다이아몬드를 지닌 하늘의 루시)〉라는 노래를 듣고는 화석에 루시라는 이름을 붙였다고 한다. 루시의 고고인류학적 학명은 오스트랄로피테쿠스 아파렌시스. 에티오피아 주민들은 암하라어로 '딘케네시(당신, 멋지네요)'라고 부른다. 학자들이 쓰는 복잡한 학명보다, 현지 주민들이 부르는 '당신, 멋지네요'라는 말이 얼마나 아름다운가. 박물관을 나오면서 나는 루시에게 말했다.

"당신 이름 끝내줘요!"

루시를 뒤로 한 채 에티오피아 정교회 '성 삼위일체 교회(성 트리니티 교회)'로 발길을 돌렸다. 에티오피아에서 가장 크고 유명한 이 교회의 지붕은 커다란 돔과 첨탑으로 이루어져 있어 보기에도 웅장했다. 무슨 특별한 날인지 교회 안팎에 많은 신도들이 몰려 있었다. 흰 두건을 쓴 신도 수백 명이 교회 입구에서부터 서서 두 손을 이마에 모은 채 예배하고 있는 모습이 경건하다. 특별한 종교를 믿지 않는 나지만, 아프리카에서 기독교 신자들의 예배를 보니 남다른 느낌이 들었다.

성 삼위일체 교회에서 뜻밖의 인물을 만났다. 여성 참정권 운동가로 유명한 영국의 실비아 팽크허스트였다. 젊은 시절 공산주의자로 여성 참정권 운동에 앞장섰던 실비아 팽크허스트는 이탈리아의 에티오피아 점령을 반대하는 반식민주의 운동을 벌이다 아예 아디스아바바로 이주해 죽을 때까지 이곳에서 살았다. 교회 앞뜰에는 "실비아 팽크허스트, 1882년 5월 5일 맨체스터에서 태어나 1960년 9월 27일 아디스아바바에서 숨지다"라고 쓰인 대리석 묘비가 있다. 주인의 이름과 태어나고 죽은 날짜 외에, 살아온 과정을 구구절절 비석에 새겨놓은들 무슨 의미가 있겠는가. 바람처럼 살다 간 그녀도 결코 그런 것을 바라지 않았을 것이다. 시대를 앞서 살아갔던 한 여성 지식인의 기나긴 여행은 아프리카에서 멈추었다.

에티오피아의 마지막 황제 하일레 셀라시에(1892~1975)는 교회 안 지하 납골당의 관 속에 누워 있다. 민중의 신뢰를 잃고 공산주의 군부 쿠데타로 폐위당한 하일레 셀라시에의 주검은 왕궁 화장실과 베타 마리암 게다 교회를 전전하다. 죽은 지 25년이 흐른 지난 2000년에야 이곳에 묻힐 수 있었다. 성 삼위일체 교회에는 한국전쟁에 참전했던 에티오피아 군인 일부의 유해도 안치되어 있었다.

성 삼위일체 교회를 둘러본 뒤, 점심을 먹고 진한 에티오피아 커피를 마시니 노곤해졌다. 에스프레소와 같이 작은 잔에 나오는 에티오피아 커피는 진하면서 독하고 쓰다.

커피의 향기를 간직한 채, 세인트조지 교회와 근처 메르카토 재래시장을 향해 발걸음을 재촉했다. 팔각형 모양인 세인트조지 교회는 하일레 셀라시에가 황제 대관식을 치른 곳. 대관식 장면 그림이 동쪽 벽에 그려져 있고, 에티오피아 화가 아페웨크 테크레Afewerk Tekle가 그린 솔로몬 왕과 시바의 여왕의 그림도 걸려 있었다. 하일레 셀라시에는 성서의 예언을 수행하는 의식으로 황제 대관식을 치름으로써 세속적인 황제와 종교적 교황의 이미지를 중첩시키면서 자신을 신격화했다. 그는 자신이 솔로몬 왕과 시바의 여왕 사이에서 난 후손이라고 주장하기도 했다. 하일레 셀라시에의 원래 이름은 타파리 마콘넨Tafari Makonnen. 1930년 황제에 오르면서 '성 삼위일체의 힘'이라는 뜻인 하일레 셀라시에로 바꿨다. 황제 하일레 셀라시에의 수식어는 정말로 굉장했다.

"황제 폐하 하일레 셀라시에 1세, 네구스 네가스트(왕 중의 왕), 유다

솔로몬 왕과 시바의 여왕이 만나는 그림.

지파의 정복자 사자, 하느님의 선민, 에티오피아의 황제……."

기독교 신약성서의 〈요한묵시록〉에 나오는 구세주 메시아(예수 그리스도)의 호칭을 거의 그대로 베긴 것이 아닌가. 이름 석 자면 됐지, 뭔 수식어가 그리 많은가. 수식어는 아무리 많이 붙여도 결코 주어가 될 수 없는데, 넋 빠진 지배자들은 다 이 모양이다.

하일레 셀라시에의 신비로운 기독교적 대관식은 엉뚱하게도 중남미 카리브해의 자메이카 흑인들에게 영향을 미쳐, 그를 구세주로 여기는 라스타파리교Rastafarianism가 탄생한다. 성서를 흑인의 편에서 해석해 예수 그리스도가 흑인이었다고 주장하며, 하일레 셀라시에 황제를 구원자, 곧 재림한 예수 그리스도로 숭배하는 종교다. 아프리카 흑인들이 아메리카로 끌려가 차별과 고통을 받았던 역사적 아픔이 짙게 깔려 있

마다가스카르 모론다바의 여행자숙소에 걸려 있던 밥 말리의 초상.

다. 라스타파리Rastafari는 하일레 셀라시에를 가리키는 '타파리 왕자Ras Tafari'라는 말을 그대로 가져온 것이다.

라스타파리교를 말할 때 빼놓을 수 없는 것이 바로 레게 음악이다. 지난 1968년 자메이카에서 발생한 레게 음악은 제국주의에 대한 저항과 흑인들의 아픔, 아프리카의 단결과 독립을 호소하는 내용을 담고 있다. 세상에서 부당하게 차별받는 자라면 누구나 간절히 원하는 것, 바로 자유와 평등, 평화를 향한 외침이다. 레게 음악의 전설적 인물인 밥 말리(1945~1981)의 사상적 밑거름이 바로 라스타파리교였다. 〈No, woman no cry(아니오, 여인이여, 눈물을 흘리지 마오)〉 같은 노래로 인간 해방에 대한 희망을 전파한 그는 서른여섯이라는 젊은 나이에 암으로 숨졌다. 에티오피아에서는 밥 말리의 레게 음악을 어디서나 들을 수 있다. 레게머리를 한 그의 초상화도 에티오피아뿐 아니라 케냐, 남아공, 마다가스카르 등 아프리카 곳곳에서 볼 수 있다. 중남미에서 베레모를 쓴 체 게바라의 초상화를 어디서나 볼 수 있듯이.

수도 아디스아바바에서 남쪽으로, 버스로 6시간 정도 거리에 있는 샤세메네라는 도시에는 라스타파리교 추종자들의 공동체 마을이 있다. 현지인들은 공동체 마을을 그냥 '자메이카'라고 부른다. 이들은 오늘도 레게머리를 하고 레게 음악을 들으면서 하일레 셀라시에 황제의 부활과 복위를 기다리고 있다.

그러나 일반 국민 사이에서 하일레 셀라시에의 인기는 별로인 것 같다. 지난 2000년 셀라시에의 유해를 성 삼위일체 교회로 이장할 때 현 정부는 '45년간 통치하면서 탄압과 잔학 행위를 자행했다'며 국장國葬의 지위를 허용하지 않았다. 실제로 이장 행사에 참가한 군중도 예상했던 수십만 명이 아닌 수천 명에 그쳤다고 한다. 내가 탔던 택시의 운전사는 "하일레 셀라시에를 좋아하는 것은 부자들뿐"이라고 잘라 말했다.

지난 1974년 셀라시에가 쫓겨날 무렵 에티오피아는 기아로 10만 명이 사망할 정도의 사회적 혼란을 겪고 있었다. 광대한 토지를 가진 소수 귀족과 고위 관료가 상류층을 이루는 데 반해, 인구의 70퍼센트는 가난한 소작인이었다. 역시 대지주로 가난한 농민들에게 무거운 소작료를 징수함으로써 사회적 모순을 가중시켰던 것이 바로 에티오피아 정교회. 하일레 셀라시에 대한 부정적인 평가에는 지나친 친기독교 편향의 정치도 영향을 미친 것으로 보인다. 인구의 절반이 에티오피아 정교회 신자이지만, 이슬람교도 역시 40퍼센트를 넘어가는 상황에서 에티오피아 정교회를 사실상 국교로 여겼던 셀라시에 황제가 국민 통합의 구심이 될 수는 없었던 것이다. 더구나 셀라시에는 예수 5세를, 이슬람교도를 우대했다는 이유로 권력에서 내쫓은 당사자가 아닌가.

에티오피아에는 다양한 인종 간의 갈등과 함께 종교적 갈등이 내재되어 있다. 그래서인지 이슬람교도들이 소외감을 느끼지 않도록 다양한 배려가 펼쳐지고 있다. 제정을 폐지하고 공화정으로 바뀌면서 만들어진 새 헌법에서는 신앙의 자유를 명기했고, 아디스아바바의 볼레 국제공항 청사 안에는 이슬람교도들을 위한 예배실이 따로 만들어져 있다.

일본 소설가 무라카미 하루키는 여행기 《먼 북소리》에서 말했다.

"낯선 도시에 가면 반드시 대중 술집에 가는 사람이 있듯이, 낯선 도시에 가면 반드시 여자와 자는 사람이 있듯이, 나는 낯선 도시에 가면 반드시 달린다. 달릴 때의 느낌을 통해서야 비로소 이해할 수 있는 일도 세상에는 있기 때문이다."

하루키가 여행을 가면 반드시 조깅을 하듯이, 누구나 자신만의 독특한 여행법이 있다. 나는 여행을 가면 반드시 재래시장을 찾는다. 우리네 전통 시장도 그렇지만, 여행에서 재래시장만큼 현지인의 땀내 나는 끈끈한 정을 느낄 수 있는 곳은 없다. 재래시장에서 맛보는 전통 음식들은 또 얼마나 여정에 찌든 내 입맛을 돋우는가.

메르카토 재래시장에서는 동아프리카 최대 시장답게 푹 절고 간이 밴 짭짜름한 삶의 냄새가 확 풍겨 왔다. 사람과 차량, 그리고 노새 같은

메르카토 시장.

동물까지 섞여서 한마디로 도깨비시장이었다. 성 삼위일체 교회와 세인트조지 교회에서 느꼈던 경건한 분위기와는 달리, 세속적인 삶의 분위기가 물씬했다. 그런데 이상하게도 마음이 편안해지는 것은 재래시장이다. 우리는 어차피 사람들이 부대끼는 세속적인 현장에서 살아가는 존재니까.

메르카토에서는 채소와 곡물, 향신료부터 의류, 신발, 주전자, 냄비 등 일상용품과 칼, 창, 그리고 소와 노새 등 동물까지 생활에 필요한 모든 물건을 팔고 있었다. 재래시장 안쪽에서 에티오피아가 커피의 고향이라는 것을 느끼게 하는 커피향이 풍겨 나왔다. 낡은 마대에 에티오피아 각지에서 생산된 커피 원두들이 들어 있었다. 짐마 커피와 하라 커피, 시다모 커피, 이르가체페 커피 원두……

비만 내리지 않았으면 더 오래 시장 통을 누비고 싶었지만 다음 기회로 미루고, 내가 가장 가고 싶었던 곳으로 택시를 타고 달려갔다. '맨발의 영웅' 마라톤 선수 아베베 비킬라가 묻혀 있는 공동묘지다. 여행 책자에는 아베베의 무덤에 대한 정보가 전혀 없었지만, 나는 아디스아바바에 가면 반드시 그의 무덤을 찾아보리라고 다짐했다. 아베베는 어릴 적 나의 영웅이기 때문이다. 마침 내가 탄 택시의 운전사가 아베베의 묘지를 안다고 해서 다행이었다. 시계를 보니 벌써 오후 3시 반을 넘고 있었다. 아디스아바바도 오후 접어들어 차량이 늘어나면서, 여기저기서 교통 체증이 나타났다.

한 시간 정도 걸려서 외곽에 있는 성 요셉 교회 공동묘지에 도착했다. 마을과 붙어 있는 공동묘지 맨 안쪽 끄트머리 한가운데에 아베베가 묻혀 있었다. 10평 정도 되는 둥그런 묘지에는 잡초가 무성했다. 커다

아베베의 묘지.

란 나무 한 그루가 그의 묘지를 묵묵히 지키고, 그 뒤로는 뿔이 길고 흰 점과 검은 점이 얼룩얼룩한 소 한 마리가 무심히 지나가고 있었다.

그의 무덤을 둘러싼 쇠사슬 울타리 안에 올림픽 마라톤 경기에서 두 번 우승한 그를 기념해 동상이 2개 세워져 있었다. 오른쪽 동상은 1960년 이탈리아 로마 올림픽 당시 그 유명한 맨발로 결승선에 들어오는 모습이고, 왼쪽 동상은 1964년 일본 도쿄 올림픽에서 두 손을 힘차게 내저으며 운동화를 신고 들어오는 모습이다. 지구본을 반으로 쪼개 벌려놓은 것처럼 생긴 묘비에 "영웅 여기에 묻히다……. 그의 업적은 전 세계 스포츠 정신의 귀감이 되다"라는 비문이 쓰여 있었다. 묘비를 반으로 쪼갠 지구본처럼 만든 것은, 아베베가 지구의 두 대륙 유럽의 로마와 아시아의 도쿄에서 우승한 것을 상징한 듯 보인다.

아베베를 바로 여기서 만나다니. 첫사랑의 감정도 이처럼 뭉클하지는 못할 것이다. 바로 내 앞에서 아베베가 달리고 있는 착각이 들 지경이다. 맨발의 아베베가 거친 숨을 내쉬며 뛰어가는 잔영이 눈앞에 아른거린다. 어린 시절부터 내게 아베베는 올림픽과 스포츠의 동의어였다. 얼마나 긴 세월과 먼 거리를 돌아서 아시아의 한 배낭여행자가 이곳까지 왔는지…….

지난 1960년 이탈리아 로마 올림픽 경기장. 올림픽의 꽃이라는 마라톤 경기를 지켜보던 전 세계인들은 깜짝 놀랐다. 이름이 전혀 알려지지 않았던 에티오피아인 선수가 1위로 경기장에 들어서고 있었던 것이다. 게다가 운동화도 신지 않고 맨발로 뛰어 들어오는 것이 아닌가. 스포츠 정신의 상징이자 '맨발의 영웅'으로 알려진 인물, 바로 아베베 비킬라였다. 맨발로 뛰는 것이 편해 운동화를 신지 않았다는 그. 에티오피아는 물론 아프리카 전체가 열광한 것은 당연했다. 로마 올림픽이 열린 1960년은, 마침 아프리카 국가들이 앞 다투어 서구 제국주의로부터 독립을 쟁취하던 '아프리카의 해'였다. 이탈리아는 바로 지난 1935년 에티오피아를 침공해 1941년까지 지배했던 나라였다. 식민지 지배국가의 중심부에서 과거 피식민지의 젊은 군인이 무엇을 생각하면서 뛰었을까.

1964년 도쿄 올림픽에서 그는 또다시 세계를 놀라게 한다. 경기를 6주 앞두고 충수염이 발병해 맹장 수술을 받은 최악의 상황에서, 그는 자신의 세계기록을 경신하면서 2시간 12분 11초의 기록으로 우승한 것이다. 이번에는 운동화를 신고. 아베베는 우리나라에도 왔다. 1966년 10월 30일 서울과 인천을 왕복하는 코스에서 열린 동아마라톤대회에도 출전해 우승했다.

그러나 1969년 3월, 그는 훈련을 마치고 황제가 선물한 차를 타고서 귀가하다 빗길에 미끄러지는 교통사고를 당한다. 목이 부러지고 척추가 손상되어 다시는 뛸 수도 걸을 수도 없게 되었다. 아베베의 놀라운 용기는 이때 다시 살아났다. 1970년 휠체어를 탄 채 노르웨이에서 열린 장애인올림픽대회 눈썰매 크로스컨트리 25킬로미터 경기에 참가해 금메달을 따냈다. 세계 최초로 올림픽 마라톤경기를 2연패한 데 이어, 일반 올림픽과 장애인올림픽에서 모두 금메달을 딴 최초의 선수가 되었다. 불굴의 도전 정신과 투지로 스포츠 정신을 발휘하던 그는 1973년 마흔한 살이라는 젊은 나이에 교통사고 후유증인 뇌종양으로 세상을 뜨고 만다.

한참 동안 아베베의 동상 앞에 서 있다가 돌아오는데, 택시 운전사가 나를 유혹한다. 저녁에 무엇을 하느냐고 묻는다. 내가 "특별히 할 일이 없어 숙소에서 쉬려고 한다"고 하자, 드디어 질문의 의도를 노골적으로 드러내기 시작했다. 운전석 위쪽 햇볕가리개 틈에서 사진 몇 장을 꺼낸다. 두말할 필요 없이 아름다운 에티오피아 여인들의 사진이었다. 어떤 여자를 좋아하느냐고 묻는다. 옛 소련이 망하고 경제가 파탄 났던 시절 러시아 사람들이 자괴감으로 했다는 얘기, "러시아가 수출할 수 있는 것은 쭉쭉 뻗은 자작나무와 자작나무를 닮은 아름다운 여자뿐"이라는 말이 떠올랐다.

에티오피아 여성들의 미모가 뛰어나다 보니, 이처럼 택시 운전사들이 여행자를 유혹하는 일이 많다. 정말로 에티오피아 사람들에게는 뭔가 신비로움이 있다. 백인도 아니면서, 또 흑인도 아니다. 중동과 아프리카의 묘한 결합이다. 화가 천경자가 1974년 아프리카를 여행하고 그린 〈이디오피아의 여인들〉이라는 그림을 보면, 하얀 천을 얼굴에 두른, 이목구비가 뚜렷한 에티오피아 여성의 아름다움을 엿볼 수 있다. 소설 《돈키호테》에서도 아름다운 아가씨 도로테아를 설명하면서 "에티오피아의 위대한 제국 미코미콘을 다스리는 고귀하신 미코미코나 공주님입니다"라는 구절이 있는 것을 보면, 이미 400여 년 전 17세기 초 유럽 대륙에 에티오피아 여성의 미모가 널리 알려졌던 것 같다.

백인계 함족과 아랍계 셈족의 후예들이 원주민 흑인과 혼혈을 이루면서 아프리카에서도 독특한 생김새와 문화를 형성한 것이 에티오피아인이다. 이목구비가 뚜렷하고, 피부도 검기보다는 황갈색에 가깝다. 20세기 초까지 에티오피아는 아랍어로 '혼혈인'이라는 뜻인 아비시니아로 불렸다. 키가 훤칠한 미인이 거리에서 눈에 자주 띄는데, 화장을 하지 않은 에티오피아 여성들의 구릿빛 자연건강미가 아름답게 느껴진다.

세계에서 가장 가난한 나라 에티오피아는 명암이 극명했다. 빈부 격차와 절대적 빈곤, 정치적 혼란으로 방황하고 있었다. 일부 상류층은 고급 승용차에 휴대폰을 들고 다니면서 서구 사회와 별다를 것 없는 생활을 하지만, 수많은 사람들이 궁핍한 생활을 하고 있었다. 노숙자들이 아디스아바바 거리 곳곳에 드러누워 자고, 다 해진 옷을 입고 "1비르, 1비르" 하면서 구걸하고 있었다. 목발을 짚은 장애인이 차창을 두드리며 손을 내밀고, 코흘리개 어린이들이 거리로 나서 일회용 화장지를 사라고 여행자를 졸졸 따라다니고, 어떤 사람은 기생충으로 퉁퉁 부은 '코끼리다리'를 질질 끌고 다니고, 어느 젊은 남자의 눈은 빨간 실핏줄이 흰자위를 갈기갈기 찢듯이 훑고 지나가 시력을 잃기 직전이다. 아디스아바바의 허름한 뒷골목에는 파블로 네루다의 말처럼 "가난이 폭포수처럼 흘러내리고", 헐벗은 농촌 지역에는 가난이 장마에 휩쓸린 돌멩이처럼 굴러다니고 있었다.

멩기스투 전 대통령이 이끌었던 사회주의 정권이 1991년 반군 세력에게 쫓겨났음에도 여전히 시내에는 낫과 망치가 그려진 공산주의 기념탑이 세워져 있고, 북한이 세워준, 붉은 별 하나를 꼭대기에 얹은 주체탑도 시내에서 가장 높은 건조물로 우뚝 서 있다. 집권 기간에 셀라시에 황제와 마찬가지로 정적 살해와 인권 탄압을 했다는 비판을 받고 있는 멩기스투 전 대통령의 흔적을 완전히 지우지 못하는 것은 바로 빈민층 사이에 흐르는 미묘한 정치적 기류 때문이다. 지난 사회주의 정권이 아직도 빈민층에서 인기를 끄는 것은 소수 민족인 쿠로족 빈민 출신이었던 멩기스투에 대한 동질감뿐 아니라, 토지 개혁을 감행하여 수천 년 동안 이어져 내려온 대지주 지배의 봉건 체제를 해체했던 데 이유가 있는 것으로 보인다.

넬슨 만델라는 《자유를 향한 머나먼 길》에서, "아디스아바바는 장엄함과는 거리가 멀었고, 포장된 거리가 몇 개 있을 뿐이며, 자동차보다는 염소와 양이 더 많은 도시였다"고 했다. 만델라가 방문했던 1962년이나 지금이나 아디스아바바는 별 차이가 없었다. 만델라가 말했던 염소와 양 대신, 이동식 매연 공장인 중고 자동차와 굶주린 아이들이 거리를 메우고 있을 뿐이었다. 오랜 내전과 가뭄, 높은 인구 증가율 등으로 2004년 기준 1인당 국민소득이 110달러에 불과한 에티오피아에서는 이처럼 가난이 삶을 파괴하는 가슴 아픈 장면들을 자주 본다. 그러나 이상하게도 에티오피아 사람들은, 가난하지만 우악스럽지 않다. 바로 여행자의 발길을 끌어들이는 에티오피아의 매력이다.

저녁 식사로는 점심때와 마찬가지로 인제라injera를 먹었다. 인제라는 부침개 같은 납작한 빵인데, 고산 지대에서 자라는 수수의 일종인 테프teff라는 곡물을 갈아서 반죽해 구운 것이다. 인제라에 와트wat라 불리는 고기와 채소, 소스를 얹어서 둘둘 말아 먹는 것이 에티오피아인의 주식이다. 약간 시큼하면서도 깊은 맛이 내 입맛에 꼭 맞아 다행이었다. 여행에서 음식은 건강과 직결되는 법. 그 나라의 음식이 입에 맞는다면 이미 즐거운 여행의 절반은 이룬 셈이다. 가격도 에티오피아 화폐 10비르(1200원) 정도로 그리 비싸지 않아 가난한 배낭여행객에게도 부담 없는 음식이다. 대개 음식을 먹기 전에 손을 씻을 수 있도록 화장실 앞에 세면대가 별도로 있거나, 아니면 물통을 가져다준다. 인제라는

인제라.

에티오피아뿐 아니라 소말리아, 에리트레아, 지부티 등 이른바 '아프리카의 뿔'로 불리는 지역의 전통 음식이다. 아프리카의 뿔이란 이름은 아프리카 동북부 지역의 생김새가 코뿔소의 뿔과 닮았다고 해서 붙여진 것이다. 소말리아에서는 인제라를 라호흐lahoh라고 부른다.

숙소로 돌아와 삐그덕거리는 침대에 누우니, 정말 아프리카에 와 있다는 것을 실감했다. 서울이라면 아침부터 울려댔을 휴대폰 소리가 한 번도 들리지 않았기 때문이다. 서울이라면 "28세 미시입니다. 남편과 싸워서 가출했습니다. 갈 데가……", "오빠, 나 오늘 시간 많아요", "당신에게만 유독 은행 문턱이 높으십니까. 신용 상관없이 왕창 대출해 드립니다" 따위 스팸 문자가, 마치 다정한 친구에게 속삭이는 것처럼 시도 때도 없이 날아들어 호기심 많은 나를 유혹했을 터. 여행은 휴대폰 공해로부터의 자연스런 탈출이다. 나를 방해할 휴대폰이 없다는 것을 확인하자, 스르르 잠이 들었다.

꿀맛 같은 잠을 잔 다음날은 비행기를 타고 가는 강행군이 기다리고 있었다. 아디스아바바 북쪽에 있는, 에티오피아의 4대 유적지를 찾아 떠나는 날이다. 시대와 위치를 거꾸로 거스르면서 17세기 에티오피아 정교회의 수도원으로 유명한 바하르다르부터 시작해 역시 17세기의 수도인 성곽도시 곤다르, 12세기의 수도로 지하 암벽교회가 유명한 랄리벨라, 1세기의 수도로 시바의 여왕 전설이 깃든 악숨으로 차례로 올라가는 일정이다. 에티오피아의 전설과 신화를 찾아 떠나는 신비한 세계 탐험이다. 도로 사정이 나쁜 우기에 육로로 가려면 한 달 정도 걸리기 때문에, 기동성을 고려해 비행기를 이용하기로 했다.

아침 7시 비행기를 타고 한 시간이 채 안 걸려 바하르다르 공항에 도착했다. 내가 타고 간 국내선 항공기는 커다란 프로펠러 2개가 달린 쌍발 엔진 비행기였다. 비행기 이름은 52인승 포커Fokker 50. 처음 타보는 프로펠러 비행기는 기류에 따라 심하게 흔들렸으나, 에티오피아가 아니고서는 어디서 이런 경험을 할 수 있을까. 키 큰 야자수가 양 옆에 늘어선 도로를 10여 분 달려, 타나 호숫가의 방갈로식 숙소인 기온 호텔로 갔다. 호수가 바로 내려다보일 뿐 아니라, 정원도 넓고 깨끗했다.

숙소에 짐을 풀자마자 청나일 폭포로 향했다. 호텔 직원이 200비르

(약 2만 3000원)를 내면 투어 차량을 제공해주겠다고 하는 것을 거절했다. 가격도 비쌌지만, 아프리카에서는 되도록이면 걷거나 현지인들이 타는 일반 버스를 이용해 여행할 참이었기 때문이다. 카메라만 넣은 작은 가방을 메고 시외버스 정류장으로 걸어가는데, 한 젊은 남자가 다가와 친절하게 말을 붙인다.

"버스 정류장을 가느냐? 내가 잘 안다. 나를 따라와라."

나는 젊은 남자를 따라갔다. 아프리카 젊은이들은 자기 할 일도 많을 텐데, 참 친절도 하구나! 그렇지 않아도 지도를 보고 찾아가는 데다, 아프리카에서 처음으로 일반 버스를 타러 가는 길이어서 걱정이 앞섰던 터였다. 버스 정류장에 들어서니 혼란스럽기 이를 데 없었다. 고물 버스에서 내뿜는 시커먼 매연, 출발을 알리는 버스의 경적 소리, 자기 버스에 타라고 승객의 팔을 끌고 가는 호객꾼까지 뒤섞여 난리다. 홀로 여행하는 외국인으로서 정류장 입구에서부터 위축되는 느낌이다.

버스에 오르자 이미 많은 현지인들이 타고 있었다. 도색이 벗겨진 버스는 겉보기에도 폐차 직전의 차량이고, 시동을 건 차량의 배기통에서는 시커먼 연기가 끊임없이 나오고 있었다. 조금 있으니, 아까 길을 안내해줬던 젊은 남자가 버스에 올라오더니 "버스 정류장을 안내해줬으니 돈을 달라"며 손을 내민다. 어이가 없었으나, 어쨌든 친절을 베푼 것은 사실이니까 보답하기로 했다. 2비르(250원)를 줬다. 아프리카에도 공짜는 없다. 20대 후반의 또 다른 젊은이가 차에 올라 내 옆에 앉더니 귓속말로 속삭인다. 누가 봤으면 오래된 친구인 줄 알 정도로 다정한 태도다.

"혼자 가느냐?"

"그렇다."

"청나일 폭포 가는 길은 힘들고 위험하다. 외국 여행자는 절대 혼자 가서는 안 된다."

나도 숙맥이 아닌데, 자신을 여행안내인으로 데려가라는 얘기다. 내가 길을 안내한 젊은이에게 돈을 준 것이 화근이었다. 내가 끝까지 버티자, 젊은이는 포기하고 차에서 내렸다. 버티는 자가 이긴다. 인내, 이것은 정말 아프리카 여행에서 가장 명심해야 할 강령이다.

버스는 30분 뒤, 좌석뿐 아니라 입석까지 승객들을 꽉 채운 뒤 떠났다. 40인승 버스에 70명을 태운 고물 시외버스에 외국인이라고는 나 혼자다. 현지인들은 머리를 짧게 깎은 동양인을 신기한 듯 쳐다보고 자기들끼리 "차이나(중국인), 차이나" 하고 수군거린다. 아프리카에서 대중교통을 이용한 첫 여행은 이렇게 무모하게 시작됐다.

시내에서 10여 분을 달려 시골길로 접어들자, 완전히 딴 세상이다. 비포장도로는 흙먼지가 날리고, 지나가는 사람들은 한결같이 맨발이다. 신발을 신은 사람을 찾아볼 수 없다. 흉터 투성이 발등, 시커먼 딱지가 붙은 복숭아뼈, 발가락이 기형적으로 휘어진 사람들도 눈에 띈다. 바하르다르 시내만 하더라도 맨발로 다니는 사람은 거의 없었다. 10분 거리를 경계로 삶의 질은 마치 천당과 지옥만큼이나 천양지차다. 소 떼가 도로 가운데를 걸어가는 바람에 버스가 수시로 서야 했다. 어른 아이 할 것 없이 모두가 소 떼를 모는 막대기를 하나씩 어깨에 둘러메거나 손에 들고 다닌다. 여자들은 누구나 머리에 보자기로 싼 물건을 이고 있다. 고원 지대로 갈수록 날이 추워져서 그런지, 남자들은 탄자니아 마사이족의 빨간 망토 슈카처럼 하얀 천으로 만든 가비를 어깨에 걸치고 다닌다.

덜컹덜컹 흙먼지를 날리며 남쪽으로 달리던 버스는 45분 정도 지나 청나일 폭포의 매표소 마을에 도착했다. 이 마을에서 폭포 아래까지 걸어가는 데 한 시간 정도 걸린다. 버스에서 내리자마자 여기저기서 호객꾼들이 자기가 안내하겠다며 벌떼같이 몰려들었다. 아프리카 여행에서 가장 곤혹스런 순간은, 바로 이처럼 안내인 노릇을 하겠다며 달려드는 젊은이들에게 포위당하는 경우다. 호객꾼에 둘러싸여 당황해서 멈칫 서 있는데, 뒤에서 누군가 영어로 "청나일 폭포를 가느냐"고 묻는다. 내가 뒤돌아 "그렇다"고 하자, 자신들도 청나일 폭포를 간다며 같이 가자고 한다. 예기치 않은 구세주를 만난 기분이었다.

나의 수호천사는 에티오피아인 남매였다. 내가 다음날 여행할 곤다르 지역에서 왔다는 오빠는 외과의사고, 여동생은 대학생이라고 했다. 현지 지리를 잘 아는 남매는 일반 여행객들이 다니는 관광 코스가 아닌, 샛길로 나를 데려갔다. 매표소에서 왼쪽으로 들판을 건너자, 얼마 가지 않아 청나일 강이 나왔다. 작은 배를 타고 강을 건넌 다음 다시 걸어서 청나일 폭포에 도착했다. 관광객들이 가는 동쪽 코스로는 1시간 정도 걸리는데, 우리는 폭포 위쪽을 가로지르는 지름길로 와서 15분 만에 다다를 수 있었다.

폭포 아래에서는 세찬 물소리와 함께 옷을 흠뻑 적실 정도로 물방울들이 날아와 붙는다. '파란 강물'이라는 이름과 달리 누런 흙탕물이 떨어지고 있었다. 빅토리아 폭포에 이어 아프리카에서 두 번째로 큰 폭포라는 기대감에는 훨씬 못 미쳤다. 애초 폭포의 높이가 45미터, 폭은 400미터가 넘었다고 하나 지금은 폭이 3분의 1로 줄어들어 100미터

누런 흙물이 흘러내리는 현재의 청나일 폭포(위).
에티오피아의 1비르 지폐 뒷면에 그려져 있는 청나일 폭포의 본모습(아래).

정도밖에 되어 보이지 않았다. 그나마 우기여서 이 정도라도 된단다. 비가 오지 않는 건기에는 아예 한두 개 물줄기만 졸졸 흐른다는 것. 폭포 상류에 수력발전소를 위한 댐을 여러 개 건설하면서 타나 호에서 흘러나오는 수량이 급속히 줄었기 때문이다. 남매도 "옛날에는 폭포가 대단했는데, 지금은 댐으로 확 줄어들었다"고 아쉬워했다.

청나일 폭포는 본래 '티스 이사트(물 연기)' 또는 '티스 아바이(연기 나는 나일)'라고 불릴 정도로 아프리카에서 가장 멋진 폭포에 꼽혔다. 실제로 에티오피아 1비르 지폐에 그려진 옛날 모습은 그 폭뿐 아니라 주위의 열대우림도 웅장하다. 국제적 폭포의 위상을 잃어버린 청나일 폭포는 진한 아쉬움을 남겼다. 청나일 폭포를 구경하기 위해서라면 굳이 바하르다르까지 갈 필요가 없다. 더욱이 푸른 강물이라는 이름을 무색하게 온통 황톳빛 강물로 변해버린 청나일 강. 그 잃어버린 이름은 어디에서 찾을 수 있을까. 강물은 거짓말을 하지 않는다. 에티오피아 산하는 그렇게 황폐해졌다. 나는 붉은 청나일 강에서 자연의 울부짖음을 들었다. 이제 청나일 폭포에 대한 여행 책자의 설명은 바뀌어야 한다. '실망을 해도 후회하지 않을 사람이 갈 만한 장소'로.

폭포를 구경한 뒤 남매와 함께 버스 정류장으로 돌아왔는데, 차가 떠나려면 한 시간이나 기다려야 한단다. 근처 허름한 가게에 들어가 음료수를 마시며 앉아 있는데, 20대 남자 대여섯 명이 들어왔다. 모두 카트라는 나뭇잎을 한 다발씩 들고 있었다. 내 옆자리에 앉더니, 환각제 성분이 있는 카트 나뭇잎을 뜯어 씹기 시작한다. 그들에게 카트는, 우리가 어릴 때 시골에서 달콤한 즙을 맛보기 위해 씹던 옥수숫대와 같다.

내게 어디서 왔느냐고 묻는다. 내가 "코리아"라고 하자 "노스 코리아(북한)냐, 사우스 코리아(남한)"냐고 다시 묻는다. 사우스 코리아라고 하자 바로 "찌썽 팍(박지성)"을 외치며 축구 얘기를 한다.

그래도 이들은 남한과 북한을 구분할 줄 안다. 아디스아바바에서 만난 다른 젊은이는 내가 한국에서 왔다고 하자 "코리아 대통령을 좋아한다"고 했다. 깜짝 놀랐다. 우리나라 대통령을 어떻게 아프리카 젊은이가 알까. 그 젊은이는 주먹을 날리는 몸짓을 하면서 "핵무기로 미국에게 큰소리를 쳐서 그렇다"고 했다. 북한의 김정일 국방위원장을 말하는 것이었다. 웃어야 할지 울어야 할지…….

내가 여행할 때는 2006년 독일 월드컵이 막 시작된 무렵이어서, 에티오피아도 축구 열기로 들떠 있었다. 한 젊은이는 박지성 선수가 영국의 맨체스터유나이티드 소속이라는 것을 정확히 알고 있었고, 또 다른 젊은이는 이영표 선수와 소속 팀인 토트넘까지 말하며 어깨를 으쓱해 보이기도 했다. 시시콜콜한 이야기라도 축구에 관한 것이라면 무엇이든 조금 더 아는 사람이 잘난 척할 수 있는 분위기인 듯했다.

얌전하고 앳된 얼굴을 지닌 젊은이가 나를 쳐다보더니, 아주 진중하면서도 고심에 찬 표정으로 물었다.

"월드컵 하는 데 축구 구경 안 하고 왜 아프리카까지 여행을 왔느냐?"

뭐라고 대답해야 할지 순간 막막했다. 월드컵 재미에 빠진 그 젊은이로서는 월드컵 구경은 않고, 아시아에서 멀리 아프리카까지 여행하러 온 나를 이해할 수 없었던 것이다. 그는 축구를 통해 세상을 바라보고, 나는 여행을 통해 세상을 바라보고 있었다.

흐린 아침 해가 떠오르는 타나 호.

청나일 폭포를 같이 구경했던 수호천사 남매와 함께 바하르다르 시내로 돌아와 점심을 같이 먹고 헤어졌다. 몇 시간밖에 안 되는 짧은 만남이었지만, 그동안 정이 들었는지 헤어지면서 마음이 많이 쓰렸다.

숙소 근처에 있는 타나 호는 끝이 보이지 않을 정도로 넓었다. 면적이 3500제곱킬로미터나 되는, 정말 바다 같은 호수다. 호수에서 통통배를 모는 젊은 남자는 "아프리카에서 가장 큰 호수는 빅토리아 호수이고, 두 번째는 탕가니카 호수이고, 세 번째가 타나 호수"라며 "그러나 물이 맑고 수도원이 있어 아름답기로는 타나 호수가 최고"라고 자랑했다.

타나 호에 떠 있는 37개 섬에 수도원 20여 곳이 있다. 넓디넓은 푸른 호수 한가운데 섬의 숲 속에 수도원이 있다는 것만으로도 신비로운 느낌이 든다. 호수의 수도원은 천혜의 요새 역할을 해서, 옛날 에티오피아 왕들의 피난처이기도 했다.

호숫가에서 크기가 2미터나 되는 펠리컨이 먹이를 잡아 삼키자 아랫부리가 풍선처럼 크게 늘어났다. 통통배가 호수 중심 쪽으로 조금 달리자 파피루스로 만든 배 탄콰tankwa를 탄 어부 세 명이 낚시로 고기를 잡고 있었다. 탄콰는 이곳 주민들에게 공예품과 땔감, 심지어 황소까지 실어 나르는 중요한 교통수단으로 이용되고 있다. 검정색에 흰색 반점이 얼룩덜룩한 파이드 킹피셔(쇠얼룩물총새)가 호수를 날다 눈 깜짝할 사이에 다이빙해서 몸통이 보이지 않을 정도로 물속 깊이 들어가서는 우리 배가 다 지나갈 때까지 물 위로 솟아오르지 않았다.

타나 호는 청나일 강의 시원지다. 이곳 동부 아프리카 타나 호에서 시작하는 청나일 강과 중부 아프리카 빅토리아 호에서 시작하는 백나일 강이 수단의 수도 하르툼에서 만나, 이집트를 거쳐 지중해로 흘러 들어간다. 청나일은 말 그대로 물의 색깔이 파란색에 가깝고 백나일은 맑은 흰색에 가깝다는 이유로 붙여진 이름이다.

역사가 헤로도토스는 일찍이 "이집트는 나일 강의 선물"이라고 했다. 나일 강은 사막을 가로지르면서 1만 년 전에 인간을 불러들였다. 나일 강과 인간이 한데 어우러지면서 오아시스와 농사, 문명과 문화, 전설과 신화, 전쟁과 평화, 사랑과 배신이 뒤범벅되어 스릴 넘치는 역사를 만

들어왔다. 람세스 2세와 젊은 파라오 투탕카멘, 시바의 여왕과 클레오
파트라 여왕, 피라미드와 스핑크스, 태양의 종교와 유대교 및 기독교,
그리고 옛 에티오피아 땅인 누비아와 이집트를 무대로 하는 오페라 〈아
이다〉는 나일 강의 자식들이다.

고대 이집트 문명의 발상지인 나일 강은 옛날부터 유럽인들에게 신
성한 대상이었고 지리학적 신비로 남아 있었다. 나일 강은 어디에서 흘
러오는 것일까 하는 의문은 탐험으로 이어졌다. 로마의 5대 황제 네로
(재위 54~68년)가 파견한 탐험대는 수단의 남부까지 도달했던 것으로
알려졌다. 1850년대에 들어서면서 유럽 제국주의의 야욕에 의해 본격
적으로 나일 강 탐사가 이뤄졌다. 1858년 백나일 강의 수원인 빅토리
아 호를 발견한 존 해닝 스피크(1827~1864)는 바로 영국정부가 파견한
당시 인도 주둔 영국군 장교였다.

찰스 다윈이 1859년 《종의 기원》이라는 책을 통해 진화론을 주장하
면서 나일 강은 인류 진화와 이동의 주요한 경로로 주목받기 시작했다.
아프리카 중에서도 에티오피아와 케냐를 중심으로 고대 인류 화석이
발견되면서 인류고고학자들은 백나일 강과 청나일 강을 따라 인류가
유럽과 아시아 대륙으로 이동해 간 것으로 보고 있다. 나일 강은 고대
이집트 문명뿐 아니라 고대 인류의 진화와 함께 흘러왔던 것이다.

통통배로 30분 정도 달려갔더니 호수 한가운데에 섬이 두 개 나타났
다. 온통 나무와 숲으로 가려 바다에서는 아무것도 보이지 않았다. 배
가 다가가자, 숲 사이로 여든 살 정도 되어 보이는 남자 수도사가 나와
나를 맞아준다. 약간의 입장료를 내고 엔토스 이야수 수도원을 찾아간
다. 기도하는 동굴 파티샤를 지나 제일 높은 곳으로 올라가다 보니 채

소를 심은 작은 텃밭도 보이고, 커피나무와 망고, 파파야 등 과일나무도 있었다. 작은 밀림 같은 숲을 지나 제일 높은 곳에 수도원이 있었다. 수도원 안팎에는 4면에 색상이 강렬한 성화가 그려져 있다. 이곳은 수사와 수녀가 함께 수행하는 수도원이다. 수도원에서 내려오니 처음 우리를 맞았던 80대 노수사가, 통통배가 떠내려가지 않도록 줄곧 배의 밧줄을 꼭 잡고 있었다. 오랫동안 밧줄을 잡고 있었을 노수사에게 미안한 마음이 들었다.

엔토스 이야수 수도원과 케브란 가브리엘 수도원이 있는 두 섬.

나를 맞아준 엔토스 이야수 수도원의 수도사(위).
엔토스 이야수 수도원에 있는, 오래된 양가죽 암하라어 성서(아래).

바로 옆 섬의 케브란 가브리엘 수도원은 입구부터 달랐다. 흙과 돌로 쌓은 장벽이 있고, 영어와 암하라어로 "여성 출입 금지"라고 쓴 나무 팻말이 걸려 있었다. 수도원과 교회의 여성 출입 금지는 전통적 남성중심주의와 종교적 여성 차별의 잘못된 만남이 빚어낸 시대착오적 현상이다. 여성에 대한 종교적 혐오는 월경을 부정한 것으로 규정한 구약성서 〈레위기〉 15장의 영향이다. 레너드 쉴레인은 《알파벳과 여신》에서 "여성 차별은 월경과 서양에서 발생한 3대 남성 유일신 종교인 유대교와 기독교, 이슬람교에 뿌리를 두고 있다"고 했다.

여성은 출입할 수 없는 케브란 가브리엘 수도원.

수도원은 섬의 제일 높은 곳에 수풀을 병풍 삼아 자리 잡고 있었다. 맨 처음 나를 맞이한 것은 대머리독수리 두 마리였다. 수도원 옆의 나뭇가지에 앉아 나를 내려다보는 독수리 눈빛이 섬뜩할 지경이었다. 내가 수도원에서 돌 하나라도 훔쳐가는 날에는 쏜살같이 날아와 날카로운 발톱으로 내 얼굴을 할퀴어버릴 것 같았다. 자신이 마치 칼과 창을 들고 악마를 쫓는 미카엘 천사라도 되는 듯, 나를 쩨려보고 있었다.

둥그렇게 생긴 수도원 바깥쪽에 12개 기둥이 받치고 있고, 수도원 앞에는 두들기는 위치에 따라 다른 소리를 내는 돌기둥 두 개가 옆으로 매달려 있었다. 돌기둥을 두들기자 도레미파솔라시 하고 각기 다른 7음색 소리가 났다.

수도원 안벽에는 십자가에 못 박히는 예수 그리스도와 부활, 십자가에 거꾸로 매달려 처형되는 베드로, 최후의 만찬 등 성화가 그려져 있었다. 에티오피아의 수호성인으로 여겨지는 성 조지가 창으로 용을 찔러 죽이는 모습, 이교도가 목을 잘리고 지옥에서 고문당하는 모습 등 섬뜩한 장면도 적지 않았다. 좀 잔혹하다는 느낌이 들었다. 굳이 저렇게 끔찍한 장면을 마음의 평화를 추구하는 수도원에 그릴 필요가 있을까. 기독교와 이슬람의 오랜 싸움이 반영된 결과다. 저러니, 기독교와 이슬람에서 무슨 '성전(성스런 전쟁)'이니 뭐니 하는, 포교를 위한 전쟁 찬양이 버젓이 이뤄지고 있는 것이다. 인간을 죽이는 전쟁에 어찌 '성스런'이란 수식어가 붙을 수 있는가.

밖으로 나오니 오히려 마음이 편해졌다. 수도사들이 건물 기둥에 기대어 성서를 읽고 있었다. 타나 호에 외로이 떠 있는 수도원을 찾은 것만으로도, 마치 내가 수도자가 된 느낌이 들었다. 번잡한 머리는 상쾌하게 텅 비어지고, 답답한 가슴은 확 뚫리는 통쾌함을 맛본다. 살아오면서 쌓였던 마음의 찌꺼기들이 대포알 같은 응어리로 내 몸속에서 빠져나가, 호수 속으로 첨벙 들어갔다. 언덕 위에서 타나 호를 바라보니 자유와 해방감이 밀려왔다.

이들 수도원은 복잡한 종교적 역사의 산물이다. 17세기 남쪽으로부터 물밀듯이 밀려오는 오로모족에게 정치적 위협을 느낀 에티오피아 왕조는 예수회 수도사들의 도움을 받기 위해 주민들에게 가톨릭 개종을 강요했다. 당시 가톨릭 예수회는 강력하게 무장한 포르투갈의 지원을 받고 있었다. 통통배의 젊은 운전사는 "개종을 강요당한 에티오피아 정교회 수도자들이 박해를 피해 섬 가운데 있는 수도원으로 몰려왔다"고 말한다. 당시 바하르다르 지역을 중심으로 개종을 반대하다 숨진 정교회 신자의 수가 3만 2000명에 이른다고 한다. 종교와 살인이 일란성 쌍둥이라니. 타나 호의 잔잔한 물결에는 피로 물든 순교의 슬픈 역사가 아른거리고 있었다.

독재자는
여행을 두려워한다 •곤다르•

    다음날 아침 타나 호를 뒤로 하고, 17세기 성곽도시로 유명한 옛 수
도 곤다르행 비행기를 탔다. 곤다르는 13세기 랄리벨라의 자그웨 왕조
몰락 이후 처음으로 정착 수도가 된 곳. 그때까지 황제들은 수도를 건
설하지 않고 유목 생활을 하면서, 수시로 왕의 막사를 옮기는 이동궁전
생활을 해왔다. 곤다르는 언덕 위의 푸른 전원도시였다. 높은 고지대여
서 서늘한 바람이 불어 상쾌했다. 떠돌아다니던 옛날 황제들이 정착의
유혹을 느낄 정도로 아름다웠다.
    에티오피아 유대인이 살고 있다는 곤다르 근처 웰레카 마을에 들렀
다. 오래전 책에서 에티오피아에도 흑인 유대인들이 살고 있다는 이야
기를 읽고 궁금했다. 어떻게 백인 유대인들이 아프리카까지 흘러 들어
갔으며, 또 아무리 세월이 흘렀어도 2000~3000년 사이에 외모가 흑
인으로 바뀌었을까. 시내에서 5킬로미터 정도 떨어진 웰레카 마을은
집이 몇 채 남아 있지 않아 폐허나 다름없었다. 주민 몇 명이 길가에서
도자기나 보자기, 머플러 같은 공예품을 팔고 있는데, 찾아오는 여행자
도 없었다.
    팔라샤Falasha 또는 '베타 이스라엘Beta Israel'이라고 불리는 에티오
피아 유대교도들의 기원에는 시바의 여왕 전설이 얽혀 있다. 전설에 따

르면 여왕과 솔로몬 왕 사이에 태어난 메넬리크 1세 황제가 어른이 되어 아버지를 보려고 예루살렘을 방문했고, 솔로몬 왕은 아들이 돌아갈 때 아들의 나라를 돕고자 이스라엘 12지파에서 성직자와 학자, 장인 등을 천 명씩 뽑아 모두 1만 2000명을 에티오피아로 같이 보냈다. 웰레카 마을에 살던 팔라샤들은 자신들이 바로 메넬리크 1세와 함께 이스라엘에서 건너온 1만 2000 유대인의 자손이라고 철석같이 믿고 있었던 것.

그들은 4세기에 기독교가 국교로 채택된 이후에도 개종하지 않고 1600년 넘게 신앙을 지켜왔다. 기독교로 개종하지 않았다는 이유로 토지를 몰수당하자 농사를 짓지 못하고 대부분 도자기를 굽거나 대장장이, 천을 짜는 장인으로 살았다. 이들은 1984년부터 대부분 이스라엘로 이주했다. 당시 이주한 사람이 10만여 명에 달한다.

팔라샤들이 일하던 옛날 도자기 공장이나 실 짜는 작업장은 현재 미혼모를 위한 기능 훈련장 겸 생활 공동체의 터전으로 이용되고 있었다. 40대 중반의 여성 책임자가 반갑게 맞이하면서 일일이 안내해주었다. 도자기 공장에서 여성 다섯 명이 열심히 흙을 반죽하며 도자기를 만들고, 밖에서는 한 여성이 물레로 실을 잣고, 건너편 작업장에서는 예닐곱 명이 베틀로 천을 짜고 있었다. 공장 뒤 넓은 텃밭에서는 여성들이 열심히 김을 매고 있었다. 책임자는 "홀로 된 여성 43명이 이곳에서 일해 모두 134명에 이르는 아이들을 키우고 있다"고 설명했다.

1600년 동안 유대교 공동체 생활을 해오던 에티오피아 유대교도들은 왜 웰레카 마을을 떠났을까. 유전인류학자들이 유전자 분석을 해보니, 에티오피아 유대인은 에티오피아 비유대인과 유전적으로 동일한 것으로 나타났다. '에티오피아 유대인'과 '이스라엘 유대인' 사이에는

팔라샤 방식으로 도자기를 만드는 공장.   전통 베틀로 천을 짜는 웰레카 여성.

아무런 혈연적 연관이 없다는 것. 엄밀히 말하면 '에티오피아 유대교도'는 있어도, '에티오티아 유대인'은 없는 셈이다. 이런 점에서 유대인이라는 것은 유전적, 인종적 분류가 아니라, 유대교를 믿는 모든 사람을 포괄하는 종교적, 문화적인 개념일 뿐이다.

　이스라엘은 왜 혈연적으로 아무런 관련이 없는 전 세계 '유대교도'를 '유대인'으로 둔갑시켜 팔레스타인 정착촌에 이주시켰을까. 중동전쟁에서 빼앗은 팔레스타인 땅을 영구 점령하기 위한 전략이었다. 팔레스타인에게 뒤지는 인구수를 전 세계 유대교 신자들을 끌어들여 만회하려 했던 것이다. 역사학자 데이비드 데이는 《정복의 법칙》에서 이스라엘의 유대교도 이주 정책을 점령국의 고전적 영토 탈취 정책인 '타국민 밀어내고, 자국민 이주시키기'의 대표적 사례로 꼽았다.

　팔라샤들이 떠나 황폐해진 웰레카 마을을 보면서 쓸쓸함과 허전함이 느껴졌다. 차마 고향을 떠나지 못한 팔라샤 여인 몇몇만이 기념품을 팔고 있었는데, 왠지 모두 도시로 떠난 뒤에도 조상의 땅을 지키고 있는 애처로운 맏며느리를 보는 듯했다. 눈앞에 들어오는 "역사적인 마을 웰레카에 오신 것을 환영한다"는 마을 팻말은, "역사적으로 사라진 마을을 뒤늦게 찾은 것을 유감으로 생각한다"는 말처럼 다가왔다. 서아프리카에서 끌려갔던 흑인 노예의 후예인 카리브해 라스타파리교도들은 '아프리카로 돌아가자'는 기치 아래 자메이카에서 에티오피아로 돌아오는데, 수천 년 동안 이 땅에서 주인으로 살아온 에티오피아 유대교도들은 '아프리카를 탈출하자'는 깃발 아래 이스라엘로 떠났다. 엇갈리는 이 행렬을 어떻게 설명해야 할까.

다음으로 간 곳은 데브레 베르한 셀라시에 교회. 날개 달린 아기천사 얼굴이 그려진 천장 벽화로 유명한 교회다. 진입 도로가 막혀 있었다. 길 가운데 돌멩이가 놓여 있었는데, 아프리카에서 그것은 '도로 공사중'이라는 표시다. 택시 운전사가 어디로 갈지 고민하는데, 지나가던 어린이가 빙 돌아서 가라며 우회로를 가르쳐준다. 아이의 말대로 돌아가니 교회에 다다를 수 있었다. 아이와 어른의 차이가 떠올랐다. 아이들은 누가 물어보지 않아도 먼저 도와주려고 하지만, 어른들은 먼저 물어보기 전에는 절대 가르쳐주지 않는다.

돌담으로 둘러싸인 교회 안으로 들어갔다. 미술책에서 본 적이 있는 그 유명한 '날개 달린 아기천사 얼굴' 그림이 천장 가득 나를 내려다보고 있었다. 동그란 얼굴에 큼직한 눈과 오똑한 코가 에티오피아 아이들의 전형적인 얼굴이다. 천사의 얼굴 표정은 다양했다. 웃는 표정과 당

데브레 베르한 셀라시에 교회.

황한 표정, 시무룩한 표정. 세어보니 한 줄에 일곱 개씩 모두 열여섯 줄 있는데, 앞쪽 세 번째 줄까지는 오랜 세월을 견디지 못해 지워지고 떨어져 나간 부분이 많았다. 머리를 한참 쳐들고 천장 벽화를 세었더니 고개가 뻐근했다.

정면 벽에는 예수가 십자가에 못 박힌 그림이 있고, 옆 벽에는 지옥의 그림도 있었다. 지옥 그림은 15세기 네덜란드 화가인 보스의 악마적이고 풍자적인 〈쾌락의 동산〉, 〈천국과 지옥〉, 〈성 안토니우스의 유혹〉을 보는 느낌이었다.

데브레 베르한 셀라시에 교회의 아이천사 얼굴 천장 벽화.

천장화와 벽화는 모두 하일레 메스켈이라는 화가가 그렸다고 한다. 17세기에 이 교회를 처음 설립한 이야수 1세 황제의 초상화도 그려져 있다. 이야수Iyasu는 구약성서에 나오는 이스라엘 민족의 지도자 여호수아를 암하라어 식으로 읽은 것인데, 에피오피아의 역대 왕이나 황제 이름들은 성서에 나오는 인물의 이름을 그렇게 암하라식으로 딴 경우가 많다. 칼렙Kaleb 왕은 구약성서의 갈렙Caleb을 의미하고, 요하네스 Yohannes 황제는 신약성서의 세례 요한John을 의미하는 등 자신들의 뿌리를 기독교에서 찾았다. 예수Jesus는 암하라어로 예수스Yesus라고 부르고, 메스켈Meskel은 십자가를 의미한다.

오른쪽 귀퉁이 숨겨놓은 듯 희미하게 그려놓은 그림 봐라. 이슬람교 창시자 무함마드를 비웃는 그림이었다. 벌거벗은 무함마드가, 머리에 뿔이 달린 작은 악마가 끌고 가는 낙타를 타고 있었다. 곤다르 지역은 1880년대 수단의 데르비시Derwish(이슬람 수피즘 집단)에게 약탈당했는데, 그 뒤 이슬람에 대한 적개심 때문에 그려진 그림인 듯하다. 이 교회는 약탈당하기 직전 때마침 벌떼가 날아와 가까스로 파괴되지 않았다는 전설이 있다.

시내에서 점심을 먹다가 자전거로 세계 일주를 하는 스위스 남자, 이탈리아 남자와 이야기를 나누게 되었다. 우리는 이날 저녁을 같이하기로 약속했다. 식사를 마친 뒤 그들과 헤어지고 곤다르 궁전으로 걸어가는데, 20대 초반의 젊은 남자 두 명이 영어로 "도와주겠다"며 따라왔다. 혼자서 구경하겠다고 하자, 자신들은 돈을 요구하는 안내인이 아니라 영어 공부를 하는 대학생들이라고 한다. 학교에서 배운 영어를 여행자를 상대로 실전 연습하려는 것이었다. 그렇다면 더더욱 그들을 물리쳐야겠다고 마음먹었다. 내 영어가 얼마나 엉터리인가. 나는 미래가 창창한 에티오피아 젊은이들의 영어를 망치고 싶지 않았다. 그들의 연습 상대도 되지 못할 정도로 내 영어는 토종 콩글리시다. 나의 콩글리시와 그들의 '에글리시(에티오피아어+영어)'가 합쳐지면 도대체 어떤 말이 생겨날지 알 수가 없다.

곤다르 궁전을 포함한 곤다르 유적지는 랄리벨라 지하 암벽교회와 악숨 유적지 등과 함께 유네스코(UNESCO: 국제연합 교육과학문화기구)

곤다르 유적지 전경. 가운데 보이는 것이 파실라다스 황제가 지은 궁전이다.

가 지정한 세계문화유산이다. 전체 길이 900미터에 달하는 성벽으로
둘러싸인 성채도시로, 궁전과 법원, 교회, 수도원, 도서관, 목욕탕 등이
들어서 있었다. 한때는 아프리카의 카멜롯으로 불리던 곳이었다. 현지
인들은 '파실 게비Fasil Ghebbi'라 부르는데, 파실라다스 황제(Fasilides,
재위 1632~1667년)가 1636년 지은 이래 19세기까지 200년 동안 수도
의 왕궁이었다.

　곤다르Gonder에 정착 수도를 건설한 것은 오래된 전설 때문이었다
고 한다. 에티오피아에는 한 천사가 이름이 'G'로 시작하는 지역에 왕
국의 수도를 세우라는 계시를 주었다는 전설이 있다. 왕궁 등 건축물은

고대 악숨 왕국의 전통뿐 아니라 인도와 아랍, 그리고 포르투갈 예수회가 전파한 바로크 양식 등의 영향을 받은 이채로운 혼합 양식이다.

매표소에서 오른쪽으로 처음 만나게 되는 건물은 파실라다스 황제의 아들이자 후임자인 요하네스 1세가 세운 법원과 도서관이고, 도서관에서 조금 들어가면 가장 오래되고 웅장한 파실라다스 궁전이 나온다. 천장이 둥근 돔처럼 생긴 탑이 네 모서리에 우뚝 서 있고, 성문은 아치 모양인 3층짜리 건물이다. 탑의 돔 지붕 모양이 달걀을 닮았다고 해서 계란성Egg Castle이라고도 한다. 1층은 연회장과 공식 접견실, 2층에는 파실라다스 황제의 기도실이 있고, 3층에 왕의 침실이 있다. 지붕 위로 삐죽이 솟은 사각탑은 종교적인 행사장으로 사용되었고, 황제가 백성들에게 연설하던 곳도 바로 이곳이라고 한다.

이 사각탑 옥상에서 바라보면, 저 멀리 아름다운 타나 호가 보인다고 여행 책자《론리 플래닛》이 추천했기 때문에, 옥상으로 올라가는 계단을 한참 찾았다. 백인 남자 여행자 두 명도 나처럼 우왕좌왕하고 있었다. 3층 통로에서 지붕으로 올라가는 문을 간신히 찾았는데 문이 자물쇠로 잠겨 있었다. 허탈하게 내려오는데 백인 남자 여행객들이 올라오면서 지붕으로 올라가는 계단을 찾았느냐고 묻는다. 내가 "closed(닫혀 있다)"고 하자 그들이 "Oh, the door is locked(오, 문이 잠겨 있네)"라고 말한다. 그래, 이 경우에는 출입문이 단순히 닫힌 게 아니라 자물쇠로 잠겨서 못 들어가는 것이니까 'closed'보다 'locked'가 더 적합하구나. 실수를 통해 실용 영어를 배운다.

파실라다스 궁전 옆에는 요하네스 1세 황제의 아들인 이야수 1세 황제가 세운 3층짜리 궁전이 있다. 지붕의 모양이 말안장과 비슷해 '말안

지붕과 성벽 일부가 파손된 이야수 1세 궁전.

장 궁전'이라 불리는 이야수 궁전은 과거 베네치아 거울과 황금 채색, 상아, 아름다운 벽화 등 화려한 내부 장식으로 솔로몬의 성보다 더 아름답다는 찬사를 들었다고 한다. 그러나 1704년의 지진과, 1940년대 곤다르를 점령하고 있었던 이탈리아 파시스트 군대에 대한 영국군의 폭격으로 궁전의 지붕이 날아가 버리고 일부 성벽도 허물어지고 말았다. 이야수 궁전에서 위쪽으로 올라가면 다위트 3세 황제의 행사장 건물, 바카파 황제의 궁전과 연회장, 터키식 목욕탕, 교회 등을 볼 수 있다.

성벽과 궁전에 미로처럼 복잡하게 얽힌 수많은 비밀 통로와 문을 보니, 곤다르 왕국의 음습한 권력 투쟁을 연상하게 된다. 권력의 중심인 왕궁에는 어디나 음험한 음모와 술수가 난무하기 마련이다. 실제로 이야수 1세가 아들에게 살해된 뒤 곤다르 왕국은 음모와 암살, 배신과 반란으로 들끓었고 점차 암흑의 시대로 빨려 들어갔다. 에티오피아 역사가들은 곤다르 왕국의 말기를 구약성서의 〈판관기〉에 나오는 혼란스러운 암흑시대로 규정한다.

그리고 유적지 한가운데에는 황제들이 기르던 사자의 우리가 그대로 보존되어 있다. 사자는 에티오피아 황제들의 권위와 정통성을 상징하는 동물이었다. 에티오피아 역대 황제들은 스스로를 왕 중의 왕, 유다의 사자Lion of Judah라고 했다. 성서에서 구세주, 곧 메시아는 하느님의 어린 양과 정복자 사자의 두 얼굴로 나타나는데, 예수 그리스도는 하느님의 어린 양으로 온 것이고 에티오피아 황제들은 정복자 또는 정의의 지배자 사자로 온 것이라고 스스로 믿었던 것이다. 에티오피아 마지막 황제인 하일레 셀라시에가 지난 1930년 대관식 연단 밑에 살아 있는 사자 네 마리를 가져다놓은 것도 같은 까닭에서였다.

유적지 곳곳을 사진에 담으려고 갖고 간 디지털카메라의 셔터를 마구 눌러댔는데, 나중에 재생 화면을 보니 웬일인지 거의 찍히지 않았

곤다르 궁전 안에 있는 사자 우리.

다. 평소에도 카메라를 잘 사용하지 못하던 사람이 작동 요령을 제대로 익히지 않고 온 까닭에 기본적인 조작을 잘못한 것이었다. 내 마음속에는 곤다르 왕궁의 모습이 생생한데 정작 사진기에는 단 두 장밖에 남아 있지 않았다. 플래시를 작동하지 않고 실내에서 사진 찍는 기본적인 방법조차 몰랐던 나는 사진기 조작 미숙으로 여행 내내 곤욕을 치렀다.

더운 날씨에 오래 걸은 터라 목이 말랐다. 왕궁 밖에 있는 노점상에게서 물 한 병과 5비르어치 오렌지를 사가지고 숙소인 벨레게즈 펜션으로 돌아왔다. 그동안 더러워진 바지와 속옷, 양말을 빨아 안마당 빨랫줄에 넌 뒤, 피곤한 몸을 침대에 맡기자 단잠이 들었다.

시끄러운 자동차 소리에 잠이 깨어 내다보니, 대형 트럭의 짐칸에 오토바이가 실려 있다. 운전사와 현지인 두 명이 끙끙거리면서 오토바이를 내리느라 애를 먹고 있었다. 호기심에 밖으로 나와 오토바이 내리는 것을 도와주었다. 워낙 대형 오토바이인지라 태산을 옮기는 것처럼 무거웠다. 오토바이 운전사인 젊은 백인 남자는 붕대 감은 왼손을 흰 천으로 목에 걸고 있었다. 수단에서 에티오피아 국경을 넘자마자 마주 오던 자동차와 부딪혀 넘어졌다고 한다. 천만다행으로 뼈가 부러지지는 않았고, 왼손을 약간 삔 정도였다. 키가 크고 잘생긴 젊은 오토바이 여행자를 보니, 마치 체 게바라를 보는 듯했다.

내가 "오토바이 타고 여행하는 모습이 체 게바라 같다"고 하자, 자신도 체 게바라를 무척 좋아한단다. 어디서 왔느냐고 물으니 아일랜드에서 왔다고 한다.

"어, 게바라도 아일랜드계로 알고 있는데……."

"나도 안다."

우리는 누가 먼저랄 것도 없이 서로 손을 내밀어 악수를 했다.

체 게바라의 할아버지는 아일랜드계, 할머니는 에스파냐 바스크계다. 아일랜드인과 바스크인은 영국과 에스파냐에 대한 오랜 저항의 역사를 가진 민족이다. 아일랜드 사람을 만나면, 역사와 기질이 우리와 너무도 닮아 마치 이웃을 만나는 느낌이다. 나는 오래전 중국 단둥을 방문했을 때, 아일랜드 출신인 '푸른 눈의 항일운동가'를 알게 되었다. 1919년 단둥에서 무역상을 하던 조지 L. 쇼Show라는 아일랜드 사람은, 자신의 회사 사무실을 상하이임시정부의 연락처로 사용하도록 하는 등 우리 독립운동에 크게 기여했다. 1963년 쇼는 외국인으로는 드물게 우리 정부로부터 건국훈장 독립장을 받으며 독립유공자로 인정받았다. 아일랜드 사람을 보면 체 게바라와 함께 조지 L. 쇼가 떠오른다.

아일랜드에서부터 유럽 대륙을 내려와 이집트, 수단의 누비아 사막을 거쳐 에티오피아까지 달려왔다는 그는 앞으로 케냐를 거쳐 탄자니아, 잔지바르, 말라위, 잠비아, 나미비아, 남아공 케이프타운까지 갈 계획이라고 했다. 내가 가려는 경로와 거의 비슷했다. 오토바이를 보니 KTM 상표가 붙어 있다. 처음 보는 이름이다. KTM 오토바이가 어느 나라 것이냐고 묻자 오스트리아에서 생산되는 것이라고 한다. 사막이나 비포장도로를 달리는 데는 최고라며 엄지손가락을 들어 보인다. 이 젊은이가 타고 온 오토바이는 바퀴도 특수 타이어를 끼었는지 일반 바퀴보다 훨씬 크고, 차체의 크기도 일반 오토바이의 1.5배는 더 되어 보였다. 보통 남자 혼자서 차체를 일으켜 세우기도 힘들 정도로 거대한 오토바이다.

나는 이 젊은이와 함께, 저녁을 약속한 자전거 여행자들을 만나러 갔다. 시내 극장의 뒷골목 조그만 식당에는 이미 그들이 기다리고 있었다. 그들도 자전거를 타고 수단 사막을 건너다 우연히 만났다고 했다.

내가 한국인임을 알자, 이름이 클로드 마살러라는 스위스 여행자가 "인천, 서울, 부산"을 줄줄이 읊는다. 어떻게 한국의 지방도시까지 아느냐고 물었더니, 지난 1994년 3월부터 2001년 6월까지 무려 7년 동안 자전거를 타고 스위스에서부터 세계 일주를 했는데, 1996년 11월 중국을 거쳐 한국의 인천항으로 들어와 자전거를 타고 서울과 부산까지 종단했다는 것이었다. '야크(티베트 소)'라는 별명을 갖고 있는 그는 자신의 한국 종단 이야기가 "몽크스 뉴스페이퍼(가톨릭 신부들의 신문)"에 실린 적이 있다고 했는데, 아마 가톨릭교단에서 간행하는 주간 《평화신문》을 말하는 것 같았다. 그 많은 나라를 돌아다녔을 텐데, 우리나라 지명뿐 아니라 신문까지 정확히 기억하고 있는 것이 놀라웠다.

야크는 2005년 10월부터 두 번째 자전거 세계 일주에 나서, 앞으로 지부티를 거쳐 인도의 몸바사로 갈 계획이라고 했다. 7년이나 자전거로 여행했으면 질릴 법도 한데, 그는 "그냥 자전거 탈 때가 가장 행복하다"고 말했다. 이탈리아 여행자도 "페달을 밟으며 바라보는 세상이 그렇게 아름다울 수가 없다"고 자전거 여행 예찬론을 폈다. 그들은 자전거 페달을 밟으며 자전거 높이의 여행을 즐기고 있었다.

그런가 하면 아일랜드 젊은이는 "오토바이를 타고 가면서 느끼는 속도감과 바람이 귓가를 스치는 스릴은 타보지 않은 사람은 알 수가 없다"고 오토바이 여행 예찬론을 늘어놓았다. 나는 "오토바이나 자전거는 고장 나면 고치는 데 시간이 오래 걸리고, 위험하지 않냐"며 안전하고 자유롭게 혼자 다니는 데는 배낭여행이 최고라고 말했다.

우리 네 명은 처음 만났지만 밤늦도록 곤다르의 다쉔 맥주를 함께 마셨다. 우리는 모두 음악을 좋아하고 아프리카를 사랑하고 게바라를 그리워하고 넬슨 만델라를 흠모했다. 한결같이 이라크 전쟁을 비판하고 조지 부시 대통령을 싫어하고 팔레스타인을 안타까워하고 인종 차별에 반대했다.

자전거와 오토바이, 홀로 걷는 배낭여행으로 각자의 여행 수단은 달랐지만, 여행자의 마음은 하나다. 기나긴 여로에서 만나는 다른 여행자는 서로의 여행을 밀어주는 힘으로 작용한다. 여행은 모든 종류의 편견을 없애고 마음의 창을 열어젖히는 최고의 현장 체험이다. 아프리카 속담에도 "멀리 여행을 하지 않은 사람은 자기 어머니가 최고의 요리사인 줄 안다"고 했다.

미국 하버드대 교수 하워드 가드너는 《통찰과 포용》이라는 책에서 "진정한 리더는 젊은 시절 해외여행을 통해 견문과 시야를 넓히지만, 미래의 독재자들은 대체로 자국을 벗어나지 않으려는 공통된 패턴이 있다"고 재미난 분석을 했다. "독재자들이 해외여행을 하지 않는 이유는, 색다른 환경을 체험하면 자신이 공들여 세워놓은 (편견과 차별에 기반한) 계획이 복잡하게 엉키고 갈등을 겪게 될까 두렵기 때문"이란다. 히틀러와 스탈린, 아들 부시는 젊은 시절뿐 아니라 최고 통치자의 지위에 오를 때까지 자기 나라 외에는 거의 여행을 해본 적이 없다. 무솔리니도 병역을 기피하느라 잠시 스위스와 독일에 머물렀을 뿐이다.

다음날 아침 일찍 지하 암벽교회가 있는 랄리벨라로 출발했다. 전날 깨끗하게 빨아 햇볕에 말린 옷을 입으니, 온몸이 상쾌했다. 흙먼지를 온통 뒤집어써야 하는 아프리카 배낭여행에서는, 빨래 하나도 이렇게 여행자를 기분 좋게 만든다. 곤다르 공항으로 가는 길에 보니, 남녀노소 할 것 없이 다리를 끈으로 묶은 닭을 한 마리씩 두 마리씩 들고 간다. 토요 시장에 팔러 가는 것이다. 돈 되는 것은 닭밖에 없으니, 누구나 닭을 팔아 생필품을 산다.

시미엔 산맥 국립공원에 가보지 못하고 곤다르를 떠나는 아쉬움이 크다. 에티오피아에서 가장 높은 산봉우리인 라스다샨 산(해발 4543미터)이 있는 시미엔 산맥은 여행객들의 트레킹 장소로 유명한데, 보통 산에 올라갔다 내려오는 데 나흘 정도가 필요하다. 에티오피아에서는 유적 탐방이 주요 목적이었고, 시간도 촉박해 시미엔 산맥 트레킹은 먼 훗날로 미뤄야 했다.

아침 7시에 곤다르를 떠난 비행기는 동쪽으로 날아 랄리벨라 공항에 도착했다. 공항에서 미니버스를 타고 시내로 들어가는 데 꽤 시간이 걸렸다. 깎아지른 듯한 절벽과 웅장한 산을 몇 차례 넘어 27킬로미터나 달렸다. 에티오피아 전통 가옥인 2층짜리 둥근 오두막 투쿨tukul이 많이 보였다. 사람은 주로 2층에 살고, 1층에는 가축을 기른다.

햇볕은 사막처럼 따가웠다. 곤다르와 바하르다르가 타나 호 근처에 있어 푸른 숲이 우거진 데 반해, 랄리벨라는 나무가 거의 없는 황량한 산악 지대의 고산도시였다. 티베트의 라싸가 생각났다. 해발 고도 3600미터인 라싸가 라마교의 종교도시라면, 랄리벨라는 라스타 산맥의 해발 고도 2630미터에 위치한 에티오피아 정교회의 성지다.

버스에서 내려 가장 싼 숙소인 미니로하 호텔로 갔다. 하룻밤 숙박료는 40비르, 우리 돈으로 4700원 정도. 컨테이너 같은 사각형 시멘트 건물 안에 나무 침대가 덜렁 놓여 있었다. 침대에 누우니, 허름한 천장이 갑자기 무거운 철판이 되어 떨어지는 환상이 보였다. 방 안에 그대로 있으면 천장에 깔려 죽을 것만 같아, 배낭만 내려놓고 밖으로 나왔다.

마침 빈터에서 토요 시장이 열리고 있었다. 시장 어귀에서 기다리던 어린이 두 명이 장터를 안내하겠다고 바짝 따라붙는다. 길잡이 없이는 헤맬 수도 있을 것 같아 그들을 안내인으로 삼았다. 1비르씩 주고서. 아이들은 다른 아이들이 따라오자 자신들이 공식 안내인이라며 쫓아내고, 신이 나서 시장 곳곳으로 나를 이끌고 다니며 물건들을 설명한다. 워낙 가난하다 보니 외국 여행객만 만나면 스무 명쯤 되는 아이들이 한꺼번에 몰려든다. 에티오피아 아이들의 초등학교 취학률이 31퍼센트 정도밖에 안 되니 어린이들 대부분은 학교 문턱에도 가보지 못한다.

장터에는 향료며 소금, 고추, 전통 음식인 인제라 재료로 쓰이는 테프와 과일, 노새 등 인근에 있는 농촌 사람들이 직접 들고 온 농산물들이 나와 있었다. 꼬마 안내인들은 "여기 물건을 팔러 네다섯 시간 걸어서 온 사람들이 많다"며 팔려고 내놓은 소금과 후추를 집어서 나에게

토요일 야외 시장.

맛을 보도록 하는 등 '공식 안내인' 노릇을 톡톡히 하려고 애썼다. 아이
들이 나에게 맛보게 하려고 물건을 집어도 누구 하나 나무라지 않고,
웃으면서 외국 여행객이 맛보는 것을 지켜보았다. 햇빛가리개를 설치
한 상인도 있었지만, 대부분 강한 햇볕 아래 포대 따위를 깔고서 그대
로 앉아 있었다.

　햇볕이 너무 따가워 시장을 오래 둘러볼 수 없었다. 몇 분만 더 있다
가는 바짝 마른 육포가 될 것만 같아 근처 음식점으로 긴급 피난했다.
놀랍게도 이런 시골의 식당에 위성 텔레비전이 있었다. 화면은 가끔씩
아디스아바바를 다녀오는지 지지직 소리와 함께 끊어졌으나, 그런대로

볼 만했다. 영국 'BBC 월드' 채널에서 요란한 퍼레이드 행사를 중계하고 있었다. 엘리자베스 2세 여왕의 탄생 80세 축하 행사였다. 에티오피아는 영국의 도움으로 4년간의 이탈리아 지배를 끝내고 1941년 독립을 되찾았기 때문인지, 미국 CNN보다는 영국 BBC 월드 채널을 주로 보았다. 미국의 CNN은 동부 아프리카에서는 거의 볼 수 없고, 남아공과 보츠와나, 나미비아 등 남부 아프리카에서야 볼 수 있었다. 동남부 아프리카 국가의 대부분이 영국의 식민지였기 때문에 옛 식민 지배 국가의 영향이 강하게 남아 있기 때문이기도 하고, 아프리카 전반에 퍼져 있는 반미 감정 때문이기도 하다. 식당 주인에게 "CNN은 보지 않느냐"고 묻자, "미국 방송은 볼 필요가 없다"는 반응이 즉각 돌아왔다.

점심을 먹고 나오는데, 한 아이가 나를 보고 달려왔다. 토요 시장에서 나를 안내해주던 꼬마였다. 손에 무엇인가를 꼭 쥐고 있다가 나에게 "선물"이라며 건네주었다. 나무로 만든 작은 십자가 목걸이였다. 내가 꼬마에게 수고비를 준 것에 대한 답례다. 목에 거니 그런대로 어울렸다. 장난감 같은 물건이지만, 어린아이의 마음이 전해지니 뭉클하다. 졸졸 따라다니는 어린아이들을 귀찮아하고 경계했던 내 마음을 이 아이에게 들켜버린 것 같아 부끄러웠다.

랄리벨라는 '아프리카의 페트라'(페트라는 요르단 남부에 있는 암벽도시 유적)라 불릴 정도로, 바위산을 깎아 만든 교회가 유명하다. 꿈에서 이곳에 제2의 예루살렘을 건설하라는 계시를 받은 랄리벨라 왕이 12세기 예루살렘을 본떠 만든 도시다. 12세기부터 130여 년간 자그웨 왕조의 수도였는데, 애초 이름은 '로하'였다. 랄리벨라 왕이 시작한 암벽교회 건설은 120여 년간 이어졌다. 유럽의 기독교 국가들이 11~13세기 십자군 원정으로 예루살렘 탈환을 시도하는 사이, 에티오피아는 '뉴 예루살렘'인 랄리벨라를 건설하고 있었다. 랄리벨라 시내를 흐르는 강에는 예수가 세례를 받은 요르단 강의 이름을 따 붙였고, 교회 안뜰에 아담의 무덤을 만들어놓았다.

랄리벨라는 인간이 감히 정착을 생각하지 못할 험준한 산악 지대의 척박한 땅이다. 이슬람 세력에 쫓겨 막다른 절벽에 지은 고통스런 순례의 종착지다. 1936년 이탈리아 무솔리니 군에 패한 황제 하일레 셀라시에가 아디스아바바로 돌아가면서 망국의 한을 품고 외로이 순례를 왔던 곳이기도 하다. 랄리벨라와 티베트의 라싸는 약자가 스스로 고립을 선택함으로써 생존을 모색했던 '자기 고립 도시'다.

랄리벨라 교회를 멀리서 볼 수 없는 지하 암벽에 만든 것은, 이슬람 세력의 눈을 피하기 위해서였다. 에티오피아는 이슬람 세력의 팽창에 밀려 수도를 1세기경 북쪽의 악숨에서 12세기 랄리벨라, 17세기 곤다르와 바하르다르, 19세기 아디스아바바까지 계속해서 남쪽으로 옮겨야 했다. 수도의 내륙 남하와 기독교의 쇠퇴가 역사적 맥을 같이한다. 그러다 보니 에티오피아는 결국 홍해와 인도양으로 가는 길을 잃고 말았다.

암벽교회는 모두 11개인데, 요르단 강을 기준으로 북쪽에 6개, 남쪽 4개, 그리고 강북의 남서쪽에 홀로 떨어진 베트 기요르기스 교회가 있다. 예수가 최후의 만찬에서 "이 술은 나의 피"라고 말한 붉은 포도주로 염색한 듯, 바위벽은 레드와인 색깔이었다.

매표소에서 공인 여행안내인을 요청했으나 정오부터 오후 2시까지는 점심시간인지 안내인이 없다고 한다. 혼자서 다니기에는 복잡한 곳

지상에 살짝 드러난 암벽교회.

이라 난감했는데, 20대 중반쯤 되어 보이는 젊은이가 50비르를 내면 안내해주겠다고 해서 따라나섰다. 북쪽 교회가 가까운데 이상하게도 남쪽 교회부터 보자며 나를 이끌었다.

　처음에 간 곳은 베트 암마누엘Bet Amanuel 교회다. 베트Bet는 암하라어로 '집'이라는 뜻이다. 베트 암마누엘은 '임마누엘(히브리어로 '하느님이 우리와 함께 계시다'는 뜻)의 집'이라는 의미. 독립된 바위 한 덩어리를 깎아서 만든 교회다. 베트 암마누엘 교회에서 베트 메르코리오스 교회로 가는 길은 동굴 같은 지하 통로다. 안내하는 젊은이는 칠흑 같은

베트 암마누엘 교회.

지하 통로를 전등도 없이 잘 찾아갔다. 나는 이 젊은이의 손을 꼭 잡고
동굴을 통과했다.

베트 메르코리오스 교회는 지진으로 반쯤 무너져 내렸는데, 벽돌로
보수 공사를 해놓았다. 예수 그리스도의 생애를 나타낸 벽화가 보존되
어 있었다.

그 옆에는 고대 기독교 지하묘지를 본떠서 만든 베트 압바 리바노스
교회가 있다. 맨 아래쪽에 있는 베트 가브리엘-루파엘 교회(또는 베트
가브리엘-라파엘 교회)는 애초 왕족들의 저택으로 사용되다 교회로 바뀐

베트 가브리엘-루파엘 교회의 천국으로 이르는 길.

것으로 여겨지는데, 랄리벨라 왕이 교회 지붕 위에서 백성들에게 연설을 했다고 한다. 이 교회 입구의 좁고 험한 길은 천국으로 가는 길을 형상화해놓은 것이며, 안쪽에는 지옥으로 가는 길도 형상화해놓았다. 지하 통로로 교회 안뜰에 있는 아로기 베들레헴이라는 건물과 연결되는데, 이곳은 바로 신성한 빵을 굽는 부엌이다.

　이제 북쪽 교회로 올라가려는데 갑자기 젊은이가 "더 이상 안내할 수 없다"고 몸을 뺀다. 북쪽 교회는 공인 안내인 자격증이 있는 사람만 들어갈 수 있어 자신 같은 비공인 안내인은 아예 들어갈 수 없다는 것이다. 맙소사, 군이 매표소에서 먼 남쪽 교회부터 보자고 할 때 알아봤어야 했는데. 자기도 미안했던지 약속했던 50비르 중 25비르만 달란다. 그러면서 북쪽 교회로 가는 길을 친절하게 가르쳐준다.

비공인 안내인이 떠난 뒤 혼자 걸어서 북쪽 교회 입구에 도착했다. 랄리벨라 지하 암벽교회는 교회 하나하나가 고유한 십자가를 가지고 있듯이 다양한 건립 배경과 목적, 내부 장식, 전설 들이 깃들어 있기 때문에 제대로 안내를 받지 않으면 깊은 의미를 놓치기 십상이다. 여행 책자에서도 랄리벨라에 가면 반드시 공인 안내인의 설명을 들으라고 권한다.

다시 매표소에 가서 공인 안내인을 요청하니 30대 초반의 젊은이가 바로 달려온다. 내가 오후 1시께 청했을 때는 왜 오지 않았느냐고 하자 "점심 먹고 한숨 자고 있었다"고 말한다. 공인 안내인은 "비공인 안내인은 교회 이름도 거꾸로 알려주는 등 엉터리"라며 목에 걸고 있는 안내인 자격증을 내 눈에 바짝 들이대 보인다. "랄리벨라 인구는 2만 1000명인데 공인 안내인은 모두 70명"이라며 "1월에 열리는 크리스마스와 팀카트Timkat 축제 때에는 여행객이 워낙 많이 몰려 70명으로도 모자랄 형편"이란다. 에티오피아 정교회는 크리스마스를 1월 7일에, 예수의 세례식을 축하하는 팀카트 축제를 1월 19일에 대대적으로 벌인다.

100비르를 주고 채용한 공인 안내인은 역시 달랐다. 교회의 역사를 설명해줄 뿐 아니라 각 교회를 지키고 있는 성직자들에게 부탁해 고유한 십자가며 오래된 성경, 교회 안 구석구석을 보여주기도 하고, 홀로 간 여행객을 위해 사진사 노릇까지 충실히 해주었다. 교회 안의 성직자에게는 여행객을 위해 희귀한 물건을 보여주도록 권유하고, 여행객에

베트 메드한네 알렘 교회.

게는 성직자에게 팁을 조금 주라고 부추기는 등 중개자 내지 거간꾼 역
할을 능수능란하게 해냈다.

　제일 먼저 찾은 곳은 가장 규모가 크고 웅장한 베트 메드한네 알렘
교회다. 사각 기둥 72개가 안팎으로 받치고 있는데, 그리스 사원 같은

형태다. 보수를 위해 철판으로 지붕을 씌우고 철제 보호 기둥을 세워놓았다. 교회 한편에는 빈 무덤 3개가 있는데, 구약성서에 나오는 아브라함과 이삭, 야곱의 무덤이다. 물론 종교적 의미의 상징적인 무덤일 뿐이다. 여기서 동굴을 건너가면 암벽교회 3개가 있는 큰 안뜰이 나오는데, 가운데 있는 것이 베트 마리암 교회이고 왼쪽에 베트 다나겔 교회, 오른쪽에 베트 메스켈 교회가 있다.

베트 마리암 교회 바로 앞에는 작은 연못이 있는데, 아기를 못 낳는 여성이 이 연못에서 목욕을 하면 아이가 생긴다고 전해진다. 이 교회가 성모 마리아를 위해 지은 데서 연유하는 이야기다. 암하라어로 마리암

베트 골고타와 베트 미카엘 교회 사이의 지상에서.

Maryam은 성모 마리아를 의미한다. 베트 마리암은 결국 '성모 마리아의 집'이라는 뜻. 베트 다나겔은 '수녀의 집'이다. 암하라어로 다나겔은 수녀를 의미한다. 4세기에 터키에서 순교한 성처녀인 수녀들을 추모하여 만든 교회다.

베트 메스켈은 '십자가의 집'이라는 뜻이다. 작은 동굴로 이뤄진 베트 메스켈은 다른 곳보다 훨씬 더 신비롭게 느껴졌다. 나이가 꽤 든 성직자들이 동굴 안에 살면서 찬송도 부르고, 성경도 낭독하고 있었기 때문이다. 한 성직자는 금속제 십자가를 꺼내 보이면서 사진을 찍도록 해주었다.

베트 골고타 교회에서. 뒤편에 보이는 짧은 다리 건너편이 '아담의 무덤'이다.

성직자가 꺼낸 랄리벨라식 금속제 십자가는 커다란 십자가 안에 그리스 십자가라고도 하는 열십자형 십자가(十)부터 창틀형 십자가(╬), 만 자형 십자가(卍)까지 여러 형태의 작은 십자가가 무려 11개나 들어 있는 것이다. 에티오피아 정교회는 이 밖에도 나무나 금속 끝에 작은 십자가를 꽃잎처럼 매달거나, 꽃잎 네 개를 연결해 십자가 모양으로 만드는 등 다양한 형태의 전통 십자가를 만들어 사용하고 있다.

맨 뒤쪽에 있는 베트 골고타와 베트 미카엘 교회로 건너갔다. 마치 한 몸처럼 붙어 있는 쌍둥이 교회인데, 역시 베트 마리암 교회와 동굴 통로로 연결되어 있다. 베트 미카엘 교회에는 황제의 예배실이 따로 마련되어 있고, 베트 골고타 교회는 교회 방문 자체가 천국의 자리를 예약하는 것으로 받아들여져 더욱 신성시되고 있다. 이들 교회에서도 성직자 두 명이 성경을 낭독하고 있었다. 베트 골고타 교회 뒤쪽의 깊은 도랑 건너 있는 건물은 역시 상징적으로 만든 아담의 무덤이다.

베트 기요르기스는 랄리벨라에서 가장 유명한 암벽교회다. 랄리벨라 교회의 대부분이 사각형으로 생겼는데, 베트 기요르기스는 아름다운 그리스 십자가 모양이라 독특하다. 11개 교회 중 마지막으로 13세기에 세워진 베트 기요르기스 교회는 '성 조지의 집'이라는 뜻이다. 붉은 십자가 모양인 기요르기스 교회를 보니, 영화 〈킹덤 오브 헤븐〉에서 붉은색 '파테 십자가'를 앞세우고 예루살렘까지 십자군 원정에 나선 성전기사단이 떠올랐다.

랄리벨라에 오는 여행자들은 대부분 이 교회의 아름다움에 이끌린 사람들이다. 중국의 둔황 석굴이나 요르단의 페트라 사원은 바위 절벽을 옆으로 깎아 들어갔지만, 이 교회는 수직으로 바위를 파고 내려갔

십자가 모양의 베트 기요르기스 교회.

다. 화산재가 굳어져서 생긴 부드러운 응회암 바위였기에 가능한 일이
었다. 세상에서 가장 아름다운 교회라는 명성은 그저 얻어진 것이 아니
었다. 세계 8대 불가사의라 자랑할 만하다. 너비와 깊이가 각각 12미터
로 같은 이 교회는, 거의 원형 그대로인 보존 상태로 랄리벨라 지하 암
벽교회의 상징이다. 비행기가 없던 13세기 이슬람 세력은 결코 랄리벨
라 교회의 존재를 알 수 없었다.

  이 교회는 들어가는 입구부터 독특하다. 십자가형 본건물에서 옆으
로 조금 떨어진 지상에서 시작되는 도랑 같은 길을 점점 내려가다 어느
지점부터 지하 동굴 속으로 들어간다. 짧은 동굴을 통과하면 바로 교회
안뜰이 나온다.

교회를 너무 사모해 죽어서도 미라로 남은 어느 성직자의 주검.

안뜰 벽에 작은 굴이 파여 있었는데, 굴 안에 있는 물체를 보고 움찔했다. 사람의 유해가 미라로 보존되어 있었다. 미라는 다리와 몸통, 머리가 각각 떨어져 있었다. 안내인은 "이 교회를 너무 사모해 죽어서도 떠나지 못하는 어느 성직자의 유해"라고 말했다. 이런 사연 때문일까. 미라가 징그럽다거나 혐오스럽지 않고 친밀하게 다가왔다. 나그네인 나도 떠나고 싶지 않을 정도로 아름다운 교회인데, 이곳에서 평생 수행한 성직자의 마음이야 오죽했으랴.

안뜰 한편에는 성수로 불리는 지하수가 나오는 네모난 샘도 있다. 교회 건물의 출입문은 직사각형으로 뚫려 있고, 그 위쪽에 악숨 양식인 버섯 모양 환기구가 있다. 이 버섯 모양은 포경한 남자의 성기 모양을 본뜬 것이라고도 한다. 에티오피아에서는 어릴 때 남자아이의 성기 포피를 잘라내는 할례 의식을 지금도 시행하고 있다.

신발을 벗고 교회 안으로 들어가니 성서를 낭송하던 성직자가 붉은 천막 앞에 앉아 독특한 십자가 2개를 보여준다. 붉은 천막으로 쳐진 곳은 성직자들만이 들어가는 지성소라고 설명하는데, 십계명이 새겨진 법궤가 안치되어 있다고 한다.

벽면에는 성 조지가 용과 싸우는 장면이 그려진 벽화들이 있다. 암하라어로 기요르기스Giyorgis는 기독교 성인 중 한 명인 성 조지George를 의미한다. 교회 내부 천장에도 십자가를 조각해놓았는데, 마지막으로 보여주는 것은 오래된 나무 상자였다. 성직자는 랄리벨라 왕이 직접 올리브나무로 만든 연장 상자라고 설명한다. 상자의 몸통은 오래된 가구답게 바랜 빛이 역력한데 문짝은 최근에 새로 해놓은 듯 하얀 색깔이어서 도통 어울리지 않는다. 금속 자물쇠로 문을 잠가놓은 것으로 봐서

지성소 앞에서 십자가를 보여주는 성직자(위).
랄리벨라 왕이 만들었다는 올리브나무 상자(아래).

현재도 여러 도구나 옷가지 등을 넣는 데 이용하고 있는 듯 보였다.

베트 기요르기스 교회에서는 여행객의 발길을 붙잡는 신비로운 향기가 건물 전체에서 솔솔 풍겨 올라왔다.

뒷간에 물통이
놓인 까닭은

숙소로 돌아오다 갈증을 해소한답시고, 가게에서 에티오피아 전통 술인 '테지tej'를 음료수로 잘못 알고 마셨다. "목마른 데는 테지 한 잔이 최고"라는 안내인의 꾐에 넘어간 것이다. 꿀과 알코올로 만든 테지를 마시자, 달짝지근한 단내가 나면서 술기운이 온몸에 확 퍼졌다. 테지는 5도에 불과하지만, 찌는 듯한 아프리카의 열기가 더해지니 40도짜리 보드카를 마신 듯 땅이 오르락내리락 춤을 추었다. 돌담길을 따라 숙소로 돌아오는데, 80대쯤 되어 보이는 성직자가 갈색 가비를 걸치고 맨발로 십자가 지팡이를 들고 있었다. 랄리벨라는 전체가 마치 구도자들의 도시처럼 느껴졌다.

숙소로 돌아온 나는 테지로 후끈후끈 달아오른 얼굴을 식히려고 삐거덕거리는 침대에 누웠다. 누군가가 방문을 두들겼다. 나를 찾을 사람이 없는데, 누굴까? 문을 열고 나가보니, 숙소의 남자 종업원이었다. 그의 얼굴에는 무슨 하소연을 하고 싶다는 표정이 겹겹이 쌓여 주름살이 되어 있었다. 그는 아침 6시에 출근해 방과 마당, 변소 등을 청소하고 허드렛일을 하는 종업원이다. 스물일곱 살인 젊은 종업원은 새벽부터 일하는데도 월급은 쥐꼬리만 하다며 불평이었다. 초등학교밖에 나오지 못한 그는 "아디스아바바 같은 도시에 나가 일하고 싶은데, 많이 배우지 못하고 특별한 기술도 없어 갈 수도 없다"며 신세를 한탄했다.

그는 지금 일하는 이곳에서마저 쫓겨날까 걱정이 태산이었다. 최근 여행객이 많이 줄었기 때문이다. 미니로하 호텔은 랄리벨라에서 가장 싸고 허름한 집인데, 투숙객이 나 외에 아무도 없었다. 나에게 건네준 숙박 장부를 보니 일주일 전에 일본 남자 한 명이 묵었고, 그 전에도 일주일에 한두 명 묵는 정도였다. 한 1년 동안 투숙객 명단에 한국인은 한 명도 없었다. 이대로 몇 달 지나면 아예 호텔 문을 닫아야 할지도 모른다.

에티오피아의 가난한 현실보다, 희망을 찾지 못해 방황하는 젊은이를 보는 것이 더욱 가슴 아팠다. 에티오피아는 공식적인 실업률 통계조차 없다. 두 시간 정도 넋두리를 들어주면서도 여행자인 내가 이 젊은이에게 해줄 수 있는 것은 아무것도 없었다. 좌절하지 말라는 말 외에는.

젊은이는 어둠이 깔리기 전 퇴근했고, 나는 일찍 잠자리에 들었다. 잠을 청하는데, 도무지 잠이 오질 않았다. 호텔 전체에 사람이라고는 나 혼자뿐이었다. 주인은 언덕 아래 마을에서 살고, 방은 호텔이라는 이름이 무색하게 가건물 수준이다. 방문 열쇠는 허술한 나무걸이로 되어 있어, 사람이 밀치면 바로 문이 열린다. 도난 방지나 보안 장치는 어디에도 찾아 볼 수 없었다. 전깃불이 들어오지 않으니, 어둠이 깔리자마자 칠흑 같은 정적이 감돌았다.

밤 9시쯤 화장실을 찾아갔다. 비상용으로 들고 다니는 손전등을 배낭에서 꺼냈다. 마치 미로를 찾듯 헤매다, 간신히 건물 뒤쪽 제일 구석진 곳에 숨어 있는 변소를 찾을 수 있었다. 30센티미터 정도 높이의 사각형 시멘트 둔덕 가운데 동그란 구멍이 뚫린 곳이었다. 둔덕에 올라앉으니, 아래쪽 집들이 희미하게 보였다. 문이 없어 시원하기도 하고, 민망하기도 하다.

한편에는 플라스틱 물통에 물이 담겨 있고, 그 옆에 반쪽으로 자른 페트병이 놓여 있었다. 수세식 화장실도 아닌데 왜 페트병으로 물을 붓도록 하는 것일까. 여행을 마치고 돌아온 뒤에야 궁금증이 풀렸다. 나보다 10여 년 전에 에티오피아를 여행했던, 인터넷 아프리카여행클럽 '바오밥'의 회장인 무파사라는 여행자의 설명을 듣고 웃음이 절로 나왔다. 변소의 페트병은 변기에 물을 뿌리라고 있는 것이 아니라, 화장지 대신 밑을 닦는 데 사용하는 물통이었다. 페트병에 적당히 물을 담은 다음, 오른손으로 항문에 물을 뿌리듯이 튀기면서 왼손으로 밑을 닦는 거란다. 왼손으로 밑을 닦는 것은 오른손으로는 음식을 집어먹어야 하기 때문이다. 에티오피아에서 '왼손은 변소의 것이고, 오른손은 인제라의 것'이다.

방으로 돌아왔으나, 잠은 여전히 오지 않는다. 아프리카 여행 닷새 만에 맞는 공포의 밤이었다. 박쥐가 날아드는 듯 처마 밑에서 파닥파닥 소리가 들리고, 나무로 된 문고리가 바람에 덜컹거리면서 방문이 흔들리고, 몸을 뒤척이는 데 따라 침대도 삐거덕거리고, 누구의 발소리인지 알 수 없는 저벅저벅 소리도 들리고, 여기저기 이상한 소리가 뒤섞이며 공포감이 엄습해왔다. 눈을 붙였다 떴다 하기를 몇 차례, 몸을 엎치락뒤치락하기를 또 몇 차례 하다가, 꼬끼오~ 소리에 눈을 떴다.

새벽을 알리는 닭울음 소리가 그렇게 반가울 수 없었다. 평소 백숙이나 닭볶음탕의 재료로만 생각했던 닭이, 이렇게 소중한 존재라는 것을 아프리카에 와서야 뼈저리게 깨달았다. 닭은 우리와 같이 살면서 그 존재가치가 평가 절하된 대표적 동물이다. 그러나 시계를 보니 아직도 새벽 4시 30분. 역시 나처럼 가위에 짓눌린 랄리벨라의 새벽닭이 밤이 무서워 울었음에 틀림없다. 나는 방에 비상용으로 놓여 있던 초를 꺼내 불을 붙이고, 아예 뜬눈으로 밤을 새우기로 작정했다.

아침 6시가 되자 칠흑 같던 어둠이 조금씩 벗겨지고 성서를 읽는 소리가 스피커를 통해 들려왔다. 새벽닭들도 여기저기 울기 시작하자, 공동묘지 같은 공포는 멀어지고 종교적 도시의 평안함이 찾아들었다.

날이 밝자마자 나는 서둘러 배낭을 챙겨 유령의 집에서 빠져나왔다. 마을 어귀에 커다란 철제 팻말이 세워져 있다. 우리나라의 70년대 새마을운동 간판 같다. 세계적 비종교 어린이 구호단체인 '플랜Plan'의 팻말이었다. 플랜이 랄리벨라 지역과 결연하여 어린이들을 지원하고 있다는 표시였다. 플랜은 나를 보고, 네 이놈, 하며 아침부터 꾸짖고 있었다. "네가 한 달에 한 번만 폭탄주를 마시지 않고 돈을 아낀다면, 에티오피아 어린이 한 명을 학교에 보낼 수 있다." 나는 귀국하면 제일 먼저 플랜에 달려가야겠다고 생각했다.

플랜의 간판을 보고 있는데 누군가 뒤에서 "헬로" 하고 반갑게 인사한다. 돌아보니 어제 십자가 목걸이를 주었던 바로 그 아이였다. 나도 반가워 인사하고 공항 가는 차를 기다리고 있다고 하자 자기가 지나가는 차를 잡아주겠다고 한다. 아이는 자기보다 키가 더 큰 남자아이와 함께 있었는데, 아홉 살인 친형이란다.

어제 교회를 안내했던 공인 안내인이 아침 7시까지 공항으로 가는 차를 보내주겠다고 했는데, 1시간이 지나도록 차는 오지 않았다. 배낭을 옆에 내려놓고 앉아 어린 형제와 한참 이야기를 나누었는데, 지나가는 차도 한 대 없다. 어린 형제가 아래쪽에 있는 알리프 파라다이스 호텔로 가면 공항 가는 봉고버스가 있다며 앞장서서 안내한다. 10분 정도 걸어 내려가니 큰 호텔이 나오고, 조금 있으니 정말로 공항 가는 봉고버스가 호텔에서 나왔다.

봉고버스에 오르자 공항까지 100비르를 내라고 한다. 어제 이곳에 올 때는 30비르였다. "내가 세계 곳곳을 여행하는 사람"이며 "어제 30비르를 내고 왔는데 하루 사이에 버스 요금이 세 배 넘게 뛰는 나라는 처음"이라 말하면서 태연스럽게 30비르만 내니 아무 소리 없이 그대로 받는다.

버스는 하룻밤 숙박비가 400비르(50달러) 이상인 로하 랄리벨라 호텔을 들러서 승객을 더 태웠다. 승객 중에 에티오피아 여대생 두 명이 전날 곤다르에서 랄리벨라로 오는 비행기 안에서 나를 봤다며 반가워했다. 이들도 악숨에 가는 길이어서 같이 동행하기로 했다. 랄리벨라 공항을 출발한 비행기는 북쪽으로 한 시간 정도 날아간 뒤 악숨에 도착했다.

악숨은 시바의 여왕 전설이 서린 곳이자 기독교의 전파, 오벨리스크, 법궤의 신화 등이 얽혀 있는 에티오피아 최고 유적지다. 역사적인 사실과 전설이 뒤엉켜 있는 신비의 도시다.

각자 숙소에서 여장을 풀고 쉰 다음, 우리 셋은 차량을 빌려 악숨 답사에 나섰다. 여대생들은 내게 암하라어로 '감사하다'는 뜻인 "아메세거날로"를 가르쳐주었다. 에티오피아에 여행 왔으면 '아메세거날로'는 반드시 알아야 한다며 몇 번을 말하게 한다. 내가 몇 번의 시행착오 끝에 가까스로 발음을 흉내 내자 그때서야 박수를 치며 좋아했다. 나는 이 여대생들과 함께 구경하는 동안 '아메세거날로'를 수십 차례나 반복해 나중에는 자연스럽게 입에서 술술 나올 정도가 되었다. 에티오피아는 자신의 언어와 문화에 대한 자부심이 무척 강하다. 사하라 사막 이남에서 유일하게 고유한 문자를 갖고 있는 나라다. 다른 아프리카 국가들은 자기네 말은 있으되 문자가 없기 때문에 영어 알파벳을 빌려 적는다.

악숨은 어디를 가나 유적지였다. 1세기부터 7세기까지 고대 왕국의 수도로 번영을 누린 만큼 도시 전체가 박물관이다. 악숨 왕국은 로마제국과 중국의 한나라, 사산왕조 페르시아와 함께 세계의 4대 제국으로 손꼽힐 정도로 강성했다.

서기전 1000여 년경 아라비아 반도의 남쪽, 지금의 예멘 지역에 살던 당시 시바 왕국의 주민들이 홍해를 건너와 원주민인 흑인들과 섞여 살다가 세운 나라가 바로 악숨 왕국이다. 유명한 시바의 여왕 전설은 바로 에티오피아인들의 조상이 시바 왕국의 주민들이었던 데서 유래한다. 지도를 펴놓고 보면 현재의 에티오피아와 옛날 에티오피아 땅이었던 에리트레아는 홍해를 사이에 두고 아라비안 반도의 예멘과 마주 보고 있다. 예멘 지역의 아랍계 셈족이 이주해 온 것은 최초의 왕국으로 일컬어지는 예하 왕국 유적을 통해 알 수 있다. 악숨에서 동북쪽으로, 버스로 1시간 30분 정도 거리에 위치한 예하에는 서기전 800여 년경의 예멘풍 신전과 왕궁 유적지 등이 남아 있다.

우리가 처음으로 간 곳은 악숨 시내 산허리에 위치한 궁전 터와 무덤이었다. 왕궁 터에서는 70대 할아버지 안내인이 지하 무덤으로 우리를 이끌었다. 무덤의 주인공은 아라비아 남쪽 지역까지 영토를 넓히는 등 악숨 왕국의 번성기를 구가했던 칼렙 왕(514~542)과 그의 아들이자 후

칼렙 왕과 게브레 메스켈 왕의 궁전 터(위).
텅빈 석관만 남아 있는 게브레 메스켈 왕의 지하 무덤(아래).

지하 무덤으로 가는 돌벽에 새겨진 십자가.

계자였던 게브레 메스켈이다.

사각형 석판으로 만들어진 좁은 계단을 따라 내려가니 칼렙 왕의 무덤이 나왔다. 캄캄해 아무 것도 보이지 않기 때문에 노란색 나무 막대기 같은 초에 불을 붙여 하나씩 손에 들었다. 돌로 만들어진, 텅 빈 방 3개 중 한 방에만 깨어진 석관이 하나 놓여 있었다. 바로 옆에는 게브레 메스켈 왕의 무덤이 있는데, 모양과 양식은 비슷하지만 더 정교하게 만

들어져 있었다. 방이 5개 있는데, 한 방에 석관 3개가 놓여 있었다. 석관들은 뚜껑이 사라진 채 텅 비어 있었고, 어떤 석관은 네 동강으로 깨어져 있었다. 도굴범의 소행이다. 원래 무덤에는 금과 진주, 상아 등 에티오피아의 보물이 가득 묻혀 있었다고 전해진다.

텅 빈 석관을 보자, 나는 그 속으로 들어가 눕고 싶었다. 왠지 평온해질 것만 같았다. 언제부터인지 무덤은 나에게 두려운 존재가 아니라, 평화로운 안식처로 느껴졌다. 언젠가 영원히 들어가 쉬어야 할 곳이니까. 그러고 보니 지구상에서 가장 어두운 곳은 자궁이고, 두 번째 어두운 곳은 무덤이다. 인생은 어둠에서 시작해 다시 어둠으로 돌아가는 여행이다. 인생의 절반을 땅 위에서 살았으니, 이제는 한번 지하 무덤에 들어가 주검처럼 편하게 누워 나를 되돌아보는 것도 필요하지 않을까.

무덤에서 나와 사방을 둘러보니, 확 트인 경관이 아름다웠다. 악숨 시내가 보이고, 동쪽으로는 뾰족뾰족한 아드와 산맥이 멀리서 그 모습을 드러냈다. 악숨에서 동쪽으로 27킬로미터 떨어진 아드와 산맥은, 에티오피아가 1896년 2만여 이탈리아 침략군을 무찔러 독립을 지켜낸 역사적 장소다. 아드와 전투는 백인의 유럽 제국주의가 흑인의 아프리카 대륙에서 패배한 유일한 전쟁이다. 이 승리로 에티오피아는 단번에 아프리카 민족주의의 상징으로 떠올랐다. 에티오피아에서는 지금도 아드와 승전일인 3월 2일을 국경일로 지정해 기념하고 있다. 당시 이탈리아가 에티오피아에 욕심을 낸 것은 1869년 지중해와 홍해를 잇는 수에즈 운하 완공으로, 홍해와 동인도를 잇는 무역 항로의 거점인 에티오피아의 전략적 가치가 높아졌기 때문이었다. 당시 에티오피아 영토였던 홍해 연안의 항구도시들은 지금 에리트레아와 지부티로 독립해, 현재 에티오피아는 바다가 없는 내륙국으로 지리적 고립 상태에 놓여 있다.

칼렙 왕의 무덤에서 조금 내려오면 오른쪽에 조그만 간이 건물이 있다. 4세기에 악숨 왕국의 최전성기를 누렸던 에자나 왕의 비석이다. 비석에는 당시 수단 동부에서 홍해 건너 아라비아 남쪽인 예멘 지역까지 영토를 확장했던 에자나 왕의 전승 기록과 함께 기독교를 국교로 공식 지정한 사실까지 적혀 있다. 한마디로 에티오피아의 살아 있는 고대사 교과서다. 에자나 왕은 서기 333년에 국교를 유대교에서 기독교로 바

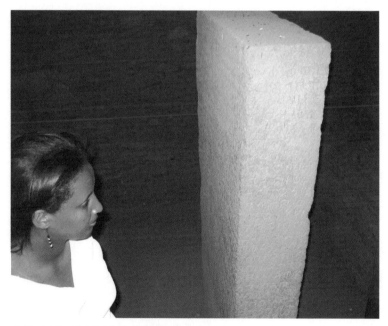

에티오피아의 로제타석이라 불리는 에자나 왕의 비석.

꿈으로써, 301년 아르메니아에 이어 에티오피아를 세계에서 두 번째 기독교 국가로 만든 인물. 그러나 에피오피아 정교회는 여전히 유대교의 영향을 많이 받아 금요 금식과 토요 안식일, 돼지고기 금기, 할례 의식 등을 준수하고 있다.

에자나 왕의 비석은 세 가지 언어로 씌어 있는데, 옛 아라비아 남쪽 왕국으로 에티오피아인의 조상이었던 시바의 언어와 고대 에티오피아어인 게이즈어Ge'ez, 그리고 그리스어란다. 이집트의 상형문자와 아랍의 민간 문자, 그리스어가 함께 새겨진 이집트 로제타석과 비견된다. 에자나 왕의 비석은 지난 1981년 한 농부가 발견했는데, 무시무시한 저주의 글 때문에 발견된 장소에 그대로 보존하고 있다. 아라비아 정복에 대해 신에 감사하는 내용과 함께 비석에 씌어 있는 저주의 글은 다음과 같다.

"이 비석을 감히 옮기는 사람은 누구든 급사할 것이다."

이것을 보고 누가 감히 비석을 옮기려 하겠는가. 이 비석과 거의 같은 내용이 적힌 비석이 시내 중심가의 에자나 공원에도 세워져 있다. 당시 에자나 왕의 공적을 기리기 위한 비석이 여러 개 세워졌음을 알 수 있다. 에자나 왕은 세계 최초로 십자가를 새긴 동전을 발행하기도 했다.

에자나 왕의 비석 근처에 시바 여왕의 목욕탕과 왕궁 유적이 있다. 산비탈 암벽을 깎아 만든 여왕의 야외 목욕탕은 폭 30미터, 길이 67미터에 깊이가 5미터나 되어 목욕탕이라기보다는 대형 수영장이나 저수지라고 불러야 할 것 같다. 여기서 주민들은 빨래를 하거나 물을 긷는다.

시바 여왕의 목욕탕이라는 곳에서 물을 긷고 있는 주민들.

  고고학자들은 이들 유적지가 사실은 시바의 여왕 시대보다 1000년 이상 뒤진 서기 1세기 초에 만들어졌다고 한다. 사실 여부와 상관없이 에티오피아인들이 이곳을 시바 여왕의 유적으로 믿는 마음에는, 예로 부터 물이 귀한 자신들의 터전에 중요한 식수를 제공하는 이 저수지를 신성시해온 사실과, 시대를 넘어 여왕의 은혜를 입고 있다는 자부심, 나아가 자신들의 시조로 여기는 여왕의 목욕탕이기 때문에 당연히 지역 주민 모두에게 대대손손 전해지는 공동 재산으로서 그만큼 물 한 방울도 아껴 사용해야 한다는 의식이 담겨 있는 것이다.

시바의 여왕 전설은 현재 에티오피아와 예멘 사이에 시조 논쟁을 불러일으키고 있다. 알렉산드로스 대왕을 둘러싼 그리스와 마케도니아의 시조 논쟁과 같다. 에티오피아인들의 조상이 예멘에서 이주해 온 데다, 에티오피아가 6세기에 한때 예멘을 직접 지배하면서 두 나라의 역사가 뒤섞여 버렸으니 누구의 손을 들어줄 수도 없다.

서기전 10세기 고대 이스라엘 왕국의 왕으로 알려졌던 솔로몬 왕과 시바의 여왕 사이의 전설은 구약성서에서 시작되는데, 그 뒤로 시대가 지나면서 내용이 변형되어 에티오피아의 전설로 굳어졌다. 서기전 555년 이후 쓰인 것으로 추정되는 구약성서 〈열왕기상〉 10장에 나오는 이야기는 대략 이러하다.

"시바의 여왕이 솔로몬 왕의 명성을 듣고 어려운 문제를 들고 시험하고자 예루살렘을 방문했다. 많은 수행원과 함께 향료와 금과 보석 등을 낙타에 싣고 왔는데, 이처럼 많은 향료가 온 적이 없었다. 솔로몬 왕은 시바의 여왕이 묻는 말에 모두 답하고, 그녀가 원하는 모든 것을 하사품으로 주었다. 그녀는 솔로몬 왕의 지혜와 영화에 찬탄하며 자기 나라로 돌아갔다."

서기 651년 완성된 이슬람교의 경전인 코란에는 시바의 여왕 이름이 '빌키스Bilqis'라는 새로운 사실과 함께 다른 이야기가 나온다.

"시바의 여왕이 솔로몬 왕을 방문해 왕궁으로 들어가는데 입구에 호수 같은 물웅덩이가 있어, 물을 건너려고 치마를 올려 두 다리를 드러냈다. 솔로몬 왕은 그것은 물이 아니라 유리를 깐 길이라며 치마를 내리도록 했다. 물이라고 보인 것은 진짜 물이 아니라 유리에 비친 형상일 뿐이었다. 이와 같이 실체는 하나일 뿐이고 그것은 바로 창조주 알라다. 여왕은 그 후 태양신 숭배를 버리고 창조주 알라를 숭배하게 되었다."

그리고 한참 세월이 흘러 14세기에, 지금은 이름을 알 수 없는 작가들이 쓴 에티오피아의 대서사시 〈케브라 네가스트Kebra Negast〉에는 여왕의 이름이 코란과 달리 '마케다Makeda'로 나온다.

암하라어로 '왕들의 영광'이라는 뜻인 〈케브라 네가스트〉에 따르면 시바의 여왕은 먼 길을 여행하여 솔로몬 왕을 방문했다. 밤이 되어 잠자리에 들게 되자 솔로몬 왕은 방 안에 선을 긋고, 여왕이 자신의 물건에 손대지 않으면 자기도 그녀에게 아무것도 요구하지 않겠다고 약속했다. 그러나 목이 말라 잠에서 깨어난 여왕은 솔로몬 왕이 옆에 놓아두었던 물통의 물을 그만 마셔버리고 말았다. 솔로몬 왕이 저녁에 매운 향신료가 많이 담긴 음식을 여왕에게 먹여 갈증이 나도록 했던 것. 여왕이 약속을 어기자 기다렸다는 듯이 솔로몬 왕은 여왕을 품에 안고 밤새 사랑을 나누었다. 오랜 기간 이스라엘에 머물던 여왕은 아들 메넬리크를 낳아서 에티오피아로 돌아왔다. 메넬리크는 성장한 후 다시 아버지 솔로몬 왕을 만나러 예루살렘을 방문하고, 십계명을 담은 법궤를 가지고 돌아와 악숨 왕국을 세웠다. 그가 바로 에티오피아의 초대 황제인 메넬리크 1세다.

이처럼 시바의 여왕 이야기는 처음 구약성서의 '유대교판' 이야기에서 시작되어 코란의 '이슬람판' 이야기로, 그 뒤 〈케브라 네가스트〉의 '기독교 에티오피아판' 이야기로 바뀌어왔다.

역대 지배자들은 시바의 여왕 전설을 이용해 정통성을 주장했다. 1268년 예쿠노 암라크 황제는 자신이 솔로몬 왕과 시바 여왕의 후예라고 주장하면서 에티오피아의 솔로몬 왕조 재건을 내세웠다. 〈케브라 네가스트〉가 쓰인 때는 바로 암라크 황제의 손자인 암다 세욘 황제 시대였다. 1889년 메넬리크 2세는 아예 이름을 여왕의 아들 이름에서 따서 붙였고, 1974년까지 에티오피아 제국헌법에는 하일레 셀라시에 황제가 메넬리크 1세로부터 이어진 솔로몬 왕의 왕통을 계승하고 있다고 규정되어 있었다.

여왕의 목욕탕에서 내려와 악숨 박물관으로 가는 길에 장례 행렬을 목격했다. 퉁소를 부는 사람이 앞장서고, 그 뒤로 젊은 남자 예닐곱 명이 울긋불긋한 천으로 덮은 관을 메고 있었다. 하얀 천을 어깨에 두른 남자들이 그 뒤를 따르고, 그 뒤에 하얀 천을 머리부터 둘러쓴 여자들이 쫓아갔다. 장례식을 마을 공동의 행사로 치르는 것이 우리와 같았다. 도로를 따라 걷던 장례 행렬이 오벨리스크가 있는 마을 뒤쪽의 산으로 올라가는 것으로 보아, 가까운 곳에 공동묘지가 있는 모양이다.

악숨 고고학박물관에 도착했을 때 소낙비가 제법 내리기 시작했다. 소박한 건물에 악숨에서 발굴된 유물들을 전시해놓고 있었다. 전시실 입구에는 1906년 독일발굴단이 칼렙 왕 무덤 주위에서 발견한 토끼풀 모양 십자가를 새긴 네모난 석판이 놓여 있었다. 안쪽에는 악숨 시대의 동전들도 있어 흥미로웠다. 특히 은과 구리로 만들어진 동전에는 그리스어와 게이즈어로 왕들의 이름과 초상이 새겨져 있는데, 박물관 안내

악숨에서 만난 장례 행렬.

인은 "서기 333년 이후에 만들어진 동전에는 대부분 십자가가 새겨져 있고, 그 전의 동전에는 초승달이나 태양을 상징하는 원형이 그려져 있다"고 설명했다. 초승달과 원형 문양은 태양신 등 다신교를 믿는 아라비아 남쪽 지역에서 유래한 상징들이다.

　박물관을 나오자 다행스럽게도 그사이 비가 그쳤다. 하늘이 맑고 깨끗해 상쾌한 느낌이 들었다. 우리는 시바 여왕의 왕궁 터라는 둔구르 유적지로 갔다. 시내에서 조금 떨어져서 훤하게 트인 넓은 벌판에 있는 유적이었다. 토대가 된 돌 기반과 2~3미터 높이 벽이 복원되어 있었다.

한 방에는 천장에 홈을 내어 물이 떨어지도록 한 샤워 시설과 바닥에 물이 흐를 수 있는 도랑이 있었다. 건물과 건물 사이에 물을 흘려보내는 배수로도 있었다. 그 옛날에도 오늘날처럼 위에서 물이 떨어지는 샤워 시설을 갖춰놓았다는 사실이 신기했다.

악숨 고고학박물관.

박물관에 전시된 토끼풀 모양 십자가 석판.

　한쪽 구석에는 빵을 굽는 화덕과 빵에 무늬를 내는 틀이 보존되어 있는 부엌이 있었다. 부엌은 빗물에 훼손되지 않도록 철판 지붕을 씌워놓았다.

　왕궁 뒤쪽에 왕궁 터를 한눈에 내려다볼 수 있는 전망대가 있다. 높이 5미터 정도 되는 전망대에 올라가니 왕궁 유적과 탁 트인 벌판이 한눈에 들어왔다.

　그러나 둔구르 역시 건축 연대가 여왕이 살던 서기전 10세기보다 무려 1500여 년 뒤진 7세기경으로 고고학자들은 추정하고 있다. 석조 기술이 4세기나 6세기에 만들어진 것으로 추정하는 시온의 성 메리 교회의 돌기반과 비슷하고, 역시 4세기 또는 5세기 때 만들어진 타크하 마리암 왕궁의 양식과 비슷하지만 작다는 점에서 그 후인 7세기 무렵에

둔구르 유적. 오른쪽에 철판 지붕으로 덮어놓은 곳이 부엌이다.

만들어졌으며, 왕궁이 아니라 당시 귀족의 저택이었던 것으로 본다.

이 유적지 너머에는 10세기 구디트 여왕 시절에 만들어진 것으로 알려진 구디트 오벨리스크 유적지가 있다. 당시 왕을 죽이고 권좌에 오른 구디트Gudit 여왕은 요디트Yodit(영어로는 유디트Judith) 여왕이라고도 불리는데, 다신교도이거나 유대교도로 알려졌다. 구디트 여왕은 악슘 왕조를 무너뜨렸을 뿐 아니라 둔구르 유적지와 칼렙 왕의 왕궁 터, 교회, 오벨리스크 등 유적지를 철저히 파괴해 악슘 전체를 잿더미로 만들어버렸다고 한다. 구디트 여왕은 구교도로서 수많은 신교도를 처형한 16세기 영국의 메리 1세 여왕과 18세기 러시아의 예카테리나 2세, 7세기 중국 당나라의 측천무후처럼 에티오피아에서는 악명 높은 여왕의 대명사로 꼽힌다.

에티오피아인들이 모세의 법궤를 보관하고 있다고 해서 가장 신성시하는 '시온의 성 메리 교회'에는 정말 법궤가 있는 것일까. 시온의 성 메리 교회는 두 개가 있는데, 원래 교회인 옛 교회는 여성의 출입을 허용하지 않는다. 옛 교회의 뒤쪽에 붙어 있는 작은 박물관도 교회에 부설된 시설이라는 이유로 여성들에게는 개방되지 않아 철문이 굳게 닫혀 있었다. 문 앞에서 잠시 기다리자, 성직자가 박물관에서 여러 가지 철제 십자가를 철문까지 가져와 보여주었다. 철문 옆에는 조그만 전시실이 마련되어 있었는데, 철제 난간 너머에 역대 왕들의 왕관이 전시되어 있었다.

새 교회는 하일레 셀라시에가 지난 1965년 영국 여왕 엘리자베스 2세가 참석한 가운데 남녀 모두 출입할 수 있게 개관한 것이다. 신발을 벗고 새 교회 안으로 들어가자 맨 처음 눈에 띄는 것은 메넬리크 1세가 1만 2000 팔라샤와 함께 예루살렘에서 에티오피아로 법궤를 가져오는 그림이다. 그러나 역사적으로 모세의 법궤는 서기전 13세기에 만들어져 솔로몬 왕 당시 예루살렘 성전에 보관되다가 서기전 587년 바빌로니아 왕국에 의해 예루살렘이 파괴될 때 사라졌다는 것이 정설이다.

안내하는 성직자들은 여행객에게 오래된 암하라어 성경책을 보여주었다. 양가죽이나 염소가죽에 달걀 노른자위와 황소의 피로 쓴 책이라고 한다. 성직자는 "정확한 제작 연대는 알 수 없지만, 700년 이상 된 것으로 추정하고 있다"고 설명했다.

시온의 성 메리 새 교회 성직자가 보여준 오래된 성경책.

시온의 성 메리 옛 교회.

여성 출입이 금지된 시온의 성 메리 옛 교회에는 남자인 나 혼자 가
야 했다. 하일레 셀라시에가 새 교회를 지은 일도 여성에 대한 배려로
봐야 할지, 여성 차별의 고착화로 애통해야 할지 혼란스러웠다. 여성
출입을 금지한 옛 교회의 관행을 고쳐 여성에게도 출입을 허용하면 해
결될 일을 가지고, 굳이 교회를 새로 지을 필요가 있단 말인가.

시온의 성 메리 옛 교회는 4~6세기 무렵에 처음 세워졌으나 1490년
대 홍해의 아덴 만에 있는 소말리아 항구 제일라(소말리아어로는 세일락)
에서 발흥한 이슬람 세력의 침략을 받아 1535년 파괴되었다. 악숨 고

고학박물관 옆의 빈터가 바로 처음 세워졌던 교회의 터다. 그 후 17세기 곤다르 왕궁을 건설한 파실라다스 왕이 옛 터 바로 옆에다 다시 세운 것이다.

안내인은 빨간 천으로 가려진 곳으로 나를 데려갔다. 바로 법궤가 놓여 있다는 지성소다. 안내인이 천을 들어 올리자 왼손에는 칼을, 오른손에는 창을 든 성 가브리엘과 라파엘이 지성소를 지키고 있는 그림이 나타난다.

붉은 천으로 가려진 지성소 문.

안내인은 특별히 보여주겠다며, 문틈으로 안을 들여다보면 법궤가 보일 것이라고 말했다. 문틈을 들여다봤으나 캄캄해 아무것도 보이지 않았다. 내가 아무것도 보이지 않는다고 하자, 안내인은 "일반인에게는 보이지 않고 성직자들의 눈에만 보인다"고 말한다. 허 참.

옛 교회와 새 교회 사이에 사각형으로 된 '법궤의 예배당'이 있다. 메넬리크 1세가 가져왔다는, 역사상 '잃어버린 법궤'가 진짜 보관되어 있다고 에티오피아인들이 믿는 곳이다. 사방에 쇠울타리가 쳐져 있어 일반인이 절대 들어갈 수 없는 곳이다. 평생 법궤를 지키는 성직자 단 한 명만이 접근할 수 있으며, 이 성직자도 죽을 때까지 예배당에서 나올 수 없다는 이야기가 마치 전설처럼 전해지고 있다. 일반인이 이 법궤의 예배당에 가까이 접근하면 불에 타 죽게 된다는 무시무시한 이야기까지 내려오니, 여행객으로서는 접근할 엄두조차 내지 못한다.

법궤의 예배당.

악숨에서 마지막으로 찾은 곳은 시온의 성 메리 교회 바로 앞에 있는 오벨리스크 유적지였다. 입구 오른쪽으로 나무 기둥에 파란색 철판 지붕을 얹은 간이 건물이 보였다. 그 안에, 이탈리아가 1937년 약탈해 갔다 68년 만인 지난 2005년 되돌려준 비운의 '로마 오벨리스크'가 세 동강 난 채 쇠줄에 묶여 누워 있었다. 높이 25미터, 무게 180톤으로 애초 이곳에 세워졌던 오벨리스크 6개 중 두 번째로 큰 것이었다. 그렇다 보니 이탈리아에서 옮길 때 몸체를 3등분으로 나눠야 했다. 70대의 할아버지 안내인은 "언제 다시 세울지 아직 결정되지 않았다"며 "1700여 년 전에 이 무거운 돌기둥을 어떻게 세웠는지 놀라울 따름"이라고 말했다.

화강암 하나를 깎아서 만든 오벨리스크는 이미 5000년 전부터 이집트와 에티오피아 등 북동 아프리카에서 지배자의 묘비 겸 기념비로 세워졌다. 아래는 사각형이고 위로 올라갈수록 피라미드 꼴인 오벨리스크는 태양신 숭배의 유물이다.

유적지 정면에는 '에자나 왕의 오벨리스크'가 흐린 하늘을 향해 24미터 높이로 우뚝 솟아 있다. 오벨리스크는 태양신 숭배의 상징이기 때문에 에자나 왕의 오벨리스크도 에자나 왕이 333년 기독교를 국교로 지정하기 전이나 이전의 다른 왕 때 세워진 것으로 추정하고 있다.

그 옆에는 33미터에 이르는, 인류 역사상 가장 큰 돌기둥이었던 그레이트 오벨리스크가 여러 동강이 난 채 1700여 년 동안 일어서지 못하고 누워 있었다.

그레이트 오벨리스크 옆에는 지난 1972년 발굴된 '가짜 문의 무덤'이라는 곳이 있다. 가짜 문의 무덤은 3세기 때 지배자였던 람하이 왕의 무덤으로 알려져 있다. 무덤으로 들어가는 진짜 통로가 아닌, 땅 위의

에자나 왕의 오벨리스크.

인류의 자궁 속으로 **115**

동강 나 쓰러져 있는 그레이트 오벨리스크.

엉뚱한 돌판에 가짜 문과 문고리를 새겨놓아 입구를 속이려고 한 것이
다. 무덤 안에는 여러 군데 절단된 석관이 놓여 있었다. 물론 부장품들
은 오래전 도굴되어 하나도 남아 있지 않았다. 가짜 문을 만들어 도둑
의 눈을 속이려 했으나 도굴꾼을 막지는 못한 것이다. 페르시아 왕국의
다리우스 1세는 수십 미터 낭떠러지 중간에 무덤을 만들었어도 도굴을

가짜 문의 무덤. 아래쪽이 진짜 무덤 입구다.

막지 못했다. 권력과 돈을 무덤까지 가지고 가려 한 사람들은 죽은 후
에도 도굴꾼과 싸움을 벌여야 했다.

시내 중심가에 있는 '에자나 왕의 정원'에는 작은 오벨리스크와 함께
예쁜 자줏빛 부겐빌레아 꽃이 흐드러지게 피어 있었다. 악숨 유적은 98

퍼센트가 아직 발굴되지 않았다고 하니, 도시 전체가 잠자는 지하 보물 창고인 셈이다. 악숨에서 여행안내인으로 활동하는 사람들은 하나같이 70대 이상의 노인들이었다. 이곳에 오래 살아 누구보다도 지역의 역사와 전설을 잘 아는 노인들을 여행안내인으로 활용하고 있었다. 에티오피아에서 노인은 살아 있는 구전문학이자 역사 교과서다. 에티오피아 소말리족에는 "노인 한 명이 죽으면 도서관 하나가 통째로 사라지는 것과 같다"는 속담이 있다.

산과 들을 삼겨버린
재앙이 도시를 침공하고 있다

악숨 유적지 구경을 마치고 숙소로 돌아오니 오후 6시 30분. 숙소 직원이 내일 아디스아바바로 돌아가는 비행기 시간이 오전 10시 50분에서 오전 9시로 앞당겨졌다고 알려준다. 내가 이 숙소에 머무는 것을 에티오피아 항공사가 어떻게 알아서 비행기 시간 변경을 알려주는 것일까 궁금했다. 직원에게 물으니 "항공사에서 시간이 변경되면 서비스 차원으로 악숨 시내 주요 호텔에 전화를 해서 비행 탑승 예정자 명단을 확인한 뒤 알려주는 것이 관행"이라고 말했다. 에티오피아 국내 여객기는 가끔 출발 시간이 바뀌거나 취소되기 때문에 외국 여행객들이 주로 묵는 숙소에는 으레 그 사실을 통보해주는 것이다.

다음날 아디스아바바로 날아오는 비행기 안에서, 오른쪽으로 멀리 시미엔 산맥이 눈에 들어왔다. 날씨가 좋아 땅 위의 모습들이 카메라 줌으로 당기듯 뚜렷하게 다가왔다. 황량한 산봉우리 사이로 흐르던 깊은 계곡은 평지에 다다르자 구불구불한 강줄기로 변했다. 가뭄으로 바짝 마른 강줄기는 사람의 내장을 보는 듯도 하고, 독사가 몸을 비비 꼬면서 앞으로 기어가는 모습 같기도 하다.

나는 그 유명한 동아프리카대지구대 위를 날고 있었다. 지층이 갈라져 어긋나면서 생긴 골짜기로, 북으로 서아시아 요르단 협곡으로부터 남으로 모잠비크의 델라고아 만까지 6000킬로미터에 이르는 세계 최대 골짜기다. 에티오피아의 크고 작은 호수와 케냐, 우간다, 탄자니아 3개국에 걸쳐 있는 빅토리아 호, 케냐 투르카나 호, 탕가니카 호, 말라위의 말라위 호 등 아프리카의 아름다운 호수들, 그리고 탄자니아의 응고롱고로 분화구와 킬리만자로 산은 이 지구대를 따라 생겨났다. 여기서 인간의 발자취를 알려주는 루시 같은 고대 인류의 화석이 발견되기도 했다. 나의 아프리카 종단 여행도 동아프리카대지구대를 따라 내려간다.

오랜 옛날 푸른 강과 우거진 숲을 가득 품었던 산맥들은 벌거벗은 듯

비행기에서 찍은 마른 강줄기.

황량하기 그지없었다. 하얀 구름 덩어리가 밀려나자, 산자락에는 다시 강렬한 햇살이 내리쬐었다. 구름도 잠시 스쳐 갈 뿐인 에티오피아 산에는 나무가 별로 없다. 들판뿐 아니라 산맥도 거의 사막화된 것이다. 악숨 동쪽으로는 세상에서 가장 뜨겁고 황량한 다나킬 사막이 버티고 있다. 인류의 어머니 루시가 발견됐던 하다르도 다나킬 사막의 계곡이다. 비행기에서 내려다보니, 다나킬 사막은 아직도 배가 고픈지 악숨과 랄리벨라, 하레르 지역으로 거칠게 몰려오고 있었다.

나무가 사라지고 강물이 말라버린 에티오피아에서 다나킬 사막의 침입에 대적할 힘은 어디에서도 찾을 수 없었다. 마른 산줄기와 강바닥에 내리쬐는 아프리카의 강렬한 햇빛은 칼처럼 날카로웠다. 인간이 자연과 환경을 파괴한 결과는 인간의 생존을 위협하는 부메랑으로 되돌아오고 있었다. 그 첫 희생자가 에티오피아라니…….

아디스아바바 공항에 도착하자, 먼저 말라위 대사관으로 갔다. 아프리카의 다른 국가들은 공항이나 국경에서 사진 한두 장과 30~50달러만 내면 바로 비자를 발급해주는데, 말라위와 나미비아는 유독 대사관을 통해서만 비자를 발급한다. 그런데 말라위 대사관 직원은 "한국 대사관의 추천서Letter를 가져오면 비자를 내주겠다"고 한다. 시간도 없는데다 어차피 다음 행선지인 탄자니아에 가서 받으면 되기 때문에 깨끗이 포기했다. 다음에 간 나미비아 대사관에서는 한술 더 떠 "나미비아 국민한테서 초청장을 받은 사람에게만 비자를 내준다"고 한다. 내가 나미비아에 아는 사람이 누가 있다고 초청장을 받나. 여기서도 헛걸음만 친 셈이었다.

나는 처음 묵었던 바로 호텔 대신 바로 맞은편에 있는 우트마 호텔로

곤다르 웰레카 마을의
한 여성이 보여준 커피 세레모니.

옮겼다. 가격도 조금 싼 데다 깨끗하고, 1층에는 식당도 딸려 있었기 때문이다. 방에 배낭을 내려놓고 식당에서 늦은 점심을 먹는데 코끝을 유혹하는 은은한 향취가 날아왔다. 아르바이트로 일하는 여학생이 식당 한 귀퉁이에서 커피를 만들고 있었다. 에티오피아인들이 말하는 이른바 '커피 세레모니Coffee Ceremony'였다. 나는 식사를 마친 뒤 커피 세레모니 과정을 지켜보았다.

　여학생은 우선 식당 안에 있는 숯불 화덕에 프라이팬처럼 생긴 철판을 얹고 커피 원두를 30여 분간 골고루 볶았다. 식당 안에 나무 타는 냄새와 함께 독특한 커피 내음이 번지기 시작했다. 종업원이 볶은 원두를 식당 밖으로 가져가, 나무절구에 무쇠공이로 빻았다. 밖에서 커피 원두를 빻는 동안 여학생은 숯불 화덕에 주전자를 올려 물을 끓였다. 물이 어느 정도 끓자 절구통에서 빻은 커피 가루를 주전자에 넣고 약 10분 정도 더 끓였다. 여학생 앞에는 우리의 소반 같은 상에 녹찻잔만 한 작은 도자기 잔이 가득 놓여 있었고, 커피가 다 끓자 여학생은 그 잔에 커피를 따라 주었다. 에스프레소처럼 양이 적고 맛도 쓰면서 진한 것이 독특하다. 에스파냐의 알람브라 궁전에 갔을 때 마셔본 에스프레소보다 훨씬 더 쓰고 강렬하면서도 투박한 느낌이었다. 여기에 설탕을 타서 마시기도 하고, '아담의 건강'이란 뜻의 '테나 아담'이라는 허브 풀잎을 넣어주기도 한다.

　에티오피아에서 커피는 단순한 음료가 아니라 이미 문화와 의식으로 자리 잡았다. 현재 세계 최대의 커피 생산국은 브라질이지만, 애초 커피는 에티오피아에서 시작해 예멘과 아랍 지역을 거쳐 유럽과 아시아 등 전 세계로 퍼져 나갔다. 커피Coffee라는 이름 자체가 에티오피아 서부에 있는 커피 산지인 카파Kaffa라는 지역 이름에서 생겨난 것이다. 우리나라 사람들도 좋아하는 모카Mocha 커피는 에티오피아 하레르 지역에서 나는 가장 향이 강한 커피를 말한다. 하레르 지역의 커피가 홍해 건너 맞은편에 있는 예멘의 항구도시 모카 항을 통해 유럽 각지로 수출되는 까닭에 유럽 사람들이 항구 이름을 따서 '모카 커피'라고 부르게 된 것이다.

　커피를 발견한 것은 에티오피아의 한 목동이라고 한다. 어느 날 염소가 빨간 열매가 달린 나무의 열매와 잎을 먹은 뒤 갑자기 활발해져서 밤에도 말똥말똥 잠을 자지 않는 것을 보고는 이튿날 그 나무를 찾아냈다는 것이다. 커피는 에티오피아 정교회 수도원과 이슬람 사원의 성직자들 사이에서, 졸음을 쫓아내면서 수행과 명상, 기도를 돕는 식품으로 애용되기 시작했다. 커피는 이슬람에서 알라의 선물로 여겨졌다. 이슬람에서는 창시자인 무함마드가 졸음의 고통을 이기려 할 때 천사 가브리엘이 전해준 음료가 바로 커피라는 이야기가 전해져 내려온다.

인간과 하이에나가
함께 사는 도시 • 하레르 •

아디스아바바에서 하룻밤을 지내고 내가 찾아간 곳은 동부의 하레르. 이슬람과 커피, 환각제 성분이 있는 카트, 하이에나의 신비가 가득한 성곽도시. 수도 아디스아바바와 바하르다르, 곤다르, 랄리벨라, 악숨 등 북부의 4대 유적지가 기독교 도시라면, 소말리아와 가까운 하레르는 대표적인 이슬람 도시다. 하레르는 사우디아라비아의 메카와 메디나, 예루살렘의 바위 돔과 함께 이슬람 4대 성지로 꼽힌다.

오전 5시에 맞춰졌어야 할 자명종이 오후 5시에 잘못 맞춰져 있어 울리지 않는 바람에, 하마터면 아침 7시 비행기를 놓칠 뻔했다. 전날 미리 공항까지 전세를 낸 택시기사가 새벽 5시 30분에 내 방문을 두들겨주어 간신히 시간을 맞출 수 있었다. 그렇게 허겁지겁 서둘렀건만 7시 비행기는 일단 이륙했다가 무슨 일인지 다시 공항으로 돌아가서는 두 시간이나 늦게 출발하는 것이 아닌가.

어쨌든 9시에 다시 이륙한 쌍발 프로펠러 비행기는 한 시간 정도 아와시 국립공원과 체르체르 산맥 위를 날아 디레다와 공항에 도착했다.

디레다와는 조용하고 아담했다. 암하라어로 '황량한 평원'이라는 뜻인 디레다와는 아디스아바바에 이어 에티오피아에서 두 번째로 큰 도시다.

시내 기차역에는 암하라어와 함께 프랑스어로 '셔맹 드 페르 지부티-에티오피아(Chemin De Fer Djibouto-Ethiopien: 기차역 지부티-에티오피아)'라는 간판이 걸려 있었다. 프랑스인들이 만든 철도라 프랑스어 간판이 걸려 있다. 디레다와는 아디스아바바와 지부티의 중간 기착지로, 철길이 만든 신흥 도시다. 체르체르 산맥이 가로막아 철길이 하레르로 지나갈 수가 없자 디레다와는 급속히 발전하기 시작했고, 반대로 하레르는 쇠퇴했다. 철길은 이처럼 새로운 도시를 탄생시키기도 하고, 옛 도시를 사라지게도 한다.

1902년 건설된 785킬로미터 철도가 에티오피아의 유일한 철길이자, 항구로 나갈 수 있는 유일한 통로다. 홍해로 나가는 길목인 에리트레아가 1993년 독립하면서 에티오피아는 바다로 가는 길이 막혀버렸다. 짐마와 하레르에서 재배된 커피와 카트는 오늘도 이 철길을 따라 지부티항으로 실려 간다.

철도는 비용 절감을 위해 높은 산으로 가로막힌 하레르 대신 낮은 지대인 디레다와를 통과하도록 했을 뿐 아니라, 레일 간격도 1435밀리미터 국제 표준궤보다 훨씬 좁은 1000밀리미터 협궤로 간신히 완공했다. 레일 간격을 좁힌 덕에 건설 비용은 적게 들었으나 안전상의 이유 때문에 열차는 고속으로 달릴 수가 없다.

나는 시베리아 열차를 타고 러시아 모스크바에서 몽골을 거쳐 중국의 베이징, 압록강변의 단둥까지 역사 기행을 한 적이 있다. 이때 몽골에서 중국 국경을 넘어가자마자 열차를 기계로 들어 올려 열차의 바퀴틀인 차대를 통째로 바꾸는 재미있는 장면을 본 적이 있다. 러시아의 시베리아 철도와 러시아가 건설한 몽골의 종단 철도는 1520밀리미터

아디스아바바에서 지부티 항까지 연결되는 남방 철길.

광궤이고 중국은 표준궤이기 때문에, 러시아 열차가 중국 철도를 달리려면 국경에서 표준궤에 맞게 차대를 교체해야 했던 것이다. 우리나라는 남북 모두 표준궤를 사용한다. 만약 남북한 철도와 러시아의 시베리아 횡단철도를 연결하는 철의 실크로드가 완성되면 남북의 젊은이들은 부산, 목포, 서울, 평양에서 열차를 타고 배낭여행을 하다 북한과 러시아 사이의 국경에서 열차바퀴 교체 작업을 구경할 수 있을 것이다. 두만강을 건너자마자 러시아의 국경도시인 하산에서.

디레다와의 철도역 주변은 반듯반듯한 신시가지인데, 데차투 강을 경계로 건너편은 구시가지다. 내가 갔을 때만 해도 데차투 강뿐 아니라 주변의 강줄기들도 모두 강바닥이 말라붙어 있었는데, 두 달도 채 안 된 8월 초 갑자기 내린 비로 데차투 강이 넘쳐 200명 이상 사망자가 나왔다는 안타까운 소식을 듣게 되었다. 데차투 강이라는 말 자체가 '계절 강'이란 뜻으로 우기에는 물이 넘쳐나고, 건기에는 물이 거의 흐르

지 않는다. 제방 시설도 문제지만 주변의 산과 들판의 사막화로 폭우가
쏟아지면 바로 흙을 쓸어가면서 좁은 강을 덮치다 보니 큰 피해가 나는
것이다.

　하레르로 가기 위해 15인승 봉고버스에 올랐다. 사람과 물건이 차
안에서 뒤범벅이 되었다. 요금은 버스에 탄 다음 목적지에 따라서 받는
데, 승객이 길가에서 손을 들면 어디서나 차를 세웠다. 1시간 정도 걸
리는 하레르까지 가는데 대여섯 차례 차를 세워 승객과 짐을 실었다.
이미 콩나물시루처럼 꽉 찼는데 또다시 짐짝 넣듯 승객을 태우자 여기
저기서 불평이 터져 나왔다. 15인승 봉고버스에 30명이나 태운다. 바
로 뼈와 뼈가 부딪치는 보디체크bodycheck의 연속이다.
　디레다와를 조금 벗어나자, 들판에 낙타 다섯 마리가 보였다. 에티오
피아에서 처음 보는 낙타였다. 디레다와는 북쪽 아파르 사막과 동남쪽
오가덴 사막의 중간에 있는, 사막 초입이다. 노새가 등에 나무 땔감을
잔뜩 싣고 도로를 따라 걷고 있었다.
　디레다와에서 하레르에 이르는 도로는 아스팔트 포장이 잘 되어 있
었다. 알레마야 지역을 지나면서부터 가파른 산길을 올라갔다. 멋진 장
관이 파노라마처럼 펼쳐졌다. 우리나라 한계령을 넘어가는 느낌이다.
사막화로 큰 나무는 별로 없고 작은 관목뿐이지만, 높은 산에서 탁 트
인 산 아래 계곡을 내려다보니 시원한 바람이 계곡을 따라 밀려 올라왔
다. 높은 고갯길을 10여 분 정도 달리자 내리막길이 나타나면서 평탄한
들판이 한눈에 들어오는데, 놀랍게도 높은 산 위에 푸른 초원이 펼쳐진
고원이었다. 마치 몽골의 푸른 초원을 에티오피아 고산 지대에 옮겨놓

은 것 같았다. 더욱 놀랍게도 초원 건너 골짜기에 오아시스 같은 호수가 나타났다. 바로 알레마야 호수였다. 해발 고도 2000미터에 있는 알레마야 호수는 지반이 움푹 내려앉으면서 형성된 골짜기 호수다.

알레마야 호수를 지나 더 달려가자 또 다른 작은 호수가 들어왔다. 아델레 호수다. 알레마야 호수에서 아델레 호수 사이의 도로 옆에는 유칼리나무와 아카시아, 사이프러스나무가 늘어서 있고, 비옥한 들판에서는 옥수수와 사탕수수, 다양한 작물이 재배된다. 아라비카 커피라고 불리는 하레르 커피나무와 카트나무들이 도로 양옆을 따라 야생으로 자라거나 소규모로 재배되고 있다.

1시간여 만에 하레르에 도착했다. 디레다와는 해발 고도가 1200미터, 하레르는 1856미터다. 디레다와 인근은 황량한 풍토였는데, 하레르 근처의 고지대는 푸른 초원으로 뚜렷이 차이가 났다. 두 도시를 가로막고 있는 바로 이 체르체르 산맥 때문에 아디스아바바와 지부티 사이의 철길이 하레르에 오지 못한 것이다.

성곽도시답게 하레르 시가지는 여전히 돌담으로 둘러싸여 있었다. 독자적인 언어와 문화, 화폐 등을 갖춘 독립적인 이슬람 도시국가였던 하레르는 16세기부터 19세기까지 아프리카와 서아시아, 인도 사이의 중계 무역 도시로서 번영을 누렸으나 1875년부터 10여 년간 이집트의 지배를 받다가 1887년 메넬리크 2세 황제에 의해 에티오피아로 통합되었다.

하레르는 150년 전 영국의 탐험가 리처드 버턴이 방문하기까지, 이슬람교도가 아닌 외국인에게는 출입이 허용되지 않았던 금단의 도시였다. 리처드 버턴은 1855년 하레르의 성곽 안으로 들어갔다 살아 돌아간 최초의 유럽인이다. 하레르에는 "기독교인이 성곽 안으로 들어오면 도시가 멸망할 것"이라는 미신 같은 계시가 있었기 때문에, 몰래 들어오는 이교도를 처형했다. 이교도인 기독교도 버턴이 들어왔다 살아서 나간 지 정확히 20년 후에 이슬람 국가 하레르는 그 '계시'대로 멸망했다.

하레르에 열흘 동안 머물렀던 리처드 버턴은《동아프리카에서의 첫 발First Footsteps in East Africa》이라는 여행기에서, 동쪽의 에레르문을

하레르 성곽의 정문.

통해 성곽 안으로 들어갈 때 "30여 분 동안 문간에서 기다렸다가, 되돌아온 성곽 파수꾼으로부터 안으로 들어와도 좋다는 말을 듣고는 안내인이 끄는 노새 등에 다시 올라타고 큰 도로를 따라 좁은 오르막길로 올라가는데, 페로트(Perote: 영국 지명) 도로보다 더 울퉁불퉁한 도로 표면에는 바위가 삐죽삐죽 튀어나와 있었다"고 묘사했다.

나는 버턴과 반대로 서쪽에 있는 사각형 하레르문으로 들어갔다. 하레르문은 옛 도시로 들어가는 정문이다. 하레르문은 성곽의 가장 높은

카트 시장.

지대에 있어서 리처드 버턴이 들어온 길과는 달리 거꾸로 내리막길로 내려갔다. 도로에는 바위가 아니라 아스팔트가 깔려 있었다.

건물들은 주로 흰색과 파란색으로 칠해져 있었는데, 지나가는 택시도 자세히 보니 차체는 모두 파란색이고 지붕만 흰색으로 칠했다. 길가는 여인네들의 옷은 화려했다. 이슬람 도시여서 무겁고 우중충하지는 않을까 하는 나의 예상은 빗나갔다.

하레르문에서 조금 걸어 내려가자, 여인네들이 햇볕을 가리는 파라솔을 펼치고 파란 카트(차트)를 팔고 있었다. 카트는 커피와 함께 하레르의 2대 환금 작물. 커피와 함께 카트의 생산지로 유명한 하레르 성 곳곳에서는 카트를 파는 시장을 볼 수 있었다. 졸음을 쫓고 머리를 맑게 하는 효과가 있는 카트는 에티오피아 정교회와 이슬람 성직자들이 수행과 기도를 위해 사용할 뿐 아니라 아디스아바바와 바하르다르, 하레르 등 어디서나 남녀노소 할 것 없이 심심풀이로 씹으면서 이야기를 나눈다.

카트 시장을 지나 좁은 골목길로 들어가니, 버턴이 말한 대로 길바닥이 삐죽삐죽한 돌길이었다. 구불구불하고 좁은 뒷골목은 옛날 도시 모습 그대로였다.

뒷골목 안쪽에 내가 찾던 프랑스 시인 랭보가 빛바랜 사진으로 여행자를 기다리고 있었다. 랭보 박물관은 나무로 깔끔하게 지은 인도풍 2층 건물이었다. 박물관 1층은 하레르의 역사책들을 보관하는 도서관이었고, 2층에는 랭보의 삶을 보여주는 사진과 프랑스어로 된 작품, 편지, 하레르의 전통 예술품 등이 전시되어 있었다. 옥상은 넓은 실내 전

하레르의 랭보 박물관.

망대처럼 지어놓아, 창문을 통해 하레르 시내를 거의 다 볼 수 있고 멀리 체르체르 산맥까지 보였다.

　스물여섯이라는 젊은 나이에 시를 버리고 세상을 등진 랭보는 왜 멀리 이곳 아프리카 하레르까지 온 것일까. "속박되어 꼼짝 못하는 한가로운 청춘, 자질구레한 걱정 탓으로 내 인생을 망쳐버렸네. 아아, 내마음이 열중할 수 있는 그런 시대가 오게 해다오"(《가장 높은 탑의 노래》)라던 랭보는 "나는 가리라, 멀리, 저 멀리, 보헤미안처럼, 여인을 데려가듯 행복하게, 자연 속으로……"(《감각》)라고 외치며 아프리카로 떠나왔다.

커피와 동물가죽 무역상으로 1880년 하레르에 온 랭보는 무기 거래상으로 변모해서 11년 동안 이곳에 머물렀다. 랭보의 무기는 1896년 에티오피아가 아드와 전투에서 이탈리아 침략군을 물리치는 데 기여한다. 커피나무를 배경으로 하얀 옷을 입고 찍은 랭보의 흑백 사진이 그가 초기에 커피 거래상을 했다는 것을 보여주고 있었다. 랭보는 1891년 오른쪽 무릎 관절염에 걸려 치료를 위해 프랑스로 돌아갔으나 다리를 절단해야 했고, 그해 서른일곱이라는 젊은 나이에 요절한다. 랭보가 프랑스 마르세유에서 죽음을 기다리며 요양하고 있을 때인 1891년 7월 12일, 하레르 총독 라스 마콘넨은 랭보에게 편지를 보내 "건강을 되찾고 다시 돌아와 사업을 재개하기를 바란다"고 각별한 우정을 나타내기도 했다. 라스 마콘넨은 하일레 셀라시에 황제의 아버지다.

랭보가 하레르에 머물 때 쓴 편지에는 이런 내용도 있다.

아, 나는 이제 인생에 아무런 미련도 갖고 있지 않습니다. 나의 삶 자체가 매우 피곤한 것이었고 또 그렇게 사는 것이 습관화되어 있었습니다.

요즘은 하루하루가 피곤의 연속이며 기후 또한 참기 어렵습니다. 이러한 악조건 속에서 우스꽝스러우리만큼 격렬한 슬픔에 빠진다 할지라도 스스로 생명을 단축해서는 안 된다고 생각합니다.

마지막으로, 우리도 평생을 살아가면서 몇 년쯤은 참된 규칙을 가져야 하리라고 생각합니다.

인생이 단 한 번으로 끝난다는 것은 매우 다행스러운 사실이라 하지 않을 수 없습니다.

《지옥에서 보낸 한 철》에서 "무쇠 같은 팔다리와 새까만 피부, 강렬한 눈빛"으로 돌아오리라며 아프리카 하레르로 떠나왔지만, 아프리카 대륙에도 그가 찾던 행복은 없었던 것이리라.

랭보 박물관을 나오는데 어디선가 커피 향이 물씬 풍겼다. 커피 향을 좇아 무작정 언덕길과 골목길을 헤매다가 하레르 커피공장에 다다랐다. 아주 작은 가내 커피공장이었다. 50대 초반의 남자 주인이 커피를 직접 봉지에 담아 팔고 있었다. 커피를 맛보았는데, 신 듯하면서도 진하고 강렬한 맛이 입안을 적신다. 주인은 "아라비카 품종인 하레르 커피는 모카 커피의 원료로 사용되는 최고급 커피"라고 자랑했다.

그러나 최근 최고급 커피의 대명사인 하레르 커피가 초라한 신세로 떨어졌다. 국제 커피 가격이 예전에 비해 많이 떨어져 주민들이 커피나무보다는 수익성이 높은 카트나무를 많이 재배하기 때문. 우리는 스타벅스에서 커피 한 잔에 5000원을 주고 마시는데, 정작 하레르 커피 재배 농민에게 돌아가는 돈은 겨우 250원이라고 한다.

커피공장을 나오자, 이슬람 사원인 자미 사원이 보였다. 하레르에는 성곽 안에만 사원 90여 곳과 이슬람 성인의 무덤과 성소 100여 곳이 있다. 예언자 무함마드의 말씀을 기록한 '하디스(전승)'에 따르면 무함마드의 시중을 든 여인은 바로 에티오피아 출신이었으며, 서기 615년 무함마드의 딸과 사위이며 후계자인 우트만을 비롯해 일부 추종자들이 박해를 피해 에티오피아 악숨에 피신했다가 돌아간 일도 있다고 한다.

자미 사원 건너편에는 성 메리 가톨릭 성당이 있었다. 면적이 1제곱킬로미터에 불과한 하레르 성곽 안에서 이슬람 사원뿐 아니라 기독교

하레르의 전통 가옥인 아다레.

교회, 가톨릭 성당 등이 나란히 마주보고 있고, 주민들도 오로모족을 비롯해 암하라, 하라리, 구라게, 소말리, 티그레이족 등 다양하며, 하레르 전통 가옥(아다레)과 인도식 가옥, 혼합 가옥이 공존하는 가운데 인간과 하이에나가 함께 살고 있다. 지난 2004년 유네스코가 하레르를 세계평화도시로 선정한 이유도 바로 이런 좁은 공간에서 다양한 인종과 종교가 특별한 갈등 없이 평화롭게 공존하는 것을 높이 평가했기 때문이다.

더운 날씨에 성곽 안의 언덕길을 오르락내리락하면서 구경하다 보니, 땀도 많이 나고 허기가 느껴졌다. 길거리에 팔고 있는 과일을 사려고 물어보니 망고란다. 망고만 먹으면 두드러기가 나고 피부가 부어오르는 알레르기가 있는 나는 다른 과일을 찾았으나, 행상들은 "요즘 하레르에는 망고밖에 없다"고 했다. 망고가 옻나무와 이란성 쌍둥이라는 사실을 아시는지. 백과사전에서 망고를 찾아보면 '쌍떡잎식물, 무환자나무목 옻나무과의 상록교목'이라고 한다. 옻나무는 '쌍떡잎식물, 이판화군 무환자나무목 옻나무과의 낙엽교목'이다.

하레르 성곽도시 탐방을 마친 뒤 숙소로 돌아와 쉬다가 저녁을 먹고 이를 닦으려 하니 물이 나오지 않는다. 결국 생수를 한 병 사서 이를 닦고 헹구어야 했다.

저녁 7시쯤 택시를 타고 야생 하이에나에게 먹이를 주는 현장으로 갔다. 하레르에서 빼놓을 수 없는 구경이 바로 하이에나 먹이 주기. 밤이면 시내로 찾아오는 하이에나에게 사람이 직접 고기를 먹여주는 놀라운 장면을 옆에서 지켜보는 것이다.

매일 하이에나에게 먹이를 주는 장면이 마치 관광 상품처럼 여행객에게 공개된 것은 40여 년밖에 안 되었지만, 하레르에서는 800년 전부터 하이에나에게 먹이 주기 의식이 전통으로 내려오고 있다. 오랜 옛날 하레르 지역에 심한 가뭄이 들어 먹을 것이 사라지자 하이에나가 사람을 공격하게 되었다고 한다. 마을 사람들이 하이에나에게 죽을 끓여주자 하이에나가 공격을 멈추고 평화가 찾아왔다. 지금도 이슬람력으로 정월에 이뤄지는 모하람 축제의 일곱 번째 날에는 하이에나에게 죽을 만들어준다. 이것은 인간과 동물이 맺은 인류 최초의 평화조약 아닐까.

하이에나에게 먹이를 주는 곳은 에레르문과 산가문 사이의 성곽 밖, 커다란 느티나무가 있는 아오운사르 이슬람 성소 옆이었는데, 그리 멀리 떨어지지 않은 곳에 한센병 환자 거주 지역이 있었다. 하이에나에게 주는 고기는 낙타 가죽이라고 했다. 주로 낮에 하레르 시내의 푸줏간에서 공짜로 걷어 온다고 한다.

그곳에는 나와 유럽인 여행객 세 명이 있었다. 에티오피아 보안요원 두 명이 만일의 사태에 대비해 총을 들고 나타나자, 중년 남자가 노란 양동이를 한 손에 들고 나왔다. 그가 "휘~익, 휘~익" 휘파람 소리를 내자, 어디에 숨어 있었는지 점박이 하이에나 한 마리가 살금살금 다가왔다. 잠시 뒤 점박이 두 마리가 더 나타났고, 몇 분이 안 되어 15마리나 되는 하이에나 집단이 몰려들었다. 하이에나를 가까이서 보는 것은 아찔하지만 짜릿한 경험이었다.

양동이를 든 남자는 현지어인 하라리어로 마치 친구의 이름을 부르듯 하이에나들을 불렀다. 몸의 특징에 따라 하이에나에게 고유한 이름을 붙여 구분하고 있다고 한다. 내가 알아들을 수 있는 것은 아프리카어로 '안녕'이라는 뜻인 "잠보"라는 말뿐인데, 안내를 해준 택시 운전사에게 물으니 각각의 하이에나에게 '승리자', '큰 암컷', '우두머리' 같은 뜻을 가진 이름이 있다고 한다.

남자는 미리 잘라놓은 낙타 가죽을 노란 양동이에서 꺼내 막대기에 끼워서 한 마리씩 먹이를 주다가, 대여섯 마리가 한꺼번에 달려들자 고기를 멀리 던져 하이에나 떼를 흩어지게 했다. 그리고 놀랍게도 길이

20센티미터가 채 안 되어 보이는 짧은 나무 막대기 끝에 고기를 끼운 뒤 막대기의 다른 쪽 끝을 입으로 문다. 하이에나 다섯 마리가 한꺼번에 다가와 멈칫거리더니, 가장 덩치가 큰 놈이 낙타고기를 입으로 낚아채고 휙 돌아선다.

밤이 되면 하레르에는 하이에나들이 시내까지 먹이를 찾아와 어슬렁거린다. 낮에는 근처 야산에 숨어 있다. 밤이 되면 도시로 들어오는 것이다. 하이에나 떼의 출몰을 알아차린 개들이 여기저기서 짖기 시작했

막대기를 입에 물고 하이에나에게 먹이를 주고 있다.

다. 개 짖는 소리에 놀라 숙소 옆 허름한 판잣집에 사는 아기도 울기 시작한다. 초저녁에는 독수리 떼가 날아와 쓰레기 하치장에서 음식 찌꺼기를 먹는다.

숙소 창문으로 내다보이는 쓰레기 하치장 옆 운동장은 낮에는 사람과 개, 저녁 무렵에는 독수리, 어두운 밤에는 하이에나가 시곗바늘에 따라 공존하는 묘한 공간이었다.

이튿날 아침 오전 9시쯤 디레다와 가는 봉고버스에 올라타니 승객이라고는 아무도 없다. 운전석 바로 옆에 자리를 차지하고 앉아 다른 승객이 타기만을 기다렸다. 승객이 타지 않으니까 차가 출발할 생각을 하지 않는다. 버스의 출발 시점은 정해진 시각이 아니라 빈자리가 다 찼을 때다. 비행기 출발 두 시간 전인 오전 10시 30분에는 디레다와 공항에 도착해야 하는데, 10시 10분이 되었는데도 버스는 시동만 건 채 마냥 기다리고 있다. 초조해진 내가 비행기 시간에 맞추려면 빨리 출발해야 한다고 말하자, 운전사는 운전대에 턱을 괸 채 "빈자리의 요금을 지불하면 출발할 수 있다"고 말한다. 결국 비행기 시간에 맞추기 위해 내가 요금을 추가로 부담하기로 했다.

150여 년 전 하레르를 방문했던 리처드 버턴은 출발 허락이 떨어지지 않아 며칠간 성곽 안에 잡혀 있어야 했다. 리처드 버턴은 간신히 허락을 받고 성곽을 빠져나가면서 "아프리카의 모든 도시들은 들어올 때는 자신의 의지로 들어오지만, 나갈 때는 다른 사람의 의지에 따라 떠날 수 있는 대형 감옥"이라고 표현했다. 버스 안에 잡혀 있었던 짧은 시간 내게도 하레르는 마음대로 떠날 수 없는 곳이었다.

그러나 뭔가를 보지 못하고 떠난다는 여행자의 아쉬움이 남는다. 겨우 하룻밤 머물러서일까. 인간과 하이에나, 개와 독수리, 이슬람과 기독교가 공존하면서도 오래된 성곽의 적막감이 어쩐지 우울한 것 같기도 하고, 커피를 마시고 카트를 씹으면서 공복감을 달래는 사람들의 모습에서 느껴지는 공허함, 여행객에 대해 여전히 마음을 활짝 열지 못하는 듯한 분위기……. 나는 하레르를 진짜로 만나지 못한 것 같았다.

13개월의
햇빛
—

　버스는 비행기 출발 30분 전인 낮 12시에 디레다와 공항에 간신히 도착했다. 다행히 낮 12시 30분발 비행기가 지연되어 오후 2시에 이륙했다. 디레다와 공항에 걸린 에티오피아 관광청의 커다란 포스터에는, 에티오피아 민속 의상을 입고 활짝 웃는 여인의 얼굴과 함께 "13months of sunshine(13개월의 햇빛)"이라는 표어가 쓰여 있었다.

　에티오피아는 세계적으로 널리 사용하는 그레고리오력(신태양력)이 아닌, 이집트 고대 콥트력의 영향으로 한 달을 30일로 고정하는 율리우스력(구태양력)을 사용하고 있다. 1년이 365일(또는 366일)인 것은 똑같은데, 1개월을 30일로 고정하기 때문에 12월 30일 다음에 남는 5(6)일을 13월로 따로 표시한다. 에티오피아에는 우리의 달력에 없는 13월 1, 2, 3, 4, 5일(그리고 윤년은 6일)이 더 있는 셈이다.

　또 에티오피아 정교에서는 예수의 탄생을 서기A.C. 1년이 아니라 7년으로 보기 때문에 에티오피아 달력은 다른 나라의 그레고리오 달력보다 7년 8개월 늦다. 내가 악숨을 방문했던 날은 2006년 6월 18일인데, 그날 저녁 인제라와 양고기, 레드와인을 먹었던 식당에서 발행해준 영수증에는 1998년 10월 11일로 되어 있다.

　그러나 공항이나 외국 여행객이 많이 이용하는 호텔 등지에서는 그

레고리오 달력을 사용하고 있었고, 현지인들의 일반 달력에도 에티오
피아 전통 달력과 함께 그레고리오 달력의 날짜가 함께 쓰여 있다. 우
리나라 달력에 양력과 음력을 같이 표시하는 것과 마찬가지다.

아디스아바바의 숙소에서 아디라는 이스라엘 아가씨를 만났다. 스물
여덟 살인 아디는 처음으로 외국에 나와 지내면서, 두 달째 아디스아바
바 양로원에서 마사지 자원봉사를 하고 있었다. 그녀는 다음 달 이스라
엘로 돌아간다고 했다. 이스라엘은 아프리카 국가 중에서 거의 유일하
게 에티오피아하고만 우호적인 관계를 맺어왔다. 이스라엘은 미국과
함께 오랫동안 에티오피아에 군사적 지원을 해온 나라다. 아프리카에
서 미국만큼 환영을 못 받는 나라가 이스라엘이다.
그러나 따지고 보면, 제국주의적 정책을 펴는 미국과 이스라엘 정부
가 잘못이지, 미국인이나 이스라엘인이 나쁜 것은 아니다. 베트남의 혁
명가 호찌민은 "프랑스의 프랑스인들은 선량하다. 그러나 프랑스 식민
주의자들은 아주 잔인하고 비인간적이다"고 말했다.
케냐로 떠나기 전 한가로운 하루를 보냈다. 시내를 돌아다니다 에티
오피아에서 가장 유명한 커피점인 '카페 토모카'에 들어갔는데, 카페 안
에는 17세기 프랑스 작가 발자크가 〈커피의 기쁨과 괴로움〉이라는 제
목으로 쓴 커피 찬가의 한 구절을 옮겨놓은 노란색 프랑스어 간판이 매
달려 있었다.

커피가 위 속으로 떨어지면 모든 것이 술렁이기 시작한다. 생각은 전쟁
터의 기병대처럼 쏜살같이 떠오른다……

간판에는 없지만, 이 글에서 바로 이어지는 문장은 이렇다.

…… 전투는 벌어진다. 기억이 되살아나 질풍처럼 몰아친다. '비교'라는 경기병은 훌륭한 대형으로 전진하고, '논리'라는 포병은 서둘러 포와 포탄을 준비하며, '비평'은 저격수처럼 사격을 시작한다. 비유가 떠오르고, 종이는 잉크로 뒤덮인다.

잡화점에 들러 'SAMSUNG(삼성)' 상표가 붙은 네 개짜리 건전지 묶음을 네 개나 샀다. 우리나라 삼성그룹이 건전지도 만드나 의구심이 들었지만 그래도 눈에 익은 이름이라 골랐는데, 미심쩍던 이 건전지는 나중에 탄자니아 킬리만자로를 오르면서 나를 꽤나 당혹스럽게 만들었다.

우간다

콩고
민주공화국

케냐

르완다

비룽가 숲
안개 속에서
사랑을 보았다
—

· 02 ·

케냐 · 우간다 · 콩고민주공화국 · 르완다

수단

에티오피아

콩고민주
공화국

우간다

케냐

소말리아

머치슨 폭포
국립공원

토로로
캄팔라 진자 말라바 엘도레트

엔테베

비룽가
국립공원

마사카

나쿠루

음바라라

빅토리아 호

카발레

키소로 루헨게리

우코바

나이로비

키갈리

르완다

므완자

킬리만자로 산

루사훈가
니아카나지

아루샤 모지

화려하고 위험한
두 얼굴, 케냐의 나이로비

    육로로 케냐의 수도 나이로비에 가려던 애초 계획을 바꿔 비행기를 타기로 했다. 도로 사정이 나쁜 데다, 마침 우기여서 비라도 오면 발이 꽁꽁 묶일 상황이었다. 아디스아바바 볼레 국제공항에는 이슬람 신자를 위한 '프레이어 룸(Prayer Room: 예배실)'이 있었다. 예배실에는 하얀 가운을 걸친 이슬람교도 네 명이 피곤했는지, 양탄자가 깔린 바닥에서 새우잠을 자고 있었다. 예배실은 이슬람교도를 위한 기도실 겸 휴게실이었다. 나도 예배당에 드러누워 쉬고 싶었으나, 알라께서 "이놈" 하고 혼낼 것만 같아 조용히 물러 나왔다.

    아디스아바바에서 나이로비는 비행기로 2시간 거리였다. 서울과 도쿄의 거리다. 에티오피아와 케냐는 시간대도 같다. 시차가 없다는 뜻이다. 76일간 아프리카를 종단하면서 시차에 별 신경을 쓰지 않아 좋았다. 아프리카 대륙을 옆으로 가로지르는 횡단이 아닌, 위에서 밑으로 내려오는 종단이다 보니 경도가 비슷해 시간대가 대부분 일치했던 것이다. 에티오피아와 케냐, 탄자니아, 우간다, 마다가스카르는 우리나라보다 6시간이 늦고 국제표준시인 그리니치 표준시각GMT보다는 3시간 이르다. 르완다와 말라위, 모잠비크, 짐바브웨, 잠비아, 보츠와나, 남아공, 나미비아는 우리보다 7시간 늦고 그리니치 표준시각보다 2시간 이르다. 콩고민주공화국은 우리보다 8시간 늦고 그리니치 표준시각보다 1시간 이른 시간대였다.

나이로비 공항에 착륙한 비행기가 활주로를 따라 청사 건물 쪽으로 미끄러져 갔다. 내 자리보다 두 좌석 앞에 있는 어린아이가 갑자기 울음을 터뜨렸다. 동양계로 보이는 젊은 부부가 아이를 달래느라 진땀을 흘리고 있었다. 등산용 조끼를 겹쳐 입은 남자의 등에 '버스'라고 쓰인 한글이 보였다. 우리나라 버스회사 노조원 가족이 놀러 왔나. 노조원들이 회사 이름을 새긴 등산용 조끼를 단체복으로 입고 다니는 것을 자주 보았기 때문이다.

내가 인사를 하자, 뒤에서 들리는 한국말 소리에 앞의 부부가 더 놀랐는지 "어, 우리나라 사람이에요?" 하고 반긴다. 남자가 일어나는데, 다시 보니 등의 글자는 '굿네이버스'라고 쓰인 것이었다. 굿네이버스라는 기독교 봉사단체에서 활동하는 가족이었다. 30대 초반인 젊은 부부는 에티오피아 지부를 방문한 뒤, 5년간 봉사 활동을 하러 탄자니아 다르에스살람으로 가는 길이었다.

나이로비 국제공항의 이름은 조모 케냐타 공항이다. 케냐의 독립운동가이자 초대 대통령 이름을 따서 지었다. 아프리카에는 독립 영웅의 이름을 딴 공항이나 거리 이름이 많았다. 탄자니아 다르에스살람의 줄리어스 니에레레 국제공항도 독립운동가이자 초대 대통령의 이름이고, 남아프리카공화국 요하네스버그의 O. R. 탐보 국제공항도, 나미비아 빈트후크의 호세아 쿠타코 국제공항도 모두 독립운동가 이름이다. 미국 뉴욕의 존 F. 케네디 국제공항이나 프랑스 파리의 샤를 드골 국제공항처럼 국가 영웅의 이름을 붙인 외국 공항을 보면서 항상 느끼는 건데, 우리는 왜 인천 공항을 김구 국제공항이라 부르지 못할까.

공항 청사에서 미국 돈 50달러를 주고 3개월짜리 여행 비자를 받은 다음 공항을 빠져나오자, 한눈에 아프리카에 왔다는 느낌이 들어왔다. 넓디넓은 초원이 펼쳐지고, 우기와 건기가 뚜렷한 사바나 기후가 몸에 와 닿고, 짙푸른 하늘이 낮게 깔려 있었다. 하늘 천장이 무지개처럼 띠를 두른 듯, 둥근 하늘과 땅이 저 멀리 지평선에서 맞닿아 있었다. 아프리카 하면 떠오르는 야생과 광활함이 케냐에 있었다. 산악 지대인 에티오피아에서는 넓은 들판이나 낮은 하늘을 본 적이 거의 없다.

동서로 이집트와 모로코에 걸쳐지고, 남으로는 나일 강을 따라 에티오피아에 이르는 북아프리카 지역은 지중해 세계에 속한다. 사하라 사막 이남의 블랙 아프리카는 사실상 케냐부터다. 사하라 사막과 에티오피아는 백인종과 흑인종의 경계선. 아프리카 대륙은 하나지만, 아프리카 국가는 하나가 아니다. 기후도 조금씩 다르고, 지형도 다르고, 사람도 다르고, 문화도 다르다.

자동차는 우리와 달리 왼쪽으로 달리고 있었다. 옛날 영국 식민 지배의 영향이다. 도로도 영국의 영향으로 바둑판처럼 나뉘어 있었다. 여행하다 보면, 도시의 도로 구조는 식민지 종주국의 얼굴을 반영하듯 나라마다 차이가 있어 흥미롭다. 영국 식민지였던 케냐, 짐바브웨, 잠비아, 남아공 등은 바둑판형 도시이고, 프랑스 식민지였던 마다가스카르는 광장을 중심으로 한 방사형 도시다.

시내 중심가인 케냐타 거리는 교통 체증이 심했다. 하늘을 찌를 듯한 높은 건물들이 빽빽이 들어찬 시가지는 뉴욕이나 유럽의 대도시와 다를 바가 없었다.

　이곳은 100여 년 전만 해도 마사이족과 키쿠유족이 살던 나이로비 강 유역의 습지대였다. 마사이어로 '차가운 물'이라는 뜻인 나이로비는 에티오피아 디레다와처럼 철도가 건설한 전형적인 신흥 도시다. 영국 식민지 정부가 지난 1896년 케냐의 인도양 연안 도시 몸바사에서 우간다의 빅토리아 호까지 연결하는 철도의 전초 기지이자 중간 역으로 나이로비를 만들고, 1901년에는 식민지 총독 청사마저 몸바사에서 옮겨오면서 최대의 도시로 부상한 것이다. 영국인들이 이곳을 선호한 것은 아프리카답지 않게 해발 고도 1676미터의 고원으로 기후가 서늘하고 땅이 비옥하기 때문이기도 했다.

　나이로비는 아프리카의 관문이자 동아프리카 최대의 도시이면서, 가장 위험한 도시다. 위험한 도시는 왜 그리도 빨리 다가왔는지 모른다. 택시를 타고 숙소인 뉴케냐 로지에 도착했는데, 택시 운전사가 "잔돈이 없다"며 거스름돈을 주지 않는다. 내가 "왜 잔돈을 주지 않느냐"고 따지자, 택시기사는 "유, 폴리스(당신, 경찰 부를 거야)"라고 오히려 위압적인 자세로 나온다. 경찰이 아니라 강도 소굴로 나를 던져 넣을 기세였다. 이럴 때는 인간이 싫어진다. 아프리카에서도 사자나 하마보다 더 무서운 것이 인간이다. 영화 〈라쇼몽〉을 보면 "도깨비도 인간이 무서워 달아났다"고 하는데, 여행에서도 가장 조심해야 할 동물은 인간이다. 나는 거스름돈을 포기하고, 뉴케냐 로지로 달려가 문을 두드렸다. 거스름돈 몇 푼을 돌려받으려다 나이로비 강도의 밥이 될 수는 없었다.

　사실 뉴케냐 로지는 대표적인 도심 슬럼가에 있었다. 재래시장과 버스 정류장이 가까이 있어 하루 종일 혼잡하고, 숙소 뒤로는 곧 무너질 것 같은 허름한 건물들이 그대로 방치되어 있어 여행 책자에서도 별로 추천하지 않는 지역이다. 그러나 가격이 워낙 싸고 시내 중심가에 있어 교통이 편리하다는 이유 때문에 찾은 것이다. 위험 지대이다 보니 여행자 숙소도 철저하게 보안 시설을 갖추고 있다. 숙소를 드나들 때는 일일이 벨을 눌러 종업원을 불러서 철문을 열어달라고 해야 한다.

저녁에는 말라리아약 부작용으로 머리가 아팠다. 말라리아 예방약은 원래 여행 출발 일주일 전부터 복용해야 하는데, 나는 준비 부족으로 출발 당일 인천공항에서 약을 사서 일주일에 한 번 복용해야 할 약을 사흘마다 한 번씩 먹었더니 탈이 난 것이었다. 머리가 어지럽고 다리 상처 부위에 진물이 나는 등 부작용이 나타났다.

뉴케냐 로지에는 일본인 여행자가 많았다. 인상적인 것은 일본인 여행자들이 다음 여행자들을 위해 남겨놓은 꼼꼼한 여행노트다. 어떤 일본 여행자가 남겨놓은 여행 일기는 살아 있는 여행 정보지로서 전혀 손색이 없었다. 날짜별로 자세히 기록해놓았는데, "케냐 국립박물관이 공사 중이어서 잠정 폐관되었다"는 이야기부터 어떤 여행자가 탄자니아 다르에스살람에서 강도를 당한 일까지 꼼꼼히 적어놓았다. 위험 지역과 꼭 가봐야 할 곳 등 추천 명소도 별도로 기록되어 있었고, 세세한 약도까지 직접 볼펜으로 그려놓았다. 여행자의 땀이 여행노트 곳곳에 흠뻑 배어 있는 것을 느낄 수 있었다. 일본어로 된 《세계를 간다》 등 아프리카 여행안내 책자도 많았다. 이들의 기록 문화와 정보 공유 정신만큼은 정말 본받을 만하다.

〈아웃 오브 아프리카〉를
찾아서

　나는 숙소에서 만난 한국인 남자 여행자 2명과 재미교포 여자 대학생, 그리로 뉴질랜드 남자 여행자 등과 함께 나이로비 시내 여행에 나섰다. 한국인 남자 한 명은 대학생이었고 다른 한 명은 30대 중반의 정신과 의사. 악명 높은 나이로비의 길거리 강도에 맞서려면 최소한 다섯 명이 무리 지어 다녀야 한다. 에티오피아 속담에 "거미줄도 뭉치면 사자를 잡을 수 있다"고 했다.

　우리는 미술에 관심이 많은 뉴질랜드 여행자가 제안한 대로 와타투 갤러리라는 미술관에 갔다. 와타투Watatu란 스와힐리어로 '세 사람'을 뜻하는데, 1968년 예술가 세 명이 이 갤러리를 처음 시작한 데서 비롯된 이름이다. 규모는 작지만 다양한 아프리카 현대 그림과 조각, 사진들을 볼 수 있었다. 밝은 원색을 주로 사용하고, 동물을 소재로 한 그림이 많았다. 덩치 큰 코끼리가 키가 큰 기린의 입에 닿으려고 두 앞발을 들고 코를 쭉 내밀자 기린이 코끼리 코를 핥아주는 그림도 있고, 코끼리가 농사일로 피곤에 지친 사람을 코로 밀고 가는 그림도 있었다. 동물을 통해 인간의 꿈과 희망을 표현하고, 공존의 철학을 나타낸 그림들이었다.

　우리는 근처 식당에서 케냐 전통 음식인 우갈리Ugali로 점심을 먹었다. 옥수숫가루를 쪄서 만든 백설기 떡 같은 음식이다. 쇠고기와 채소 등이 딸려 나왔다. 옥수수는 동아프리카 주민들의 주식이라고 할 수 있다. 식후에 커피를 주로 마시는 에티오피아와 달리 동부 아프리카 사람들은 홍차 비슷한 '차이Chai'라는 차에 우유와 설탕을 넣어 마신다.

아프리카 여행 중에 먹은 음식은 대개 입에 맞았다. 우간다에서는 찐 바나나를 주로 먹고, 잔지바르 같은 인도양 연안의 스와힐리 지역에서는 쌀을 코코넛주스로 찐 왈리 와 나지(Wali Wa Nazi, 코코넛 밥), 그리고 냐마초마Nyama choma라는 구운 쇠고기와 양고기, 닭고기를 먹는다. 호수가 있는 말라위와 인도양의 잔지바르, 남아공 해안 지역에서는 생선도 즐겨 먹었다. 섬나라 마다가스카르에서는 우리와 똑같이 쌀이 주식이었고, 채소와 닭고기가 곁들어 나왔다.

점심을 먹은 뒤, 영국제 구형 7인승 택시를 타고 시내에서 30여 분 거리에 있는 카렌 블릭센 박물관으로 향했다. 나이로비 국립공원 옆에 있는 박물관 주위는 부자들이 주로 사는 전원도시 같은 분위기였다. 나무와 숲이 우거지고 조용한 곳으로, 복잡한 시내와는 달리 시원한 야외공원 같았다. 박물관은 영화 〈아웃 오브 아프리카〉의 원작자인 카렌 블릭센(Karen Blixen, 1885~1962)이 1917년부터 1931년까지 살았던 저택이었다. 전형적인 식민지 시대 백인 정착민의 농장 저택이다.

덴마크 귀족인 카렌 블릭센은 유럽인들이 아프리카로 몰려가던 1914년 케냐에서 커피농장을 경영하다 실패한 뒤 돌아가서, 자전적 소설 《아웃 오브 아프리카》를 발표해 명성을 얻었다. 우리에게는 영화 〈아웃 오브 아프리카〉로 널리 알려졌다.

박물관에는 영화 장면 사진과 카렌 블릭센이 살던 당시 사용하던 부얼세간과 가구, 옛날 전화기, 뻐꾸기시계, 모자 등이 전시되어 있었고, 앞뜰에는 옛날 마차와 커피농장에서 쓰던 농기구, 커피 가공 기계 등이 녹슨 채로 놓여 있었다. 박물관 어귀에 있는 한 그루 작은 커피나무만이 옛날 이곳이 커피농장이었음을 말해주었다. 입장료 800실링(10달러)은 아무리 생각해도 너무 비쌌다.

박물관 뒤편의 정원은 작은 식물원이었다. 자줏빛 부겐빌레아와 공작이 꽁지깃을 펼친 듯한 포인세티아, 유칼립투스, 선인장 가지를 우산살처럼 펼친 채 우뚝 선 칸델라브라, 키가 30미터나 되는 아라우카리아 소나무, 자카란다, 대나무, 야자수와 측백나무의 일종인 원주형 사이프러스나무, 용설란의 일종인 사이잘도 있다. 사이잘은 잎에서 섬유를 뽑아 선박용 로프 등 단단한 줄과 직물을 만들기 때문에 케냐와 탄자니아에서 식민지 시대에 집단 재배된 환금 작물이다. 나는 박물관보다 정원이 더 좋았다.

영화 〈아웃 오브 아프리카〉에는 아프리카의 아픈 역사도 담겨 있다. 카렌이 농장 근처를 흐르는 냇물을 막아 커피농장의 저수지로 쓰려고 하자, 하인인 파란 아든이 말한다.

"이 물은 몸바사로 가는 것입니다. 이 물은 몸바사의 것입니다."

아프리카의 물은 백인 정착민들의 것이 아니라 애초부터 이곳에서 살아온 아프리카인의 공동 재산이라는 뜻이다.

카렌이 아프리카를 떠나며 원주민들에게 농사지을 땅을 사주려고 하자 영국 총독부 관리는 "원주민들의 몫은 없다, 영국 왕실의 땅이다"라고 잘라 말한다. 영국은 당시 케냐 중앙부의 비옥한 토지 450만 에이커를 아예 백인 전용 토지(화이트 하일랜드)로 지정해 아프리카인의 소유를 금지했기 때문이다. 오랜 주인인 아프리카인들이 종으로 밀려나고, 외지인인 백인들이 주인 행세를 했던 것이다. 당시 원주민들은 농사지을 땅조차 모두 유럽 백인들에게 빼앗긴 상태였다. 일부 토지는 총칼에 강제로, 또 일부는 속임수에 헐값으로 백인들에게 넘어갔고, 아프리카인들은 그들 농장의 노동자로 전락했다. 애초 키쿠유족이 옥수수와 감자, 바나나, 콩 등 주식용 작물을 재배하던 곳에 커피와 차, 망고 등 환금 작물이 재배되었다. 현재 아프리카의 식량난은 유럽의 제국주의에 절대적인 책임이 있다.

1895년 케냐를 보호령으로 삼은 영국은 1904년에는 백인국가 건설을 목표로 1905년까지 대단위 토지를 점령하고, 백인 정착민들을 끌어들였다. 백인들에게 빼앗긴 영토를 되찾자는 운동이 바로 1952년 일어나 '마우마우Mau Mau 전쟁'으로 알려진 케냐토지자유군Kenya Land Freedom Army의 투쟁이다. 데단 키마티를 지도자로 하는 토지자유군의 백인 농장과 총독부 건물에 대한 공격은 케냐 독립운동의 시초가 되었다.

토지자유군의 주력 부대는 백인들에게 땅을 빼앗긴 키쿠유족이었다. 키쿠유족은 목축을 주로 하는 마사이족과 달리 농업을 주로 하는 농경 부족이었기 때문에 땅은 곧 생명인 셈이었다. 원주민들 사이에 내려오는 케냐의 전설에 따르면 옛날에 신이 세 아들을 불러다 창과 활, 괭이 중 하나를 선택하게 했다. 장남은 괭이를 선택해 농경민인 키쿠유족이 되었고, 차남은 창을 골라 유목민인 마사이족이 되었고, 막내는 활을 가져 수렵민인 캄바족이 되었다고 한다.

내가 육로를 따라 내려가는 아프리카 국가들은 한때 식민 지배에 몸 서리쳤던 나라들이다. 어느 날 느닷없이 아프리카로 몰려온 유럽 제국주의는 멋대로 남의 땅을 나눠 가졌다. 마치 임자 없는 땅이라도 되는 듯이. 백인들은 아프리카 전통과 문화를 '야만'으로 규정짓고, 유럽식 '문명'으로 바꾸려 했다. 앙드레 지드는 "오렌지처럼 껍질을 벗기고 쥐어짰다"고 서구 제국주의의 아프리카 점령을 비판했다. 그전에도 영국 백인들은 북아메리카 대륙에서 원주민들을 내쫓고 백인 국가인 캐나다와 미국을, 호주와 뉴질랜드에서는 원주민인 태즈메이니아인들을 아예 절멸시킨 뒤 백인 국가를 건설했고, 에스파냐와 포르투갈의 백인들은 남아메리카에서 원주민을 몰아낸 뒤 칠레, 아르헨티나, 브라질 등 사실상 백인 국가를 만들었다.

아프리카의 국가들은 1990년 나미비아를 마지막으로 모두 독립했지만, 그들이 쓰는 공식 언어에 식민 지배의 흔적이 살아 있다. 에티오피아만 고유의 암하라어를 쓰고 케냐와 우간다, 말라위, 짐바브웨, 잠비아, 보츠와나, 남아공, 나미비아에서는 영어, 벨기에의 식민지였던 르완다에서는 프랑스어, 모잠비크에서는 포르투갈어, 프랑스 식민지였던 마다가스카르에서는 프랑스어가 공용어로 자리 잡았다. 탄자니아와 케냐는 영어와 함께 스와힐리어를 공용어로 사용하지만, 문자 표기는 영어 알파벳을 빌려 쓴다. 르완다와 말라위, 보츠와나도 전통 언어를 공용어로 함께 사용하나 영어가 이미 압도적인 말이 되어버렸다.

저녁은 숙소에서 직접 밥을 지어 먹었다. 뉴케냐 로지에는 워낙 가난한 배낭여행자들이 주로 오다 보니, 작은 공동 부엌과 요리 도구들이 갖춰져 있었다. 나이로비 도착 첫날, 나는 한국인 대학생 여행자와 함께 숙소 근처의 식료품 가게에서 쌀과 참치통조림, 소시지, 계란, 토마토소스 등 반찬거리와 생수 등 며칠 동안 먹을 거리를 샀다. 학생이 한국에서 가져온 라면과 고추장이 아주 유용했다. 뜸을 덜 들여서인지, 아니면 석유 버너의 불길이 약해서인지 밥이 설익었다. 생쌀을 씹는 맛이다. 그러나 라면 국물에 말아 먹으니 그런대로 먹을 만했다. 뉴케냐로지는 학창 시절 많은 추억을 남겨주었던 하숙집 분위기가 났다. 세월이 흐르면 내게는 또 다른 '여행의 하숙집'으로 남을 것이다.

나이로비에 머무는 동안 케냐의 민속촌이라 할 수 있는 '보마스 오브 케냐Bomas of Kenya'에도 다녀왔다. 보마boma는 스와힐리어로 '집'이다. 보마스 오브 케냐는 시내 남부 외곽의 나이로비 국립공원 정문 근처에 있었다. 케냐를 이루는 43개 부족 중에서 11개 주요 부족의 전통 가옥을 복원해놓고 각 부족의 생활상을 보여주는 곳이었다. 보마스 오브 케냐에는 전통 춤과 노래, 기예를 공연하는 원형 극장도 있었다.

이곳 기예단의 특징은 무엇보다도 꾸미지 않고 자연스럽다는 것이다. 중국이나 북한의 교예단이 고도의 훈련을 통한 인간 한계의 기술을 보여준다면, 케냐의 기예는 아프리카 대초원에서 동물과 같이 뛰어노는 원주민들의 자연스런 율동을 묘기와 결합한 것이다. 원숭이들이 자연스럽게 손을 잡고 놀듯이 인간탑 쌓기를 하고, 인간 울타리를 표범이 뛰듯 넘어가서 네 발로 내려앉듯 자연스레 착지하는 묘기들이 관객의 마음을 편안하면서도 흥겹게 한다.

공연장 2층에는 조이 애덤슨(Joy Adamson, 1910~1980)의 그림 사진들이 빙 둘러서 걸려 있었다. 진본이 전시되어 있는 케냐 국립박물관의

보마스 오브 케냐의 기예단.

일시 폐관으로 그림을 보지 못해 아쉬웠는데, 사진으로나마 볼 수 있어 다행이었다. 새끼 사자와 나눈 우정을 그린 소설 《야성의 엘자Born Free》를 쓴 조이 애덤슨은 스물여섯 살 때 오스트리아에서 케냐로 온 뒤 1980년 죽을 때까지 야생생물 보호에 평생을 바쳤는데, 그림에도 재능이 있어 여러 부족의 초상화를 남겼다. 그의 그림은 부족 인물도감으로 사용될 정도로 각 부족의 특징과 생김새를 잘 표현했다는 평가를 받고 있다.

보마스 오브 케냐로 가는 케냐타 거리에는 2004년 노벨평화상을 받은 케냐 환경운동가 왕가리 마타이가 지켜낸 우후루 공원이 있어, 매연

조이 애덤슨이 그린 보니족 여성.

이 가득한 나이로비 시내의 허파 역할을 하고 있었다. 1989년 케냐 정부가 우후루 공원 부지를 외국 투자자들에게 초고층 빌딩 용지로 팔아넘기려 하자 왕가리 마타이는 직접 시위대를 이끌면서 온몸으로 공원을 지켜냈다.

숙소 라운지 벽에는 케냐 현직 대통령인 음와이 키바키의 사진이 걸려 있었다.
케냐는 독립 후 1963년 키쿠유족 출신인 조모 케냐타가 대통령이 된 뒤, 그 후계자인 소수 부족 칼렌진족의 다니엘 아랍 모이 부통령이

1978년 권좌를 이어받아 사실상 일당 독재 체제를 유지해왔다. 이처럼 오랫동안 장기 독재를 유지할 수 있었던 것은 냉전 시대에 아프리카에서 공산주의의 팽창을 막아주는 전초기지 역할을 했기 때문이었다. 탄자니아와 에티오피아 등 아프리카 국가들 대부분이 사회주의로 기울 때 거의 유일하게 자본주의의 길을 걸어온 나라가 바로 케냐. 케냐의 독재 체제를 눈감아주던 서방 세계는 1990년대 소련의 몰락으로 냉전이 끝나면서 뒤늦게 압력을 행사하기 시작했다. 이에 경제적 어려움이 가중되자 모이는 스스로 물러나면서 2002년 12월 대통령 선거를 실시했는데, 야당인 '민족연맹무지개연합당'의 음와이 키바키가 여당인 '케냐아프리카민족동맹'의 우후루 케냐타 후보를 압도적인 표차로 이기고 최초로 정권 교체를 이룬다. 우후루 케냐타는 바로 초대 대통령인 조모 케냐타의 아들이었다. 우후루는 국부로 추앙받는 아버지의 후광이 있음에도 오랜 독재와 부패에 대한 국민적 반발을 뛰어넘지 못했던 것이다.

조모 케냐타는 아프리카 독립운동의 전설적 인물 중 한 명이다. 2차 세계대전이 끝난 직후인 1945년 10월 영국 맨체스터에서 열린 제5차 범아프리카회의에 조국의 독립을 쟁취하려는 젊은 아프리카인들이 대거 모였다. 이들은 "우리는 자유롭게 되기로 결정하였다"라는 유명한 아프리카판 독립선언서를 채택했는데, 이때 조모 케냐타가 케냐 대표로 참여했다. 이 모임에 참여했던 많은 인물이 독립 후 아프리카 국가의 초대 대통령이 되었다. 탄자니아의 줄리어스 니에레레, 잠비아의 케네스 카운다, 가나의 콰메 은크루마, 나이지리아의 은남디 아지키웨, 기니의 아메드 세쿠 투레 등. 나이로비 시내 중심가에 있는 카운다 거리와 은크루마 거리는 바로 이들의 이름을 기려서 붙인 것이다.

나이로비의 마지막 밤은 기억에 남을 만했다. 예상치 않았던 김광석 노래 때문이다. 침대에 누워 선잠이 들었는데, 어디선가 친숙한 노래 소리가 들렸다.

"흙 속으로 묻혀 갈 나의 인생아……."

작은 스피커를 통해 내가 좋아하는 김광석의 〈불행아〉가 울려 나왔다. 같은 방을 쓰던 한국인 의사가 CD 플레이어를 틀어놓았던 것이다. 그는 〈이등병의 편지〉, 〈서른 즈음에〉, 〈어느 60대 노부부의 이야기〉 등 김광석의 모든 노래를 CD 한 장에 담아 왔다. CD플레이어에 달린 스피커 덕분에 방은 작은 음악다방처럼 되었다. 무려 8시간 정도나 음악이 이어졌다. 밤새도록 김광석의 노래를 듣다 잠들고, 다시 깨어나서 듣곤 하다가 새벽을 맞았다. 아프리카에서 김광석의 노래는 고독에 지친 여행자에게 초콜릿처럼 달콤한 자장가였다.

날이 밝자, 나는 젊은 의사가 가져온 김광석 노래 CD를 복사하려고 나이로비 시내 인터넷 카페로 갔다. 한글로 된 노래 제목을 컴퓨터가 읽지 못해 무려 3시간이나 돌아다닌 끝에 한 인터넷 카페에서 간신히 CD를 복사할 수 있었다. 다음에는 거금 1만 1760실링(147달러)을 들여 CD플레이어를 샀다. 카드 결제가 안 된다고 해서 근처 영국계 은행에 가서 시러스Cirrus 카드로 케냐실링을 인출했다. 아프리카를 여행하는 동안 비자카드와 시러스카드 두 개를 갖고 다녔는데, 대부분은 비자카드 하나만으로도 거의 불편이 없었다.

이때부터 김광석의 노래가 내 여행의 길동무가 되었다. 탄자니아의 킬리만자로 산 정상으로 가는 무거운 발걸음을 가볍게 해주고, 잔지바르 섬과 말라위 호의 푸른 물에 비친 고독감을 씻겨주고, 나미비아 사막의 붉은 모래가 몰고 오는 여행의 피로를 날려준 것도 그의 노래였다. 젊은 시절 나를 부축해주던 그의 노래가 아프리카 여행 내내 나를 뒤에서 밀어주었다.

우간다에서도,
철마는 달리고 싶다

케냐를 떠나는 밤은 어두웠다. 나는 뉴질랜드에서 온 로렌스와 함께 우간다로 가는 버스를 타기 위해 밤 9시께 숙소를 나왔다. 로렌스는 컴퓨터 회사에 다니는 30대 초반의 젊은이. 나와 함께 마운틴고릴라를 보려고 토요일 버스표를 취소하고, 이틀이나 늦은 월요일 버스표를 다시 예매했다. 내가 마운틴고릴라를 보러 갈 수 있는 것은 전적으로 로렌스 덕분이었다. 나는 여행 오기 전 마운틴고릴라 트레킹 예약을 위해 온갖 노력을 다했으나, 사실상 포기한 상태였다.

우간다 야생생물보호청에 대여섯 차례 이메일로 트레킹 예약을 신청했으나, 아무런 답변을 받지 못했다. 그런데 놀랍게도 로렌스는 마운틴고릴라 트레킹에 대한 정확한 정보를 갖고 있었다. 그의 친구가 2개월 전 사전 예약 없이 우간다에서 마운틴고릴라를 봤다는 것이다.

밤 10시쯤 도착한 우간다행 스칸디나비안 버스는 이미 여행객들로 3분의 2 정도가 차 있었다. 승객들이 내리거나 화장실에 다녀오고 새로 타고 하는 시간이 30분 정도. 10시 30분에 버스는 출발했다. 버스에 타자마자 피곤해서 잠이 들었다. 추위가 느껴져 눈을 떴을 때는 새벽 2시 20분. 버스 차창 위에서 비가 새면서 창 쪽에 앉은 나의 옷이 흠뻑 젖어 있었다. 그렇잖아도 옷을 가볍게 입은 터에, 아프리카 밤의 냉기와 빗물에 젖은 옷 때문에 밤새 오들오들 떨어야 했다.

나이로비에서 출발한 버스는 동아프리카지구대에 걸쳐 있는 나이바샤 호수와 나쿠루 호수, 엘도레트를 지나서, 새벽에 국경도시 말라바에 도착했다.

동아프리카지구대를 경계로 동서가 나뉜 아프리카의 기후는 진화에도 영향을 미쳤다. 서쪽의 열대우림 지역에서는 비가 많이 내려 커다란 나무들이 무성하게 자라면서 원숭이와 고릴라, 침팬지 등 나무 위로 높이 올라갈 수 있는 유인원들이 살아남았다. 동쪽의 사바나 초원에서는 비가 적어 작은 관목만이 자라면서, 두 발로 걷게 된 인간이 나무에서 내려와 평지 환경에 적응해갔다. 어릴 적 텔레비전에서 보았던 〈타잔〉의 무대는 동쪽의 초원이 아니라 서쪽의 열대우림 지역이다.

케냐 출국 절차를 마치고, 우간다로 넘어갔다. 나와 같은 버스를 타고 온 중국인 부부가 총을 든 우간다 국경경비요원 앞에서 쩔쩔매고 있었다. 총을 든 험상궂은 사내가 윽박지르듯 다그쳤다. 혹시 중국인 부부가 마약이라도 몰래 들여오다 걸렸나 생각했다. 중국인 부부에게 다가가보니 별일도 아니었다. 황열병 예방접종 증명서를 보여달라는 것인데, 중국인 부부가 영어를 알아듣지 못해 당황하고 있었던 것. 내가 중국인 부부에게 설명해주자 얼굴색이 밝아졌다. 중국인 부부는 가방에서 예방접종 증명서를 꺼내 보여주었다.

한순간에 상황을 정리해버린 나의 뛰어난 통역 방법은 무엇이었을까? 영어? 아니다. 나의 영어 실력은 화장실 어디 있느냐, 물을 수 있을 정도 수준이지, 누구를 통역해줄 깜냥이 아니다. 언어보다는 원초적인 몸짓이 더 훌륭한 의사소통 수단이 될 수 있다. 중국인 부부에게 영어나 중국어로 '황열병'을 말한 것이 아니라, 팔뚝에 침을 놓는 시늉을 했던 것이다. 침을 좋아하는 중국인에게는 즉효였다. 그들은 바로 예방접종 증명서를 꺼냈다. 아시아인은 아시아인이 안다.

우간다 경비요원의 반응은 물론 딴판이었다. 그는 뚱한 표정으로 중국인 부부를 외계인처럼 쳐다보았다. 우간다 경비요원은 증명서를 검사한 뒤, 중국인 부부에게 가라는 손짓을 하고 고개를 절레절레 흔들었다. 우간다의 공용어는 영어여서, 우간다 사람들은 영어를 잘한다.

경비요원은 내게도 여권과 함께 예방접종 증명서를 보여달라고 했는데, 막상 나는 버스 안 배낭에 증명서를 두고 꺼내 오지 않았다. 버스 안 배낭에 있다고 하자 "꼭 소지하고 다니라"고 말하고는 의외로 순순히 그냥 가라고 한다. 아프리카 여행에는 황열병 예방접종 증명서를 반드시 갖고 가야 하는데, 남아공까지 종단하는 동안 실제 증명서를 검사한 경우는 이때가 유일했다.

우간다 국경사무소에서 비자를 받았다. 비록 돈을 내고 받는 것이지만, 비자를 볼 때마다 기분이 흐뭇해진다. 그 나라가 나를 테러리스트나 범죄자로 보지 않고, 돈만 써준다면 기꺼이 입국을 허락하겠다는 환영의 표시이기 때문이다. 버스는 오전 7시께 말라바를 떠나 우간다 수도 캄팔라로 향했다.

느닷없이 차창 밖으로 푸른 세상이 펼쳐졌다. 푸른 들판과 무성한 나무, 다양한 곡물이 풍성하게 자라고 있었다. 짙푸른 차와 사탕수수, 특히 옥수수가 크게 자라고 있었다. 논에서 모내기하는 모습도 보였다. 옆 논에는 이미 벼가 많이 자랐는데, 늦은 모내기를 하는지 농부 10여 명이 품앗이하듯이 모를 심고 있었다. 아프리카에서 모내기하는 것을 보니 그렇게 신기할 수가 없었다. 아프리카에서도 쌀밥을 많이 먹는다. 어린 학생들이 아침 일찍 등교하는데, 옷 색깔도 주로 푸른색이다. 우간다는 온통 녹색의 나라였다.

사막화로 고통받는 다른 아프리카 국가와 달리, 우간다는 남아공과 함께 물이 부족하지 않은 거의 유일한 나라다. 케냐의 하늘이 낮고 푸르다면, 우간다의 들판은 넓고 푸르다. 에티오피아와 케냐는 고원 지대여서 덥지만 서늘한데, 우간다는 저지대여서인지 더우면서도 습하다. 우간다가 케냐보다 더 비옥한데도 유럽인들이 주로 케냐에 정착한 것은 바로 이 기후 차이 때문이다.

푸른 들판에 이어 갑자기 시퍼런 호수가 나타났다. 우간다 초입부터 내 눈 속으로 '푸르다, 짙푸르다, 파랗다, 퍼렇다, 시퍼렇다'가 밀물처럼 쏟아져 들어왔다. 서울의 매연에 뿌옇게 흐려졌던 시력이 갑자기 좋아지는 것 같았다.

백나일 강 수원인 아프리카 제1의 호수, 빅토리아 호였다. 담수호로는 캐나다의 슈피리어 호에 이어 세계에서 두 번째로 큰 호수다. 버스는 빅토리아 호가 백나일 강으로 빠져나가는 길목에 놓인 진자의 다리를 건너고 있었다. 하얀 학과 수많은 물새가 호숫가를 날아다니고, 파피루스 갈대가 물새들의 날갯짓에 흔들렸다. 물히아신스가 호수 가장자리를 뒤덮고 있었다. 물히아신스 사이로 물고기가 지나가자 작은 물결이 일었다. 에티오피아의 황량한 사막과 케냐의 치안 불안으로 답답했던 마음이, 빅토리아 호수로 곤두박질친다. 에티오피아의 타나 호가 둥그런 접시 안으로 물이 모이는 호수라면, 빅토리아 호는 넓은 들판으로 물이 퍼져 나가는 호수다.

유럽인으로는 처음으로 존 해닝 스피크는 1858년 1차 탐험과 1862년 2차 탐험을 통해, 빅토리아 호가 백나일 강으로 흘러드는 물목인 리폰 폭포를 발견했다. 나일 강의 수원을 이곳 진자에서 확인한 것이다. 스피크는 현지인들이 오래전부터 '니안자'라고 부르던 호수를 빅토리아 여왕의 이름을 따서 '빅토리아 호'라고 했다. 리폰 폭포도 자신의 탐험을 지원한 영국 왕립지리학회의 회장 리폰의 이름을 딴 것이다. 유럽의 탐험가들은 아프리카 현지인들이 오랫동안 부르던 호수와 폭포의 이름을 무시하고, 마치 자신들이 처음으로 발견한 전유물인 양 멋대로 유럽식 이름을 붙였다. 새로운 이름을 붙이는 데는 자신의 발견이 문명인으로서는 '최초'라는 오만함이 깔려 있다. 헨리 데이비드 소로는 《월든》에서 플린트라는 농장주가 호수에 자신의 이름을 붙인 것에 대해 "그 속에서 헤엄치는 어느 물고기나, 그곳에 자주 나타나는 들새나 네발 달린 짐승, 물가에 자라는 어떤 들꽃"의 이름으로 지었더라면 더 좋았을 거라고 꾸짖었다. 제국주의적 오만함과 자연을 지배하려는 인간의 언어적 욕망이 아프리카 산하마저 오염시켰다.

리폰 폭포는, 지난 1954년 바로 아래쪽에 오언 폭포Owen Falls 댐이 건설되어 물이 폭포 위까지 차는 바람에 이제는 모습을 찾아 볼 수 없다.

진자는 옛날 인도인과 아시아인이 많이 살던 도시다. 지금도 그 영향으로 아시아풍 건물이 많았다. 주로 인도 출신인 아시아인 7만여 명은 1972년 우간다의 엽기적인 대통령 이디 아민에 의해 하루아침에 쫓겨났다. "우간다의 암소에게 먹을 것을 주지 않고 그 젖을 짜려는 사람은 우간다에서 얻을 것이 없다." 이디 아민이 인도인을 추방하기 하루 전에 한 말이다. 말은 그럴듯했지만, 당시 경제를 장악한 인도인들을 추방함으로써 국민의 불만을 돌리려는 치졸한 통치술이었다. 진자에 인도인이 많았던 것은 영국이 식민지인 우간다의 면화와 커피 재배를 위해 인도인들을 노동자로 끌고 왔기 때문이다. 이디 아민이 실각한 후 많은 인도인이 다시 돌아와 살고 있다고 한다.

한때 우간다를 공포의 도가니로 몰아넣었던 독재자 이디 아민은 서구의 식민 지배가 만들어낸 유산이었다. 이디 아민은 영국 식민지군대 장교 출신으로 인근 케냐에서 독립운동을 하던 마우마우 저항 세력을 소탕하는 데 참가하기도 했다. 1971년 이디 아민의 쿠데타를 지원한 것이 영국과 이스라엘이고, 가장 먼저 이디 아민 정권을 인정한 나라도 영국과 이스라엘, 영국의 영향 아래 있던 케냐였다. 이디 아민은 곧 외국인 소유 기업을 국영화해 서구의 반감을 샀고, 아랍권과 관계를 개선하기 위해 영국, 이스라엘과 외교를 단절하고 리비아, 팔레스타인과 우호 관계를 맺는다. 1978년에는 우간다 반정부군을 지원한다며 인근 국가인 탄자니아를 전격 침공한다. 이에 탄자니아의 줄리어스 니에레레 대통령과 우간다의 반정부 세력은 연합군을 구성해 전면적인 반격을 펼친 끝에 이디 아민 정권을 쫓아냈다.

그러나 1979년 4월 몰락할 때까지 이디 아민의 통치하에 우간다인 10만 명 이상이 고문, 살해되는 동안, 미국과 서구 유럽은 이디 아민의 공포 정치를 사실상 묵인해왔다. 케냐의 아랍 모이 정권과 마찬가지로, 이디 아민은 독재자이지 공산주의자는 아니었기 때문이다. 자기 자신을 '스코틀랜드의 왕' 또는 '대영제국의 정복자'라고 부른 이디 아민은 우상화를 위해 스스로 놀라운 공식 명칭을 만들어냈다.

"각하, 종신 대통령, 최고사령관이신 원수, 알 하드지(이슬람 명예 칭호), 박사(자신에게 법학박사 학위 수여), 이디 아민 다다, 승리 십자훈장, 수훈장, 전공 십자훈장(수훈자이시며), 지구상의 모든 동물과 바닷물고기의 지배자이시며, 일반적으로 아프리카에서 그리고 특별히 우간다에서 대영제국의 정복자."

화려한 수식어를 총동원한 아민의 공식 직함은 한 문장이 아니라 이처럼 한 단락이다. 도저히 다 외울 수가 없어서 행사 때마다 종이에 써서 낭독을 했다고 한다. 에티오피아의 하일레 셀라시에 황제 이후 아프리카에서 이렇게 우상화를 위한 수식어 총동원령을 내린 엽기적 대통령은 단 둘. 이디 아민과 중앙아프리카 황제 보카사다.

보카사는 프랑스 나폴레옹 1세의 즉위식을 본떠 화려한 대관식을 치른 뒤, 자신을 이렇게 불렀다.

"황제 폐하, 중앙아프리카 국민과 국가 정당으로 통합된 메산(흑인아프리카사회혁신운동) 당의 뜻에 따른 중앙아프리카의 황제."

독재자는 갔지만, 지금 빅토리아 호에서는 또 다른 물고기 독재자가 수많은 물고기 인민들을 무참히 살해하고 있었다. 1960년 영국인들이 방류한 외래 어종 나일농어가 토종 물고기의 씨를 말리고 있다. 나일농어는 인간에 의한 생태계 파괴를 그린 영화 〈다윈의 악몽〉에서 문제의 대표적 사례로 꼽혔다. 빅토리아 호 가장자리를 차지하고 있는 외래종 식물 물히아신스도 골칫거리다. 물히아신스가 호수에 갑자기 퍼지면서 물에 필요한 산소가 부족해지고 플랑크톤의 영양분 흡수가 차단되어, 호수가 질식 위기에 처했기 때문이다.

버스는 진자를 뒤로 하고 달렸다. 버스 차장이 비스킷과 콜라, 환타 등 음료수를 승객들에게 나눠준다. 아침 대용으로 주는 음식이다. 허기진 배를 채우기에는 부족하다.

길가에 침례교회도 보이고 기찻길도 나타났다. 철길은 열차가 다니지 않아 녹슬었다. 케냐의 몸바사에서 나이로비를 거쳐 우간다의 토로로와 진자, 캄팔라를 거쳐 남서부의 카세세까지 가는 철도다. 영국의 식민지 시절 면화를 실어 나르기 위해 만들어진 우간다 철도는 면화 철도라 불리었다. 남아공의 철도는 다이아몬드 철도, 또는 황금 철도로 부르고, 벨기에령 콩고의 철도는 구리 철도로 불렸다. 일제가 군사적 목적과 경제적 수탈을 위해 한반도 종단철도와 만주철도를 건설한 것과 같다. 스벤 린드크비스트는 《야만의 역사》라는 책에서 "대륙에 포탄을 퍼붓는 군함의 대포, 대륙 약탈을 용이하게 해주는 철도, 유럽인들과 그들의 군대를 대륙의 심장부로 실어 나르는 하천의 증기선"이 바로 대표적인 '제국주의의 연장들'이라고 말했다.

우간다 철도는 1997년 안전상 문제와 경영상 적자로 운행이 중단되었다. 비록 제국주의의 침탈을 위해 생긴 철도일지라도, 아프리카 국가들이 이를 활용하지 못하고 있는 것은 아프리카 경제의 현주소를 보여주는 일이다. '제국주의 철도'든, 탄자니아와 잠비아 사이의 타자라 같은 '주체 철도'든, 현재 아프리카인들이 주체적으로 운영하면 그것이 바로 자주적 철도가 아니겠는가. 바이칼 호수를 끼고 달리는 시베리아 횡단열차처럼, 언젠가 빅토리아 호를 따라 달리는 우간다 철도 여행의 기쁨을 만끽할 수 있을까. 아프리카 열차의 기적 소리를 상상하다 보니, 버스는 벌써 수도 캄팔라에 다다랐다. 12시간 넘게 밤새 달려왔다.

임팔라의 언덕,
캄팔라

　빅토리아 호가 내려다보이는 일곱 언덕에 자리 잡은 캄팔라는 평화로워 보였다. 넓은 도로, 깔끔한 주택, 높은 빌딩 사이로 시원한 바람이 부는 전원도시였다. 부간다 말로 '임팔라(아프리카영양)의 언덕Kasozi Ka Impala'이라는 뜻인 캄팔라는 예로부터 평화의 마을이고, 동물의 낙원이었다. 동물들은 한가로이 풀을 뜯으며 뛰논다. 목이 마르면 물을 마시러 호수로 내려갔다. 영국 제국주의가 들어오기 전, 이곳은 우간다 최대 부족인 바간다족의 부간다 왕국 카바카(왕) 무테사 1세가 즐겨 찾던 야외 사냥터였다.

　버스에서 내린 나는 은행에 들러 우간다 화폐를 찾은 뒤, 시내 중심가에 있는 피앙세 호텔로 갔다. 값싼 배낭여행자 숙소인 피앙세 호텔은 깔끔했지만, 도로 변에 있고 주위에 시장과 버스 터미널이 있어 밤새도록 자동차 소리와 사람 소리로 시끄러웠다. 다음날 마운틴고릴라를 보러 갈 버스 편을 알아보기 위해 숙소 근처 '뉴 택시 파크'로 갔다. 사람과 버스가 뒤범벅이 되어, 도깨비시장 같은 모습이었다. 그런데 호객꾼은 의외로 적다.

　우간다에서 '택시'는 다른 나라와 달리, 대중교통 버스를 말한다. 우리가 생각하는 택시는 우간다에서는 '스페셜 하이어special higher 택시'라고 불렀다. 닭장차라고도 불리는 버스는 나라마다 부르는 이름이 각각 다르다. 케냐는 마타투, 탄자니아는 달라달라, 말라위와 짐바브웨는 미니버스, 모잠비크는 차파, 그리고 마다가스카르는 택시-브루스라고 한다.

나라마다 부르는 이름은 다르지만, 버스는 어디나 가난한 서민들의 유일한 교통수단이다. 사람과 짐, 동물이 뒤범벅이 되어 마치 시장 통을 옮겨놓은 듯한 버스 안 작은 공간은 아프리카의 삶 그 자체인 것 같다. 가난한 서민의 발이 되어 그들의 애환을 싣고 꿈과 희망으로 가는 공동체. 에어컨이라고는 찾아 볼 수 없는 차 안에서 몸과 몸이 하나로 찰싹 달라붙는다. 아프리카 현지인과 나는, 서로의 땀이 섞이면서 흠뻑 사우나를 하기도 하고, 시간이 지나면 누구의 땀 냄새인지 모를 정도로 서로에게 동화되어간다.

아프리카에 왜 사우나가 없는지도 알게 되었다. 닭장차 안이 아프리카의 뜨거운 열기와 체취에서 나온 증기로 가득한 한증막인데, 사우나가 무슨 필요가 있겠는가. 아프리카의 진짜 모습을 찾으려면 닭장차를 타야 한다. 아프리카인들의 인내심과 돈을 꼬깃꼬깃 주머니에 간수하는 여인네 모습, 외국인에 대한 호기심, 아기를 감싸 안고 젖을 먹이는 아이엄마, 각각의 얼굴에 나타난 행복감이나 생활에 찌든 피곤함, 물건을 사고파는 상술……. 아프리카 사람들의 생활 면면이 닭장차 안에 고스란히 담겨 있었다.

짧은 거리나 차량이 다니기 어려운 곳에 가는 경우에는 '보다보다'가 이용된다. 바로 자전거나 오토바이인데, 보다보다라는 이름은 원래 차량 통행이 없는 '보더border와 보더(국경과 국경)' 사이를 자전거나 오토바이로 태워다 주던 데서 유래한 것이다.

배가 너무 고팠다. 전날 나이로비에서 버스를 탄 뒤 12시간이 넘도록 제대로 끼니를 채우지 못했다. 시장 근처 패스트푸드점에서 치킨과 햄버거를 주문했는데, 나오는 데 30분은 걸렸다. 그래도 늦게나마 허기를 면하니 힘이 솟았다. 패스트푸드점 건너편에 커다란 힌두교 사원이 보였다. 아프리카 여행 중 처음 보는 힌두교 사원이다. 캄팔라에도 인도인이 많이 살고 있다는 표시다. 이슬람 사원도 보였다. 우간다는 영국의 영향으로 가톨릭과 기독교가 우세하지만, 이슬람과 힌두교 등 여러 종교가 공존하고 있었다.

은행마다 총을 든 경비병들이 철통같이 방어를 서고 있었는데, 키가 작은 경비병은 우리를 보자 "하이!" 하고 친절하게 먼저 인사를 건넨다. 우간다 사람들은 아프리카 어느 나라보다 친절하고 외국 여행자에 대해 거부감이 없었다. 얼굴 표정들도 밝아 보였다. 시장에서 물건을 파는 상인들도 왠지 부지런하고 억척같다고 할까 의욕에 넘쳤다. 우간다 사람의 친절은 속담에도 담겨 있다. "손님이 와야 주인에게 좋은 일이 생긴다"거나 "손님이 병을 치료한다"는 우간다 속담은 그냥 생긴 것이 아니다. 우간다에서 손님은 귀찮은 존재가 아니라 축복의 대상이다.

시장에는 파란 바나나가 넘쳐났다. 하레르가 망고 천국이었다면, 우간다 캄팔라는 바나나 천국이었다. 캄팔라 시내에는 동아프리카에서 가장 유명한 마케레레 대학이 있다. 1922년 문을 연 동아프리카 최초의 대학으로, 아프리카 독립운동의 상징인 줄리어스 니에레레 탄자니아 초대 대통령과 음와이 키바키 현 케냐 대통령 등을 배출한 교육의 산실이다. 에티오피아 수도 아디스아바바에서 보았던 금호타이어와 한

국타이어의 광고 간판도 눈에 띄었다. 도로 표지판에 엔테베 국제공항으로 가는 길이 보였다. 엔테베는 캄팔라 남쪽 35킬로미터 지점의 빅토리아 호숫가에 있다.

우간다의 작은 국제공항이 세계적으로 알려지게 된 것은 1976년 6월 팔레스타인 과격파의 프랑스 민간 여객기 납치 사건을 진압한 이스라엘의 엔테베 작전 때문이다. 테러리스트들은 비행기를 엔테베 공항에 착륙시킨 뒤, 승객들을 내리게 해서 옛 공항청사로 들여보냈다. 만약

바나나를 파는 재래시장.

승객들을 비행기 안에 인질로 잡고 있었다면 이스라엘 특공대의 접근 자체가 불가능했을 것이다. 더구나 엔테베 공항은 우간다와 이스라엘의 사이가 좋았던 시절에 이스라엘 건설회사가 지었다. 케냐의 도움으로 나이로비에 중간 기착했다가 엔테베로 날아간 이스라엘 특공대는 자세한 공항 설계도를 입수해 현장 상황을 손바닥 들여다보듯 훤히 꿰뚫고 있었다. 특공대는 협상의 조정자를 자임한 이디 아민이 타고 다니는 것과 똑같은 기종의 벤츠 승용차를 이스라엘에서 수송기에 싣고 와 납치범들에게 접근한 뒤 사살했다. 치욕을 당한 이디 아민은 이스라엘 특공대를 지원했다는 이유로 케냐와 외교 관계를 끊어버렸다.

편지는 사랑을 싣고,
우체국 버스는 여행자를 싣고

    캄팔라에서 하룻밤을 묵고, 마운틴고릴라를 보려고 새벽 6시에 일어나 아침도 먹지 못한 채 키소로행 버스를 탔다. 키소로는 우간다와 르완다, 콩고민주공화국 간의 국경 지대에 있는 남서쪽 작은 마을이다. 키소로로 가는 길에도 '녹색의 나라' 우간다의 아름다운 경치가 펼쳐진다. 가는 동안 마주치는 빅토리아 호와 나부가보 호수, 카체라 호수, 음부로 호숫가의 새들과 나비, 무성한 나무와 푸른 들판…….

    내가 탄 것은 우체국 버스다. 숙소 주인이 복잡한 일반 버스보다 우체국 버스가 편리하다고 추천했기 때문이다. 우체국 버스는 뒤쪽 짐칸에 우편물을 싣고, 앞쪽 좌석에 일반 승객을 태운다. 차량 정면 위쪽에 '우체국 버스', 아래쪽에 '우간다 우체국'이라고 영어로 쓰여 있는 미니버스 차량이었다. 우체국 버스는 오전 8시 정각에 출발했다. 승객도 정원만 태우고 입석은 하나도 없어 다른 아프리카 닭장차와 달리 편안했다.

    우리는 캄팔라에서 마사카로 가는 서쪽 길로 달렸다. 마신디로 가는 북쪽 길은 야생 침팬지를 구경할 수 있는 머치슨 폭포 국립공원으로 이어진다. 얼마 달리지 않아, 시 외곽에 음팡가 숲이 나왔다. 음팡가 숲 속을 달리자 상쾌한 공기와 푸릇푸릇한 나무 냄새가 콧속으로 들어오고, 나비들이 날아다녔다. 버스를 타고 삼림욕을 하는 기분이었다.

마사카 우체국에 선 우체국 버스.

차 뒤칸에 실린 편지와 소포 등을 보자, 마치 내가 일일 우편집배원이 되어 배달에 나선 것 같았다. 처음 도착한 곳은 음피기 우체국. 운전사는 편지와 소포 등이 가득 담긴 우편물 주머니 두 개를 미리 대기하고 있던 우체국 직원에게 전달한 뒤 바로 차를 몰았다. 이메일이 빼앗아 간 우체국 편지의 낭만을 우간다 여행에서 느낀다.

두 시간 조금 지났을까. 내가 목을 빼고 기다리던 표지판이 나타났다. 아프리카의 상징, 적도 표지판이다. 아프리카는 적도가 있어 아프리카다. 적도는 아프리카를 아프리카답게 하는 '보이지 않는 선'이다. 북반구의 위도 36도와 37도 사이에서 태어난 내가, 여행이 아니고서는 어떻게 적도를 볼 수 있겠는가. 적도 표지판은 캄팔라에서 마사카로 가는 길가에 있었다. 정확히 캄팔라로부터 남쪽으로 78킬로미터. 근처 도로 표지판에 마사카까지 앞으로 52킬로미터 남았다는 표시가 있었다.

나는 어릴 적 적도에서는 온천물이 부글부글 끓거나, 뜨거운 용암이 분출하거나, 아니면 강렬한 햇볕을 받아 땅에서 타는 듯한 아지랑이라도 일렬로 피어날 줄 알았다. 당연히 적도 표시선도 불붙은 듯한 붉은색으로 그어놓았을 줄 알았다. 현실의 적도는 그렇지 않았다. 도로 한가운데에 가로로 하얀색 선을 그어놓았을 뿐이다. 표지판이 없다면 아무도 모르고 그냥 지나칠 곳이다.

나는 운전사에게 "사진을 찍게 차를 잠시 멈춰달라"고 요청했다. 운전사는 갑작스런 요구에 약간 당황하는 듯했으나, 나를 위해 잠시 차를 멈춰주었다. 도로 양옆을 보니, 훌라후프처럼 생긴 흰색 둥그런 구조물이 적도를 지나고 있다는 것을 알려주었다.

'EQUATOR(적도)'라고 쓰인 표지판 옆에는 적도 카페가 있고, 중력 차이를 실험할 수 있는, 세면대처럼 생긴 기구도 있다. 북반구와 남반구에 있는 세면대에서는 물이 각각 시계 반대 방향과 시계 방향으로 소용돌이를 일으키며 빠져나가고, 적도에서는 아무런 회오리 현상 없이 수직으로 빨려 들어간다. 지구가 약간 기울어서 자전하면서 중력의 차이 때문에 생기는 코리올리 현상(전향력)을 통해 이곳이 적도라는 것을

확인할 수 있다. 중력의 힘을 가장 약하게 받는 적도에서는 사람이 똑
바로 걷기 힘들고, 거꾸로 달걀의 뾰족한 부분을 세우기 쉽고, 1년에
두 번 태양이 가장 높은 춘분과 추분에 그림자가 사라지는 현상이 나타
난다.

 적도에 있는 우간다는 1년 내내 더울까? 아닐까? 답은 '덥다'가 아니
라, '아니다'다. 기후에는 위도만이 아니라, 고도도 영향을 미치기 때문
이다. 고도가 기후에 얼마나 큰 영향을 미치는지는, 적도 근처 킬리만
자로 정상에 만년설이 있는 것을 보면 알 수 있다. 적도 근처는 당연히

우간다의 적도선.

열대성 기후에 속하지만, 우간다는 대부분 해발 고도 1300미터 이상으로 다른 동서 아프리카의 해안 지대보다 훨씬 높기 때문에 연평균 기온 섭씨 20~22도의 온난한 기후를 보인다. 서울의 해발 고도가 대략 20~40미터이고, 우리가 여름에도 한기를 느끼는 대관령의 해발 고도가 832미터인 것과 비교하면 우간다가 얼마나 고지대에 있는가를 알 수 있다. 우간다는 다른 아프리카 나라에 비해 우기와 건기도 뚜렷하지 않고, 규칙적으로 비가 내려 나무도 잘 자라고 토양이 기름지다.

적도 표지판 한쪽 옆에는 영어로 '부패는 살인자CORRUPTION KILLS'라는 문구와 함께 죽은 사람의 시체를 싣고 가는 그림이 있는, 약간 섬뜩한 부패방지운동 간판이 눈에 띄었다.

내가 탄 우체국 버스는 지구의 북반구에서 남반구로 넘어갔다. 마사카는 제법 큰 도시여서인지, 마사카 우체국에 내려놓은 우편물 주머니는 3개나 되었다. 승객들은 버스에서 내려 우체국 화장실을 이용하고, 어깨를 펴며 휴식을 취했다. 우체국이 휴게소 역할도 한다. 마사카 우체국에는 직원이 3명 있었다. 아프리카 여행하면서 우체국 견학까지 덤으로 했다.

빅토리아 호를 끼고 달리던 버스는 마사카에서 호수를 떠나 남서쪽 내륙으로 깊숙이 들어가기 시작했다. 커피나무들이 많이 보였다. 에티오피아, 르완다와 마찬가지로 우간다에서도 커피가 중요한 수출품이다. 30대 중반인 운전사는 길가에서 파는 삶은 바나나 마토케를 사서 맨 앞자리에 앉은 우리에게 먹어보라고 권한다. 맛이 괜찮았다. 구운 감자나 고구마 맛이었다.

우간다에서는 예로부터 빅토리아 호수를 운항하는 선원들이 배를 타고 출발하기 전에, 호수의 신인 무카사에게 안전한 뱃길을 비는 뜻에서 바나나를 호수에 던졌다고 한다. 우간다에서 바나나는 단순히 인간의 먹을거리일 뿐 아니라 신의 음식이었다.

갑자기 놀라운 장면이 펼쳐졌다. 마사카를 떠난 버스가 다시 2시간 정도 달렸을까. 마사카에서 음바라라 사이에 있는 상가 지역. 어디서 날아왔는지, 수많은 나비가 도로를 꽉 메운 채 춤을 추고 있었다. 수십만 마리는 될 성싶은 하얗고 노란 나비 떼는 마치 흰 눈이 흩날리는 것 같기도 하고, 노란 무늬옷을 입은 천사가 천상에서 내려오는 것도 같았다. 멋진 나비의 향연이 도로 위에 펼쳐지고 있었다. 나비의 숲이자 나비 천지다. 달리는 버스의 창 밖에서 나비의 숲은 무려 30여 분이나 끊임없이 이어져, 나를 즐겁게 했다. 사바나 초원도 아니고 차가 달리는 도로에서 수십만 마리 나비가 춤을 추는 '나비 사파리'를 구경하다니…….

그러나 사정 봐주지 않는 버스가 곧장 앞으로 달리는 바람에 수많은 나비가 차의 유리창에 부딪혀 전사했다. 주변의 음부로 호수에 사는 나비들이 도로까지 단체 산책을 나왔다가 이처럼 비명횡사를 맞고 있다. 나는 맨 앞좌석에 앉았기 때문에 흰 나비 한 마리가 날아와 유리창에 부딪히면서 하얀 점으로 남고, 노란 나비는 노란 점으로 남는 장면을 수도 없이 보게 되었다.

나비 숲을 빠져나오니 들판에는 바나나와 옥수수, 사탕수수 등이 무성하게 자라고, 뿔이 길고 날카로운 아프리카 소 떼가 유유히 풀을 뜯어 먹고 있었다.

음바라라를 지난 버스는 우편물을 다 내리고 대신 푸른 바나나를 가득 싣고 달렸다. 종착지에 다가가면서 우편물이 줄어들자, 우편물 칸은 승객들의 짐을 싣는 화물칸으로 바뀌었다. 우간다에서 가장 높은 도시인 해발 고도 1871미터의 카발레로 가는 도로는 높은 언덕길이었다. 고랭지 채소인 양배추와 양파, 당근, 고추, 감자, 완두콩 등이 비탈진 밭에서 잘 자라고 있었다. 버스가 정차할 때마다, 이 고랭지 채소를 팔려는 행상들이 한꺼번에 몰려들었다. 거리의 행상들이 파는 물건을 보면 그 지역의 특산물을 알 수 있다. 현지인 승객들이 행상에게서 채소를 샀다. 버스 운전사도 양배추와 양파 한 묶음을 사서 운전석 밑에 둔다.

버스 차창으로 스쳐 지나가는 우간다의 시골 풍경은 푸른 천국의 파노라마 같았다. 썰물처럼 밀려가는 아름다운 광경들을 카메라 대신 마음으로 찍어두었다. 추억의 필름은 용량이 무제한이어서, 카메라가 놓친 장면들을 내장하는 데 아무런 문제가 없다. 우간다를 '아프리카의 진주'라고 부르는 데는 그만한 이유가 있었다.

사랑의 편지와 추억의 여행자를 싣고 달려온 우체국 버스는, 마침내 종착지에 다다랐다. 카발레에 도착한 것은 오후 4시 30분. 수도 캄팔라에서 무려 8시간 30분이나 걸렸다.

마운틴고릴라를 보려면 카발레에서 다시 키소로까지 가야 한다. 키소로는 흙먼지 날리는 비포장도로를 가야 하는 작은 국경마을. 아프리카 여행의 전 여정에서 가장 길이 험한 곳이었다.

키소로로 가는 봉고버스는 사람들을 꽉 채운 뒤 오후 5시에 출발했다. 다른 차량이 앞질러 가면 중국의 황사가 아프리카에까지 날아온 듯 시뿌연 먼지로 한 치 앞도 보이지 않을 정도다. 그런데도 20대 초반의 젊은 운전사는 자신을 추월한 차를 다시 따라잡기 위해, 뿌연 먼지 속을 오히려 더 과속으로 달려나간다.

아찔한 순간이 한두 번이 아니었다. 마치 곡예 비행을 하듯 몇 차례나 산을 넘고 계곡을 따라 내려갔다 올라갔다 했다. 칠흑 같은 밤이 되었다. 전조등이 밝으면 자동차의 배터리가 많이 소비되는지, 왜 그리 불빛을 희미하게 하고 다니는지. 차가 도로를 탈선할 것만 같은데도, 용케도 왔다 갔다 잘도 달린다.

과속도 신경이 쓰이는데, 버스의 삐걱거림은 나의 혼을 완전히 빼놓았다. 오래된 나무 상자의 아귀가 뒤틀린 것처럼 삐걱거리는 소리가 차 문과 유리창 곳곳에서 엇박자로, 지휘자가 없는 오케스트라가 멋대로 연주하듯이 신경을 건드린다. 베어링이 차축과 부딪쳐서 나는 "찌~익" 소리는 인내의 한계를 시험하는 듯하다. 이러다 차체가 폭삭 부서질 것만 같았다.

로렌스는 내 귀에다 대고 "정말, 치킨버스"라고 말하면서 웃는다. 서구 사람들도 우리와 똑같이 '닭장차'라고 부른다. 나라와 상관없이 비유가 이렇게 똑같을 수 있나, 신기할 따름이다. 그런데도 현지인 승객들 중 누구도 불평하는 사람이 없다. 정원 11명에 무려 24명이 앉거나 서서 타고 있었다. 운전석 바로 뒤인 우리 좌석도 정원이 3명인데 7명이나 끼어 앉아 있다.

화장실이 급한 30대 중반 현지 여성이 잠시 차를 세워달라고 했다. 도로 옆 풀숲에서 일도 다 보기 전에 운전사는 뭐가 급한지 빨리 타라고 경적을 울려댄다. 그녀는 허둥지둥 다시 차에 올랐다.

카발레에서 출발한 봉고버스는 험한 산과 계곡을 넘고 넘어 우리를 녹초로 만들고는 밤 10시가 되어서야 키소로에 도착했다. 훈제된 오리고기마냥 오그라든 몸이 잘 펴지지 않는다. 80킬로미터 거리를 오면서 무려 4시간 30분이나 콩나물시루 같은 차 안에 꼼짝없이 갇혀 있었던 셈이다.

여행자 숙소인 비룽가 호텔에 갔더니 밤이 늦어 먹을 거라고는 계란 반죽에 구운 감자밖에 없단다. 마운틴고릴라가 미라처럼 쭈그러든 내 모습을 보고, 얼마나 굶었으면 저렇게 살이 빠졌을까 궁금할 것 같다. 마운틴고릴라에게 뭐라고 대답하지……

안개 속의
고릴라 • 비룽가 국립공원 •

타잔이 살던 아프리카 정글 깊숙이 들어와 있다. 아침에 일어나 보니, 음가힝가 고릴라 국립공원 안의 무하부라 산과 가힝가 산이 보인다. 화산 지대여서 안개가 짙게 깔려 있다. 우간다와 르완다, 콩고민주공화국의 국경 지역인 키소로는 지도상으로도 아프리카의 정중앙이다. 아프리카 대표적 밀림 지대인 콩고 분지의 동쪽 끄트머리. 마운틴고릴라와 피그미족이 사는 곳이다.

아침 6시에 일어나 프렌치토스트와 커피로 아침을 때우고, 햄버거와 계란 2개를 점심 도시락으로 챙긴 다음, 드디어 콩고 밀림 속으로 마운틴고릴라를 만나러 간다. 케냐 나이로비에서 출발한 지 3박 4일 만이다. 우간다와 르완다의 마운틴고릴라는 모두 예약이 차버려, 나는 콩고 마운틴고릴라를 보러 간다. 콩고는 1998년 8월 고릴라 관광객 3명이 납치, 살해된 뒤 마운틴고릴라 트레킹이 중단되었다가 2004년 1월 재개되었는데, 아직도 내전 중이라 유럽 여행자들이 꺼리기 때문에 오히려 보기가 쉽다. 마운틴고릴라는 우간다와 르완다, 콩고의 접경지대인 비룽가 산맥과 그곳에서 북쪽으로 약 25킬로미터 떨어진 브윈디 국립공원에서만 산다. 비룽가 산맥을 콩고에서는 비룽가(스와힐리어로 '화산') 국립공원이라 부르고, 우간다에서는 음가힝가 고릴라 국립공원, 르

국경마을의 해돋이.

막대기만 가로놓인 우간다-콩고민주공화국 국경.

완다에서는 볼칸(Volcans, 프랑스어로 '화산') 국립공원이라 한다.

마운틴고릴라 트레킹에는 나와 로렌스, 그리고 40대 중반의 이탈리아 부부까지 모두 4명이 간다. 마운틴고릴라 트레킹은 까다로웠다. 하루 방문 인원은 8명으로 엄격히 제한하고, 트레킹 시간도 한 시간이며, 감기 걸린 사람은 갈 수 없고, 고릴라에게 홍역 등을 옮길 우려가 있어 15세 미만 어린이는 제외다. 인간에게 병균이 전염되거나 스트레스를 받지 않도록 하려는 보호 조치다.

마운틴고릴라(산악고릴라)는 해발 고도 2300~3500미터의 높은 산악 지대에만 사는 야생 고릴라다. 우리가 동물원에서 보는 로랜드고릴라(lowland gorilla, 저지대고릴라)는 전 세계적으로 12만 마리 정도인데도 '멸종 우려 동물'로 분류되고 있는데, 마운틴고릴라는 700여 마리에 불과하니 멸종 위기를 넘어 '멸종 직전 동물'이다.

봉고버스를 타고 우간다와 콩고 국경마을인 부나가나에 도착한 것이 오전 8시쯤. 국경이라야 별다른 방책이 있는 것은 아니고, 길 가운데에 철제 차단 막대기만이 가로놓여 있다. 우리처럼 살벌한 철책과 전기선으로 남북을 가르는 휴전선은 아프리카 어디에도 없었다. 군복을 입은 국경경비대원들이 사람이나 수레가 드나들 때면 그 막대기를 들어 올렸다 내렸다 했다. 우간다 쪽에는 "당신은 지금 우간다를 떠나 자이르로 들어가고 있다"고 영어로 쓴 팻말이 세워져 있었다.

자이르가 어느 나라인가, 언젯적 자이르인가. 자이르는 1997년까지 사용되었던, 콩고의 옛 이름이다. 나무 팻말 바꾸는 데 돈이 얼마나 든다고 이웃 나라 이름을 10년 전 그대로 방치하는 우간다냐, 이를 바꿔 달라고 요구하지 않는 콩고냐.

우간다 출입국사무소에서 기다리는 동안 한 젊은 남자가 다가와 마운틴고릴라가 그려진 오래된 5만 자이르(콩고의 옛 화폐)를 보여주면서 우간다 돈과 바꾸자고 한다. 기념품 삼아 우간다 돈을 주고 1991년 국명이 자이르였을 당시 발행된, 마운틴고릴라 네 마리가 그려진 콩고 지폐를 받았다.

출입국 절차를 마친 뒤, 다시 지프차로 갈아타고 한 시간 넘게 달렸다. 산비탈 밭에 옥수수와 밀, 기장, 감자, 바나나 등 농작물이 잘 자라고 있었다. 경비병은 감자 종류의 농작물을 '파타투'라고 불렀는데, 아마 영어의 '감자potato'를 그렇게 부르는 것 같았다.

높은 굽잇길을 여러 차례 돌고 돌다가 풀숲을 헤치며 나아간 끝에 좀바(Jomba, 또는 드좀바Djomba) 고릴라 경비초소가 나타났다. 초소에서 방문자 서류를 확인한 뒤, 카키색 군복을 입은 경비 책임자와 총을 든 경비요원 5명, 마세테(톱처럼 생긴 칼)를 든 안내인 3명이 우리를 안내했다.

경비병의 군복 팔뚝에는 '얼굴은 기린 같고, 머리는 말 같고, 엉덩이와 다리는 하얀 줄무늬가 있어 얼룩말 같은' 동물 그림이 있는 헝겊 조각이 붙어 있었다. 무슨 동물이냐고 묻자 경비 책임자는 "콩고의 정글에서만 사는 '오카피'라는 동물로 콩고의 상징"이라고 했다. 지금까지한 번도 본 적이 없는 동물이었다. 전 세계에 2만여 마리 있을 뿐인 희귀 동물로 콩고 북동부 지역에 이어 2006년 6월 이곳 비룽가 국립공원에서도 서식하고 있는 것이 발견되었다고 한다.

마세테로 무성한 덩굴을 잘라가면서 들판과 언덕, 산속을 헤집고 다니기를 한 시간. 마운틴고릴라는 한곳에 머물러 있지 않고 계속해서 이동하기 때문에, 그 흔적을 쫓아가야 한다. 비룽가 산기슭 어딘가에 있을 마운틴고릴라를 찾아 정상 쪽으로 올라갔다. 울창한 나무와 덩굴, 풀이 우거진 열대우림의 연속이었다. 정말로 이런 곳이라면 타잔이 살 것만 같다. 정글에서 부모를 잃고 어려서 고아가 된 타잔을 데려다 기른 것이 바로 고릴라 아니던가.

앞서 가던 경비 책임자가 갑자기 멈추더니 모자를 벗으라고 하면서 고릴라를 마주쳐도 절대 카메라 플래시를 사용하지 말고, 소리를 내지 말라고 단단히 주의를 주었다. 잠시 뒤 안내인이 "쉿" 하고 둘째손가락을 입에 대며 조용히 하라는 신호를 보낸다. 1미터도 안 보이는 밀림 속의 풀숲에서 하얀 김이 안개처럼 피어오르고 있었다. 마운틴고릴라의 더운 똥이었다. 우리가 아무리 멀리하려고 해도 언제나 가장 가까이 있는 친구, 똥이다. 방금 나온 떡가래처럼 김이 모락모락 나는 똥은, 주위에 마운틴고릴라가 있음을 알려준다.

예상은 적중했다. 나뭇가지 위에 작은 새끼고릴라 한 마리가 매달려 있었다. 나무 아래 풀숲에는 커다란 어미고릴라가 누워 있고, 그 옆에는 산적같이 생긴 큰 수컷이 우두커니 앉아 있다. 마운틴고릴라 가족이 옹기종기 살고 있었다. 우두머리 수컷은 검은색에 은백색 띠를 등에 두른 실버백(silverback, 은색 등) 고릴라였다. 시골 사랑방에 곧은 자세로 앉은 할아버지처럼 위엄 있게 앉아 있었다. 뉴욕 엠파이어스테이트 빌딩 옥상에서 포효하던 영화 속의 킹콩 고릴라가 아니었다.

그때가 오전 11시. 밀림 속에서 헤맨 지 한 시간 만에 마운틴고릴라 가족을 만난 것이다. 보통 두세 시간은 걸리고, 때로는 하루 종일 돌아다녀도 만나지 못하는 경우도 있다고 한다(400달러 넘는 값비싼 트레킹이기 때문에 마운틴고릴라를 만나지 못한 경우에는 추가 요금 없이 다음날 다시 한 번 기회를 준단다).

자세히 보니, 모두 12마리인 대가족이었다. 안내인은 "수컷 우두머리의 이름을 따서 마푸와 가족"이라고 부른다고 했다. 마푸와 가족은 모두 13마리지만, 다른 실버백 고릴라 한 마리는 별도로 움직여 내가 갔을 때는 보이지 않았다. 안내인은 "어미의 이름은 키돌레, 새끼고릴라 한 마리의 이름은 두니아"라고 했다. 고릴라 가족에게도 이름이 있었다. 수컷 우두머리는 키 180센티미터에 몸무게가 200킬로그램에 이를 정도로 육중한 몸집을 자랑했다. 고지대의 냉기를 막아주는 굵고 긴 털과 커다란 가슴, 넓은 턱이 마운틴고릴라가 로랜드고릴라와 다른 점이다.

마운틴고릴라들은 2, 3미터 정도나 가까이 가도 도망가지 않았다. 귀엽게 생긴 작은 새끼 두니아는 호기심이 발동했는지, 다가와 내 카메라를 잡으려고 손을 대기도 했다. 새로운 물건을 보면 신기해 직접 만져보려는 어린아이를 보는 듯했다. 또 다른 새끼고릴라는 풀숲에 벌렁 누워 있는 어미의 가슴을 끌어안고 있었는데, 아기가 엄마 품에 안겨 재롱을 떠는 모습이다. 또 다른 두 마리 새끼는 땅바닥에서 서로 몸을 붙잡고 뒹굴면서 장난을 치는데 마치 레슬링을 하는 듯하고, 다른 한 마리는 두 손으로 나무에서 늘어진 덩굴에 매달려 올라갔다 내려갔다 했다.

마푸와 가족은 한가로운 휴식을 즐기고 있었다. 고릴라의 발을 보니, 인간의 그것과 너무나 닮았다. 두 발을 가지런히 뒤로 모아 엎드린 자세도 그렇고, 발바닥의 생김새와 주름살도 사람의 그것과 똑같다. 김동인의 소설 〈발가락이 닮았다〉가 떠올랐다. 실제로 인간과 유인원의 유전자를 분석해보니, 침팬지는 98퍼센트, 고릴라는 97퍼센트, 오랑우탄은 96퍼센트, 원숭이는 95퍼센트가 같다고 한다.

온순하게 앉아 있던 암컷이 갑자기 엉덩이를 뒤로 쑥 빼고 앞다리를 앞으로 쭉 내밀자, 수컷이 암컷의 엉덩이 쪽으로 바짝 다가가 달라붙었다. 짝짓기를 한다. 마운틴고릴라의 사랑하는 모습을 바로 코앞에서 보다니. 수컷과 암컷이 사랑하는 방법은 인간과 다를 바가 없었다. 5분

마운틴고릴라의 배설물.

밀림에서 휴식을 즐기는 마푸와 가족.

등에 은백색 띠를 두른
우두머리 수컷이 엎드린 모습.

정도 길게 떨기 마찰을 하며 사랑하던 수컷이 물러나자, 암컷은 포만감이 충만한 듯 행복한 표정으로 하늘을 쳐다보았다. 나는 왜 연인들이 따뜻한 방을 놔두고 틈만 나면 숲 속으로 들어가는지 알 것만 같다. 사랑도 시원을 따지고 보면, 숲 속이다. 정말 마운틴고릴라는 '숲 속의 인간'이다. 여행기는 영화와 달리 18세 이상으로 연령 제한을 할 수 없으니, 더 구체적으로 고릴라의 짝짓기 상황을 설명할 수 없어 안타까울 뿐이다.

수컷은 다시 등을 곧추세우고 의젓한 자세로 돌아왔다. 능글맞은 마푸와야!

고릴라는 덩치만 컸지 주로 나뭇잎과 열매, 엉겅퀴와 쐐기풀 등을 먹는 순한 초식동물이며 가끔 대나무 잎사귀와 버섯을 간식으로 먹기도 한다. 고릴라가 영화 〈킹콩〉에서처럼 북을 치듯이 가슴을 치며 포효하는 경우는 적이 자신의 영역을 침범하거나 자신을 해치려 할 때 상대를 위협하기 위한 행동일 뿐이다. 보통은 그렇게 포악하지 않고 얌전한 동물이다. 고릴라가 포악한 동물로 잘못 알려지게 된 것은 1861년 프랑스 출신 미국인 탐험가인 폴 뒤 샤일뤼Paul du Chaillu가《적도 아프리카 탐험과 모험Explorations and Adventures in Equatorial Africa》이라는 책에서 "광폭하고 사악한 반인반수半人半獸"라고 묘사했기 때문이다. 폴 뒤 샤일뤼는 "밀림 속에서 들리는 소리 중에 고릴라의 포효만큼 괴이하고 무시무시한 것은 없다. 성난 개처럼 시작된 울부짖음은 깊은 저음으로 변하는데, 그것은 멀리서 들려오는 천둥소리와 같다"고 했다.

우두머리 수컷은 두 차례 사랑을 나누고 나서 고릴라 가족을 데리고 더 깊은 밀림으로 숨어버렸다. 한 시간에 걸친 마운틴고릴라와의 만남

아칸투스 꽃.

은 이렇게 끝났다. 내려오는 산기슭에 마운틴고릴라가 가장 좋아하는 보라색 아칸투스 꽃이 피어 있었다. 마운틴고릴라가 사는 비룽가 국립 공원을 짙은 안개가 휘감고, 울창한 대나무 숲이 병풍처럼 감싸고 있었다. '고릴라의 수호천사' 다이안 포시(Dian Fossey, 1932~1985)*가 말한 대로 '안개 속의 고릴라'였다.

● 비룽가 화산지대에서 일생을 마친 다이안 포시는 침팬지의 어머니로 불리는 영국의 제인 구달, 오랑우탄의 어머니로 불리는 캐나다의 비루테 갈디카스와 함께, 유인원을 연구한 여성 인류학자 3총사로 유명하다. 1966년부터 마운틴고릴라 연구에 몰두했던 다이안 포시는 애석하게도 1985년 밀렵꾼으로 추정되는 자에게 살해당했다. 다이안 포시는 마운틴고릴라와 함께한 생활을 기록한 《안개 속의 고릴라Gorillas in the Mist》라는 책을 남겼고, 지난 1989년 같은 제목으로 영화가 만들어지기도 했다. 다이안 포시를 기리기 위해 '다이안 포시 고릴라재단(www.dianfossey.org)'이 국제적으로 결성되어 멸종 위기에 처한 마운틴고릴라 보호 운동을 펼치고 있다.

—
콩고인의 얼굴에서
만난 체 게바라
—

비롱가 산맥의 콩고는 아프리카에서도 에티오피아와 함께 가장 가난한 나라다. 가난의 흔적들은 산을 발가벗긴 계단식 밭을 통해 비롱가 산맥을 따라 내려오고, 팔다리는 뼈만 남아 앙상한데 배는 올챙이처럼 볼록하게 튀어 나온 아이들이 영양실조를 호소하고 있었다.

콩고는 어용 탐험가 헨리 스탠리(Henry Morton Stanley, 1841~1904)가 《검은 대륙을 지나Through the Dark Continent》와 《암흑의 아프리카에서In Darkest Africa》라는 여행기에서 말한 '검은 대륙'과 '암흑의 아프리카'다. 영화 〈지옥의 묵시록〉의 원작인 조지프 콘래드의 《암흑의 핵심Heart of Darkness》에서 말하는 "지구상에서 마지막 희망이 날아가 버린 뒤에 일어남직한 서글픈 공포와 극도의 절망에 찬 통곡 소리가 깊은 숲 속에서 길게 떨리며 울려나오는" '어둠의 속', '어둠의 심장'도 콩고다. 유럽인들은 콩고를 아프리카에서도 '가장 검은 아프리카'로 묘사했다.

세계 제일의 공업용 다이아몬드 생산량을 자랑하고, 금과 구리, 주석, 우라늄광, 코발트 등 광물 자원이 풍부하고, 고무와 커피를 생산하는 콩고민주공화국이 왜 아직도 가난에서 벗어나지 못하는 것일까. 그것은 역사상 유례가 없는 서구 제국주의의 약탈 때문이다.

콩고의 역사는 슬픈 역사의 백과사전이다. 유럽의 작은 나라 벨기에의 국왕 레오폴드 2세는 헨리 스탠리에게 재정 지원을 하며 콩고를 탐험하도록 한 뒤 1883년 갑자기 콩고에 대한 영유권을 주장하고 나섰다. 1885년, 독일의 베를린 회의에서 유럽 열강들은 레오폴드 2세의 주장을 인정한다. 벨기에 왕은 자기 나라 면적보다 77배나 큰 콩고를 개인 식민지, 곧 왕의 사유지로 만들었다(그리고 콩고는 1908년 국가 식민지, 곧 벨기에 영토가 된다).

아프리카 식민 지배의 역사 중에서도 벨기에의 콩고 통치는 악명이 높다. 천연 고무와 상아 등을 착취하는 데 혈안이 된 벨기에는 가혹한 통치에 저항하는 콩고 주민들의 손을 자르고 사형에 처했다. 최근 아프리카 반군이 "선거에서 다른 후보에게 표를 찍었다"며 주민들의 손을 자르는 것은 벨기에 제국주의한테서 배운 버릇이다. 벨기에의 가혹한 통치 기간에 2000만 명이던 콩고 인구는 900만 명으로 줄었다.

독립 이후에는, 종족과 문화의 차이를 무시한 채 지도에 자를 대고 멋대로 국경선을 그어버린 제국주의의 잔재와 냉전의 영향으로 끊임없는 내전에 시달려야 했고, 반군의 자금줄인 블러드 다이아몬드(Blood Diamond, 피 묻은 다이아몬드)' 때문에 400만 명 이상이 또다시 죽어갔다. 해마다 20억 달러 상당의 다이아몬드를 생산해내는 콩고에서 6000만 인구의 90퍼센트가량이 절대 빈곤에 허덕이고 있다.

악마는 프라다를 입듯이, 제국주의는 역사에서 늘 멋있는 옷을 입고 향수를 풍기며 나타났다. 문명화니, 자유무역이니, 신자유주의라는 이름으로. 이것은 식민지를 착취하기 위한 가면일 뿐이었다. 2003년 3월 미국이 이라크를 침공한 작전의 이름도 '이라크 자유 작전'이었다. 에티오피아 속담에 "악은 바늘처럼 들어와 떡갈나무처럼 넓게 퍼진다"고 했다.

인류 역사상 최악의 약탈과 착취가 자행되던 콩고에 40여 년 전 체 게바라가 나타난 것은, 어쩌면 당연한 일이었는지 모른다. 제국주의에 대항해 싸우던 콩고의 독립 영웅인 초대 총리 파트리스 루뭄바는 1961년 1월, 벨기에와 영국, 미국의 지원을 받은 우익 군부 세력의 쿠데타로 살해되었다. 이에 '아프리카의 게바라'라고 불리며 인간 해방과 아프리카 독립을 위해 투쟁했던 프란츠 파농은 "식민주의가 살인을 주저한 적은 결코 없었다"며 아프리카의 저항을 촉구했다. 게바라가 1965년 콩고혁명을 지원하기 위해 게릴라 활동을 한 곳은 비룽가 국립공원에서 남쪽으로 그리 멀리 떨어지지 않은 키부 주의 유비라. 게바라는 결국 아프리카 혁명을 완수하지 못하고 1년여 만인 1966년 아프리카를 떠나야 했다.

콩고혁명의 꿈은 32년 만에 이뤄진다. 1997년 콩고 독재자 모부투를 몰아낸 반군 지도자 로랑 카빌라는 게바라 혁명군과 함께 싸웠던 인물이다. 로랑 카빌라에 이어 역사상 최연소 대통령이 된 조제프 카빌라는 그의 아들. 혁명도 꿈과 같이 포기하지 않으면, 유전되어 언젠가 누군가에 의해 이뤄진다.

내전과 기아 속에서도 마운틴고릴라와 함께 희망을 잃지 않고 살아가는 콩고인들의 얼굴에서, 나는 결코 꿈을 포기하지 않는 게바라의 모습을 보았다.

마운틴고릴라와 헤어져 내려오는데, 밭에서 아낙네들이 열심히 일을 하고 있다. 움막처럼 생긴 집도 한두 채씩 띄엄띄엄 보였다. 산속에 사

는 어린이들은 외국 여행객인 우리가 신기한 듯 "잠보(안녕)" 하고 인사
하고 사진 찍기를 좋아했다. 마운틴고릴라처럼 온순하고 순수한 어린
이들이었다. 에티오피아 시골에서처럼 아무도 신발을 신지 않았다.

마운틴고릴라 경비초소에서 잠시 휴식을 취하는데 주변 움막집에 사
는 어린이들이 순식간에 모여들었다. 동행한 이탈리아의 중년 부인이
프랑스어로 동요를 부르자 아이들도 흥겨워했다. 내가 디지털카메라로
찍은 자신들의 얼굴을 카메라 모니터로 보여주자 너무나 신기해했다.
우리가 오전에 차를 타고 국경마을 한가운데 도로를 지나갈 때는 한 아
이가 맨발로 뛰어나와 손을 흔들며 "잠보"라고 소리쳤다. 그러자 주위

비룽가 산맥에 사는 콩고 어린이들.

우리가 지나가자 밭에서 손을 흔드는 어린이들.

에 있던 아이들도 "잠보"라고 인사하면서 지프차 뒤를 따라오기 시작했다. 여기서도 "잠보", 저기서도 "잠보", 온 마을에 "잠보" 소리가 울려 퍼졌다. 흙으로 지은 초가집에서 쉬고 있던 사람들도, 밭에서 일하던 젊은이도 "잠보"를 외쳤다. 내가 아프리카 여행을 하면서 이렇게 "잠보" 소리를 많이 들어본 적이 없었다. 콩고는 '잠보'의 나라였다.

계곡에서 시작된 계단식 밭은 산 정상까지 타고 올라갔다. 키가 작은 바트와Batwa 피그미들이 계단식 밭에서 일을 하고 있었다. 바트와는 앨버트 호수에 사는 음부티Mbuti와 함께 콩고의 대표적인 피그미족이다. 피그미족은 주로 콩고와 우간다 국경 지역에 산다. 밭에서 일하는 사람들은 여자들이었고, 남자는 찾아보기 힘들었다. 여자는 밭에서 일하고 남자는 산에서 사냥하는 것이 피그미의 전통이란다.

정상까지 밭으로 개간된 비룽가 산맥의 산.

콩고 국경사무소에 도착한 뒤, 나와 같이 간 뉴질랜드 여행자 로렌스가 잠시 곤욕을 치렀다. 출국 수속을 받던 중 로렌스가 도로 한가운데 국기 게양대에 걸려 있는 콩고 국기를 카메라로 찍은 것이 문제가 된 것. 내가 먼저 국기를 찍을 때는 아무런 제재를 하지 않던 콩고 국경경비대원들이 로렌스가 사진을 찍자 경비 초소로 데려가는 것이었다. 경비대 책임자는 화난 표정을 짓고 프랑스어로 위압적으로 말하며 로렌스의 디지털 카메라를 빼앗아 일일이 확인했다. 20여 분 실랑이를 벌이다 로렌스는 풀려났다. 국기가 군사 기밀도 아니고 무슨 잘못인지 이해

콩고의 나무 수레, 키쿠두.

할 수 없었다. 음중구(Mzungu, 백인)에 대한 적대감이 여전히 남아 있는 것일까?

주검 위에서
꽃피는 르완다

다음날 로렌스는 케냐 나이로비로 돌아가고, 나는 르완다로 떠났다. 숙소 직원에게 르완다 국경으로 가는 교통편을 물었더니 버스는 없다며 자기 오토바이를 타고 가란다. 이렇게 해서 오토바이 보다보다를 이용해 국경마을 시아니카로 갔다. 날씨는 화창했다.

우간다 키소로에서 르완다의 수도 키갈리로 가는 육로는 두 가지. 옛 반군의 활동 지역으로 치안이 불안한 시아니카 국경을 바로 통과하는 방법과 카발레로 돌아갔다가 가투나 국경을 통과하는 방법이다. 시아니카는 가깝지만 불안하다는 점이 단점이고, 가투나는 안전하지만 멀리 돌아가야 한다는 게 단점이다. 나는 약간 위험이 따르더라도 시아니카에서 루헨게리를 거쳐 키갈리로 가는 길을 선택했다.

출입국 수속은 간단했다. 유럽 여행객들이 대부분 가투나로 돌아가는 길을 이용하기 때문에, 외국인 여행자는 나밖에 없었다.

르완다로 넘어가자, 루헨게리까지 가는 미니버스가 있어 올라탔다. 버스는 승객이 다 차지 않았는데도 출발 시간에 바로 떠났다. 내 옆에는 아기를 등에 업은 젊은 아주머니가 탔다. 아이엄마는 100르완다프랑 지폐를 머리에 두른 스카프 끝에 돌돌 말아서 다시 묶었다. 스카프가 돈주머니 역할을 하는 것이었다.

도로는 국경에서부터 아스팔트가 멋지게 깔려 있었다. 르완다 대학 살 이후 외국으로부터 들어온 원조를 사회간접자본 시설에 집중적으로 투자했다고 한다. 도로 하나만 봐도 르완다가 제대로 돌아가고 있다는 느낌을 받았다.

시아니카에서 루헨게리로 가는 길은 마운틴고릴라가 사는 볼칸 국립 공원의 산허리를 끼고 달려간다. 르완다 역시 우간다와 같이 적도 지대지만, 해발 1500미터의 고원 지대여서 기후가 쾌적했다. 르완다의 풍경은 '아프리카의 스위스'라는 말이 실감날 정도로 아름다웠다. 구름 위의 푸른 하늘을 달리는 기분이었다. 르완다는 푸른 산과 호수로 둘러싸인 '천 개 언덕의 나라'였다. 우간다에서 르완다로 이어지는 호숫길은 아프리카 여행 중에서도 '초록의 스펙트럼'을 만끽할 수 있는 곳이다. 호숫가 가까운 곳에서 짙은 녹색을 띠던 나뭇잎은 산 위로 올라갈수록 옅어지다가, 안개와 구름이 끼면 어두운 녹색이 되고 따가운 햇살이 쏟아지면 밝은 하늘색으로 카멜레온처럼 변한다. 짙은 녹색과 초록, 청록, 푸른색, 하늘색의 갖가지 색깔을 갖고 있는 우간다와 르완다의 산과 강은, 말 그대로 초록의 전시장이었다. 빛이 프리즘을 통과하면서 일곱 가지 무지개 색을 만들어내듯, 우간다와 르완다의 자연은 빛에 따라 다양한 초록의 스펙트럼을 만들어낸다.

들판은 작은 구릉까지 계단식 푸른 차밭으로 덮여 있고, 산 중턱에는 커피나무들이 심어져 있었다. 커피는 르완다 최고의 수출 상품으로 국가 문장에 새겨져 있을 정도로 유명하다. 붉은 열매가 달린 커피나무가 국장에 나오는 나라는 르완다가 유일하지 않을까.

40여 분 만에 루헨게리에 도착했다. 루헨게리는 볼칸 국립공원 기슭에 자리 잡은 아주 작은 도시로, 마운틴고릴라 트레킹의 관문이다. 수도 키갈리로 가는 길을 몰라 방황하자, 같은 버스를 타고 왔던 30대 중반의 여인이 친절하게도 키갈리 가는 버스 정류장으로 나를 데려가서 버스표까지 끊어준다. 버스 터미널에는 호객꾼이 거의 없고, 버스도 정해진 시각에 출발하며, 정원을 초과해 승객을 태우지도 않는다.

루헨게리에서 다시 2시간 달려 르완다의 수도 키갈리에 도착했다. 키갈리는 언덕 위의 이국적인 전원도시였다. 계곡을 따라 푸른 나무 사이로 깨끗한 집과 건물이 수없이 들어서 있고, 집집마다 정원수 같은 나무와 꽃이 심어져 있었다. 높은 지대에는 잘사는 사람들이 많이 살고, 저지대에는 서민들이 살고 있다. 이렇게 평화로운 르완다에서 인류 역사상 최악의 인종 학살이 일어났다는 것이 믿어지지 않았다.

국민통합광장Place de l'Unité Nationale을 끼고 왼쪽으로 언덕길을 올라가니, 내가 찾는 오카피 호텔이 나타났다.

나는 직접 1994년 대학살의 현장을 찾아가 보기로 했다. 호텔에 배낭을 내려놓고, 차를 타고 남쪽으로 한 시간 거리에 있는 은타라마 기념관으로 향했다. 키갈리에서 은타라마까지 가는 도로는 포장이 안 된 흙길이었다. 도로를 포장하기 위해 트럭들이 흙을 실어 나르고 불도저가 도로를 다지고 있었다.

시골 마을의 작은 교회가 나타났다. 수천 명이 죽어간 대학살의 현장이다. 옛날 가톨릭 성당이었던 교회 입구에 어린이 예닐곱 명이 앉아서 놀다가, 외국 여행자가 들어서자 손을 흔들며 반가워했다. 어린이들은 태어나기도 전인 십수년 전의 참사를 알 리가 없다. 가끔 찾아오는 외국 여행자들이 신기할 따름이다.

붉은 벽돌로 된 교회 안에 들어서자, 차마 눈 뜨고 볼 수가 없다. 여기저기 널브러진 해골들이 당시의 처참했던 상황을 말해주었다. 신부가 설교를 하던 연단 위에는 해골과 나무 십자가가 덩그러니 놓여 있고, 해골 옆에 누군가 갖다 놓은 꽃다발 몇 개가 죽은 영혼들을 위로하고 있다. 날카로운 칼로 잘리거나 깨어진 해골도 많이 보였다. 벌채에 쓰는 마세테로 무참히 살해했다는 것을 두개골은 말해주고 있었다. 손바닥만 한 작은 두개골도 있는데, 그 당시 죽은 어린이의 것이다.

당시 다수족인 후투족 민병대는 소수족인 투치족을 여자나 어린이 할 것 없이 살해했다. 교회 밖에는 하얀 석판에 사망자의 이름이 새겨져 있었다. 칸다마, 비지마나……. 희생자 이름이 빼곡히 적혀 있는데, 아직도 빈 공간이 많이 남아 있다. 여직원은 "신원이 확인되지 않은 사람들이 더 많다"며 "이 교회에서 살해된 사람만 5000여 명에 이른다"고 했다.

대학살이 자행된 은타라마 예배당.

예배당 벽을 따라 놓여 있는 선반 위의
유골들.

사망자 이름을 적은 석판.

교회 뒤편 건물은 더욱 참혹한 현장을 증언한다. 사람들을 몰아넣고
불을 질러 죽인 현장이 그대로 보존되어 있었다. 교회에서 무고한 시민
을 방화로 학살한 수법이 1919년 일제의 제암리 사건과 닮았다. 헤아
릴 수 없을 정도로 많은 해골들이 마치 동물의 뼈를 모아놓은 듯 수북
이 쌓여 있었다. 물통과 바구니, 접시 같은 세간도 그대로 있고 옷가지

건물 안에 수북이 쌓인 채 보존되어
있는 유골들.

학살된 주민들이 갖고 왔던 세간과
신발.

와 가방, 신발과 검은 양말이 돌아오지 않는 주인을 기다리고 있었다.
후투족에 쫓긴 주민들이 세간을 들고 교회로 도망 왔다가 몰살당한 것
이다. 마지막 피난처로 달려갔던 교회도 그들을 구원하지는 못했다. 당
시의 아비규환과 살려달라는 울부짖음이 맴돌다 내 귀를 때린다. 은타
라마 기념관은 르완다의 〈게르니카〉였다.

1994년 당시 100여 일 만에 전체 르완다 인구 740만 명의 13퍼센트인 100만 여명이 순식간에 희생됐다. 약 600만 명이 희생된 나치의 유대인 학살과, 약 200만 명이 숨진 캄보디아 크메르루즈의 킬링필드, 20만여 명이 살해된 보스니아 내전과 함께 르완다 대학살은 인류 역사상 최악의 인종 학살이다.

학살의 직접적인 시초는 1994년 4월 당시 후투족 출신인 주베날 하비아리마나Juvenal Habyarimana 대통령이 전용 경비행기를 타고 가다가 미사일 공격을 받아 추락해 사망한 일이다. 이 비행기에 같이 타고 있던 인근 부룬디의 후투족 출신 대통령 시프리엔 은타리아미라 Cyprien Ntaryamira도 사망했다. 하비아리마나 대통령은 지난 1973년 쿠데타로 집권한 뒤 투치 차별 정책을 펼쳐온 독재자였다. 그 후 후투 정부군과 민병대인 인터아함웨Interahamwe가 수도 키갈리에서부터 전국의 투치족과 온건파 후투족을 무차별 학살하기 시작했다. 이 학살은 현 르완다 대통령인 투치족 출신 폴 카가메Paul Kagame가 이끄는 르완다애국전선(Rwandan Patriotic Front: RPF)이 1994년 7월 후투 정권을 몰아내면서 종식시킬 수 있었다.

그러나 후투족과 투치족 갈등의 뿌리는 벨기에 식민지 시절로 거슬러 올라간다. 벨기에는 1차 세계대전 뒤 패전국 독일의 식민지였던 르완다와 부룬디를 위임 통치해왔다. 르완다는 남한 면적의 4분의 1밖에 안 되는 작은 나라인데, 후투족이 85퍼센트로 압도적이고, 투치족은 14퍼센트, 피그미족인 바트와족이 1퍼센트 정도다. 벨기에는 식민 통치 기간에 다수파인 후투족 대신 소수파인 투치족을 적극 우대하고 주민등록증에 인종을 기입하도록 하는 등 인종 분리 정책과 이이제이(以

夷制夷: 오랑캐는 오랑캐로 다스린다) 식 통치 전략을 이용했다. 그러다가 투치족이 1950년대부터 독립 움직임을 보이자 후투족을 우대하기 시작하면서 두 부족 간의 갈등을 증폭시켰다. 세네갈 인종폭동과 앙골라 내전, 소말리아 분쟁, 부룬디 내전 등 아프리카의 모든 종족 갈등에는 제국주의의 유령이 어른거린다. 르완다 대학살은 인류를 부끄럽게 만드는 위선의 종합 전시관이다.

유엔 평화유지군은 팔짱을 끼고 방관했다. 1993년 평화유지군 2500명을 르완다에 파견했던 유엔은 1994년 4월 초 대량 학살이 자행되자 바로 270명만을 형식적으로 남기고 병력을 철수해버렸다. 걸핏하면 자유니 민주주의니 인권이니 하며 제3세계의 내정에 간섭하려 드는 미국과 영국, 프랑스 등 서구 선진국들도 눈길 한 번 주지 않았다. 르완다는 쿠웨이트나 이라크처럼 석유가 나오는 것도 아니고 다이아몬드조차 나오지 않으니, 누가 관심이나 가졌겠는가.

더 충격적인 일은 일부 가톨릭 신부와 수녀, 목사들이 대량 학살에 관여했다는 사실. 르완다는 가톨릭 인구가 전체 인구의 절반을 훌쩍 넘는 사실상 가톨릭 국가다. 내가 탄자니아 아루샤에 있는 르완다국제형사재판소를 방문했을 때, 가톨릭 신부가 투치족 대량 학살에 가담한 혐의로 재판을 받고 있었다. 병원에 근무하던 한 수녀는 투치족을 가려내 후투족 민병대에게 넘겨주어 살해하도록 한 혐의로 30년형을 선고받았다. 벨기에 법정은 지난 2001년 수도원에 숨어 있던 투치족을 내쫓아 7000명이 살해되도록 방조한 혐의로 수녀 두 명에게 15년형을 선고했다. 그런데도 걸핏하면 사랑과 평화의 사도라고 자임하는 교황은 사과 한 번 한 적이 없다. 교황은 지금도 성당 지하로 들어가 하수구 청소를 하고 있는가.

더 가관인 것이 프랑스다. 프랑스 사법부는 2006년 11월 대학살의 직접적 계기가 된 하비아리마나 대통령의 비행기 추락에 현 르완다 정권의 육군참모총장 등 주요 인사들의 책임이 있다며 체포영장을 발부했다. 당시 대통령 전용기를 몰다 함께 숨진 비행기 기장과 부기장, 정비사 등이 프랑스인이라는 이유 때문이다.

프랑스는 벨기에를 대신해 르완다에 주둔하면서 독재정권을 지지하고, 르완다 대학살 당시에는 후투 정부군을 적극 지원한 책임 당사자다. 프랑스 내부에서도 르완다 대학살에 대한 프랑스군의 책임 논란이 불거졌으나 '국가 기밀'이라는 이유로 묵살되었다. 만약 프랑스인이 100만 명 희생되었다면 반인도적 범죄인 대량 학살에 대해 국가 기밀이라는 터무니없는 이유로 진상 규명을 피해 가지는 않았을 것이다. 프랑스인들의 눈에는 독재자의 전용기를 몰던 프랑스인 3명의 인권이 르완다인 100만 명의 인권보다 더 소중했던 것인가. 백인에게든 흑인에게든, 유럽에서든 아프리카에서든 인권보다 우선하는 가치는 없다. 프랑스의 속셈은 당시 사건을 단순히 비행기 테러 사건으로 돌림으로써 프랑스의 책임 논란을 무마하고 현 카가메 르완다 정권을 테러 정권으로 낙인찍으려는 게 아닌가?

아프리카통일기구(Organization of African Unity: OAU) 르완다 대학살 진상조사위원회는 이미 지난 2000년 7월 "사태를 미리 막을 수 있었음에도 행동에 나서지 않은 미국과 프랑스, 유엔 등에 책임이 있다"고 규정하고 유사한 사태의 재발을 막기 위한 노력과 학살 희생자에 대한 보상을 촉구했다.

분명한 것은 대학살을 멈춘 것은 인권과 평화를 부르짖던 유엔도, 미국도, 영국도, 프랑스도 아니라는 사실이다. 투치족과 온건 후투족 등으로 이뤄진 르완다애국전선이다. 그리고 현 르완다 정부는 "투치도 없고 후투도 없고, 오직 르완다인만 있을 뿐이다"라는 국민 통합의 기치를 통해 아픈 과거를 빠르게 치유하고 있다.

키갈리로 돌아온 나는 오후의 남은 시간 동안 시내 중심가인 국민통합광장과 독립광장 주변을 걸어다녔다. 키갈리는 그리 크지 않은 도시여서 한두 시간 다니니 중심가는 대충 훑을 수 있었다. 내 발길이 멈춘 곳은 밀 콜린스 호텔Hôtel Des Mille Collines. '아프리카판 쉰들러리스트'라 불리는 영화 〈르완다〉에 나오는 그 호텔이다. 커다란 나무들이 우거진 정원 안쪽에서 영화 속의 그 호텔이 영업을 하고 있었다. 후투족 출신 호텔 지배인 폴 루세사바기나Paul Rusesabagina는 영화 내용처럼 실제로 대학살 기간 중 1268명에 이르는 투치족과 후투족 난민을 이 호텔에 숨겨주어 목숨을 구했다.

르완다는 나를 여러 번 놀라게 했다. 르완다의 자연과 사람들, 수도 키갈리의 모습은 대학살의 어두운 그림자가 어른거리리라는 내 선입견을 모두 뒤집어버렸다. 르완다 사람들은 아프리카에서 가장 표정이 밝았다. 외국인에게 바가지 씌우는 것도 거의 보지 못했다. 키갈리에서 하루를 묵은 뒤 다음날 탄자니아로 가는 봉고버스 안에서 내가 생수 값으로 500프랑을 냈는데 생수를 파는 젊은이가 200프랑밖에 거슬러주지 않자, 옆에 있던 60대 할아버지가 그 젊은이에게 호통을 쳤다. 생수 값은 200프랑이어서 300프랑을 거슬러줘야 하는데 100프랑을 적게 돌려줬다고 혼을 내는 것이었다. 그러나 내가 산 생수는 '나일수원Source Du Nile' 상표로, 실제 가격이 300프랑이어서 젊은이가 바가지를 씌운 것이 아니었다.

경찰관의 옷차림과 태도도 인상적이었다. 도로의 경찰관들은 밝은 하늘색 점퍼를 말끔히 입고, 검문하는 자세도 위압적이지 않고 절도가 있었다. 아프리카 여행을 하면서 일부 국가에서 여전히 차량 운전자들로부터 돈을 받는 교통경찰들을 목격했는데, 르완다에서는 한 번도 보지 못했다.

루수모 폭포에 피어오른 무지개.

정보 고속도로인 인터넷도 다른 아프리카 국가에 비해 훨씬 앞서 있었다. 시내 곳곳에 많은 인터넷 카페가 있었고, 인터넷 속도도 다른 아프리카에 비해 훨씬 빨랐다. 여성 국회의원 비율이 세계에서 가장 높은 나라가 르완다라는 사실을 아는가. 2011년 8월 현재 여성 의원 비율을 보면, 르완다가 56.3퍼센트(80명 중 45명)로 가장 높고 스웨덴이 3위로 45퍼센트(349명 중 157명), 한국은 14.7퍼센트(299명 중 44명)로 가봉과 공동 79위를 기록했다. 아프리카라고 만만하게 보지 마라.

다음날 탄자니아를 향해 키갈리를 떠났다. 그러고 보니 오늘 7월 1일은 르완다가 지난 1962년 벨기에로부터 독립한 날이었다. 그러나 국기도 거의 보이지 않고 시내는 차분했다. 봉고버스는 키갈리를 떠난 지 3시간이 조금 지나, 낮 12시께 국경마을 루수모에 도착했다. 도로 가에 유엔난민고등판무관사무소(Office of the United Nations High Commissioner for Refugees: UNHCR) 표지판이 보였다. 대학살 때 탄자니아와 부룬디, 콩고, 우간다 변경의 국경 지대에 세워진 난민촌을 관리했던 유엔기구다.

르완다와 탄자니아 국경 계곡에는 강이 흐르고, 루수모 폭포 다리가 놓여 있었다. 강물이 흐르는 다리를 걸어 국경을 넘어가는데, 강가 바위에 무지개가 앉아 활짝 웃고 있다. 작은 폭포는 루수모 폭포고, 다리 밑을 흐르는 강은 카게라 강이다. 94년 대학살 때 루수모 다리 밑으로 수많은 시체가 떠내려갔고, 다리 위로는 수십만 난민이 피난 행렬에 올랐다. 며칠 사이 다리를 건넌 난민의 수가 무려 50만 명이었다. 카게라 강에 버려진 무고한 시체들은 강줄기를 따라 빅토리아 호로 흘러들었다. 한동안 핏빛으로 변했던 카게라 강과 빅토리아 호. 인류의 비극을 보듬고서 지금도 묵묵히 흐른다.

르완다

탄자니아

잠비아

말라위

짐바브웨   모잠비크

사람들은 왜
킬리만자로에
오르는가

· 03 ·

르완다 · 탄자니아 · 말라위 · 모잠비크 · 짐바브웨 · 잠비아

브룬디

카하마   신양가
        바바티
은제가
        싱기다

키고마

탄자니아

도도마

콩고민주
공화국

잠비아

말라위

음베야   마감바코
        말린위

이프카라 키다투

킬리만자로 산
아루샤 모자

몸바사

탕가

잔지바르

다르에스살람

모잠비크

지옥의 코스
17시간

르완다 루수모 다리를 건너 탄자니아로 넘어갔다. 외국 여행자들이 다니지 않는 오지 국경이다 보니, 언제나처럼 홀로 국경을 넘었다. 그것은 즐거운 일이다. 아프리카에서는 내가 혼자라는 사실이 외로운 일이 아니라 기쁨이다. 아프리카 오지를 홀로 걸어가니 마음대로 콧노래를 부를 수도 있고, 초원에게 실없는 말도 걸어보고, 그동안 홀대했던 나 자신에게도 따뜻하게 "못난 놈 만나 고생했다"고 위로를 해줄 수 있다.

언덕길을 올라가자, 베 짜는 새인 '마을위버새Village Weaver'가 큰 나무의 가지 끝에 둥근 둥지를 대롱대롱 매달고 있다. 언덕배기에 탄자니아 국경사무소가 있었다. 거기서 국경마을 베나코까지 30분 정도 택시를 탔다. 베나코에서 하루를 묵어야 했다. 아프리카 두메에서는 대부분 교통편이 아침 일찍 한 번밖에 없어 대낮에 도착해도 하룻밤을 보내야 한다. 여행은 때로는 기다림이다. 아프리카에서는 특히 그렇다.

유툴리부 게스트하우스라는 숙소로 들어갔는데, 침대 하나만 달랑 놓여 있다. 2500탄자니아실링(2000원)으로 아프리카 여행 중 가장 싼 숙소였다. 방 안에는 전기가 없고, 세수는 커다란 물통에 담긴 물을 작은 세숫대야로 떠다가 해야 하고, 용변은 조그만 시멘트 구멍에 잘 맞춰서 봐야 했다.

사람들은 왜 킬리만자로에 오르는가 **217**

나뭇가지 끝에 매달린
위버새 둥지.

숙소에서 나와 산책을 하는데 남자 어린이와 여자 어린이 예닐곱 명이 맨발로 축구를 하고 있었다. 축구공은 검은 비닐봉지 똘똘 만 것이다. 나도 그들과 어울려 함께 축구를 했다.

100여 가구가 채 안 되는 마을이지만 선술집 같은 식당이 서너 군데 있고, 하드록 카페와 맥줏집도 있다. 숙소 문 밖에서는 젊은이들이 밤 10시가 넘도록 포켓볼을 쳤다.

한때 수십만 명이 북적대던 베나코 난민촌은 어쩌다 방영되는 텔레비전의 다큐멘터리 프로그램이나, 브라질 사진작가 세바스티앙 살가도 Sebastião Salgado의 빛바랜 사진에 남아 있을 뿐이다. 여기서 그리 멀지 않은 은가라에는 여전히 난민촌이 있다. 은가라 난민촌에는 르완다 사람 대신, 인접 국가인 부룬디 난민들이 새로 들어왔다.

삐거덕거리는 침대에서 잠들었다가, 새벽닭의 울음소리에 잠에서 깨어났다. 그때가 새벽 5시쯤. 국경 수탉들의 울음소리는 왜 그리도 크고 굵은지. 베나코의 닭소리는 "꼬끼오, 꼬꼬"가 아니라, "꾸끼우, 꾹꾹" 하는 바리톤이었다. 여행자가 새벽 첫차를 놓칠까 봐 일부러 깨워주는 것 같았다. 별이 총총한 국경마을의 하늘 아래에서 새벽길을 떠났다.

아루샤로 가는 길은 새벽 별의 낭만과는 거리가 멀었다. 베나코에서 카하마까지는 도로가 잘 깔려 있지만, 은제가, 싱기다를 거쳐 아루샤로 가는 길은 비포장도로로 길이 험하고, 교통편도 부족하고, 볼거리도 많지 않아 여행자들이 잘 가지 않는 길이다. 새벽 6시 30분에 카하마로 떠나는 11인승 봉고버스에 15명 정도가 탔는데, 외국인은 나 혼자였다. 케냐에서 마타투라 부르는 대중버스를 탄자니아에서는 '달라달라'라고 했다.

첫출발은 신이 났다. 아침 해가 뜨자 눈앞에 사바나 초원이 끝없이 펼쳐졌다. 저기 지평선을 넘어가면 초원도 다할 줄 알았는데, 그 초원 너머에 또 다른 지평선이 나타났다. 도로는 빨랫줄처럼 초원을 가르며 직선으로 뻗었다. 간혹 소 떼가 한가로이 풀을 뜯는다. 사자나 기린만 있다면 세렝게티 초원이 따로 없다. 탄자니아 전체가 세렝게티니까. 내가 바라던 아프리카 초원이었다. 버스가 중간에 설 때마다 삶은 계란과 바나나, 구운 땅콩, 생수를 파는 행상이 몰려들었다. 소가 끄는 수레도 다니고, 길가에 숯을 담은 큰 자루가 높이 쌓여 있기도 했다. 3시간 정도 달리자, 교도소 팻말이 나타난다. 남자가 여자를 등 뒤에서 다정하게 포옹하고 있는 콘돔 광고판도 보였다.

갑자기 배가 슬슬 아프고 장염 증상이 나타났다. 전날 저녁 베나코에서 먹은 생선이 탈이 난 것이다. 그렇잖아도 냉장고도 없는 국경마을의 허름한 식당에서 생선을 먹어도 되나 싶었는데……. 마침 버스가 초원의 작은 마을에 섰다. 마을 뒤편의 넓은 초원이 화장실이었다. 생리 현상을 해결하는 동안 혹시 사자나 하이에나가 덮치지는 않을까 걱정했으나, 다행히 낮잠을 자는지 보이지 않았다. 그 뒤로 여행 내내 생선은 거의 입에 대지 않고 닭고기로 때웠다.

버스는 루사훈가와 니아카나지, 부콤베를 거쳐 낮 12쯤 카하마에 도착했다. 한 젊은이가 다가와 아루샤까지 가는 직행버스가 다음날 새벽 6시에 있다며, 나를 사무실로 이끌었다. 버스표를 예매하고 카하마에서 하루를 또 묵었다. 숙소 텔레비전에서 ITV라는 방송이 나왔다. 독일 월드컵 중계는 영어로 방송하고, 뉴스는 스와힐리어로 방송했다. 위성 방송인 이 채널은 탄자니아뿐 아니라 에티오피아와 케냐, 우간다, 르완다 등지에서 많이 볼 수 있었다.

다음날 새벽 5시 30분, 길이 어두워 숙소 직원이 버스터미널까지 데려다주었다. 6시 출발 버스인데 승객이 꽉 차자 5시 50분에 출발한다. 아프리카 여행에서 버스가 출발 시각보다 먼저 떠난 것도 처음이다. 조금 늦게 나왔으면 차를 놓칠 뻔했다. '초음속 버스Super Sonic Bus'라고 차체 옆면에 써놓았으나 크기만 컸지 속도는 달라달라와 마찬가지였다.

3시간을 달려 은제가에 도착했다. 카하마에서 아루샤 가는 직행버스가 있다더니, 은제가에서 버스를 갈아타야 했다. 내게 아루샤 가는 직행버스 표를 팔았던 젊은이가 같은 버스를 타고 와서 직접 갈아탈 버스를 태워주겠다고 한다. 한 시간이 지나 아루샤로 가는 버스가 왔는데, 이미 좌석과 입석이 모두 차서 승객을 더 태우지 않고 그냥 출발해버렸다. 내게 버스표를 팔았던 젊은이는 싱기다 가는 버스를 잡아줄 테니

거기서 다시 아루샤 가는 직행버스를 타라고 한다. 어이가 없었지만, 어쩔 수가 없었다. 이 젊은이는 싱기다 가는 버스가 도착하자 먼저 올라타 운전석 뒤의 짐 싣는 자리에 내 자리를 마련해주었다. 불안스러워하는 내 표정을 읽었는지, 차에서 내린 뒤 창문으로 "킴" 하고 내 이름을 다정스럽게 부르며 걱정하지 말라는 표정으로 손을 흔들었다. 젊은이의 얼굴에 미안해하는 기색이 역력했고, 나름대로 최선을 다하는 모습이었다. 그래서 버스표 때문에 약간 금전 손해를 봤지만, 그리 기분이 나쁘지 않았다.

포장도로를 달리던 버스는 한 마을에서 사람들을 내려놓은 뒤부터 계속 비포장도로를 달린다. 시골 마을의 커다란 바오밥나무 밑에서 한 할머니가 두 손을 모아 주문을 외우고 있었다. 한참을 빌던 할머니는 두 손을 하늘로 치켜들면서 무엇인가를 날려 보냈다. 우리네 서낭당의 당산나무 밑에서 옛날 어머니들이 빌던 것과 다를 바가 없다. 기도하는 방식이 뭐가 그리 중요하랴. 싱기다까지 가는 길은 곳곳에서 도로 공사 중이었다. 흙먼지가 마치 황사처럼 누렇게 날리면서 차 안으로 쏟아져 들어왔다. 코에는 시커먼 먼지 고드름이 달리고, 목에는 검은 먼지 종양이 눈사람처럼 커졌다. 먼지에 기도가 막혀 죽는 최초의 아프리카 여행자가 되기 일보 직전이었다.

싱기다까지 무려 세 번이나 경찰관이 검문을 했다. 승객 정원 초과 여부를 확인하기 위한 것이었다. 오후 3시쯤 싱기다에 도착했을 때, 나는 완전히 녹초가 되어 있었다. 버스에서 내리자 한 젊은이가 "아루샤, 아루샤" 하면서 승객을 불러 모았다. 나는 막 출발하려는 대형 버스에 올라탔다. 승객들로 만원이었지만 좌석에 앉을 수 있었다. 차 천장에서

쿵쿵 소리가 들려 창문으로 고개를 내밀어보니 지붕 위에 예비용 타이어 4개를 싣고 있었다.

싱기다 주위에는 돌산이 많았다. 길가에는 해바라기 밭이 끝없이 이어졌다. 은제가에서 싱기다까지 오는 길이 '먼지의 길'이라면, 싱기다에서 아루샤까지 가는 길은 울퉁불퉁 '요철의 길'이었다. 처음 2시간 황톳길을 달리던 버스는 비탈길에 들어서면서 버스가 하늘에 닿았다가 다시 땅에 떨어지곤 했다. 앉은 채 스카이 콩콩을 타는 것 같다. 나는 두 손으로 앞좌석 등받이를 꽉 잡았다.

30여 분을 달리자 하낭 산이 나타났다. 하낭 산은 해발 3417미터로 탄자니아에서 네 번째로 높은 산. 초원과 작은 돌산만 보다가 우뚝 솟은 푸른 산을 보니 시원하다.

하낭 산을 지나자 초원에서 붉은 옷을 걸친 마사이족 청년 5명이 막대기를 들고 무엇인가를 쫓아가는 모습이 보였다. 처음으로 본 마사이다.

어둠이 짙어지자, 버스는 어둠보다 더 빨리 달려야 한다는 강박감에 가속도를 밟기 시작했다. 갑자기 버스 뒤에서 불꽃이 튀면서 총소리 같은 굉음이 났다. 산에서 매복하던 반군이 우리 버스에 대고 총을 쐈나 싶어 깜짝 놀랐다. 버스 속도가 급격히 줄었다. 뒷바퀴 타이어가 구멍 난 것이다. 운전사와 차장은 5분도 안 되어 바퀴를 바꿔 끼웠다. 올림픽 종목에 타이어 빨리 교체하기 경기가 있다면 단연 금메달감이다. 아루샤로 가는 동안 두 번이나 펑크가 났다.

내 오른쪽에 앉은 30대 여자는 타이어를 바꾸는 사이 바지 주머니에서 지폐를 한 움큼 꺼내더니 세기 시작했다. 차림새나 말하는 투로 보아 장사를 하는 모양이다. 왼손에는 휴대폰을 들고 있다. 지폐를 가지

버스 안에서 본 하낭 산.

런히 정리하더니 브래지어 속에 넣는 것이 아닌가. 예전 우리 시골에서 어머니들은 고쟁이에 주머니를 만들어 꼬깃꼬깃한 돈을 감추기도 했지만, 브래지어 속에 보관하는 것은 정말 기발한 아이디어다.

버스가 제멋대로 흔들리면서 어둠 속을 달려가자 '지옥행 청룡열차'에 올라탄 기분이다. 그러나 이제는 버스가 아무리 요동쳐도 잠을 이길수가 없었다. 잠에 곯아떨어졌는데 차장이 일어나라고 깨운다. 아루샤버스 터미널이었다. 밤 11시가 다 된 시각. 카하마에서부터 무려 17시간이나 차에 시달렸다. 살면서 이렇게 엉덩이를 고생시킨 적이 없다. 가히 '지옥의 코스'다.

기진맥진해서 플라밍고 호텔을 찾아갔는데, 방이 모두 차고 없단다. 나는 숙소의 카운터 옆 의자에 털썩 주저앉았다. 여자 직원이 안쓰러웠는지 직원들 방을 치워줄 테니 사용하라고 한다. 너무 피곤해 그대로 잠이 들었다.

반인도적 전범 재판의
현장을 가다 • 아루샤 •

이튿날 아침 늦게까지 푹 자고, 오후에는 기운을 차려 시내 구경에
나섰다. 이곳에 1994년 유엔 안보리 결의에 따라 설치된 르완다국제형
사재판소(International Criminal Tribunal for Rwanda: ICTR)가 있었다.
르완다에서 학살 현장을 방문했던 나는 학살 책임자들이 어떤 처벌을
받는지 궁금했다. 아루샤에는 '인간과 인민의 권리에 관한 아프리카 법
정'과 탄자니아와 케냐, 우간다가 결성한 동아프리카공동체EAC 본부
도 있다.

르완다국제형사재판소를 들어가는 일은 어렵지 않았다. 여권을 맡기
고 방문증을 받으면 들어갈 수 있다. 사진 촬영은 엄격히 금지되었다.
건물 1층의 게시판에 재판부 이름과 법정 호수, 재판 날짜 등이 공고되
어 있는데, 판사 이름 중에 '에스 케이 박S K. PARK'이라는 한국인 성
씨도 보였다. 나는 우리나라 판사가 진행하는 재판을 보고 싶었으나 이
날은 재판이 없었다. 게시판 옆에는 기자와 방문객을 위한 보도자료가
놓여 있었다. 보도자료에서는 현재 기소된 26명에 대한 재판을 진행하
고 있으며, 그동안 28명에 대해 판결을 내렸는데 25명이 유죄, 3명에게
무죄가 선고되었다는 설명을 볼 수 있었다. 르완다 인종학살 범죄자를
신고하면 최고 500만 달러에 이르는 보상금이 나오기 때문에 권력을

잃은 범죄자들이 숨을 곳은 거의 없다.

법정이 있는 2층으로 올라갔다. 영어와 프랑스어 통역을 들을 수 있는 라디오와 이어폰을 받을 수 있었다. 나는 영어 통역기를 선택했다. 법정 안으로 들어가니 재판정과 방청석 사이에 투명 방탄유리가 설치되어 있다. 검은 법복을 입은 흑인 재판관 3명이 들어서면서 재판이 시작되었다. 재판장은 안경을 낀 남자이고 좌우 배석판사는 모두 여자다. 한 증인이 나와 대학살 당시 희생자들의 치료 과정과 진료 기록에 대해 증언했다.

검찰관이나 재판관, 증인이 각자 자국어로 말하면 영어와 프랑스어, 키니아르완다어로 동시통역되었다. 검찰관 뒤쪽에 통역석이 마련되어 있었다. 이날 재판에서 재판관과 검찰관은 영어로 질문하고, 증인과 변호인단은 프랑스어를 사용했다. 모두 귀에 통역기를 끼고 있었다. 검찰의 영어 신문을 동시통역사가 프랑스어로 통역하면 증인이 프랑스어로 답하고, 다시 통역사가 영어로 통역하면 검찰이 다시 신문을 했다. 이렇게 여러 차례 통역을 거치다 보니 재판 진행은 매우 더디었다.

반인도적 범죄를 다루는 국제사법기구의 재판을 처음으로 지켜본 것은 매우 의미 있는 경험이었다.

숙소로 돌아오는 길에 작은 냇물 같은 나우라 강을 건넜다. 나무들 사이로 흰 구름이 산허리를 휘감고 있는 메루 산이 보였다. 아루샤는 해발 4566미터인 메루 산자락에 안겨 있는 도시다.

나우라 강가에서 본 메루 산.

초원이가 달리고 싶어한
세렝게티 대평원

다음날 아침에는 날씨가 쌀쌀했다. 오랜만에 비가 왔다. 어제 예약한 3박 4일짜리 세렝게티 사파리를 가는 날이다. 사파리 차가 숙소로 왔다. 차에는 영국에서 함께 온 서아시아계, 중국계, 유럽계 대학생 3명과 프랑스에서 온 60대 후반 할머니가 타고 있었다. 운전사 겸 안내인은 피터라는 40대 중반 남자, 요리사는 리처드라는 30대 초반 남자였다. 운전사 피터는 노련해 보였고, 요리사 리처드는 떠버리였다.

스와힐리어로 '여행'이라는 말에서 온 사파리safari는 일반적으로 차를 타고 다니면서 야생 동물을 구경하는 여행을 의미한다. 최근에는 '게임 드라이브Game Drive'라는 말이 자주 쓰이는데, 역시 차를 타고 다니면서 동물을 보는 것이다. 게임 드라이브의 '게임'은 본래 사냥감이라는 뜻이다. 아프리카 여행 책자나 사파리 회사 광고에 자주 나오는 '빅 게임Big Game'이란 말은 코끼리와 사자 같은 덩치 큰 동물을 보는 것을 말한다. 특히 사자와 코끼리, 아프리카물소, 표범, 코뿔소를 '빅 5Big Five'라고 한다.

아루샤 외곽으로 나가자 커피 플랜테이션 농장이 나왔다. 탄자니아 역시 킬리만자로 주변의 아루샤와 모시 지방을 중심으로 커피가 유명하다.

용변을 보고 씻는 코끼리.

　2시간 반 정도를 달려 마니아라 호수국립공원 어귀의 '음토 와 음부
(Mto Wa Mbu: 모기의 강)'라는 마을에 도착했다. 값비싼 고급 오두막집
호텔과 값싼 야영장이 즐비한 가운데, 우리는 사파리 회사에서 가져온
각자의 텐트를 잔디밭 야영장에 하나씩 설치했다.
　울창한 숲 사이로 차가 들어서자, 매표소 앞에 오래된 바오밥나무가
서 있었다. 운전사 피터는 바오밥나무를 스와힐리어로 "음부유"라고 했
다. 바오밥나무는 아프리카 주술사들이 무화과나무와 함께 신성하게
여기는 대표적 나무다. 나비 떼가 춤을 춘다. 아프리카에서 호수가 있

는 곳에는 늘 나비가 있다. 소시지처럼 생긴 열매가 주렁주렁 달린 소시지나무가 보였다. 원숭이나 코끼리, 기린 같은 동물은 이 열매를 먹지만, 약간 독성이 있어 사람들은 먹지 않고 고약을 만들어 관절염과 뱀 물린 데에 치료제로 사용한다.

더 깊숙이 들어가자 나뭇잎 사이로 커다란 코끼리 한 마리가 보였다. 야생 코끼리를 보니, 정말 사파리를 하는 실감이 났다. 코끼리는 계곡 물을 흠뻑 마신 뒤, 파란 똥을 함빡 싼다. 그러고는 긴 코를 이용해 온몸에 물을 뿌린다. 코끼리가 비데를 하는구나! 그러고 나서는 진흙으로 샤워를 한다.

분지에 물이 고여 생긴 마니아라 호수 근처의 습지에서는 30여 마리 하마가 낮잠을 즐기고, 플라밍고(홍학)와 펠리컨, 아프리카대머리황새,

한낮에 물 밖에 드러누워 자는 하마 떼.

개코원숭이의 집단 행군.

이집트거위 등 물새 100여 마리가 먹이를 쪼고 있었다. 사자와 혹멧돼지, 임팔라, 영양의 일종인 스틴복, 호로새(뿔닭), 기린도 호수의 주인으로 살아간다. 개코원숭이의 집단 행군은 장관이었다. 개코원숭이 수백 마리가 무리를 지어 도로를 가로질러 갔다. 만화영화 〈라이언 킹〉에서 현명한 주술사로 나오는 라피키가 개코원숭이다. 개코원숭이 사회는 암컷 중심 모계 사회여서, 비투스 드뢰셔가 쓴 《휴머니즘의 동물학》에서 보니 폭력적인 수컷은 암컷들에게 쫓겨나기도 한다.

마니아라 호수는 나무 타는 사자와 한낮에 뭍에 올라와 쉬는 하마로 유명하다. 보통 사자는 표범과 달리 나무에 잘 오르지 않고, 하마도 낮에는 주로 물속에 있기 때문이다. 그러나 나무 위에 올라간 사자를 보는 행운은 얻지 못했다.

세렝게티의 야생동물들.

저녁을 먹고 텐트에서 쉬는데, 영국에서 온 대학생 3명이 맥주를 마시러 간다며 나를 불러냈다. 캠핑장에서 일하는 마사이족 출신 여직원 크리스티나와 남직원 제임스도 함께 시장 근처 나이트클럽으로 갔다. 비닐하우스 같은 간이 건물이었다. 춤추는 무대도 땅을 네모나게 움푹 파서 만들었다. 젊은 남녀 40~50명이 춤을 추고 있었다. 레게풍의 노래가 나오자 술을 마시던 젊은이들이 무대로 내려가 춤을 추는데, 크리스티나는 '탄자니아 댄스 음악'이라고 했다. 남아공의 유명한 댄스 뮤지컬 〈우모자(Umoja, 공동체 정신)〉를 보면 알 수 있듯이, 온몸을 이용하는 아프리카인들의 격정적인 춤은 강인한 생명력을 느끼게 한다.

텐트의 침낭 속으로 들어가니 포근했다. 아프리카 여행에서 처음으로 경험하는 야영이다. 오랫동안 잊었던 텐트 여행의 즐거움을 느낄 수 있었다.

둘쨋날 간 곳은 응고롱고로 분화구. 마니아라 야영장에서 출발할 때는 모두 내려 차를 밀어야 했다. 우리가 탄 사파리 차량은 10년이 훨씬 넘은 미국산 랜드로버 중고차인데, 충전지가 약해서인지 시동을 걸 때는 항상 사람들이 차를 밀어야 했다.

응고롱고로 분화구의 고원 지대는 해발 2200미터나 되어 안개가 짙게 깔려 있었다. 고원 지대에서 다시 내리막길로 내려가는 중간에 우리가 묵을 야영장이 있었다. 스와힐리어로 '사자'라는 뜻인 '심바' 야영장이다. 응고롱고로 분화구가 한눈에 내려다보이는 야영장에 텐트를 친 뒤 침낭, 배낭 등을 내려놓고 다시 차를 탔다.

차는 분화구 안으로 내려갔다. 분화구의 깊이가 610미터나 되니, 마치 분화구 바닥으로 빨려드는 느낌이었다. 험한 굽잇길이어서 아찔하면서도, 길의 높이와 위치에 따라 아래 분화구의 모습이 다르게 보이는 것이 재미있다. 분화구 안에는 호수와 늪지대, 초원과 작은 수림이 다양하게 자리 잡고 있었다. 지름이 거의 20킬로미터에 달하는 응고롱고로는 세계에서 가장 큰 분화구 축에 든다. 화산 용암을 분출한 화구가 내려앉아 넓은 분지처럼 된 것이다.

분화구 중턱에서 슈카라는 붉은 망토를 어깨에 두르고 막대기를 든 마사이족 사람들이 양과 소 떼를 몰고 있었다. 흙과 풀로 지은 마사이족의 집 10여 채도 보인다.

소금호수처럼 하얗게 보였던 마가디 호수 주변에 누 수천 마리가 몰

언덕 위에서 본 응고롱고로 분화구.

마가디 호숫가.

려 있었다. 야생 누 떼와 마사이족의 소 떼가 초원의 호수에서 한데 엉키자 마치 시골의 가축시장처럼 북적북적거렸다. 누는 특이한 생김새와 우스꽝스럽게 뛰노는 모습 때문에 초원의 어릿광대라 부른다. 누는 풀을 찾아 평생 3만 킬로미터를 이동하는데, 이는 지구 둘레의 4분의 3에 해당한다. 누 떼가 길을 가로질러 움직인다. 하이에나 세 마리가 멀찍이서 그들을 뒤쫓는다.

　하이에나와 자칼, 대머리독수리는 초원의 3대 청소부다. 다른 동물이 사냥한 죽은 고기나 썩은 시체를 먹어줌으로써 기생충과 질병을 예방하고 토양 오염을 막아주는 위생사 역할을 한다.

　차가 다니는 길목에 암컷 사자 한 마리가 배를 깔고 누워 있다. 사파

누 떼를 쫓는 하이에나.

리 차량이 1미터 앞까지 다가가도 전혀 개의치 않는다. 가려면 돌아가라는 식의 당당한 태도다. 한동안 자신을 둘러싼 사파리 차량들을 또렷이 쳐다보며 움직이지 않더니, 슬금슬금 몸을 일으킨다. 그리고 사파리차 한 대 쪽으로 다가가더니 뒷바퀴에 기대어 털썩 앉아버린다. 차 밑으로 그림자가 생기자 그늘을 찾아온 것이다.

호수를 돌아가자 얼룩말 무리가 보인다. 어떤 얼룩말은 땅에 벌렁 드러눕더니 샤워하듯이 흙에 온몸을 비벼대기도 하고, 수컷 한 마리는 갑자기 암컷 등 위로 올라가 짝짓기를 한다. 동물들은 옆에 친구나 새끼가 있어도 거리낌 없이 사랑을 나눈다. 인간은 사랑과 도둑질만큼은 몰래 하는데 말이다. 우리나라 최고의 동물행동학자인 최재천 교수가 어

사자 한 마리가 그늘을 찾아와 쉬고 있다.

느 좌담회에서 '사람은 부족한 섹스를 입으로 보충한다'고 하는 말을 들은 적이 있다.

응고롱고로 분화구와 세렝게티 초원에서 가장 흔하게 볼 수 있는 것은 누와 얼룩말, 톰슨가젤이 한데 어울려 있는 모습이다. 같은 초식동물인데도 먹이 싸움을 하지 않는 이유는 무엇일까. 그것은 뜯어 먹는 풀이 각각 다르기 때문이다. 얼룩말은 되새김 기능이 있어 크고 넓적하고 거친 풀을 주로 먹는데, 누는 넓은 입으로 짧은 풀을 먹고, 톰슨가젤은 좁은 주둥이로 새싹을 주로 먹는다.

온천이나 뜨거운 물에서도 살기 때문에 '불새'라고도 불리는 플라밍

누와 얼룩말이 사이 좋게 풀을 뜯고 있다.

고가 분홍빛을 띠는 것은 카로틴이라는 붉은 색소 성분이 있는 민물 해조류를 먹기 때문이다. 플라밍고 새끼는 하얀색인데, 3년 정도 자라면 아름다운 붉은색을 띠게 된다. 플라밍고는 하룻밤 사이에 600킬로미터나 이동하는 장거리 비행 선수다.

응고롱로고 분화구에서는 기린을 제외하고 〈동물의 왕국〉에 나오는 거의 모든 동물을 볼 수 있었다. 끊임없이 이동해야 하는 세렝게티 초원의 동물들과 달리, 이곳 동물들은 대부분 응고롱고로 분화구에서 평생을 살아간다. 2만 5000여 마리 동물들이 모여 사는 동물의 왕국이다.

고리고르 늪지대 근처 레라이 수림 지대의 나무 그늘 밑에서 도시락을 먹었다. 이 근처에는 남녀 화장실도 각각 두 곳이나 설치되어 있었다. 우리 운전사는 미리 준비한 닭고기와 토스트, 바나나 등이 든 도시락을 나눠주면서 가능한 차 안에서 먹고 나가라고 충고했다. "대머리독수리들이 갑자기 하늘에서 내려오거나 사바나원숭이들이 숲 속에서 달려들어 도시락을 낚아채 갈 수 있다"고 한다. 하늘을 쳐다보니 정말 커다란 독수리 네 마리가 우리 머리 위를 빙빙 돌고 있었다.

돌아오는 길에 보니 오전에 풀을 뜯어 먹느라 정신이 없던 누 떼가 햇볕에 지친 듯 풀밭에 털썩 주저앉아 움직이지 않는다. 마치 무릎을 꿇은 듯 앞다리를 땅에 꿇고 쉬고 있었다.

높은 나뭇가지에 앉은 독수리들.

더위에 지친 듯 흙 구덩이에 몸을 숨기고 머리만 삐죽 내놓은 하이에나.

심바 야영장은 지대가 높아선지 하늘의 별들도 가까이 내려와 있었다. 수많은 별이 텐트를 비추는 아름다운 밤하늘을 바라보며 잠이 들었다. 그런데 마니아라 호수와 달리 얼마나 춥던지 새벽에 잠이 깼다. 낮에 입고 다니던 점퍼를 껴입고 다시 침낭 속으로 들어갔다.

다음날 아침 일찍 사파리 종착지인 세렝게티 국립공원으로 향했다. 한 시간 정도 달리자 아카시아 숲 너머로 탁 트인 세렝게티 초원이 한눈에 들어왔다. 내가 얼마나 고대해왔던 초원인가. 공원관리소에 붙은 설명문에는 세렝게티 평원이 세렝게티 국립공원과 응고롱고로 보호구역을 모두 포함하는 '초원의 바다Sea of Grass'라고 되어 있었다.

마사이어로 '끝없는 평원'이란 뜻인 세렝게티는 넓이가 우리나라 강

초원의 바다.

원도(1만 6874제곱킬로미터)와 비슷한 1만 4763제곱킬로미터나 된다. 약 300~400만 년 전 화산재가 대평원에 쌓이면서 깊은 뿌리를 내려야 하는 나무는 살지 못하고 풀이나 작은 나무만 자라는 사바나 초원이 되었다. 동쪽으로는 응고롱고로 국립공원과 연결되고 북서쪽으로는 빅토리아 호수에 이르고, 북쪽으로는 케냐의 마사이마라 국립공원과 맞닿아 있다. 이 드넓은 평원에 300여 만 마리 포유동물과 독수리와 황새 등 조류 350여 종이 어울려 살고 있다.

세렝게티 초원에는 곳곳에 들불을 놓아 시커멓게 탄 곳이 많았다. 초원의 들불은 밀렵꾼들이 사냥 흔적을 감추기 위해 고의로 놓기도 하고,

표범 한 마리가 나뭇가지 위에서 자고 있다.

건기에 나무끼리 부딪히거나 번개를 맞아 자연히 발화되는 경우도 있다. 들불은 모기 같은 해충을 죽이고 불에 탄 재는 거름이 되어 새싹을 빨리 돋게 한다. 시커멓게 탄 자리에서 솟아난 푸른 새싹을 먹고 있는 앙증맞은 동물은 톰슨가젤이다. 작은 몸집에 다리가 긴 톰슨가젤은 대초원의 귀염둥이다. 가젤은 우리 차량이 가까이 다가가자, 경계하는 눈빛이 역력했다. 새싹을 한번 뜯어 먹고는 다시 고개를 들어 주위를 살피는 모습이 영락없는 겁쟁이다. 톰슨가젤이 한시도 한눈을 팔 수 없는 것은 먹이사슬의 최하위 단계이기 때문이다.

톰슨가젤과 사자의 빠르기는 시속 80.5킬로미터로 동률. 누가 먼저 달아나거나, 달려드느냐에 따라 운명이 결정된다. 그래서 톰슨가젤은 언제나 도망갈 준비를 하고 있어야 한다. 톰슨가젤이 가장 두려워하는 동물은 치타다. 치타는 빠르기가 시속 112.7킬로미터나 되기 때문에, 사자보다도 더 빨리 포착하지 않으면 바로 붙잡히고 만다. 가젤과 치타는 서로 살기 위해 더 빨리 달리도록 진화해왔다.

텔레비전에서 보던 것처럼 동물이 많지는 않았다. 동물들은 건기가 시작되는 4월부터 케냐의 마사이마라 국립공원이 있는 북쪽으로 이동하기 때문이다. 그리고 10월 세렝게티에 우기가 찾아오면 다시 돌아온다. 무려 1000킬로미터에 이르는 세계 최대 규모의 대장정이다. 세렝게티 대초원에 먹구름과 천둥번개가 일면, 동물들은 본능적으로 그쪽으로 달려간다. 먹구름과 천둥번개는 비를 몰고 오고, 비는 초원에 새싹을 불러온다는 것을 알기 때문이다.

누와 얼룩말은 대이동의 길동무다. 시각이 뛰어난 얼룩말은 항상 한 마리가 보초를 서서 포식자의 등장을 재빨리 알려주고, 후각이 뛰어난 누는 물을 잘 찾아낸다. 누와 얼룩말은 같이 뭉쳐 다니면서 포식자의 공격에 집단 방어를 하기도 한다. 재미난 사실은 늘씬한 얼룩말이 잠에서 덜 깬 듯 부스스한 누보다 빨리 달릴 것 같지만, 실은 그렇지 않다는 것이다. 얼룩말이 시속 64.4킬로미터인데 반해 누는 80.5킬로미터로 달린다.

대초원의 얼룩말을 보니 다시 영화 〈말아톤〉의 초원이가 생각났다. 발달장애(자폐증)를 앓는 초원이에게 달리기는 사회와 소통하는 유일한 수단이었다. 영화의 마지막 장면에서 초원이는 세렝게티 초원에서 얼룩말과 달리며 행복한 표정을 짓는다. 말이 인간과 인간 사이에 뜻을 전달하는 '우정의 매개체'가 아니라 다른 사람의 마음을 다치게 하는 칼이 될 때 누구든 자폐아가 된다. 살아가면서 말로써 받는 상처가 얼마나 많은가. 자신과 가족, 개인과 사회, 국민과 국가 사이에 일어나는 모든 소통상의 장애가 사회적 자폐를 낳는다.

영화 〈말아톤〉을 보고 나서 '장애인 금강산 통일기행'에 참여했을 때 〈말아톤〉의 실제 주인공인 배형진과 그 어머니를 직접 만났다. 형진이가 금강산에 오르는데, 어머니는 계속해서 말을 시켰다. "형진이 다리는?" "백만 불짜리 다리." "몸매는?" "끝내줘요." 영화 속의 대사와 똑같다. 형진이를 사회와 소통시키려는 어머니의 노력은 눈물겨웠다.

세렝게티 초원에서 풀을 뜯어 먹는 얼룩말도 새끼를 포식자로부터 보호하기 위해 무리 안으로 감싸고, 응고롱고로 분화구에서 본 누 떼는 이동할 때 새끼가 무리에서 뒤처지지 않도록 뒤에서 밀었다. 마니아라 호수에서 보았던 코끼리는 자신에게서 멀어지는 새끼를 코로 끌어당겼고, 개코원숭이 어미는 등꼬리 부분에 새끼를 태우고 갔다.

공주처럼 우아한 관학.

야영장 안으로 들어온 개코원숭이가 앞발로 수도꼭지를 틀어 물을 마신다.

사파리 차가 다니는 도로를 건너 초원으로 걸어가는 관학Crowned Crane의 자태가 아름답다. 머리에 노란 관 같은 볏이 있는 관학은 걷는 모습도 마치 공주처럼 우아하다. 우간다의 나라새다.

저녁 7시 세렝게티에 해가 지면서, 초원의 바다는 어둠의 바다로 변했다. 저 멀리 외로이 서 있는 아카시아 너머로 파도처럼 밀려오던 어둠은 순식간에 초원을 뒤덮었다. 응고롱고로의 심바 야영장과 달리 세렝게티 초원은 고도가 낮아서 그리 춥지 않았다. 동물들의 울음소리와, 밥 도둑질을 하러 몰래 캠핑장에 들어온 개코원숭이들의 부스럭 소리를 들으며, 나는 세렝게티 초원의 텐트 속에서 꿈만 같은 하룻밤을 보냈다.

3박 4일의 세렝게티 사파리를 마치고 아루샤로 돌아오는 길에 마사이족 마을과 올두바이 계곡을 방문했다. 세렝게티 국립공원과 응고롱

로고 분화구 사이 초원 한가운데 아카시아나무가 몇 그루 서 있고 오두막 20여 채가 옹기종기 모여 있는 곳이 마사이 마을이었다.

목에 둥근 접시 같은 목걸이를 건 아이들 다섯 명이 나와 반갑게 맞아주었다. 그 뒤로 어른 30~40명이 길 오른쪽과 왼쪽으로 나란히 서서 환영의 노래를 부르며 춤을 추었다. 붉은색 슈카를 걸친 남자들은 막대기를 들고 차례로 하늘 높이 껑충껑충 뛰는 아두무 춤을 추고, 여자들은 무릎만 살짝 구부리며 춤을 추었다.

마을에 들어갈 때 입장료를 조금 냈는데, 족장은 "여행객들의 입장료는 어린이 교육과 환자 치료 비용으로 사용된다"고 했다. 마을 뒤쪽에 나뭇가지로 지은 학교가 있었다. 학교에서는 영어와 스와힐리어를 가르친다.

마사이족은 동아프리카에서 가장 용맹스러운 부족으로 널리 알려졌다. 19세기에 아프리카의 노예무역은 빅토리아 호수와 탕가니카 호수, 말라위 호수 등 내륙 깊숙이까지 손길을 뻗쳤으나 마사이족이 사는 탄자니아와 케냐의 국경까지는 진출하지 못했다. 마사이족의 용맹성이 노예사냥에 제동을 걸었기 때문이다.

유목의 터전이었던 대초원이 국립공원과 야생동물보호구역으로 지정되면서, 마사이족 대부분이 도시로 진출하거나 정착 생활을 하고 있다. 자연과 공존해온 마사이는 이제 도시와 공존하는 새로운 삶을 모색하고 있다.

마사이 마을에서 나와 30여 분 정도 달리다 왼쪽으로 조금 들어간 곳에 올두바이 계곡이 있다. 영국 고고인류학자 루이스 리키 부부와 두 아들은 1930년대부터 이곳에서 오스트랄로피테쿠스 보이세이와 호모

환영의 춤을 추는
마사이족 남자들.

쇠똥과 풀로 지은 마사이족의 집.

갈대와 나무로 만든 마사이 학교.

전망대에서 내려다본 올두바이 계곡.

하빌리스, 호모 에렉투스 등 인류 진화 과정의 '잃어버린 고리'들을 발견했다. 올두바이 박물관의 전망대에 오르면 구석기 시대 유적과 고대 화석들이 발견되었던 올두바이 계곡을 한눈에 볼 수 있다. 지금은 황량한 사막 계곡이지만, 수백만 년 전에는 호수와 푸른 나무들이 울창한 인류의 요람이었다.

올두바이 계곡의 지층은 겹겹이 다른 색깔 옷을 입은 듯 뚜렷한 단층을 보여준다. 안내인은 "5개 단층에서 시대별로 수많은 인류와 동물의 화석이 발견되었다"며 "우리가 전망대에서 내려다보는 계곡은 네 번째 단층"이라고 말했다. 오래전 화산재로 뒤덮였다가 50만 년 전 지진 활

라에톨리 발자국 화석.

동으로 땅이 갈라지면서 지층이 단면을 드러낸 것이다. 올두바이는 바로 에티오피아에서 케냐를 거쳐 내려오는 동아프리카대지구대의 중간지대.

  박물관에는 메리 리키가 1978년 발견한 그 유명한 '라에톨리 발자국'도 전시되어 있었다. 올두바이 계곡에서 남쪽으로 45킬로미터 떨어진 라에톨리Laetoli 유적지의 화산재에서 발견된 360만 년 전 고대 인류의 발자국 화석을 그대로 본뜬 석고 틀이다. 발자국은 모두 세 명의 것인데, 두 남녀가 앞서 나란히 걸어갔고 세 번째 사람은 그들의 발자국을 밟으며 뒤따라갔다. 남자와 여자의 발자국 거리를 보니, 부부나 연인인 듯 아주 가까이서 걸어간 것을 알 수 있었다. 그런데 화석 옆에 게시된 상상도에서는 두 남녀가 앞뒤로 각각 떨어져 가면서, 시선도 다른 쪽을 바라보고 있다. 왜 저렇게 멋대가리 없이 그렸을까.

248

사람들은 왜
킬리만자로에 오르는 것일까

다음날 킬리만자로 산행은 애초 계획에 없었다. 세렝게티 사파리를 마치고 시간이 나면 하루 정도 킬리만자로 산어귀에서 어슬렁거리면서 커피 향을 맡으며 언저리 산행을 즐기거나, 멀리서 정상의 만년설을 보는 것으로 만족하려고 했다. 그러나 나이로비에서 만난 젊은 한국인 의사의 강력한 추천으로 나는 킬리만자로에 오르기로 했다.

아루샤에서 차로 2시간 정도 달려 모시에 도착했다. 모시는 킬리만자로 등반의 전초 기지이자 '킬리만자로 커피'의 고장으로 유명한 작은 도시. 모시에서 킬리만자로 국립공원 입구인 마랑구 게이트로 가는 길가에는 산자락을 타고 바나나와 함께 커피나무가 자라고 있었다. 차가족이 만든 '커피의 길'은 이제 '킬리만자로 등반로'로 바뀌었다. 킬리만자로 산의 눈과 비, 바람, 햇살이 만드는 킬리만자로 커피는 '커피의 신사', '가장 아프리카 커피답다'는 찬사를 받는 최고급 아라비카 커피다. 입구에서부터 커피의 은은한 향기가 등산객을 맞이했다. 나는 킬리만자로 커피를 마시면서 킬리만자로를 올랐다.

마랑구 게이트에는 마침 비가 내리고 안개가 짙게 깔려 있었다. 스와힐리어로 '빛나는 산'이라는 뜻인 킬리만자로는 안개에 가려 보이지 않고 전 세계에서 온 등산객만 북적거렸다. 어느 방향에 킬리만자로가 있는지조차 알 수 없다.

마랑구에는 유럽인 최초로 1889년 킬리만자로 정상에 오른 독일 지리학자 한스 마이어Hans Meyer의 얼굴을 새긴 동판이 세워져 있었다. 한스 마이어가 킬리만자로 등정에 성공하자, 당시 독일 황제 빌헬름 2세는 아프리카의 최고봉 킬리만자로가 탐이 났다. 그는 당시 영국령 케냐에 속해 있던 킬리만자로 산을 독일령 탄자니아로 넘겨달라고 빅토리아 여왕에게 졸랐다. 빅토리아 여왕은 외손자인 그에게 생일 선물로 킬리만자로를 주었다.

마이어의 동판 옆에는 그가 정상에 오를 수 있도록 도와준 요하나 라우워Yohana Lauwo와 맘바 코웨라Mamba Kowera 등 안내인과 짐꾼 6명의 이름을 모두 새긴 동판이 나란히 서 있었다.

킬리만자로를 오르는 차가족 짐꾼.

킬리만자로를 오르는 길은 여섯 개인데 마랑구Marangu 루트는 일반 등산객이 가장 많이 이용하는 길이다. 현지인들은 킬리만자로 등반로를 난이도에 따라 음료 이름으로 불렀다. 경사가 험해 상대적으로 오르기 힘든 마차메Machame 루트는 독한 '위스키 루트'라 하고, 경사가 완만해 가장 오르기 쉬운 마랑구 루트는 '코카콜라 루트'라고 한다.

마랑구 게이트 어귀 게시판에서 자세한 등반 경로 안내문을 볼 수 있었다. 삼림 지대 만다라 산장까지 보통 3시간, 작은 나무들이 자라는 관목 지대 호롬보 산장까지 5시간, 고산 사막 지대 키보 산장까지 5시간, 역시 고산 사막 지대 길만스 포인트까지 5시간, 빙하 지대인 우후루(해발 5895미터) 정상까지 1시간 30분이 걸린다. 목감기에 걸렸거나 호흡 장애가 있는 사람, 열 살 이하 어린이는 3000미터 이상 오르지 말고, 몸이 환경에 적응하도록 충분한 시간 여유를 두고 천천히 올라가라는 주의 사항도 곁들여 있었다.

내가 선택한 4박 5일짜리 코스는 첫날 만다라 산장에서 자고, 둘째 날 호롬보 산장에서 머문 다음, 셋째 날 키보 산장에 도착한 뒤 밤새 우후루 정상을 오르고, 넷째 날은 하산하면서 호롬보 산장에서 다시 하룻밤을 잔 뒤, 다섯째 날 마랑구 게이트로 내려오는 일정이다.

나와 함께 오르는 사람은 제임스라는 안내인과 짐꾼 1명, 요리사 1명. 모두 킬리만자로에 사는 차가족이다. 전문 안내인 없이 혼자 킬리만자로를 등반하는 것은 허용되지 않는다.

첫날 만다라 산장까지 가는 길은 삼림욕을 하는 기분으로 걸었다. 나와 안내인은 산속의 오솔길을 따라 올라가고, 짐꾼은 배낭과 음식물, 텐트를 등에 짊어지거나 머리에 이고 자동차가 다닐 수 있는 큰길로 성

만다라 산장까지 오르는 삼림 지대 길.

큼성큼 올라갔다. 숲에서는 새소리도 들리고, 커다란 침엽수인 포도카푸스나무(나한송)와 대형 고사리류 식물, 이끼가 자라고 있었다.

얼마 되지 않아, 나보다 늦게 출발한 등산객들이 나를 앞서기 시작했다. 나는 원숭이와 카멜레온, 킬리만자로봉선화를 구경하면서 천천히 올라갔다. 킬리만자로 정상에 올라갔다 오면 인증서를 주지만, 등반 시간은 기록하지 않는다. 킬리만자로는 사람이 올라간다고 정복되는 산이 아니라, 꾸준히 걸어가면 정상이 내게로 다가오는 산이다. 나는 킬리만자로와 대화하면서 오를 수 있는 데까지 오르고, 언제든지 하산하겠다는 마음의 약속을 했다.

이슬비를 맞으며 올라가다 보니, 평지에 오두막같이 생긴 만다라 산장이 나타났다. 첫날은 완만한 길을 왔지만 내일부터는 난이도가 높아진다.

오두막 산장 간이침대에서 하룻밤을 잔 뒤 아침에 일어났는데, 날씨가 여전히 흐렸다. 안내인 경력 14년째로 이번이 721번째 등반인 제임스는 "빨리 오르려고 욕심을 내는 등산객치고 킬리만자로 정상까지 오른 경우를 보지 못했다"며 "뽈레뽈레(천천히 천천히)"를 강조했다. 호롬보 산장 가는 길에는 흰색이나 연홍색 꽃을 피우는 철쭉과 헤더 종류의 다양한 관목이 무성했다. 등산길 옆으로 민들레 같은 노란 꽃을 피운 헬리크리숨, 나무쑥갓과 비슷한 헬리크리숨 메이에리도 피었다. 토질도 만다라 산장까지는 황톳길이었는데, 호롬보 산장으로 가는 길은 검은 흙이었다.

오후가 되자, 저 멀리 우후루 정상이 하얀 옷을 입은 채 그 모습을 드러냈다. 그동안 가랑비와 짙은 안개로 킬리만자로의 꼬리조차 보지 못했는데, 멀리서 만년설이 덮인 봉우리가 웅장하고 영험한 산처럼 다가왔다. 우후루의 웅장한 모습을 사진기로 찍고 나자, 거짓말처럼 킬리만

안개 낀 킬리만자로 숲.

호롬보 산장 계곡의 세네시오 케니오피툼.

자로가 다시 사라져버렸다. 킬리만자로의 정상은 구름에 가려졌다 얼
굴을 드러내기를 거듭했다.

　사실은 이때부터 킬리만자로의 사진을 전혀 찍지 못할 뻔했다. 카메
라의 배터리가 나가, 아디스아바바에서 산 건전지(SAMSUNG이라는 수
상적은 상표가 찍혀 있던)로 바꿔 끼웠으나 전혀 작동이 되지 않았던 것이
다. 의심했던 대로 가짜였다. 마침 20대 후반 일본인 등산객이 다행히
남은 건전지가 있다며 소니 건전지 4개를 준다. 덕분에 등반 내내 킬리
만자로의 모습을 찍을 수 있었다.

　호롬보 산장에서는 유럽에서 온 여행자와 안내인, 짐꾼 들이 함께 둘
러앉아 손뼉을 치며 "킬리만자로 음리마 음레푸 사나(킬리만자로 가장 높

은 산)……"로 시작하는 '킬리만자로 노래'를 부르고 있었다. 호롬보 산장 계곡은 아프리카 데이지인 세네시오 케니오피튬의 집단 서식지다. 줄기는 둥글고 선인장같이 생긴 세네시오는 열매가 없고 아름다운 꽃만 피운다고 제임스가 말했다.

다음날 아침 마지막 산장인 키보로 향했다. 한 시간 정도 오르자, 작은 나무도 보이지 않고 풀도 찾을 수 없는 고산 사막 지대가 펼쳐졌다. 킬리만자로는 바로 코앞에 우뚝 솟아 있는데, 가도 가도 거리가 좁혀지지를 않는다. 바람 소리조차 들리지 않으니 적막한 침묵의 연속이다. 나는 왜 이렇게 힘들게 킬리만자로를 오르는 것일까.

호롬보 산장에서 멀리 모습을 드러낸 킬리만자로의 키보 봉우리.

'마지막 샘터' 팻말을 지나자, 오른쪽으로 높이 5149미터인 킬리만자로 제2봉 마웬지Mawenzi가 보이기 시작했다. 마웬지는 생김새부터가 울퉁불퉁하고 험한 바위산이다. 암벽 등반 전문가가 아니면 오르기가 쉽지 않다. 이곳 차가족에게는 게으른 마웬지가 늘 불씨를 꺼뜨리고는 형에게 빌리러 오자, 형인 키보가 화가 나 주걱으로 내리쳤기 때문에 마웬지가 험한 바위산으로 변했다는 전설이 있다. 마웬지 봉우리와 키보 봉우리는 11킬로미터 정도 떨어져 있는데, 그 사이가 말의 안장처럼 움푹 패어 있다고 해서 '안장 산등성이The Saddle'라고 부른다.

마웬지 봉우리를 뒤로 하고 올라가다가 방송작가 김운경 씨를 만났다. 내가 좋아하는 텔레비전 드라마 〈황금사과〉와 〈옥이이모〉 〈서울의 달〉 〈형〉을 쓴 유명 작가다. 평소 산을 좋아하기에 딸과 함께 산악회원들의 단체 등반에 같이 왔는데, 갑자기 딸이 심한 고산병 증세를 보여 눈앞에 있는 정상 등반을 포기하고 내려가는 길이었다. 헤어지면서 그는 내 주머니에 땅콩과 캐러멜, 초콜릿 사탕을 잔뜩 넣어주었다.

키보 산장으로 오르는 길에서는 올라가는 사람과 내려오는 사람의 인사말도 달라졌다. 올라가는 사람은 여전히 "잠보"라고 하지만 내려오는 사람은 "굿 럭(행운을 빈다)"이라고 말한다.

키보 산장이 멀지 않았는데, 갑자기 호흡 곤란 증상이 나타나기 시작했다. 나 역시 고산병 증세가 시작된 것이다. 물을 벌컥벌컥 들이마셨다. 해발 4700미터에 있는 키보 산장에 도착하자, 두통 증상이 심해졌다. 다른 서양인 등산객들도 침대에 누워 고통을 호소하고 있었다. 잠을 자니 신기하게도 두통 증상이 많이 나아졌다.

정상 등반은 정확히 밤 11시에 시작되었다. 둥근 달이 환하게 비춰,

손전등 없이도 어두운 길을 오르는 데 거의 지장이 없었다. 6시간 정도 올랐나, 길만스 포인트 팻말이 보였다. 길만스 포인트 동쪽 아래쪽으로 '표범이 있던 장소'라는 레퍼드 포인트leopard point가 있다.

킬리만자로는 높이 1만 9710피트의 눈 덮인 산으로 아프리카 대륙에서 가장 높은 산이라고 한다. 그 서쪽 봉우리는 마사이어로 '신의 집'이라는 '은가예 은가이Ngaje Ngai'라고 부른다. 이 서쪽 봉우리 가까이에 말라 얼어버린 한 마리 표범 시체가 나뒹굴고 있다. 그 높은 곳에서 표범은 무엇을 찾아 헤매었던 것일까? 그것을 아는 사람은 아무도 없다.

　　　　　　　　　　　　　　　 — 헤밍웨이 소설 《킬리만자로의 눈》에서

물론, 표범의 시체는 보이지 않았다.

나는 너무 힘들어 여기서 만족하고 내려가려고 했다. 그러나 안내인 제임스가 "우후루 정상까지 안 갈 거면 왜 등반을 했느냐"며 내 손목을 이끌었다. 안내인들은 대부분 수고를 줄이고자 중도 하산을 마다하지 않고 권하기까지 한다던데, 제임스는 달랐다. 어떻게든 나를 정상으로 이끌려고 했다. 지금도 제임스를 생각하면 더없이 고맙다.

구름이 산 아래 걸쳐 있어 길만스 포인트에서 정상까지 가는 길은 마치 구름 위를 걷는 것 같았다. 하얀 눈이 등산로 옆에 여기저기 조금씩 쌓여 있었다. 장갑을 벗고 맨손으로 눈을 그러쥐고 비벼보았다. 졸음이 확 가시면서 정신이 번쩍 들었다. 분화구 가장자리의 바위틈을 지나고 굽잇길을 따라 몇 시간을 오르자, 하얀 빙하가 눈앞에 펼쳐졌다. 아침 6시 30분. 꿈에서나 그리던 킬리만자로 정상이다. 만년설에 덮인 우후

우후루 정상에서 제임스와 함께.

루 정상에 마침내 올랐다.

"축하. 당신은 지금 해발 고도 5895미터 탄자니아 우후루 정상에 서 있다. 아프리카의 최고봉. 세계 최고 단일산. 세계 최대 화산 중 하나. 환영."

우후루 정상의 나무 표지판이 나를 따뜻이 반겼다. 우후루Uhuru란 스와힐리어로 '자유' 또는 '독립'이란 뜻으로, 킬리만자로는 1960년대 아프리카 독립운동의 상징이었다.

표지판 뒤로는 지름 2.4킬로미터에 이르는 분화구가 보이고, 그 분화구는 다시 화산재로 덮인 작은 분화구를 품고 있었다. 표지판 앞으로

구름 위로 올라오는 킬리만자로의 해돋이.

는 빙하의 절벽이 하얀 성벽을 이루었다. 만년설의 설경에 빠져 있는 데, 저 멀리 구름 사이로 붉은 햇살이 뻗어 나온다. 해돋이의 장관이다. 검은 구름선 아래에서 솟아오르는 해는 마치 부글부글 끓어오르는 것 같았다. 하늘 위의 구름층을 뚫고 올라오는 킬리만자로의 해돋이는, 마치 아프리카 전체를 비추는 햇불 같았다.

해가 뜨자, 여기저기 눈 녹은 자리에서 시커먼 바위가 드러났다. 헤밍웨이가 《킬리만자로의 눈》에서 "전 세계만큼 넓고 거대하며 높고, 그리고 햇빛을 받아 믿을 수 없으리만큼 새하얀 킬리만자로의 네모진 봉우리"라고 묘사한 만년설의 꼭대기는 급속한 원형 탈모증을 보이고 있

해가 뜬 뒤의 빙벽.

었다. 최근 미국의 학자들은 현재 두께 50미터인 킬리만자로의 만년설이 2020년에는 사라질 것이라고 경고했다. 지구 온난화는 킬리만자로 정상에도 재앙을 불러오고 있었다.

—
다르에스살람의
주말 오후
—

    킬리만자로 등반을 마치고 내려온 나는 모시에서 하루를 묵은 뒤, 다음날 버스를 타고 다르에스살람으로 향했다. 간혹 비가 오락가락하는 날씨였다. 버스 안에서 흥겨운 아프리카 음악을 들으며 지루함을 달랬다. 세렝게티 사파리를 마치고 아루샤의 음반 가게에서 유명한 케냐 그룹 사파리사운드밴드의 '더 베스트 오브 아프리칸 송' CD를 샀다. 가사는 스와힐리어인데 곡은 콩고와 케냐 등의 아프리카 전통 리듬에 이슬람 음악, 레게와 힙합 등의 영향을 받은, 경쾌하고 즐거운 음악이었다.

    다르에스살람의 날씨는 후텁지근하면서 축축했다. 아루샤의 해발 고도는 3658미터인데, 다르에스살람은 평균 55미터에 불과하다. 에티오피아 아디스아바바는 고도가 2355미터이고, 케냐 나이로비는 1820미터, 우간다 캄팔라 1312미터, 르완다 키갈리는 1600미터다. 아프리카 고원 도시에서 급경사 비탈을 타고 내려와, 다르에스살람이라는 바다로 뛰어든 셈이다.

    나는 시내 중심가에 있는 항구 근처의 키보디야 호텔에 방을 잡았다. 배낭을 내려놓고 잔지바르 가는 배표를 사러 나왔다. 키고마와 므완자로 가는 중앙선 철도역을 지나 해안 도로인 소코이네 드라이브를 따라 조금 올라가자, 푸른 바다였다. 인도양! 말로만 듣던 인도양을 처음으로 본다. 인도양의 물결은 살포시 춤추듯 살랑이고 있었다.

다르에스살람 항구가 보였다. 항구에 들어오고 나가는 배를 보자 마침내 평화로운 안식처에 온 기분이 들었다. 다르에스살람은 아랍어로 '평화로운 안식처'라는 뜻이다.

애초 조그만 어촌 마을에 불과했던 다르에스살람은 1862년 잔지바르 왕국의 술탄이 항구를 건설한 뒤, 1891년 녹일이 총독부를 바가모요에서 이곳으로 옮기고 철도를 놓으면서 탄자니아 중심 도시로 떠올랐다. 연안 항해용 범선인 다우선 항구였던 바가모요보다 증기선 항구인 다르에스살람이 식민 통치에 더 필요했기 때문이다. 1차 세계대전후 영국의 식민지가 되었다가 1961년 탄자니아가 독립한 이후에도 다르에스살람은 수도의 지위를 그대로 이어받았다. 지난 1974년 도도마로 행정수도를 옮겼으나 입법부만 옮겼을 뿐, 대통령 집무실 등 행정부처와 사법부는 여전히 이곳에 있어 사실상 수도 역할을 하고 있다.

현재 다르에스살람은 케냐의 몸바사, 모잠비크의 마푸토와 함께 동아프리카 3대 항구다. 오랫동안 바다를 통해 세계와 교류하고, 오만의지배와 독일, 영국의 식민지를 경험했으며, 인도인과 중국인 이민을 받아들인 다르에스살람은 그 역사만큼 다양한 사람들이 함께 어울려 사는 다문화 도시다. 탄자니아와 동아프리카 해안 지대의 주민들인 스와힐리족 자체가 아프리카 반투족 여자와 아랍인 사이에서 태어난 후손들이다. 이들은 반투어와 아랍어의 혼합인 스와힐리어를 사용하고, 아프리카 문화와 이슬람 문화가 섞인 것이 스와힐리 문화다. 스와힐리 Swahili라는 말은 아랍어로 '해안'이라는 뜻이다.

시내에는 신문을 파는 가판대가 많이 눈에 띈다. 신문의 종류도 많았다. 영자 신문 한 종류와 14개 스와힐리어 신문이 있었다. 《딤바(Dimba: 성인식 장소)》, 《마지라(Majira: 시계)》, 《하바리 은제마(Habari Njema: 좋은 뉴스)》 같은 제호가 눈에 띄었다. 탄자니아 공용어는 동아프리카 민중언어인 스와힐리어.

다른 나라와 달리 영어나 프랑스어가 아닌 스와힐리어를 제1 공용어로 채택한 것은 초대 대통령 줄리어스 니에레레다. 니에레레는 '아프리카의 세종대왕'이라고 할 수 있다. 니에레레는 재임 초기 초등학교 교육을 무상 의무 교육으로 하는 등 국가 예산의 무려 14퍼센트를 교육에 집중 투자했다. 탄자니아 성인 인구의 문자 해독률은 80퍼센트 이상으로 아프리카 국가 중 최고 수준이다. 129개 부족으로 이뤄진 탄자니아에서 독립 이후 한 번도 심각한 부족 갈등이나 내전이 없었던 데에는 국가의 통일 수단으로 스와힐리어를 채택한 것도 중요한 영향을 미쳤음에 틀림없다. 니에레레의 영향으로 인접 국가인 케냐와 우간다 등도 영어와 함께 스와힐리어를 이중 공용어로 채택했다. 현지인들은 니에레레를 그냥 '음왈리무Mwalimu'라고 부르는데, 스와힐리어로 '선생님'이란 뜻이다. 독립투사이자 국가의 정체성과 국민 통합을 이룬 건국의 아버지로 존경받는 니에레레는 베트남 국민들에게 여전히 '박 호(호 아저씨)'라고 불리며 사랑받는 호찌민을 떠올리게 한다.

나는 잔지바르를 다녀온 뒤에도 사흘을 더 다르에스살람에 머물러야 했다. 내가 타려는 기차가 사흘 뒤인 금요일에나 출발하기 때문이다. 그래서 박물관도 가보고 수산시장도 구경하면서 느긋하게 시간을 보냈다. 시내의 기념품 가게에는 갖가지 색상의 티셔츠를 팔고 있었는데, 티셔츠에 음중구(백인 외국인), 잠보(안녕), 카리부(환영합니다), 트위가

(기린), 하쿠나 마타타(걱정하지 말아요) 같은 간단한 스와힐리어가 쓰여 있었다.

시내 중심의 사모라 거리를 따라 올라가는데, 군복을 입은 한 병사가 총검을 들고 찌르기 자세로 나를 가로막았다. 순간 멈칫했는데, 실제 군인이 아니라 동상이었다. 아휴! 죽는 줄 알았네! 1차 세계대전 당시 참전했다 죽은 아프리카 병사들을 주모하는 아스카리 기념상Askari Monument이었다. 아스카리는 스와힐리어로 '군인'이라는 뜻이니 무명 용사 기념탑이라고 하면 될 것 같다. 당시 탄자니아는 독일령이었기 때문에 독일군 편에서 영국군에 대항해서 싸웠고, 다른 아프리카 국가의 사람들도 각자 식민지 종주국을 위해 싸움터로 내몰렸다. 1차 세계대전 에만 100만 명 넘는 아프리카인이 참전해 15만 명 이상이 죽었다. 2차 세계대전 중에도 케냐와 탄자니아에서만 28만 명, 아프리카 대륙 전체 에서 90만 명 이상이 남들의 전쟁에 총알받이가 되었다.

아스카리 기념상 오른쪽에 말라위 대사관이 있었다. 1층 사무실에 들어가 비자를 문의하니 직원이 "월, 화, 금요일만 비자 신청을 받는 다"며 내일 오란다. 내가 간 날은 목요일이었다. 내일 비자를 신청하면 다음주 월요일이나 되어야 나온단다. 돌아서는데 1층 사무실 간판에서 '잠비아Zambia'라는 글자가 눈에 들어왔다. 여기는 잠비아 대사관이었 던 것이다. 말라위 대사관은 2층에 있단다. 그냥 나왔으면 큰일 날 뻔 했다. 2층 말라위 대사관에서 비자를 신청하자, 말라위 비자는 체류 기 간과 상관없이 무조건 70달러란다. 100달러짜리를 내자 대사관에 잔돈 이 없다며 행정 업무를 보좌하는 남자 직원과 함께 근처 환전소에서 잔 돈으로 바꿔 오라고 한다. 인도인이 운영하는 환전소에서 돈을 바꿔 가

탄자니아 국립박물관에 전시되어 있는
조공 기린 그림.

지고 갔다.

말라위 대사관에서 위쪽으로 그리 멀지 않은 곳에 국립박물관이 있었다. 2층짜리 아담한 건물인데, 탄자니아 역사 유물과 고대 인류 화석 등이 전시된 가운데, '조공 기린' 그림 사본이 있었다. '조공 기린'은 옛날부터 동부 아프리카가 중국 등 아시아와 교류를 했다는 역사적 증거다. 이 그림의 기린은 애초 동아프리카 말린디 왕국의 사신이 새로 즉위한 벵골국의 술탄에게 선물로 가져간 것인데, 벵골국에서 다시 중국 황제에게 선물한 것이다. 1413~1415년 제4차 항해에 나섰던 명나라 정화 함대가 벵골에서 배에 싣고 중국으로 가져왔다. 정화 함대가 직접 동아프리카 말린디에 도착한 것은 제5차 항해 때인 1417~1419년 무렵이다. 이 그림은 정화 함대가 1414년 황제에게 바치는 장면을 중국

화가가 그린 것이다.

그 옆의 옛 아프리카 무역 지도가 재미있다. 서기 1000~1300년 무렵 인도양을 중심으로 아프리카와 아랍, 인도, 중국이 교역한 주요 물품과 무역항을 설명하는 이 지도의 제목은 〈유럽인들이 도착하기 전 동아프리카 교역로〉. 왜 굳이 '유럽인들이 도착하기 전'이라는 표현을 썼을까. 유럽 당신들은 자꾸 아프리카를 야만이라고 얕잡아보는데, "우리는 너희가 오기 수백 년 전부터 아랍, 아시아 국가들과 교역하면서 잘먹고 잘살았거든"이라고 말하고 싶은 것이 아닐까. 지도 하나로 유럽 제국주의를 한 방 먹인 아프리카인들의 기지가 재미있어 속으로 웃었다.

뒤쪽 건물에 있는 생물학관에 갔다가 예상치 못한 횡재를 했다. '살아 있는 화석'으로 불리는 실러캔스를 볼 수 있었기 때문이다. 공룡보다 훨씬 전인 3억 5000만 년 전에 지구상에 처음 나타난 그 모습 그대로 살아가고 있는 실러캔스는 지구상에서 가장 오래된 척추동물이다. 지느러미에 뼈가 있어 수심 600미터에서 다리처럼 걸어다니며, 아가미 호흡과 허파 호흡을 같이 할 수 있어 어류에서 양서류로 진화하는 과정을 보여주는 사례로 꼽힌다. 실러캔스는 보통 사람과 같이 80~100년을 산다. 수족관에 박제된 채 누런색을 띤 실러캔스는 얼핏 보면 커다란 명태를 말린 것 같다.

자카란다 가로수가 늘어선 도로를 따라 항구 쪽으로 방향을 돌린 나는, 수산시장으로 향했다. 야자수가 늘어선 바닷가 도로를 따라 20여 분 걸어가자, 생선 비린내가 바닷바람을 타고 코에 닿았다. 수산시장은 깔끔한 붉은색 1층 건물이었다. 오후 늦은 시간인데도, 상인들이 손님을 부르고 있었다. 어떤 상인은 물고기의 비늘을 칼로 벗기고, 다른 상

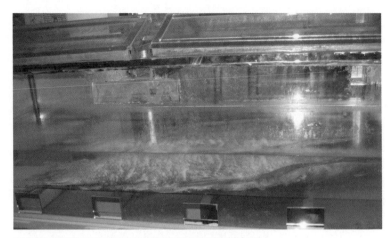
탄자니아 국립박물관 생물학관 수족관에 보관되어 있는 실러캔스.

인은 물고기의 배를 갈라 창자와 내장을 가려내고 소금을 쳤다. 아직 살아서 파닥파닥하는 물고기도 있었다. 뒤쪽에서는 화려한 불가사리, 소라껍데기, 조개껍데기, 거북껍데기 등을 장식용으로 팔고 있었다. 오래간만에 만끽한 '걸어서 도시 속으로' 여행이었다.

옥빛 바다의 검은 해안, 잔지바르

잔지바르는 정말 멋진 섬이었다. '검은 해안'이란 뜻과는 달리, 하얀 건물과 하얀 모래 해변이 여행자를 맞이한다.

리빙스턴이나 스탠리 등 탐험가들은 오래전 잔지바르의 진가를 알았다. 그들은 아프리카 내륙 탐험에 앞서 준비와 휴식의 장소로 잔지바르를 활용했다. 잔지바르에서는 아랍풍의 좁고 구불구불한 미로 같은 오래된 뒷골목이 시간을 거꾸로 되돌리고, 각종 향신료가 코끝을 자극한다. 예로부터 아프리카인과 아랍인, 인도인들이 함께 살아온 섬이다. 아름다운 자연 뒤에는 슬픈 노예의 역사가 아른거린다.

아침 7시 30분 잔지바르로 가는 고속 여객선에 올랐다. 배에는 놀랍게도 '소아용 구명조끼', '소화기', '출입구', '금연'이라는 한글이 쓰여 있었다. 우리나라에서 쓰던 중고 선박을 들여온 것이다. 러시아, 중국, 중앙아시아 등에서 우리나라 중고 차량이 달리는 것은 보았지만, 이 멀리 아프리카 인도양에서 우리 중고 여객선을 탈 줄은 상상도 못했다.

다르에스살람 항구를 떠난 배는 한 시간 정도 해안을 따라 운행하다가 점점 해안선과 멀어지더니 망망대해로 나아갔다. 왼쪽 해안에 보이는 작은 항구도시가 바가모요다. '내 마음을 놓고 떠난다'는 뜻인 바가모요는 이름 그대로 슬픈 역사를 간직한 항구다. 아프리카 내륙에서 붙잡힌 노예들은 바가모요에서 배에 태워진 뒤, 잔지바르 노예시장으로 끌려가 전 세계로 팔려 나갔다. 비록 몸은 끌려가지만 마음만은 사랑하는 가족이 있는 아프리카에 남겨두고 싶었던 노예들의 애절한 외침이 지명으로 남았다.

푸른 바다 깊숙이 배가 들어갔나 싶더니, 멀리서 하얀 건물이 눈에 들어오기 시작했다. 잔지바르 섬이다. 아랍풍 건물들이 해안을 따라 마치 방파제처럼 들어서 있었다. 부두에서 내려 출입국사무소에서 입국

잔지바르의 향신료 작물 농장.

절차를 따로 밟아야 했다. 별도의 비자는 필요 없지만, 여권은 소지해야 잔지바르 섬에 들어갈 수 있다.

영국으로부터 독립한 잔지바르는 1964년 본토의 탕가니카 공화국과 합치면서 탄자니아가 되었으나, 여전히 독립적인 나라라는 생각을 갖고 있나 보다. 비자는 없되 여권은 검사하는 데서, 주권은 없지만 독립적 자치권을 행사하는 잔지바르의 정치적 위상을 알 수 있나.

잔지바르 왕국의 수도였던 스톤타운 시내에 숙소를 정한 다음, 시 외곽의 향신료 농장 구경에 나섰다. 19세기 말 노예시장이 쇠퇴하면서 향신료는 환금 작물이자 중요한 수출품으로 떠올랐다. 20대 중반인 안내인은 "정부가 운영하는 플랜테이션 농장에서만 수백 가지 향신료 나무를 키우고 있다"며 "향신료는 잎에서뿐 아니라 열매와 줄기, 뿌리 등 온갖 부위에서 추출한다"고 말했다. 3시간 정도 걸린 향신료 관광에서는 우리나라에서 보기 어려운 각종 향신료 작물과 열대 과일들을 구경하면서 삼림욕을 하는 기분까지 덤으로 얻을 수 있었다.

돌아와서 낮잠을 한숨 자고는, 역사 탐방처럼 옛 뒷골목의 미로를 휘저으며 걸었다. 내가 묵은 헤이븐 게스트하우스도 한 번에 찾아가기 힘들 정도로, 스톤타운 전체가 구불구불한 미로다. 옛 시가지 그대로인 골목길을 걷는 재미는 이루 말할 수가 없다.

잔지바르는 이슬람 도시다. 검은색 부이부이를 입은 잔지바르 여성과, 하얀색 칸주를 걸친 잔지바르 남성이 스쳐 지나가면 흑백의 조화가 이슬람 종교처럼 신비감을 더한다.

잔지바르는 탄생부터 신비로웠다. 어느 날 쥐들이 왕궁을 갉아 먹는 꿈을 꾼 페르시아 왕자가 675년 긴 항해 끝에 세운 왕국이 잔지바르다.

잔지바르 뒷골목의 이슬람 여성들.

옛 시가지에서는 가장 큰 도로라고 해야 차량 한 대가 간신히 지나갈 정도로 좁다. 잔지바르 건물의 외벽은 온통 하얀 석회 벽이다. 후텁지근한 열대 해안 기후에 건물 안쪽을 서늘하게 유지하기 위해 바깥벽에 산호 가루와 모래를 섞어 하얗게 바르고, 벽체는 매우 두껍게 만들었다. 나무 대문에는 꽃과 나뭇잎, 물고기 등을 추상화한 문양을 새겼는데, 대문의 크기와 문양, 나무 재질 등이 집주인의 경제적, 사회적 지위를 나타낸다고 한다. 연꽃은 생식 능력, 물고기는 다산, 쇠사슬은 안전, 유향은 부의 상징이다. 대문에 사람이나 동물을 그리지 않고, 식물이나 문자 모양을 딴 기하학적인 문양만 그리는 것은 이슬람의 영향 때문이다. 우상 숭배를 엄격히 금지하는 이슬람에서는 사람이나 동물 모양인 그림이나 조각도 우상으로 여겨 금기시한다.

스톤타운 해안으로 가면 옛 아랍 요새, 옛 술탄 궁전인 베이트 엘 아

옛 아랍 요새 안쪽에서
본 성곽.

자이브, 왕궁 박물관, 옛 진찰소, 잔지바르 최초의 공중목욕탕인 하맘
니 페르시아 목욕탕 등 유적지들이 인도양을 바라보며 줄지어 서 있다.
바닷가 포로다니 가든Forodhani Gardens 공원에서는 '제9회 다우 국가
페스티벌'이라는 축제가 열리고 있었다. 오랫동안 인도양을 중심으로
다우선을 통해 문물 교류를 해온 동아프리카 국가와 인도, 파키스탄,
이란, 걸프 만 국가, 인도양 섬나라들이 참여하는 문화 행사였다.

베이트 엘 아자이브Beit el-Ajaib는 '경이의 집House of Wonders'이란
뜻인데, 1883년 세워진 술탄의 궁전이다. 최초로 전기가 들어오고 엘
리베이터가 설치된 것을 보고 사람들이 놀라워한 데서 붙여진 이름이
다. 대문 앞에 인도양을 향해 대포 2문이 놓여 있다.

베이트 알 사헬Beit al-Sahel이라 불리는 왕궁 박물관은 지난 1964년
까지 술탄 궁전으로 쓰였던 곳이다. 왕국 박물관의 백미는 3층 베란다

에서 바라보는 인도양의 풍경이다. 인도양의 푸른 물결과 하얀 파도가 3층 베란다로 물밀듯이 몰려온다.

고은의 이런 시가 있다. "내려갈 때 보았네, 올라갈 때 못 본 그 꽃." 나도 왕궁 박물관에서 그런 경험을 했다. "나올 때 보았네, 들어갈 때 못 본 그 표지판." 들어갈 때는 지나쳤는데, 나올 때 보니 왕궁 박물관 입구에 재미난 표지판이 있었다. "길거리 사랑에 대하여"라는 제목의 표지판으로 '공공 장소에서 마우스 키스(입을 맞대는 키스)를 삼가달라'는 내용. 사실상 '키스 금지' 안내문이다.

그러나 이런 유적지는 안 보더라도, 여행자로서 절대 빠뜨려서는 안 되는 곳이 있다. 밤마다 포로다니 가든 공원에서 열리는 해산물 야시장이다. 문어, 오징어, 바닷가재 등 입맛을 돋우는 싱싱한 해산물들이 입에서 사르르 녹는다. 야시장의 해산물 맛은 꼭 봐야 한다. 다른 건 몰라도 이것만은 나를 믿어도 좋다. 적어도 나는 먹는 것 갖고 장난치는 놈은 아니다.

잔지바르의 아픈 과거, 노예시장

스톤타운에는 아픔과 슬픔이 서려 있는 곳도 있다. 노예시장이다. 다라자니 재래시장에서 조금 내려오다 음쿠나지 파출소를 끼고 골목으로 들어가니, '옛 노예시장 터'라는 철제 팻말이 있다. 옛 노예시장은 노예 지하수용소만 보존되어 있었고, 노예 경매장은 성공회 성당 건물로 변해 있었다.

작은 통로로 들어가는 지하수용소는 경매에 부쳐지기 전 노예들이 마지막으로 수용되었던 곳이다. 안내인은 "오른쪽 조금 큰 지하방은 여자 노예들이 수용되었던 방으로 한꺼번에 60~70명이 들어왔으며, 왼쪽 방은 남자 노예들이 한꺼번에 40~50명 수용되었던 방"이라고 말했다. 시멘트 바닥과 천장 사이는 1미터도 안 되었다. 사람이 서기는커녕, 앉아 있기도 불편할 정도다. 따로 화장실이 없어, 방 가운데 파놓은 구덩이에 그대로 똥오줌을 봐야 했다. 가축우리의 분뇨를 치우듯, 가끔 똥차가 와서 치웠다고 한다.

당시 노예들의 목을 묶었던 쇠사슬이 나무 기둥에 그대로 걸려 있었다. 노예가 도망가지 못하도록 서로의 목을 쇠사슬로 연결해놓았기 때문에, 한 명이 드러눕거나 일어나면 줄줄이 엮인 굴비처럼 모두 따라야 했다.

벽에는 작은 바람구멍 두세 개만이 뚫려 있었다. 햇빛도 간신히 들어올 정도로 작은 구멍인 데다, 좁은 지하 공간에 많은 사람을 한꺼번에 수용하다 보니 질식사하거나 각종 질병으로 죽어간 노예들이 부지기수였다. 처음 붙잡힌 노예 중 살아남은 자는 5분의 1밖에 되지 않았다고 한다.

어두운 지하수용소에 가느다란 빛이 한 줄기 바람구멍으로 들어오자, 시멘트 바닥과 벽에 긁힌 자국과 푹 팬 흔적이 선명히 드러났다. 끌려가지 않으려는 노예들의 마지막 몸부림이 할퀸 자국으로 남아 있었다. 지하수용소 곳곳에서 "살려달라"고 울부짖는 노예들의 모습이 눈에 아른거렸다.

이곳 지하수용소에 있던 노예들은 지상 경매장으로 끌려나와 물건처럼 팔렸다. 1830년에서 1873년 사이 이곳 잔지바르에서 팔려간 노예의 수는 60만 명이 넘는다. 아프리카 노예무역은 16세기부터 19세기 말까지 성행했는데, 무려 6000만 명에 이르는 아프리카인이 노예로 끌려갔다. 동아프리카에서는 아랍 상인들이 잡은 노예가 서아시아 지역으로 끌려갔고, 서아프리카에서는 유럽 상인들이 유럽과 서인도제도, 아메리카 대륙 등으로 잡아갔다. 유럽과 미 대륙은 노예의 희생을 딛고 급속한 자본주의 발전을 이루었으며, 아프리카는 급격한 인구 감소와 농업 쇠퇴, 문명 발전의 장애를 겪어야 했다.

성공회 성당으로 바뀐 노예 경매장으로 들어갔다. 지금 신도들이 기도하는 자리는 노예 무역상들이 있던 곳이고, 신부의 설교단은 노예가 경매에 부쳐진 단상이다. 신부가 자신을 노예의 위치로 생각하고, 신도들은 노예 무역상의 신분으로 속죄하자는 의미가 아닐까. 성당 안에는

옛 노예시장 터에 있는
성공회 성당.

노예 지하수용소 안.

노예를 추모하는 시멘트 조각.

1미터 정도 되는 나무 십자가가 걸려 있었다. 노예무역에 반대했던 탐험가 리빙스턴의 심장이 묻힌 자리에서 자란 나무의 가지로 만들었다고 한다. 1873년 잠비아의 일라라Ilala 지역 치탐보 마을에서 리빙스턴이 세상을 떠나자, 충성스런 하인 추마와 수시가 열대 기후에 썩지 않도록 리빙스턴의 심장과 내장을 모두 꺼내 큰 나무 아래에 묻고, 유해는 14일간 햇볕에 쬐어 말려 미라처럼 만든 뒤 영국으로 보냈다. 아프리카인인 추마는 어렸을 때 노예로 끌려가다가 리빙스턴이 구해준 인물이다.

노예시장 마당에 있는 시멘트 조각품은 당시의 비참한 상황을 상징적으로 표현했다. 한 가족으로 보이는 할머니와 부부, 자녀 등 5명의 목이 한꺼번에 쇠사슬에 묶인 모습이다.

나오는 길에 현지의 학생 스무 명가량이 단체로 버스에서 내리는 것을 보았다. 노예시장은 살아 있는 역사교과서이며, 학생들의 현장 학습장이었다. 치욕의 역사는 감춘다고 사라지는 것이 아니다.

너무 아름다워 혼자서는
갈 수 없는 곳도 있다 •능귀 해변•

"세상에 이렇게 아름다운 해변이 있을까!"

나는 능귀 해변에서 아름다움을 표현하는 언어가 얼마나 부족한지 실감했다. 능귀에서 나는 이성은 잠시 배낭에 집어넣고, 감성의 인간이 되기로 했다. 짧은 여행에서도 우리는 평생 살아오면서 느끼는 희로애락의 순환을 모두 경험하는데, 능귀는 기쁨이 눈물로 변하는 감정이입과 공감의 현장이었다.

스톤타운에서 하루를 보내고, 달라달라를 타고서 잔지바르 섬의 북쪽 끝 해안 마을인 능귀에 도착했다. 숙소 찾기가 힘들었다. 7월 중순 성수기라 방도 없을 뿐 아니라, 가격도 엄청 비쌌다. 하루 40달러 거금을 주고 하나밖에 남지 않은 방갈로를 간신히 구했다. 유니언 방갈로는 바닷가에 붙어 있는 데다, 야자수 잎으로 지붕을 이어 운치 있는 곳이다.

방갈로 앞마당이 바로 해안이다. 해안선이 길고 바다가 잔잔하니, 최고의 해변이다. 사람과 떨어진 바다가 아니라, 사람과 같이 어울리는 바다다. 맨발로 무작정 걸었다. 발이 너무 편했다. 킬리만자로 등반으로 혹사당한 발이, 오랜만에 모래 해변과 바닷물을 만나 마사지를 받는 느낌이다. 햇볕에 적당히 열을 받은 모래를 걸으니, 이게 바로 천연 찜질이다. 파도처럼 해방감이 밀려왔다. 내 어깨를 짓누르던 배낭을 내려

눙귀 해변의 하얀 모래사장.

놓고, 신발을 벗어던지고, 맨발로 해변을 걸으니 자유 그 자체다. 마음 속의 중력이 사라지는 느낌, 그것이 자유였다.

눙귀 해변의 바다만큼 찬란한 에메랄드빛 바다도 없을 것이다. 에메랄드빛 바다와 파란 하늘이 맞닿으니 어디까지가 바다이고 어디부터 하늘인지, 저 멀리 가냘픈 수평선이 간신히 구별해줄 따름이다. 세계 5대 청정 해역답다. 모래는 왜 그리도 가늘고 고운지, 그리고 하얀지. 촘촘한 체로 거른 하얀 밀가루를 누군가 밤새 바닷가에 뿌려놓은 듯하다. 한 움큼 모래를 움켜쥐니 모래알이 아니라 차진 밀가루 반죽 같았

내가 묵은 유니언 방갈로.

다. 사각형 나무 틀로 찍어 누르면 하얀 백설기 떡이 될 것만 같다. 능귀 해변의 모래가 이처럼 가늘고 하얀 것은 산호 가루로 만들어졌기 때문이다. 하얀 산호가 파도에 밀리고 바닷물에 씻기면서 가루가 되어 해변으로 밀려와 쌓인 것이다.

능귀의 파도는 잔잔한 물결의 파장이다. 나비의 날갯짓과 같은 조용한 밀려옴이다. 인도양이 원래 그렇다. 인도양을 누비던 다우선은 선체가 견고하고 돛을 여럿 단 유럽이나 중국의 배와 달리, 부드러운 몸체에 한두 개 삼각돛으로 운행할 수 있었다. 다우선은 비교적 잔잔한 인도양 해역에 적합한 선박 형태다. 그래서 인도양의 바람은 잔잔한 계절풍(몬순)이고, 태평양의 바람은 폭풍 같은 태풍(타이푼)이다.

하얀 모래사장을 밟으며 한참을 내려오다 보니, 바닷가를 따라 작은 바위들이 나타났다. 바닷가재와 게들이 해변을 돌아다니거나 바위틈을 기어오르다가 인기척에 쏜살같이 달아난다. 달아나는 속도가 번개다. 짠 바닷물에 직접 부딪힌 아래 바위는 미끈미끈하게 둥글고, 세찬 바닷바람을 직접 받는 위 바위는 칼날처럼 날카롭다. 도넛처럼 한가운데가 뻥 뚫려 동그라미를 그리고 있는 바위의 모습도 재미있다.

한 시간 정도 내려왔다. 바닷가 언덕 위에서 인도양을 내려다보는 곳에 최고급 휴양지가 있었다. 요트와 윈드서핑, 수상 오토바이, 스쿠버 다이빙이 가능하며 야외 수영장과 실내 스포츠센터도 갖춰진 최신식 리조트였다. 멋진 제복을 입은 안전요원이 리조트 지역으로 들어오는 나를 보고는 자기 쪽으로 오라고 손짓한다. 다가가니, 내 목에 금메달을 걸어주었다. 나를 열렬히 환영한다는 방문증이었다. 투숙객이 아니니 방문증이 필요한 것이다. 바다 위에 떠 있는 카페와 식당이 이국적인 정취를 물씬 풍겼다. 안전요원에게 가격을 물어보니 하루 숙박비가 300달러를 넘는다. 눈으로 실컷 공짜 관람을 했다.

끝없이 내려가다 보면 하루해가 다 질 때까지 숙소로 돌아갈 수 없을 것 같았다. 가던 길을 멈추고, 되돌아가기로 했다. 돌아오는 길에 갑자기 소나기가 퍼부었다. 세숫대야로 물을 쏟아붓는 것 같다. 비가 올 때는 바위틈으로 피하고, 비가 그치면 다시 모래사장을 걸으면서 돌아왔다. 내려갈 때 밀물이었던 바다는 어느새 썰물이 되어 해안선에서 20여 미터쯤 물러나 있다. 그때가 오후 2시. 밤사이 바닷물이 밀려와서 오전 내내 머물다, 오후 1시가 되면서 밀려가기 시작해 순식간에 썰물이 되었다. 대낮에 밀물과 썰물이 교대하는 모습을 볼 수 있는 것도 눙귀 해변의 장점이다. 어느덧 비가 완전히 개고 강렬한 햇살이 내리쬐었다.

오후 늦은 점심을 먹고, 작은 모터 배를 타고 스노클링을 하러 갔다.

나는 물안경을 쓰고 숨대롱을 입에 물고 오리발을 신은 뒤 물속으로 뛰어들었다. 바다 밑에 또 다른 세상이 펼쳐졌다. 산호초가 성채처럼 둥글게 둘러선 안쪽에 오랜 옛날 만들어진 바다도시, 용궁이 있었다. 바닷속 연꽃 같은 산호초, 길쭉한 배를 빼닮은 산호초도 있고, 뻥뻥 구멍이 뚫린 오래된 성벽처럼 생긴 산호초도 있다. 산호초 사이의 쭉 뻗은 수중 통로는 물고기들의 고속도로이고, 산호초 성 안의 넓은 광장은 물고기들의 놀이터이자 아고라다.

산호초의 모양도 사람의 얼굴처럼 가지각색이었다. 버섯산호, 부채산호, 숫사슴뿔산호, 가지가 흐느적거리는 소프트산호Soft Coral……. 산호초 사이로 몰려다니는 파랗고 노랗고 하얗고 검은 물고기들은 나비물고기, 지느러미가 날개처럼 커서 물 위를 나는 비행물고기flyingfish(날치), 바위처럼 산호초 밑에 붙어서 사는 돌물고기stonefish(쏙치), 흰 줄무늬에 몸통이 짓눌린 듯 움푹 들어가 우스꽝스런 광대물고기, 앵무새 같은 주둥이를 가진 앵무새물고기Parrotfish(비늘돔), 꼬리가 가위처럼 두 갈래로 갈라진 가위꼬리물고기……. 내가 멋대로 붙인 이름이 아니다. 눙귀 해변의 물고기는 실제 이름이 이처럼 아름답고 재미있다. 물고기가 그렇게 많아도 질서 있게 움직인다. 태평양 팔라우의 록 아일랜드Rock Islands의 바닷속이 거칠고 다듬지 않은 밀림이라면 인도양 바다는 깔끔하게 정돈된 수목원 같다.

안내인이 빨간 불가사리를 잡아다 주며 내게 만져보라고 한다. 물렁물렁할 줄 알았는데 만져보니 바위처럼 단단했다. 안내인은 불가사리를 원래 있던 자리에 갖다 놓았다.

저녁이 되자, 인도양은 또다시 변신했다. 정확히 저녁 6시 20분에 시작한 인도양의 해넘이는 장관이었다. 해가 서서히 바다로 내려오면서 에메랄드 바다에 어둠이 깔렸다. 붉은 해는 하늘을 온통 검게 물들이고, 바닷물 속으로 텀벙 떨어졌다. 어둠이 짙게 깔린 잔지바르의 바다와 하늘은 경계가 없어졌다. 수평선이 사라지면서 바다와 하늘이 하나가 되었다. 아침 6시 30분 킬리만자로 정상에서 하얀 구름을 빨갛게 물들이며 떠오르던 해가, 저녁 6시 30분 어김없이 인도양에서 수평선의 하얀 구름을 검게 칠하며 바다 속으로 떨어졌다.

해가 진 바닷가에 적막이 찾아왔다. 해안가의 멋진 식당, 검은 파도 소리와 별들이 반짝이는 하늘, 그리고 킬리만자로 맥주와 낙지 해산물 요리⋯⋯. 아름다운 해변에 해가 진 뒤 슬며시 찾아오는 밤의 고독. 내가 아는 여자 배낭여행자는 "홀로 장기간 여행하는 경우에 아름다운 바다와 호수에는 절대 가지 않는다"고 했다. 티 없이 맑고 깨끗한 바다를 보면 오랜 고독감이 눈물로 흘러내리기 때문이란다. 홀로 하는 오랜 여행에는 고독이 따르게 마련이다. 나는 그녀의 말이 무엇을 뜻하는지 깨달았다. 잔지바르의 눙귀 해변은 홀로 가서는 안 되는 곳이었다. 너무나 아름다워서.

숙소로 돌아와 김광석의 노래를 듣다가 잠이 들었다. 방갈로 안에 누웠는데 처얼썩 하는 소리가 들린다. 점점 파도 소리가 가까이 다가온다. 마치 내 방 안으로 파도가 밀려오는 느낌을 받으며 잠이 들었다.

아침에 일어나 보니, 밤사이 밀물이 들어와 바다와 방갈로는 다시 하나로 붙어 있었다. 한낮이 되자 또다시 물이 떠나며 썰물이 되었다. 이날도 하루 종일 바다와 놀았다. 바다에 나의 텅 빈 마음을 주고, 나는 바다의 파도 소리를 그냥 받아들였다.

능귀 해변의 해넘이.

바닷가 뒷길을 따라 걷다, 멋진 그림 솜씨를 뽐내는 거리의 화가들을 만났다. 팅가팅가 그림을 그리는 화가들이다. 동물과 사람을 단순화시켜 재미있게 그린 팅가팅가와 눙귀 해변의 아름다운 풍경을 그린 수채화가 멋지다. 아직 팔리지 않은 그림들을 세워놓고, 길거리 화가들은 쉬지 않고 그림을 그리고 있었다. 화가들의 얼굴은 행복해 보였다. 팔기 위해 그림을 그리는 것이 아니라, 그리기 위해 그리는 것 같았다.

산책을 마치고 해변에서 마사지를 받았다. 모래사장에 돗자리를 깔고 누우니, 덩치 큰 여인이 거북 등 같은 커다란 손으로 내 몸에 오일을 바르고 어깨를 주무른다. 어깨가 으깨지는 듯한 고통이 지나자, 신기하게도 시원함이 몰려왔다. 거칠면서도 힘이 있는 마사지였다.

해질 무렵이 되자, 삼각돛을 단 다우선이 하나둘 돌아오기 시작했다. 물고기를 가득 싣고 오는 배에는 풍어의 무게가 느껴진다. 천년 동안 인도양을 넘나들던 풍경이 지금도 그대로 이어지고 있다. 옛날 잔지바르 어린이들이 물고기보다 더 기다렸던 바다의 탐험 이야기가 〈신드바드의 모험〉이다. 신드바드는 동아프리카 해안에서 인도와 동남아시아, 중국까지 다우선을 타고 항해했던 뱃사람들의 이야기다. 눙귀 해변은 지금도 다우선 건조로 유명하다. 해변 위쪽으로 조금 올라가면 다우선을 만드는 장면을 직접 볼 수 있다.

눙귀 해변에서 이틀간의 달콤한 휴식을 끝내고 다음날 아침 스톤타운으로 돌아와, 인도인 식당에서 해산물과 카레를 먹었다.

잔지바르에서는 지난 1964년 스와힐리족의 혁명으로 술탄 왕국이 붕괴되면서 오랫동안 지배자로 군림해온 아랍인과 인도인을 한때 추방

해질 무렵 돌아오는 다우선들.

했다. 그 뒤로 많은 인도인이 다시 돌아와 잔지바르뿐 아니라 다르에스
살람, 아루샤 등 탄자니아 곳곳에서 식당과 호텔 등을 운영하고 있다.
아랍의 지배자들은 떠났지만, 건물과 거리에서는 여전히 아랍풍이 물
씬 풍긴다. 내가 다닌 아프리카 14개국은 각기 다른 혼합과 개성을 보
여주었다. 에티오피아와 탄자니아의 잔지바르는 아랍과 아프리카의 결
합이고, 남아프리카공화국은 유럽과 아프리카의 흑백 공존이었으며,
마다가스카르는 동남아시아와 아프리카의 만남이었다.

　다르에스살람으로 돌아오는 배에서 바라본 아프리카 해안은 눈부시

게 아름답다. 아프리카의 하늘은 바다에서도 그렇게 낮을 수가 없다. 배에서 펄쩍 뛰어오르면 두 손으로 하늘을 잡을 수 있을 것 같다. 다르에스살람 만으로 들어갈 때는 하늘과 바다가 붙어 있어 수평선과 구름선을 헤치면서 배가 들어간다. 바닷빛과 하늘빛이 만나자 탄자나이트 tanzanite 색이 되었다. 보는 방향에 따라 밝은 청색에서 진청색으로 달리 보이는 탄자나이트처럼 아프리카 해안의 바다와 하늘은 배의 움직임에 따라 다색성이었다. 전 세계에서 탄자니아에서만 유일하게 생산되는 진귀한 보석인 탄자나이트는 다르에스살람 시내에서 흔히 구경할수 있다.

사파리 특급열차,
타자라

　기차를 타고 가면서 동물을 보는 열차 사파리. 아프리카가 아니고서는 지구상 어디에서도 기대할 수 없는 멋진 장면이다. 나는 다르에스살람 기차역에서 그런 꿈을 꾸고 있었다. 더 빨리 갈 수 있는 버스를 미련 없이 버리고, 굳이 열차를 타는 이유다. 아프리카 여행 중 처음으로 기차를 타는 날이다. 다르에스살람에서 잠비아와 말라위 국경 도시인 음베야까지 기차를 타고 가서, 나는 말라위로 들어간다.

　나는 기차 여행을 좋아한다. 기차가 굽잇길을 돌 때마다 내 마음에 찌든 찌꺼기들이 왕창왕창 차창 밖으로 튕겨져 나가는 것 같다.

　다르에스살람의 타자라 역은 시내에서 6킬로미터 떨어진 외곽에 있다. 기차역 1층에서 2층으로 올라가는 계단 위에 눈길을 끄는 기념 표지판이 붙어 있었다.

　"탄자니아-잠비아 열차(타자라)의 철도와 역 건물은 1975년 중국의 지원으로 건설되었다."

　중국은 1975년 당시 5억 달러를 들여 타자라 철도를 완공했다. 아프리카식 사회주의 모델을 채택한 탄자니아 니에레레 대통령에 대한 중국의 '프롤레타리아식 우정의 선물'이었다. 아프리카의 모든 열차가 수탈을 위해 식민지 종주국이 건설한 '제국주의의 길'이었다면, 타자라는

타자라 철도.

유일하게 아프리카 대중을 실어 나르기 위한 '민중의 길'이다.

　오후 3시에 출발한다던 기차는 무려 5시간이 지연된 오후 8시에야 출발했다. 밤은 어두운데 플랫폼과 열차 안에 불이 들어오지 않는다. 플랫폼에 웬 지프차가 전조등을 환하게 켜면서 나타났다. 지프차 전조 등이 전깃불 대용으로 기차를 비춰, 승객들이 열차를 탈 수 있도록 도 와주는 것이었다. 지프차의 전조등이 내 얼굴을 비추자, 마치 포수의 사냥감이 된 듯한 묘한 기분이 들었다. 승무원들이 객차 안에서 손전등 을 들고, 자리를 찾지 못한 승객들을 안내하고 있었다.

　열차는 마침내 어둠을 뚫고 출발했다. 타자라는 탄자니아 다르에스 살람에서 잠비아 카피리음포시까지 1860킬로미터를 달리는 국제열차 다. '타자라TAZARA'는 '탄자니아-잠비아 열차Tanzania-Zambia

Railway'를 줄인 말. 이 열차를 타고 가다 보면 탄자니아의 사바나 초원을 지나면서 코끼리와 원숭이, 기린 등 야생 동물을 볼 수 있다. 그래서 '사파리 특급열차'라고도 부른다. 나미브 사막을 달리는 나미비아 빈트후크와 월비스베이 간의 열차 이름은 '사막 특급열차'다. 마다가스카르의 열대우림을 달리는 열차 이름은 '정글 특급열차'다.

백인 여행자들은 주로 한 칸에 침대 4개가 있는 1등석 차량을 탔고, 현지 아프리카인들은 무거운 짐을 이거나 들고 3등석으로 올라탔다. 나는 한 칸에 6명이 타는 2등석으로 들어갔다. 나 외에는 모두 현지인들이었다. 50~60대로 보이는 승객 3명과 20대 초반의 젊은이 2명이다. 모두들 소풍 가듯 먹을 것을 잔뜩 준비했다. 저마다 손에 음식과 음료가 든 비닐봉지를 두세 개씩 들고 있었다. 다르에스살람에서 화요일과 금요일에 출발하는 타자라 열차의 승객들은 보통 40시간 이상을 타고 간다. 최소 하루 이상을 열차 안에서 지내야 하니, 먹을 것을 충분히 준비한 것이다. 식당차가 있지만, 2등석에 있는 승객들은 거의 자신들이 사온 빵으로 끼니를 때웠다. 나도 역의 매점에서 먹을 빵과 오렌지, 킬리만자로 생수 등을 샀다. 나는 잠비아 국경을 넘기 전 음베야에서 내려 말라위로 가기 때문에, 하루치 식량으로 충분했다. 음베야까지는 정상적으로 운행되면 21시간이다.

다르에스살람 외곽으로 열차가 빠져나가자, 호롱불을 밝힌 포장마차들이 철길을 따라 장사하는 모습이 보였다. 한 시간 정도 달리니 첫 번째 터널이 나왔다. 철도가 높은 고원 지대를 오르락내리락하다 보니 터널이 많았다. 드넓은 초원을 달리는 열차에서 야생 동물을 보겠다는 '열차 사파리'의 꿈은 무참히 깨어졌다. 어두운 저녁에 출발했기 때문에, 동물을 볼 수 있는 구간인 미쿠미 국립공원과 셀루스 동물보호구역을 밤사이에 지나게 된 것이다. 나는 동물 대신 별을 쳐다보며 밤하늘 사파리에 만족해야 했다.

밤 10시께 기차 침대에서 잠이 들었다. 젊은이 2명은 1층 침대를 어른들에게 양보하고, 자신들은 2, 3층 침대로 올라갔다. 아버지뻘 되는 어른들이 있어 그런지, 시끄럽게 굴지 않으려고 매우 조심하는 기색이 역력했다. 탄자니아에서는 젊은이들이 어른을 부모처럼 공경한다. 아루샤로 가는 버스에서도 젊은 남자가 나이 든 여자에게 '아주머니'라고 하지 않고 "맘마(엄마)"라고 불렀다. 니에레레 대통령의 우자마(가족공동체) 운동 때문이다.

자다 깨다를 몇 차례 하다 눈을 뜨니, 이미 해가 중천에 떠 있었다.

철도 변 계곡의 외딴 농가.

시계를 보니 아침 9시. 50~60대 승객 2명은 밤사이에 정차한 역에서 내렸는지 보이지 않는다. 음베야까지 가는 60대 할아버지와 잠비아 카피리음포시까지 가는 20대 젊은이 2명만 남았다. 화장실에 갔으나 세면대에 물이 나오지 않았다. 손수건에 먹다 남은 생수를 떨어뜨려 고양이 세수를 했다.

차창을 여니, 어젯밤과는 딴 세상이다. 푸른 초원과 철길 옆의 아름다운 꽃들, 대나무와 빽빽한 수풀, 작은 계곡과 맑은 물, 수많은 다리와 터널, 그리고 고원에서 불어오는 시원한 바람……. 열차는 높은 고원 지대를 오르느라 끙끙거린다. 한참을 힘들게 오르고 나면 "푸우" 하고 거품 빠지는 소리를 냈다. 기차의 한숨이다. 어느 구간에서는 완만한 롤러코스터를 타는 기분이 들기도 했다. 시원한 고원의 바람이 차창을 통해 불어온다. 나는 시원한데, 현지인 60대 승객은 "바람이 매우 춥다"고 한다.

우드중그와 산맥을 넘은 기차는 낮 12시 불꽃나무같이 붉은 꽃을 피운 나무 두 그루가 심긴 키요웰라 역을 지났다. 아담한 키요웰라 역 뒤로 작은 동산이 보이고, 열차가 쉬지도 않는 역에서 나이 든 역무원이 깃발을 들고 손을 흔들어 승객들에게 인사를 한다. 그 옆으로는 철길을 건너려던 시골 아낙네와 아이가 열차가 지나가기를 기다리며 서 있다. 아낙네는 머리에 노란 물통을 이었고, 대여섯 살 되어 보이는 꼬마 아이는 괭이를 어깨에 메고 있다. 둘 다 맨발인 것으로 보아, 철길 건너편 밭에서 일하다가 점심을 먹으러 집에 가는 길인 듯했다.

타자라 철도는 대부분의 아프리카 철도처럼 국제 표준보다 폭이 좁은 1067밀리미터의 유럽식 협궤다. 내가 탄 열차는 객차가 20량 정도

열차가 서지 않는 키요웰라 간이역.

달렸다. 파란색과 흰색으로 깨끗하게 단장했지만, 중국에서 들여온 중고 열차 아니랄까 봐 화장실에 '有人(유인: 사용중)'이라고 쓰여 있고, 열차 안 전기 시설의 이름도 한자로 표시되어 있다.

철길을 따라 노란 민들레와 자주색 들꽃이 만발했다. 흰색과 노란색 나비가 꽃들을 따라 날아다니고, 철길을 따라 시멘트 전봇대가 세워지고 있었다. 고원의 초원에서는 소 떼를 방목하는 목가적인 풍경이 펼쳐졌다. 계곡의 물이 흐르는 곳에는 그 좁은 땅을 개간해 옥수수와 바나나, 해바라기를 심고, 채소를 가꾸고 있었다. 타자라 열차를 타고 가면서 듣기에 딱 맞는 노래가 있다. 스웨덴 그룹 야키다가 부른 〈프라이드 오브 아프리카(Pride of Africa: 아프리카의 자랑)〉. '프라이드 오브 아프리카 열차는 아프리카의 심장을 지나고 있다'는 경쾌한 노래다. 노래의 내용은 남아공의 케이프타운에서 초호화 블루 트레인(Blue Train, 로보스 레일)을 타고 출발해 짐바브웨와 잠비아의 빅토리아 폭포를 구경한 뒤 다르에스살람까지 기차를 타고 여행하는 이야기다. 이 노래에도

"(아프리카에는) 또 다른 철길이 있네. 중국인들이 만든 타자라 열차라네"라는 구절이 나온다.

60대 할아버지는 표지가 누렇게 바랜 문고판 책을 읽고 있었다. 프레더릭 포사이스(Frederick Forsyth, 1938~)가 쓴 《전쟁의 개들The Dogs of War》이라는 영어책이었다. 내가 무슨 책이냐고 묻자 그는 "가상의 한 아프리카 국가를 전복하려는 용병들의 세계를 그린 전쟁소설"이라고 했다.

오후 1시 40분 마캄바코 역에 도착해 40여 분 정차했다. 열차가 서자 백여 명이나 되는 행상이 오렌지와 바나나, 옥수수, 찐빵, 땅콩, 사탕수수 줄기, 음료수뿐 아니라 시계, 스카프, 옷가지, 수건, 모자, 향수 등 갖가지 생활용품을 가지고 몰려왔다. 어떤 젊은이는 각종 색깔의 브래지어를 어깨에 수십 개 걸치고 다니면서 팔고, 한 소년은 신문을 팔았다. 기차역에 임시 시장이 생긴 것처럼 북적거렸다.

열차는 왕긴곰베 역을 지나면서 빠른 속도로 내려가기 시작했다. 타자라 열차는 해발 고도 36미터인 다르에스살람 역에서 출발해 332미터인 음림바를 지나 가장 높은 고원 지대인 1671미터의 마캄바코까지 올라갔다가, 그 다음부터는 내리막길을 간다. 그러다가 해발 1607미터인 음베야로 다시 올라간다. 시간대별로 풍경이 바뀌었다. 철로 변 밭에서 옥수수를 따던 아주머니가 잠시 멈춰 서서 손을 흔들고, 계곡물에서 물놀이를 하던 아이들은 홀랑 벗은 줄도 모르고 벌떡 일어나 손을 흔든다. 철길 옆으로 나란히 놓인 포장도로에서 킬리만자로 익스프레스라는 고속버스가 기차보다 더 빨리 음베야 쪽으로 달려가기도 했다.

오후 5시 20분, 일람바 역에서 정차했다. 토요일 오후에 잠비아에서 출발해 다르에스살람으로 가는 열차가 지나가도록 피해주는 것이다. 타자라는 단선 철도여서 맞은편 열차가 오면 비켜줘야 한다.

오후 6시 20분이 지나자 해가 산에 가려 보이지 않았다. 왼쪽에 있던 해가 오른쪽에서 나타나기도 하고, 산맥 가까이 열차가 다가갈 때는 보이지 않던 해가 산맥에서 멀어지면 다시 보이기도 했다. 아프리카 열차는 지는 해 사이로 달린다. 짙은 어둠이 타자라 철길에 이슬처럼 내려앉기 시작했다. 어둠이 깔리기가 무섭게 열차는 오후 6시 45분 음베야 역으로 들어섰다. 나는 열차에서 내리고, 기차는 잠비아를 향해 달려간다.

열차 안에서 종종 길을 설명해주던 60대 승객이 나와 같이 내려 택시를 타고 함께 시내로 갔다. 그는 중간에 택시에서 내리면서 운전사에게 내가 묵을 숙소로 잘 데려다주라고 당부했다. 숙소는 아담하고 깨끗했다. 더운물도 잘 나오고, 방 안의 텔레비전에서는 영국의 BBC월드와 인도 텔레비전, 중국의 CCTV가 나온다. 음베야는 1927년 북쪽의 루파 금광이 발견되면서 발달한 도시다.

근처 은퀜줄루 호텔로 늦은 저녁을 먹으러 갔다. 호텔 식당이라고 해도 소박한 여행자 숙소 안에서 음식과 맥주를 파는 아담한 선술집이었다. 내가 식당에 들어서자, 20대와 30대의 젊은 여자 두 명이 다가왔다. 20대 아가씨는 고등학교를 졸업하고 식당에서 일하고 있고, 30대 여자는 6개월 된 아이 우윳값을 벌기 위해 아르바이트로 일한단다. 이들은 엉덩이를 내게 붙이며 "오늘 밤 시간이 많다"고 한다. 나하고 밤새도록 국제 문제에 대해 토론하자는 뜻은 아닐 테다. 여행을 망치지 않으려면 여인의 손길을 뿌리치라는 조선시대 나그네의 법칙이 생각났다. 조선시대에 그런 법칙이 있었나.

호수와 녹차의 나라,
말라위

　말라위는 호수의 나라다. 칠레처럼 남북으로 허리가 긴데, 칠레가 태평양 바다를 끼고 달린다면 말라위는 말라위 호수를 끼고 달린다. 나에게 말라위는 잔지바르와 함께 긴 여정에서 잠시 쉬어 가는 휴양지 겸 정류장이다. 말라위 호수에서 휴식을 취하고, 길을 따라가다 혹시 칠렘브웨의 흔적이라도 만날 수 있으면 좋겠다고 생각했다.

　내가 말라위에 관심을 갖기 시작한 것은 몇 년 전 미국의 이라크 침공에 반대하는 행사에 참여했다가, "1차 세계대전에는 백인들만 나가라"고 외친 아주 멋진 흑인 목사, 칠렘브웨를 알고 나서부터다.

　탄자니아 음베야에서 대중버스인 달라달라를 타고 말라위의 국경도시인 키엘라까지 갔다. 본래는 탄자니아 이퉁기에서 배를 타고 말라위 호수를 유유히 노닐면서 은카타베이로 들어가려 했으나, 닷새 후에나 배편이 있다고 해서 포기했다. 일주일에 두 편 있었던 배가 승객이 없어 한 편으로 줄었다고 한다. 키엘라까지 가는 길은 보통 2시간 거리인데 3시간 30분이나 걸렸다. 호수에서 밀려오는 짙은 안개로 달라달라가 속도를 낼 수 없었다. 말라위 호수 위쪽에 위치한 고원 도시 음베야는 경사진 언덕 위에 만들어진 도시다. 국경도시인 키엘라까지는 말라위 호수 쪽을 향해 계속 내려가는 길이다.

어, 그런데 달라달라 운전사가 여자였다. 확 눈에 띄는 30대 중반의 여자 운전사. 아프리카 여행 중 버스 운전사가 여자인 경우는 처음이다. 운전사는 마치 파티나 패션쇼에 가는 사람처럼 한껏 치장을 했다. 머리는 스트레이트파마를 해서 위로 말아 올리고, 두 손가락에는 반지를 무려 3개씩이나 끼었다. 손목에도 링 팔찌를 걸치고, 이중으로 귀고리를 했다. 새빨간 립스틱을 바르고, 이마 가운데에도 힌두 여인들처럼 빨간 연지를 찍었다. 어깨에는 얇은 숄을 걸치고, 빨간색 노란색이 섞인 화려한 캉가Kanga를 두세 번 둘러 입었다.

그런데 운전은 난폭하다. 대형 트럭을 모는 거친 남자 운전사들처럼 '내가 가니 알아서 피하라'는 식이다. 안개가 조금 걷힌다 싶으면 급속도를 냈다가, 안개가 나타나면 갑자기 브레이크를 밟고, 다른 차가 앞서 가면 기어이 따라잡으려 한다. 그러다가 정차하면 금세 휴대폰을 꺼내 누군가에게 전화를 걸며 까르르 웃는 등 잠시도 쉬는 법이 없다.

키엘라에 도착한 뒤, 국경마을 송그웨까지는 10분 정도 걸어서 가야 했다. 배낭을 메고 뚜벅뚜벅 걷는데, 자전거를 탄 아이들 대여섯 명이 내 주위로 몰려들었다. 나보고 국경까지 태워주겠다며 뒤에 타라고 손짓한다. 자전거 타고 국경을 넘는 것도 재미있을 것 같아 올라탔다. 나는 아프리카 소년의 자전거 뒤에 타고 송그웨 강의 다리를 건너 말라위 땅으로 들어갔다. 다리 밑으로는 흙탕물이 흘렀다.

드디어 말라위다. 송그웨에서 다시 카롱가로 가는 봉고버스에 올랐다. 탄자니아 시간으로는 오후 1시 30분인데, 말라위로 넘어오자마자 1시간 앞당겨져 낮 12시 30분이다. 늘 그렇듯 15인승 버스에 30명 정도가 탄 닭장차다. 나는 배낭을 무릎에 올려놓고, 아주 자연스럽게 미라 자세로 장시간 탑승 채비에 들어갔다.

카롱가로 가는 길에서는 바나나 밭과 벼와 푸른 차밭이 인상적이었다. 말라위 호수의 최북단 지역답게 물이 풍부해 벼농사를 많이 짓고, 차도 대량으로 재배하고 있었다. 전남 보성의 차밭과 제주 한라산의 설록차 밭길 같은 푸른 띠가 몇 킬로미터에 걸쳐 이어졌다. 보성이나 한라산 차밭은 빗질한 것처럼 깔끔한데, 말라위 카롱가 차밭은 머리를 감고 빗질은 하지 않은 수더분한 느낌이다. 중국 항저우 근처 용정 차밭이 그랬다.

말라위 차는 같은 영국의 식민지였던 인도로부터 환금 작물로 들여온 것이다. 말라위뿐 아니라 르완다, 케냐와 우간다, 탄자니아, 짐바브웨, 남아공 등 아프리카의 차는 모두 영국과 독일, 프랑스 등의 식민 지배 시절 커피, 사이잘, 면화와 함께 환금 작물로 들어왔다. 차의 원산지인 중국이 무색할 정도로 아프리카에서는 차를 많이 재배하고 있었다. 말라위에서 차는 담배 다음의 두 번째 수출 작물로 꼽힌다. 우리나라의 차 생산량(2003년)이 2053톤인 데 반해, 말라위의 차 생산량(2005년)은 5만 톤이나 된다. 말라위는 케냐 다음 가는 아프리카 제2의 차 생산국이다. 말라위 남부 지역인 물란제 고원 지대는 대규모 차 재배단지로 유명하다.

카롱가에 도착하자마자 차를 갈아타고 음주주까지 호수를 따라 5시간 동안 달렸다. 말라위 호는 그 길이가 580킬로미터나 된다. 서울과 부산의 거리가 456킬로미터인 것을 생각하면 말라위 호가 얼마나 긴지 알 수 있다. 말라위 남북 길이가 900킬로미터이니까, 나라의 3분의 2가 호수에 접해 있는 셈이다.

말라위 호수는 리빙스턴이 1858년 탐험한 뒤 니아사Nyasa 호로 부르면서 널리 알려졌으나, 1964년 영국으로부터 독립하면서 나라 이름을 딴 말라위 호로 바꾸었다. 니아사라는 말 자체가 말라위 체와족 언어로 '호수'라는 뜻인 '니안자Nyanja'에서 유래했다. 우간다의 진자에서 보았던 빅토리아 호도 과거 현지인들은 '니안자Nyanza'라고 불렀는데, 영어 알파벳만 다르지 같은 반투어계로 모두 호수라는 의미다.

말라위 호의 면적은 3만 제곱킬로미터로, 아프리카에서 빅토리아 호와 탕가니카 호에 이어 세 번째로 큰 호수다. 에티오피아 바하르다르의 타나 호수에서 통통배를 몰던 젊은이가 "타나 호가 아프리카에서 세 번째로 크다"고 말한 것은 터무니없는 과장이었다. 타나 호는 면적이 3500제곱킬로미터이니 말라위 호의 10분의 1 정도 된다.

말라위는 지난 1891년 영국령 중앙아프리카가 되었다가 1907년 아예 나라 이름도 '호수의 나라'라는 뜻인 니아살란드Nyasaland로 바뀌게 된다. 1953년에는 남로디지아(짐바브웨), 북로디지아(잠비아)와 함께 강제로 로디지아-니아살란드 연방에 편입되었으나 1964년 말라위라는 이름으로 독립했다.

말라위 호는 동아프리카대지구대의 다른 호수와 마찬가지로 지층이 내려앉아 생긴 계곡에 물이 괴어 만들어진 호수다. 말라위 호에서 동아프리카대지구대의 동부 지구대와 서부 지구대가 만난다. 나의 여행 경로도 에티오피아 아비시니아 고원에서 시작해 동아프리카대지구대의 서부 지구대인 우간다와 르완다의 비룽가 국립공원을 거쳐, 동부 지구대인 탄자니아의 마니아라 호로 빠졌다가 다시 두 지구대가 만나는 말라위 호로 돌아온 셈이다. 동부 지구대는 말라위 호를 따라 모잠비크의 인도양 델라고아 만(마푸투 만)으로 이어지고, 서부 지구대는 르완다의 키부 호와 탄자니아의 탕가니카 호를 거쳐 말라위 호 서쪽을 지나 시레 Shire 강과 만나고는 베이라 항에서 인도양으로 들어간다. 나는 이제 말라위 호를 따라 수도인 릴롱궤까지 갔다가 모잠비크 중부를 지나 짐바브웨로 빠지면서 대지구대와 이별하게 된다.

카롱가에서 음주주까지 가는 길에는 목화밭이 있었다. 목화는 이미 열매가 지고, 일부 종자에만 하얀 솜털이 달려 있었다. 말라위 호수를 배경으로 수백 년 넘은 바오밥나무가 마을 어귀 당산나무처럼 버티고 있었다. 호숫가 마을에는 바오밥나무가 한 그루씩은 꼭 있는데, 천하대장군 장승처럼 위엄이 있어 보였다. 호수 근처라서인지 펌프가 집집마다 박혀 있고, 마중물을 붓고 펌프질하는 여인네의 모습을 자주 볼 수 있었다. 키가 작은 아이들은 껑충껑충 뛰면서 펌프 손잡이를 잡고 물을 끌어올리려고 안간힘이다. 집집마다 고구마와 비슷한 덩이뿌리인 카사바를 나무절구에 넣고 빻는다. 카사바는 옥수수와 함께 우갈리를 만드는 대표적 재료다. 한 어촌 마을 어귀의 바오밥나무 아래에서는 한 아낙네가 누구를 기다리는지 멀뚱히 동구 밖을 쳐다보고 있었다. 자카란다 꽃을 닮은 보라색 캉가 치마를 두른 맨발의 말라위 아낙네는 바오밥 아래에서 우수에 젖어 있었다.

카롱가에서 은가라를 거쳐 2시간 정도 달렸을 때, 치팀바라는 지역에 이르렀다. 치팀바 지역의 오른쪽으로 리빙스토니아를 가리키는 팻말이 서 있었다. 리빙스토니아는 영국 탐험가 리빙스턴을 기린 마을 이름이다. 리빙스턴은 1858년 당시 니아사 호를 탐험하고, 노예무역 폐

치팀바 근처 말라위 호반의 한 마을.

지에 기여하고, 말라위에 기독교를 전파했다. 리빙스토니아는 리빙스턴이 죽은 뒤 그의 선교단이 머물던 곳이다. 말라위 남부에 있는 행정·사법 수도 블랜타이어의 이름도 리빙스턴의 고향인 스코틀랜드 블랜타이어에서 따온 것이다. 말라위 호수에 사는 시클리드 물고기 중에는 '리빙스턴 시클리드'도 있다.

치팀바에서 조금 내려와 검문을 위해 차가 서자 어린이 스무 명가량이 버스를 빙 둘러싼다. 승객들에게 근처 말라위 호에서 잡은 물고기를 팔려는 것이었다. 둥근 통 안에 멸치같이 가느다란 고기와 붕어 종류,

잉어같이 큰 물고기도 보였다.

　말라위 경찰의 태도는 권위적이었다. 경찰은 승객들을 모두 내리게 한 뒤 젊은이 두 명을 검문소 사무실로 데려갔다. 경찰은 신분증을 보여주지도 않고 검문 이유도 밝히지 않은 채 그냥 손짓으로 사람을 불러냈다. 승객들에게 거수경례를 한 뒤 검문하던 르완다 경찰의 공손한 자세와는 사뭇 달랐다. 70~80년대 우리나라 경찰의 불심 검문이 떠올랐다. 우리나라 경찰도 "데모할 우려가 있다"는 터무니없는 이유로 길거리를 다니는 젊은이들의 가방을 멋대로 열어젖혔다. 호랑이 담배 피우던 박정희, 전두환 정권 시절 얘기다.

　참 불쾌한 검문을 받은 뒤 우리 버스는 다시 출발했다. 경찰에 끌려간 두 젊은이는 버스를 타지 못했다. 저 젊은이들에게 죄가 없다면 어떻게 하나? 버스도 그리 자주 다니지 않는데……. 여행자에 불과한 내가 아프리카 젊은이들에게 느끼는 동정은 우리의 과거가 말라위의 현재에 일어나고 있는 데 연유한다. 어디서나 국민 위에 군림하는 경찰이나 군은 존재 그 자체로 폭력일 뿐이다. 뚜렷한 증거도 없이 경찰에 끌려가면서도 아무런 저항이나 항의 표시도 못하는 아프리카의 젊은이와 나는, 결코 남이 아니었다. 30여 년 전 우리의 모습이 바로 아프리카의 두 젊은이였다.

　치팀바에서 치웨타까지 내려오는 길은 도로와 말라위 호가 2~3미터 거리를 사이에 두고 평행선을 이루었다. 호수 주변에는 흙으로 짓고 갈대로 지붕을 이은 전통 가옥들이 있어 차를 타고 가면서 그들의 삶을 엿볼 수 있었다. 망고나무와 무화과나무가 무성한 전형적인 어촌의 풍경이다. 15분 정도 말라위 호와 어깨를 나란히 하던 도로는 치웨타를 지나며 내륙으로 빠지면서 호수와 멀어졌다. 갑자기 산맥을 넘어가는 험한 길로 접어들었다. 월러 산맥의 남쪽 끝자락을 올라가고 있었다. 이때부터 버스는 한계령을 넘듯이 느린 속도로 산허리를 돌면서 높은 산을 넘어갔다. 당연히 산길 도로 옆에 과속 경고판이 서 있었다.

"과속은 스릴 있지만, 살인을 하기도 한다Speed thrills but kills too."

아주 직설적인 안전운전 홍보 팻말이다. 버스는 한 시간이나 고개를 올라갔다. 높은 산을 넘으면서 내려다보는 말라위 호의 전망은 황홀했다. 정상에서 잠시 쉬었다 가면 좋으련만, 시간에 쫓기듯 버스는 멈추지 않았다. 산을 겨우 넘었는데 해가 뉘엿뉘엿 지기 시작하면서 어둠이 깔렸다. 산 중간에 있는 산골 마을 집들은 흙집으로 허름했다. 탄자니아, 우간다, 르완다보다도 말라위의 빈부 격차가 심하다는 인상을 받았다. 산을 넘어서는 말라위 호 대신 루쿠루 강을 따라 달리기 시작했다.

어둠 속을 달려 음주주에 도착했을 때는 저녁 7시 30분. 앞이 하나도 보이지 않을 정도로 캄캄한 밤이었다. 오늘도 꼬박 12시간 동안 달려왔다. 별 보고 출발해 달 보며 도착하는 아프리카 여행이다.

버스 정류장의 택시 운전사가 배낭을 멘 나를 보자 "은카타베이, 은카타베이"라고 외쳤다. 2200말라위콰차(20달러)를 주면 은카타베이까지 태워다주겠다고 한다. 애초에는 음주주에서 2시간 거리에 있는 은카타베이까지 갈 계획이었으나, 나는 멈추기로 했다. 밤길에 택시를 타고 먼 거리를 가는 것은 위험천만한 일이기도 하지만, 굳이 일정에 쫓기는 여행은 하고 싶지 않았다.

나는 정류장에서 그리 멀지 않은 게스트하우스에서 하룻밤을 청했다. 직원들이 친절했고, 쌀밥과 닭고기로 나온 저녁도 맛있었다.

다음날 아침 새소리에 일어나 보니 숙소의 정원이 아름다웠다. '플레임트리(Flametree: 불꽃나무)'라는 숙소의 이름답게 빨간 장미와 흰 장미, 타자라를 타고 오면서 보았던 야생 꽃, 콩고의 비룽가 국립공원에서 보았던 굵은 대나무가 작은 숲을 이루고 있었다. 정원을 산책하면서 꽃향기를 맡은 뒤, 커피를 마셨다. 비피아Viphya 고원의 끝자락에 위치한 음주주는 해발 고도 1280미터로, 아라비카 커피 생산지로 유명하다. 음주주 커피는 킬리만자로 커피만큼이나 맛있었다.

음주주는 하루를 묵었는데도 왠지 끌리는 도시였다. 고원 지대의 시원한 바람과 커다란 가로수가 늘어선 길, 어린 시절의 추억을 떠올리게 하는 작은 언덕배기, 친절한 사람들, 아침에 마시는 커피의 은은한 향……. 에티오피아의 이슬람 도시 하레르도 120여 년 전 프랑스 천재 시인 랭보의 마음을 이렇게 빼앗았겠지.

사랑을 확인하고 싶다면
말라위 호수로

음주주에서 은카타베이까지 가는 길은 아침부터 고생이었다. 아침 8시 일찍 배낭을 메고 숙소를 나와 버스 터미널로 걸어갔다. 전날 밤 택시로 5분쯤 걸렸기 때문에, 걸어서 10분이면 충분한 거리라고 생각했다. 그런데 마음을 놓고 걷다가 터미널을 지나쳐 한참을 헤매었다. 지나가는 사람들에게 물어도 가리키는 버스 터미널이 각각 다르다. 대형 버스 정류장과 단거리 봉고버스 정류장, 길거리 정류장 등······.

거의 한 시간을 헤매다 결국 음주주 경찰서 옆의 언덕배기까지 올라갔다. 그곳에 앉아 있는 현지인들에게 "은카타베이 가는 차를 어디서 타느냐"고 묻자, 손으로 땅을 가리키며 "여기서 타면 된다"고 한다. 도대체 표지판도 없는 길가에서 어떻게 버스를 탈까 의아했지만 한번 기다려보기로 마음먹었다. 예상치 못한 이른 아침 고난의 행군으로 온몸이 흠뻑 땀에 젖었다.

나는 지나가는 봉고버스를 쫓아가며 "은카타베이"를 외쳤다. 운전사는 "노"라며 그냥 달린다. 언덕배기에 앉아 있던 젊은이는 "걱정하지 마라. 다른 차도 많이 온다"고 나를 위로한다. 정말 아프리카의 '하쿠나 마타타(걱정하지 마라) 정신'이고 '뽈레뽈레(천천히 천천히) 자세'다. 그러나 나는 세계에서 가장 성질 급한 한국의 빨리빨리 문화에 익숙한 데다, 정류장을 찾느라 아침부터 한 시간 이상을 허비했기 때문에 마음이 급했다.

잠시 후 1.5톤 트럭이 지나가자 젊은이가 "마톨라, 마톨라" 하면서 나에게 뛰어가라고 손짓했다. 트럭을 쫓아가며 "은카타베이, 은카타베이"라고 소리치자, 트럭이 섰다. 배낭을 벗어 먼저 짐칸에 올려놓고, 20대 초반의 남자 차장이 내미는 손을 잡고 짐칸으로 올랐다. 젊은이 예닐곱 명이 이미 짐칸의 난간에 걸터앉아 있었다. 나는 바닥에 실린 통나무 위에 엉덩이를 깔고 앉았다.

짐칸에는 커다란 통나무들이 실려 있었다. 그 옆에 상추와 당근, 멕시코고추 등 채소 보따리들이 놓여 있었다. 내가 타고 가는 트럭은 말라위에서는 '마톨라Matola'라는 어엿한 대중교통 수단이다. 짐과 승객을 함께 태우는 픽업트럭이다. 일본 닛산 자동차에서 나온 픽업트럭 상표명을 따서 바키에Bakkie라고도 한다.

높은 언덕배기에 있는 한 마을에 도착하자, 젊은이들은 모두 내리고 아낙네 8명이 대신 올라탔다. 감자와 고구마를 잔뜩 담은 자루와 땔감용 장작을 담은 자루 10여 개, 그리고 바나나를 잔뜩 담은 자루를 차에 실었다. 짐을 싣는 데 10여 분이 걸렸다. 짐이 높이 쌓이니, 트럭이 마치 작은 동산을 싣고 가는 것 같다. 짐들이 주인의 자리를 차지하고, 승객들은 자연스럽게 난간 쪽으로 밀려났다. 차장은 밧줄로 여러 차례 짐을 묶고, 아예 짐 꼭대기로 올라가 손으로 짐을 끌어안았다. 아낙네들이 농사지은 물건을 은카타베이 시장에 내다 팔러 가는 길이다. 10여 명이 짐칸 앞쪽과 난간 언저리에 간신히 궁둥이를 붙이고 앉아 있는데, 뒤늦게 50대 초반 여자가 허겁지겁 뛰어와 트럭에 올랐다. 보통 사람의 두 배나 되는 체격인데, 엉덩이를 쭉 빼고 앉아 있는 사람들 사이로 몇 번 흔드니, 한 치의 틈도 없던 공간에 신기하게도 그 여자의 자리가 생겼다.

젊은 아낙네들은 너나없이 어린 아기를 업거나 안고 있었다. 한 엄마는 아기가 울면서 보채자 길가에 파는 오렌지를 사서 껍질을 벗기고 입에다 물려준다. 아이가 울음을 멈추고 오렌지를 열심히 빨아 먹는다.

1시간 30분 만인 오전 11시께, 칸돌리 산맥의 고원 지대를 달리던 트럭이 갑자기 내리막길을 타자, 호수가 보이고 은카타베이가 나타났다. 선착장에는 배가 정박해 있었는데, '일라라'라는 여객선으로 북쪽 칠룸바와 남쪽 몽키베이까지 운행한다. 은카타베이는 그리 크지는 않

은카타베이의 치칼레 호변.

지만, 호수가 육지 속으로 깊게 파고 들어온 만이었다. 거리에는 각종 농작물과 물고기를 파는 노점이 많았다. 마톨라를 타고 온 아낙네들도 이곳 시장에서 물건을 판다.

나는 걸어서 은자야 로지라는 숙소를 찾아갔다. 은자야 로지는 내가 음주주에 머물 때 숙소의 여자 직원이 전망이 최고라며 적극 추천해준 곳이다. 공예품 가게들과 경찰서를 지나자 운동장에서 젊은이들이 웃통을 벗고 축구를 하고 있었다. 숲이 우거진 언덕길로 올라가니, 공예품을 파는 거리 상인들이 "헬로" 하면서 나를 불렀다. 허름한 시멘트 건물에서는 남자들이 닭 모가지를 비튼 뒤 뜨거운 물로 털을 뽑고 있었다.

땀을 뻘뻘 흘리며 언덕을 넘고 치칼레 호변을 지나는데 내가 찾던 은자야 로지가 보였다. 말라위 호가 한눈에 내려다보이는 멋진 장소였다. 전설적인 숙소라는 음주주 여직원의 말은 결코 빈말이 아니었다. 나는

은자야 로지의 갈대 오두막.

무화과나무 줄기에 새긴 조각 작품.

호숫가에 있는 방을 달라고 했다. 치칼레 호변과 맞닿은 자리에 대나무와 갈대로 지은 원두막 같은 방으로 들어갔다. '반다banda'라는 전통적인 오두막이다.

호수에 반쯤 떠 있는 듯한 갈대 오두막에 들어가자, 신선놀음이 따로 없었다. 바람 소리와 물소리, 새소리가 3중주 공연을 하는 오두막 주변에는 망고나무와 무화과나무가 시원한 그늘을 드리우고 있었다. 오두막 옆의 무화과나무에 누군가 앉은 사람과 선 사람, 별과 도마뱀을 조각해놓았다. 말라위는 나무와 상아로 만든 조각품이 유명하다.

호수가 내려다보이는 언덕 위에 야외 식당과 바가 있었다. 경치가 환상적이다. 호수의 풍경에 취해 점심을 먹는데, 경비요원이라는 젊은이가 슬그머니 다가와서 다정하게 묻는다.

"담배를 피우느냐."

"좋아하지 않는다."

담배 장수냐고? 그는 "맛이 황홀하다"고 담배 피우는 시늉을 하면서 종이에 돌돌 말린 것을 꺼냈다. 마리화나였다. 말라위에는 대마초의 일종인 캐너비스cannabis가 많다. 내가 고개를 젓자 그때야 물러났다. 아프리카 여행 중 숙소나 술집 바에서 가끔 이런 유혹을 받는다. 그럴 때마다 나는 제인 마치가 나오는 영화 〈연인〉을 떠올린다. 몽골의 초원과 네팔의 포카라 들판에 야생 양귀비가 지천으로 깔려 있었는데도 내가 그냥 지나친 것은 영화 〈연인〉에서 아편 중독으로 파멸에 이르는 끔찍한 군상을 보았기 때문이다.

여행 책자들이 아프리카 여행 중 가장 경계할 대상으로 꼽는 것이 에이즈와 마약이다. 에이즈 예방은 굳이 따로 설명할 필요도 없지만, 마약은 여행자가 들뜬 마음에 유혹에 넘어가기 쉽기 때문에 강력하면서도 구체적인 경고를 보낸다. 마리화나는 "사고파는 행위뿐 아니라, 소지와 사용 모두가 불법"이라고 말한 뒤, "함정을 조심하라"고 강조한다. 마리화나를 파는 현지인 뒤에는 경찰이 숨어 있다는 것이다. 마리화나를 여행자에게 판 현지인은 바로 경찰에 이 사실을 알리고, 경찰은 여행자를 급습해 마약 소지죄로 체포하는 시나리오다. 경찰에 체포된 여행자는 엄청난 뇌물을 주고 풀려나거나, 말라리아와 바퀴벌레가 들끓는 아프리카 철창신세를 져야 한다.

나는 치칼레 호변에서 통나무로 만든 전통 배 카누를 타고, 선착장 근처의 해상스포츠센터로 갔다. 내가 앞에서 노를 젓고 젊은 남자 뱃사공이 뒤에서 젓는데, 노를 젓는 두 손이 꼬이고 힘이 들었다. 그래도 젓는 노에 따라 배가 쑥쑥 호수를 가르며 나아가니, 항해를 하는 기분이 들었다. 가끔씩 물이 튀어 옷이 젖지만, 오히려 시원했다. 말라위 사람들은 이 나무 카누를 타고 호수에서 낚시를 하거나 그물로 고기를 잡는다. 카누는 말라위 호같이 잔잔한 곳에서 노를 저어가며 명상을 하기에 좋고, 카약은 물살이 있는 강물을 헤치며 나아가는 역동적인 스포츠다. 실제로 말라위 호에서는 카누를 타는 젊은이들을 많이 볼 수 있고, 잠비아의 빅토리아 폭포 아래 잠베지 강에서는 급물살을 즐기며 카약을 타는 젊은이들을 많이 보았다.

해상스포츠센터에서 산소통을 입에 대고 물속에 들어갔다 2, 3분도 안 되어 솟아올라서는 "휴~" 하고 한숨을 내쉬었다. 강사에게 "스쿠버 다이빙은 며칠 정도 배워야 하느냐"고 묻자 "초보자는 최소 5일은 배워야 한다"고 한다.

말라위 호의 잔잔한 물결 멀리 카누의 노를 저어 간다.

나는 말라위 호에서 윈드서핑을 즐기고 싶었다. 그러나 스포츠센터 강사는 "스쿠버다이빙 연습생들을 데리고 호수 안쪽으로 가야 한다"며 "내일 오전에 오라"고 했다. 과격한 스포츠를 좋아하는 나는 젊은 시절 한때 윈드서핑에 푹 빠졌다. 말라위 호에서 왕년의 실력을 한번 뽐내려고 했는데, 지나가던 노란 물고기가 "까불지 말고 조용히 수영이나 하다 가라"고 말하는 것을 엿듣게 되었다. 나는 윈드서핑을 깨끗이 포기하기로 하고, 물고기의 충고대로 치칼레 호변에서 물고기와 수영을 하면서 오후 시간을 즐겼다. 호수는 바다와 달리 물이 짜지 않기 때문에 하루 종일 물에 몸을 담가도 피곤하지 않고, 바닷물보다 따뜻해 수영하기도 편했다.

태어나서 이렇게 질리도록 물고기와 함께 놀았던 적이 없다. 호수에는 놀랄 정도로 아름답고 다양한 물고기들이 헤엄치고 있었는데, 스노클링 장비 없이도 맨눈으로 물고기들을 훤히 볼 수 있다. 물속 2~3미터 깊이에서 물고기 비늘의 움직임까지 볼 수 있을 정도로 말라위 호수는 맑고 깨끗했다. 최대 가시거리가 20미터 정도나 된다. 물고기 종류는 500여 종이나 되는데, 대부분 암놈의 입안에서 알을 부화하거나 새끼를 기르는 시클리드 물고기다. 말 그대로 입안에서 새끼를 키우는 것이다. 말라위 호수의 시클리드는 진화생물학자들에게는 연구의 보고와도 같다. 70만 년 전 단일 종이었던 시클리드가 짧은 기간에 지형적인 고립으로 무려 500여 종류로 진화해왔기 때문이다.

시클리드 종류에는 붕어같이 생겨 말라위 사람들이 즐겨 먹는 참보chambo와 은빛으로 떼 지어 헤엄쳐 다니는 우타카utaka 등이 있는데, 말라위 여행 중 식당에서나 행상이 참보를 파는 장면을 자주 볼 수 있다. 수족관에서 가장 인기 있는 관상용 열대어인 음부나mbuna는 호수 천지에 깔려 있었다. 음부나는 현지어로 '바위물고기'라는 뜻으로, 말 그대로 바위 틈새에 살고 있었다. 음부나가 관상어로 인기를 끄는 것은 수컷 때문이다. 꿩이나 공작 등 새들이 암컷보다 수컷이 더 화려하듯, 음부나도 수컷이 파란색, 붉은색, 노란색 등 훨씬 더 화려한 색깔을 띤다. 수컷이 화려한 것은 암컷을 유혹하기 위한 짝짓기용이다. 찰스 다윈은 이런 현상을 '암컷 선택'이라는 이론으로 설명했다. 성에 관한 한

말라위 호수의 음부나
(앞쪽 푸른색이 수컷,
뒤쪽 어두운 색이 암컷).

수컷은 치근덕거리기만 할 뿐, 짝짓기의 최종 선택권은 암컷에게 있다는 것이다. 수컷의 아름다움은 암컷에게 잘 보여 선택받으려는 처절한 몸부림이다. 찰스 다윈은 자연이 생존할 생물체를 선택한다는 '자연 선택설'을 통해 인간에게 자연을 넘보지 말라고 경고했으며, '암컷 선택'을 통해 수컷에게 종족 보존을 위해 더 분발할 것을 촉구했다.

해질 무렵 말라위 호는 물결부터 잠잠해졌다. 저녁노을이 다양한 색감을 띠며 살며시 다가왔다. 노을이 잔잔한 호수에 비치자 거리에 따라 다른 빛깔이 반사되어 마치 무지개가 뜬 것 같았다. 말라위 호에서는 해가 져도 어둠이 번개같이 찾아오지 않는다. 해가 호수로 떨어지지 않고 뒤쪽의 산으로 넘어가면서, 오랫동안 여운을 남기기 때문이다. 잔지바르 바다에서는 해가 바닷속으로 풍덩 빠지니, 해넘이와 어둠이 동시에 찾아온다.

말라위 호의 진짜 아름다움은 밤에 찾아왔다. 저녁 7시 어둠이 호수를 휘감자 밤하늘에 하나둘 별이 나타나기 시작했다. 어둠이 짙을수록 별들은 더욱 빛나고, 어둠만큼 많아졌다. 별 중에서 가장 밝은 시리우스도 보였다. 시리우스는 몇 별을 모아 큰개자리를 만들고 있었다. 전갈자리도 참석했고, 이리자리, 용골자리, 남십자자리, 궁수자리, 켄타우루스자리도 모였다. 남반구에서 볼 수 있는 모든 별자리가 하나도 빠짐없이 말라위 호 위로 찾아들었다. 여행 중 아프리카에서 가장 많은 별을, 가장 가까이에서 본 곳은 말라위 호와 마다가스카르였다.

나 혼자 아프리카 밤하늘을 지켜보고 있는데, 뒤늦은 저녁 식사를 마친 독일의 중년 부부 6쌍이 별자리를 보려고 야외 베란다로 나왔다. 식

무지개 같은 저녁노을.

석양이 비친 말라위 호.

당 밖에 야외 베란다가 있으니 천문대가 따로 필요 없다. 식당에는 호롱불 한두 개만 켜져 있고, 온통 어둠뿐이다. 야외 베란다에서 별을 쳐다보던 50대 중반의 부부 한 쌍이 갑자기 서로 끌어안았다. 남편은 아내의 어깨를, 아내는 남편의 허리를 끌어안고 어쩔 줄 몰라한다. 마치 20대 젊은이의 첫사랑처럼 기쁜 듯하다. 말라위 호 위에 뜬 별들은 중년의 부부도 사춘기로 돌아가게 한다. 무뚝뚝하기로 소문난 독일 사람들까지도. 아프리카 여행 중 가장 감동적이고 인상적인 장면이었다. 밤하늘의 별들이 "사랑을 확인하려면 말라위 호수로 오세요"라고 속삭이고 있었다.

밤하늘의 별들이 돌아갈 움직임을 보이지 않아, 나는 밤 10시께 호숫가 숙소로 내려왔다. 호수와 맞붙어 있는 갈대 오두막의 침대에 누우니 철렁철렁 물소리만 들렸다. 무서울 정도로 짙은 어둠이 갈대 사이를 뚫고 방 안으로 밀려왔다.

다음날 아침 6시 오두막에서 나오니, 벌써 호수 위에 해가 절반쯤 떠서 환하게 비추고 있었다. 밤사이 별들과 어둠이 물러가고, 말라위 호는 본래 색깔을 되찾고 있었다. 호수 위에 비추는 햇살은 말라위라는 나라의 이름으로 녹아들었다. '말라위Malawi'는 16세기 후반에 세워졌던 마라비Maravi 왕국을 가리키기도 하지만, 체와어로 '햇살'이라는 뜻인 '말라비Malavi'에서 나왔다. 그러니 말라위는 '호수에 떠오르는 햇살의 나라'다. 호수의 아름다움과 밤하늘을 바라보는 기쁨을 맛보려면 은자야 로지가 최고다. 음주주의 여직원이 나에게 추천했듯, 나도 누군가에게 똑같은 추천을 하고 싶다. 낮에는 호수 바위틈에서 노란 음부나와 은빛 음부나 암수가 커다란 눈망울을 다정스럽게 맞추고, 밤에는 호수 위의 하늘에서 별들이 사랑을 속삭이고, 땅에서는 밤하늘의 별들을 바라보며 여행자들이 사랑을 확인하는 곳. 이런 곳이 있어 우리는 무거운 배낭을 메고 여행을 떠나는지도 모른다.

백인들의 전쟁에는
백인이 가라

다음날, 수도인 릴롱궤로 가는 버스를 탔다. 버스는 외곽으로 빠져나가자마자 쭉쭉 뻗은 나무들 사이로 시원하게 달렸다. 마치 국립공원의 숲 속을 달리는 기분이다. 은카타베이 외곽의 칼웨 숲을 지나는 길이다. 은자야 로지 나무들에서 많이 보았던 개똥지빠귀를 다시 만났다. 참새같이 생겼으나 붉은색과 노란색을 띤 화려한 아프리카 개똥지빠귀는, 여기저기 나무 사이를 날아다니며 벌레를 쪼고 기분이 좋은 듯 지저귀었다. 누렇게 단풍 든 나뭇잎도 많았다. 남반구의 아프리카에서 7월은 가을을 넘어 겨울이다.

크고 작은 강을 건너는 다리 수십 개를 지나면서 말라위 호로 흘러드는 강들을 본다. 루웨야 강의 다리를 건너 친테체를 지나자 칸데 비치가 나왔다. 조그만 마을 어귀에 월드비전 팻말이 보였다. 국제구호단체인 월드비전이 지원하는 마을이다.

유명한 관광지인 은코타코타에 버스가 도착해 한참을 머물렀다. 은코타코타는 국경도시인 카롱가와 함께 옛날 노예무역의 주요 항구였다. 19세기 야오족은 아랍 노예상의 앞잡이가 되어 이웃 부족들을 잡아다 넘겼다. 탐험가 리빙스턴은 바로 이곳에서 아프리카인이 같은 아프리카인을 노예로 팔아넘기는 것을 보고 충격을 받았다(하지만 본래 아프

말라위 호에서 잡힌 참보.

리카에도 노예 제도가 있었는데, 아프리카 사회의 노예는 가족의 일원 내지 일꾼
으로 대접받았으며 주인의 유산을 받아 자립하기도 했다. 따라서 야오족은 자신
들이 넘긴 아프리카인들이 그렇게 잔혹한 처지에 빠질 줄 몰랐을지도 모른다).
리빙스턴은 부족장인 줌베를 설득해 결국 노예무역을 중단시켰다. 은
코타코타 병원 입구에 있는 커다란 무화과나무가 리빙스턴이 부족장
줌베를 만난 장소다. 그래서 이 나무를 '리빙스턴 나무'라고 한다.

　정차하는 동안 내려서 정류장 주변을 돌아다니면서 맨손 체조랄까
스트레칭을 했다. 잠깐 움직였는데도 몸이 개운해졌다.

　버스가 서는 곳마다 물고기를 팔려는 젊은이와 소년들이 몰려든다.
구운 고기를 바구니에 담아 팔기도 하고, 철사 꼬치에 방금 잡은 물고
기를 꿰어 꾸러미로 팔기도 한다. 호숫가 집집마다 거적에 고기를 늘어
놓고 햇볕에 말리는 장면도 흔하게 볼 수 있다. 이들이 파는 고기는 주
로 붕어나 잉어 같이 생긴 참보다.

말라위 호 근처를 달리는 또 다른 재미는 갈대숲이다. 사람 키보다 더 큰 갈대숲이 호숫가 도로를 따라 끝없이 펼쳐졌다. 누렇게 잎이 바랜 갈대가 바람에 하늘하늘 흔들리며 은빛 들녘을 만들었다. 갈대숲이 펼쳐진 치아 늪지대Chia Lagoon는 말라위 호숫가의 가장 멋진 장소로 꼽힌다. 아마 아프리카의 여름에 해당하는 12월에 이곳을 달린다면 푸른 갈대숲을 볼 수 있을 것이다. 여자들 대여섯 명이 갈대 묶음을 머리에 이고 간다. 사람 키의 두 배가 넘는 갈대를 머리에 이니, 양 끝이 땅으로 활처럼 휘었다. 갈대는 지붕의 이엉으로 사용하거나, 바구니나 장식 공예품을 만든다.

한 시간가량 더 호수를 따라 달리던 버스는 벤가에서 호수와 작별하고, 내륙으로 깊숙이 들어갔다. 버스가 다리를 건널 때마다 정차를 했다. 도로는 포장된 2차선 도로인데, 다리는 1차선이다. 어쩔 수 없이 마주 오는 차량이 다리를 건널 때까지 기다려야 한다. 인도마저 따로 없다 보니, 차량이 다리를 지나갈 때는 사람들도 마냥 기다려야 했다. 아주 오래전 교통량이 적을 때 만들어진 다리다. 다리를 건너는 것이 위험하다 보니, "1차선 다리 앞"이라는 안전운전 주의 팻말이 도로 곳곳에 세워져 있었다. 말라위 호 주변의 도로에 작은 다리가 많은 것은, 호수로 흘러드는 작은 지류가 많기 때문이다.

버스는 수도인 릴롱궤에 도착하기 전 기름을 넣기 위해 살리마라는 도시에 들렀다. 살리마는 왜 그리 교회가 많은지 교회 천지다. 침례교회, 루터교회, 가톨릭교회, 그리스도재림교회 등 온갖 종파가 집합했다. 우리나라도 교회가 많기로 유명한데, 살리마는 결코 우리나라에 뒤지지 않았다. 말라위의 종교 분포는 기독교(개신교) 55퍼센트, 가톨릭

20퍼센트, 이슬람교 20퍼센트로 범기독교가 압도적이다. 동남부 아프리카는 북부 아프리카와 달리 의외로 이슬람 교세가 약하다. 유럽 제국주의에 대한 반감으로 기독교에 대한 배척이 강할 것이라는 예상과 달랐다. 오히려 노예무역을 했던 아랍 상인들에 대한 반감이 훨씬 더 큰 것은 아닐까.

살리마에서 릴롱궤로 가는 사이에 버스가 철길의 건널목을 몇 차례 건넜다. 철길에 풀이 자라고 건널목에 역무원이 없는 것으로 보아 역시 운행이 중단된 철도다. 릴롱궤 교외에 다가서자 갈대로 만든 바구니, 식탁과 의자, 안락의자 등을 길가에 펼쳐놓고 파는 행상이 많았다. 말라위 호 주변에서 여자들이 머리에 이고 가던 갈대가 어느새 공예품으로 변신해 팔리고 있었다.

릴롱궤에서 국제버스를 타고 모잠비크를 통해 짐바브웨 하라레로 가는 것은 (모잠비크를 경유하는 비자 요금이 들긴 하지만) 말라위에서 짐바브웨로 가는 가장 빠른 길이다. 릴롱궤 버스 터미널에서 내리자마자, 바로 옆에 있다는 무노루라마 국제버스Munorurama Bus 사무실을 찾았다. 그런데 몇 년 전에 다른 곳으로 이전했다고 한다. 내가 가진 정보는 3, 4년 전 것이었다. 새로 이사 간 버스 사무실을 찾느라 릴롱궤 강 다리를 서너 번 왔다 갔다 했다. 국제버스를 탈 일이 별로 없는 릴롱궤 시민들이 버스 사무실 위치를 알 리가 없다. 그들이 가리키는 곳을 찾아가면 대부분 시외버스 정류장이었다. 카센터에 가서 물어본 뒤에야 간신히 찾아갈 수 있었다.

그런데 너무 늦게 도착해서 다음날 표가 모두 매진됐다. 난처한 상황이다. 일주일을 기다리거나, 아예 잠비아를 거쳐 짐바브웨로 들어가는 코스로 바꿔야 하기 때문이다. 나는 "내일 꼭 버스를 타고 가야 한다"고 사정했으나, 사무실 직원은 어쩔 수 없다며 "혹시 승객이 안 나오는 경우가 있으니, 버스 출발 시간에 맞춰 아침 6시에 나와보라"고 한다. 자리가 비면 운전사에게 직접 돈을 내고 타라는 것이다. 그러나 "국제버스는 예매를 취소하거나 빈자리가 나는 경우가 거의 없다"는 단서를 달았다. 어쩌란 말인지, 감나무 밑에서 감 떨어지기만을 기다리는 셈이지만, 나로서는 다른 뾰족한 수가 없었다.

국제버스 사무실 위층에 여행자 숙소가 있었다. 1층은 버스 사무실이고, 2, 3층은 여관이었다. 잠만 자고 새벽에 떠나야 하는 나 같은 나그네에게는 둘도 없이 편리했다.

아프리카에서 가장 자주 볼 수 있는 대형 슈퍼마켓 '숍라이트'에서 생수와 음료수, 갓 구운 빵과 사과, 비스킷 등 버스 안에서 먹을 것을 잔뜩 사고, 건전지와 볼펜 등도 새로 산 다음 시내 구경에 나섰다.

릴롱궤 시내는 옛 시가지와 신시가지가 뚜렷이 구별되었다. 옛 시가지에 있는, 케냐 초대 대통령 이름을 딴 케냐타 거리를 따라 한참을 올라가니 신시가지의 정부종합청사가 나왔다. 나는 정부종합청사 앞 도로에서 말라위 목사 존 칠렘브웨(John Chilembwe, 1871~1915)를 만났다. 도로 이름이 '칠렘브웨 로드'였다. 1차 세계대전 당시 아프리카인 출병을 반대한 그의 연설은 지금도 소름이 끼칠 정도로 날카롭다.

"평화로울 때는 모든 게 백인의 것이다. 그러나 전쟁이 일어나면 아프리카인들에게도 평등하게 피를 흘리라고 요구한다. 전쟁에는 백인 부자나 가라. 부자나 은행가, 지주들이여, 전쟁에 가라, 가서 총알을 맞

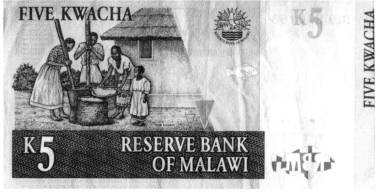

말라위의 5쿼차 지폐 앞면과 뒷면. 앞면에 칠렘브웨의 얼굴이 그려져 있다.

아라."

　제국주의의 허위의식에 대한 날카로운 지적이다. 한마디로 '백인들의 전쟁에는 백인이나 가라'는 말이다. 90여 년 전에 저 멀리 아프리카에서 이렇게 멋진 반전운동가가 있었다니 놀랍지 않은가.

　국가는 결코 자국의 젊은이들을 부끄럽게 만들어서는 안 된다. 왜 독일의 젊은이들이 히틀러 때문에 학살된 유대인 추모비 앞에서 부끄러워해야 하며, 미국의 젊은이들이 부시 때문에 서아시아를 여행할 때 움츠러들어야 하는가. 먼 훗날 대한민국의 젊은이들이 배낭을 메고 이라크를 방문했을 때, 이라크 여행안내인이 "미국과 외세의 침공으로 많은 바빌로니아 유물과 〈아라비안나이트〉 유적지가 파괴되었다"고 말할 때, 우리의 젊은이들은 어떨까.

　영국과 독일군은 1차 세계대전 당시 1914년 말라위에서 전투를 벌였는데, 전사자 56명이 모두 아프리카인이었다. 애꿎은 아프리카인들이 용병으로 끌려가 유럽 백인들의 총알받이가 된 것이다. 칠렘브웨는 1915년 영국의 식민 지배에 항거해 봉기를 일으켰다 처형되었다. 신분은 목사였지만, 아프리카인의 자유와 해방을 위해 스스로 총을 든 '행동하는 성직자'였다. 칠렘브웨의 얼굴은 말라위 지폐에도 그려져 있다. 말라위에 가면 지폐를 통해서나마 이 멋진 성직자에게 경의를 표하자.

　말라위 지폐에 새겨진 칠렘브웨의 초상화를 보면서, 나는 우리나라 지폐를 떠올렸다. 우리 지폐는 얼마나 독립운동가를 홀대하는가. 한국은행에서 새로 발행하는 10만 원권 지폐에 처음으로 독립운동가 김구의 얼굴을 넣기로 한 것은 그나마 다행이다. 그러나 유관순 누나와 안중근 의사가 여전히 섭섭할 일이다. 지폐는 단순히 상품의 거래 수단이 아니라, 그 나라의 역사와 정체성을 상징한다. 우리나라 지폐에서 독립운동가들이 홀대받고, 광화문에 대한민국 공화정의 상징인 김구나 독립운동가들이 서지 못하고 왕정 시대의 이순신이 세워진 것은 8·15 광복 후 들어선 친일파 군부정권의 성격에서 비롯된다. 현재 우리가 살고 있는 대한민국은 왕이 주인인 왕정이 아니라, 역사상 최초로 국민이 주인인 공화정 체제다. 공화정의 뿌리는 상해임시정부와 만주 벌판에서 외롭게 싸우던 독립투사들이다.

릴롱궤는 인구 70만 명의 아담한 수도였다. 신시가지에서 돌아오면서 옛 시가지를 둘러봤다. 버스 터미널, 옷가지와 전통 공예품을 파는 재래시장, 각종 생활용품을 파는 노점상, 그리고 시내를 흐르는 릴롱궤 강을 만날 수 있었다. "아프리카의 따뜻한 마음"이라는 말라위의 관광 구호처럼, 사람들이 친절하고 평화로운 도시였다. 사람들은 길을 물어도 귀찮아하지 않고 성실하게 알려준다. 강 언덕의 한적한 작은 마을이었던 릴롱궤가 남쪽의 좀바 대신 수도가 된 것은 1975년이었다. 릴롱궤에 아직도 농촌 풍경의 잔영이 남아 있는 것은 수도의 역사가 짧기 때문이다.

말라위의 민주화 과정은 한국의 민주화 과정과 닮았다. 독립운동 지도자로 1964년 초대 대통령에 오른 하스팅스 반다Hastings Banda는 집권 이후 점점 독재자로 변신한다. 1971년 스스로 종신 대통령을 선포하고, 1978년에는 독립 이후 첫 국회의원 선거를 하면서 입후보자들에게 개별적으로 영어 시험을 실시하여 입후보자의 90퍼센트를 영어 실력이 떨어진다는 이유로 탈락시켰다. 1992년 가톨릭 주교단이 반다를 비난하는 성명을 발표한 것을 계기로 학생과 종교계를 중심으로 전국

적인 민주화 요구 시위가 벌어졌다. 반다 정권은 결국 1994년 선거로
축출된다. 지난 1987년 6월 항쟁 때 시민, 학생과 함께 우리 민주화 운
동의 한 축이었던 천주교 정의구현사제단을 연상케 한다. 시민과 학생,
종교계가 힘을 합쳐 독재정권을 내쫓고, 민주화 시위를 통해 대통령 직
접 선거를 관철하고, 비폭력 평화적 방법으로 정권 교체를 이룬 것도
비슷하다.

아,
잠베지 강이다 • 모잠비크 •

여행에서 모험은 해볼 만한 가치가 있지만, 요행수를 바라는 것만큼 허무하고 초조한 것은 없다. 자신의 의지와는 상관없이, 상황에 운명을 맡기는 꼴이기 때문이다. 국제버스 예매를 취소하는 승객이 나오기를 바라는 맘보부터가 애당초 가당찮다. 그래도 나는 아침 5시 일찌감치 일어나 숙소 아래층에 있는 터미널로 내려갔다. 이미 40여 명이 줄을 지어 기다리고 있었다.

오전 5시 50분께 '마르코 폴로'라고 쓰인 대형 버스가 터미널로 들어왔다. 운전사 앞에 '요하네스버그'라는 종이가 붙어 있었다. 다른 버스인가 궁금해서, 나는 운전사에게 행선지를 물었다.

"어디 가는 버스냐?"

"남아공 요하네스버그까지 간다."

"짐바브웨 하라레로 가는 버스는 어디 있느냐?"

"이 버스가 하라레를 거쳐 요하네스버그까지 간다."

말라위 릴롱궤에서 모잠비크를 거쳐 짐바브웨를 지나 남아공까지 가는, 말 그대로 4개국을 달리는 국제버스였다. 내가 어제 표가 매진되어 예매를 못했다며 사정 얘기를 하자, 운전사는 한번 기다려보라고 한다.

버스 승객 대부분은 요하네스버그까지 가는 사람들이었다. 배웅 나온 가족들이 많았다. 승객들 대부분이 젊은이인데, 남아공으로 돈 벌러 가는 길이다. 아프리카에서는 남아공이 경제적으로 가장 앞서 있다 보니, 인근 말라위와 짐바브웨 등 어려운 국가의 젊은이들이 많이들 가고 있었다. 그러다 보니 남아공에서는 모자라는 일자리를 놓고 이들 이주민과 남아공 현지인 사이의 '흑흑 갈등'이 일어나고 있다.

배웅하는 가족들의 아쉬운 작별에서 멀리 떠나는 그들의 사정을 짐작할 수 있다. 남편으로 보이는 남자가 아내의 보따리를 들고 와서 버스 짐칸에 실어준 뒤, 아내의 두 손을 꼭 잡으며 떨어지지 않는다. 한 중년 여성은 젊은 아들을 떠나보내고 있었다. 그 어머니는 치마 속주머니에서 꼬깃꼬깃한 지폐를 꺼내 버스 창문 너머 아들에게 건넸다. 차가 떠날 때까지 가지 않고 아들을 안쓰럽게 쳐다본다. 차창에 비치는 아들의 얼굴도, 밖에서 떠나보내는 어머니의 얼굴도 근심이 가득했다. 시골에서 중학교를 졸업하고 대도시로 유학 가는 나를 떠나보내던 내 어머니가 지금 아프리카의 어머니로 서 있었다.

승객이 다 탄 뒤에도 운전사는 나를 부르지 않는다. 어쩔 수 없구나 하고 포기하는데, 운전사가 나를 쳐다보았다. 운전사는 젊은 남자 차장과 귓속말을 나누더니, 내게 올라오라고 손짓을 했다. 구세주의 손길이었다. 허겁지겁 버스에 올라탔다. 기다린 보람이 있었다. 내 자리는 운전석 바로 뒤의 왼편에 홀로 놓여 있는 작은 의자였다. 승객용 좌석이 아니라, 차장 자리인 듯했다. 대신 차장은 차문 앞의 보조의자를 펴서 앉았다. 빈자리가 없자, 불쌍한 여행자를 위해 자리를 양보해준 것이다. 나는 요금으로 42달러를 냈는데, 아마 운전사와 차장이 나눠 갖는 것 같았다. 내 자리는 애초 차장의 자리였으니, 좌석 값으로 지불한 돈은 그들의 몫이다.

차는 시 외곽으로 빠져 1시간 30분 정도 달렸다. 높은 바위산들이 보이기 시작했다. 데자Dedza 산맥을 따라 모잠비크 국경을 끼고 내려갔다. 모잠비크 국경을 끼고 가는 길은 어제 릴롱궤로 왔던 길보다도 포장이 잘된 2차선 도로다. 다리 역시 모두 2차선이다. 원뿔형 화강암 봉우리들도 보이고, 평지와 나무숲이 번갈아 나타났다. 검문소에서 차가 멈췄다. 승객들이 내려 용변을 보는 등 한숨을 돌린다. 나도 이제는 아프리카 버스에 익숙해졌다. 안개가 짙게 깔린 산등성이 도로를 지나자, 햇살이 내리쬐는 평탄한 길이 나타났다. 도로 변에서 숯과 땔감용 나무를 팔고 있었다. 산악 지대. 국경 가는 내내 거의 100미터마다 시커먼 숯이 쌓여 있었다. 말라위 호 주변에서는 물고기만 팔더니, 이곳 도로에서는 숯만 판다.

오른쪽으로는 므완자, 왼쪽으로는 블랜타이어 가는 길이라는 팻말이 보였다. 버스는 모잠비크 국경 방향인 므완자로 달려갔다. 빅토리아 호숫가 도시인 탄자니아 므완자와 이름이 똑같은 도시가 말라위 국경에 있었다. 국경도로라서 그런지 대형 화물트럭 외에는 오가는 차량이 거의 없었다. 므완자 쪽으로 10여 분 달리자, 멋진 풍경이 나왔다. 바오밥 나무 숲이다. 도로 왼편의 산에 크고 작은 바오밥나무 수백 그루가 야생으로 자라고 있었다. 마다가스카르 모론다바가 '바오밥 거리'로 유명하다면 이곳은 '바오밥 산'이다. 나는 모잠비크의 테테를 지나면서 바오밥 산을 다시 한 번 만났다.

므완자는 멋진 도시였다. 아름다운 바위산이 뒤쪽으로 병풍처럼 우뚝 솟아 있었다. 말라위와 모잠비크의 고원 지대를 넘어가는 길은 풍경이 꽤나 아름다웠다. 산악 지대의 자그마한 국경도시인 므완자는 자전거를 탄 사람들이 많이 보이는 것이 인상적이었다. 르완다의 잘 포장된 도로에서 자전거를 타는 사람들을 본 뒤로, 가장 많은 자전거를 본다. 소도시의 도로를 달리는 자전거는 왠지 평화로운 느낌을 준다. 아프리카의 푸른 들판과 어울리면서 낭만과 여유가 느껴졌다.

　므완자에서 버스 운전사가 바뀌었다. 3시간 만에 교대하는 셈이다. 남아공 요하네스버그까지 이틀 이상을 달려야 하는 밤샘 장거리 운행이다 보니, 운전사 두 명이 교대로 잠을 자면서 번갈아 운전을 했다. 처음에는 운전사 한 명에 차장이 두 명인 줄 알았는데, 운전사가 두 명이고 차장이 한 명이었다. 나에게 자리를 양보하고 보조의자에 앉은 사람은 차장이 아니라 운전사였다. 차장은 뒤쪽 바닥에 앉아 있었다. 내가 앉은 작은 의자는 차장이 아니라 운전사 대기석이었던 것이다. 대기 운전사가 자기 의자를 내게 양보하는 바람에, 차장은 보조의자를 대기 운전사에게 내주고 뒤쪽 바닥에 쭈그리고 앉게 되었다. 여행자의 편의를 위해 양보해준 '아프리카의 따뜻한 마음'이었다. 나는 버스를 타고 오는 내내 뒤쪽 바닥에 앉아 있는 차장에게 미안했다.

　말라위의 출국 절차는 간단했으나, 워낙 사람이 많아 한 시간 이상 걸렸다. 경찰이 마약 단속을 위해 독일산 셰퍼드 마약견을 끌고 다니며 짐 검사를 했다. 아프리카를 여행하는 동안 국경에서 마약견을 본 것은 이때가 유일했다. 그만큼 말라위와 모잠비크 국경을 통한 마약 밀반입이 많다는 것을 보여주는 일이 아니겠는가. 마약견은 코를 쭉 내밀고 차량 주위를 어슬렁거리다가 내 앞에 와서 코를 킁킁거리더니 "응, 유혹에 안 넘어갔군" 하는 얼굴로 획 돌아서 다른 승객에게 갔다. 은카타베이에서 유혹에 넘어갔더라면 어땠을까 생각하니 소름이 돋으며 등골이 오싹했다.

국경에는 감자튀김과 음료수를 파는 길거리 상점이 많았다. 어린아이들은 손을 내밀며 잔돈을 달라고 끈질기게 달라붙는다.

이제부터는 모잠비크 땅이다. 말라위 국경사무소로부터 버스로 5분 거리에 모잠비크 쪽의 조부에Zóbué 사무소가 있었다. 사람이 많아 다시 한 시간 이상 걸렸다. 미국 돈 25달러를 내고 통과 비자를 받았다. 비자를 받는 데 30분이 걸렸다. 다른 국경에서는 대부분 10분 이내에 비자가 나왔는데, 외국 여행자에 대해 일부러 시간을 끈다는 인상을 받았다. 직원들끼리 시시콜콜한 얘기를 하면서 딴청을 피우더니, 거스름돈까지 떼어먹었다. 미국 돈 30달러를 냈는데, 거스름돈을 2달러만 돌려준다. 직원이 "직인Stamping!" 하면서 고무도장을 찍으며 3달러를 더 가져갔다. 고무도장 찍는 비용으로 3달러를 더 가져가겠다는 것이 말이 되나. 아프리카 어느 나라도 비자 요금 외의 돈을 추가로 받는 곳은 없었다.

워낙 오래 기다렸고, 그것도 내가 제일 늦게 받았기 때문에 항의할 수도 없었다. 나를 기다리며 버스가 오랫동안 출발을 하지 못하고 서 있었기 때문이다. 성질 같아서는 이 공무원에 대해 당장 감사원에 특별 감사를 청구하거나 국민권익위원회에 민원을 제기하고 싶었지만(내가 모잠비크 국민도 아니지만서도), 여행을 팽개치고 모잠비크 수도 마푸토로 달려갈 수도 없어서 사무소를 나오면서 영어 알파벳 "A, C"를 세게 발음했다. 여행하면서 화가 날 때 가끔 써먹는 화풀이 방식이다.

모잠비크 국경사무소는 말라위와 비교가 되지 않을 정도로 낡고 허름했다. 몇십 년은 된 건물 같은데 보수를 하지 않아 허물어질 듯이 낡았고, 공중화장실에는 문짝이 없었다. 국경사무소의 비자 대기석 옆에는 '입구'라는 뜻으로 '엔트라다Entrada', '출구'는 '사이다Saida'라고 쓰여 있었다. 모잠비크는 포르투갈 식민지였기 때문에 포르투갈어를 사용한다. 아프리카에서 포르투갈의 식민지였던 나라는 모잠비크와 앙골라, 기니비사우, 그리고 대서양 섬나라인 카보베르데와 상투메프린시페까지 5개국이다.

식민지 종주국이 어느 나라였느냐에 따라 국가의 분위기도 미묘한 차이가 났다. 제국주의를 구분한다는 것이 무의미하겠지만, 제국주의에도 급수가 있다고 해야 할까. 선무당이 사람 잡듯이, '어설픈' 제국주의는 그 '덜떨어진 흔적'을 그대로 식민지에 남겨놓은 것 같다. 포르투갈은 어느 쪽이냐, 어설픈 제국주의에 속한다. 포르투갈은 1498년 탐험가 바스쿠 다 가마가 모잠비크 섬에 상륙한 이래 500여 년간 상아와 금, 노예를 철저히 착취하는 데 몰두했을 뿐, 1975년 모잠비크를 떠날 때까지 학교나 의료 시설, 도로 등 사회자본 건설에는 거의 관심을 두지 않았다. 모잠비크가 독립하자마자 약 23만 명에 이르는 포르투갈 백인 중 95퍼센트가 포르투갈로 도망쳤고, 오직 1만 명 정도만 남았다. 독립 모잠비크 정권은 오히려 백인들이 남아 새로운 국가 건설에 기여하기를 바랐는데도. 백인들은 오랫동안 자신들이 흑인에게 가한 착취가 거꾸로 돌아올까 봐 두려웠던 모양이다. 도둑이 제 발 저린 격이다. 포르투갈 제국주의는 뒷마무리도 깔끔히 처리하지 못하고, 줄행랑치듯 도망쳤다(하긴 우리나라에서 일제가 한 짓도 비슷하다).

모잠비크는 독립 이후에도 비겁한 제국주의의 장난으로 오랜 내전에 시달려야 했다. 모잠비크의 독립운동은 1962년 전설적 게릴라 지도자인 에두아르도 몬들라네(Eduardo Mondlane, 1920~1969)가 모잠비크 해방전선(Frelimo: 프렐리모)을 결성하면서 본격적으로 시작되었다. 몬들라네가 1969년 암살당하자 사모라 마셸(Samora Machel, 1933~1986)이 그 뒤를 이어 마침내 1975년 독립을 쟁취한다. 당시 모잠비크와 국경을 맞대고 있던 남아공과 로디지아(짐바브웨의 전신)의 백인 정권은 모잠비크민족저항운동(Renamo: 레나모)이란 반군을 만들어 프렐리모와 싸우도록 부추겼다. 포르투갈과 미국 우익 세력도 반군을 적극 후원했다. 17년간의 내전으로 100만 명이 사망하고, 난민이 약 240만 명이나 발생했다. 초대 대통령인 사모라 마셸도 1986년 잠비아를 방문하다 남아공 상공에서 의문의 비행기 추락 사고로 사망했다. 1992년 가까스로 평화협정이 체결되어, 모잠비크는 다당제 아래 성공적인 민주주의 실험을 하고 있다.

모잠비크의 산하는 역사만큼이나 황량했다. 고통의 역사가 들판에 거울처럼 비치고 있었다. 나는 버스를 타고 가면서 그 현장을 목격했다. 쫙쫙 갈라진 들판, 발가벗겨진 산, 말라버린 강……. 포르투갈은 앙드레 지드의 말처럼 모잠비크를 마지막까지 "오렌지처럼 껍질을 벗기고 쥐어짜듯" 했다. 모잠비크 도로는 역사의 흔적마냥 곰보 자국 투성이였다. 오래전에 포장을 한 듯한데, 보수 관리를 제대로 하지 않아 움푹 팬 곳이 널려 있었다. 국제선 도로에서 항아리만 한 웅덩이를 만나면, 버스는 급브레이크를 밟는다. 모잠비크 도로의 곰보 자국이 자연스럽게 버스의 과속을 막아주니, 속도 제한 팻말이 따로 필요하지 않을 지경이었다.

머리에 바구니를 이고 가는 아낙네가 자주 보였다. 방목하는 염소 떼도 보였다. 집집마다 한두 마리 닭이 땅을 쪼고 있다. 모잠비크의 닭은 다이어트에 성공한 홀쭉한 몸매였다. 머리와 뒷다리만 골격이 튀어나왔고, 배는 쏙 들어갔다. 전형적인 산악 지대의 가난한 마을 풍경이다. 영화 〈러브 인 아프리카〉에서 "우리는 원숭이보다 가난해서 바나나를 살 수 없다"고 했는데, 정말 모잠비크 산악 지대는 원숭이보다 가난해 보였다. 도로도 한산하기 이를 데 없다. 지렁이에게는 안심하고 다닐 수 있는 최적의 도로다.

내가 지나간 산악 지대에는 흙과 풀, 나무로 이은 모잠비크와 짐바브웨의 전통 가옥 다가daga가 많았다. 집 앞 나무 그늘 밑에는 남자들이 서너 명씩 앉아 있는데, 특별히 할 일이 없어 무료해 보인다. 평지에는 불을 놓아 시커멓게 그을린 곳이 많다. 화전이다. 밭에서 땀을 뻘뻘 흘리며 일하는 사람들은 남자가 아니라, 여자들이었다. 어디서나 가난한 시골일수록 힘든 일은 여자들이 한다. 모잠비크도 예외는 아니다. 아프리카 여성들의 강인한 생활력을 본다.

모잠비크를 달리면서 그라사 마셸을 생각했다. 모잠비크 초대 대통령인 사모라 마셸의 부인이다. 역시 독립투사였던 그라사 마셸은 광산 노동자의 딸로 태어나 포르투갈 리스본에서 유학한 뒤 돌아와서 모잠비크해방전선에 가입, 게릴라가 되었다. 초대 교육부 장관을 지냈고, 모잠비크 여성 인권운동의 어머니로 불리는 그녀는 현재 남아공 최초의 흑인 대통령이었던 넬슨 만델라의 부인이다. 만델라와 그라사는 만델라가 대통령에서 물러난 뒤인 지난 1998년, 만델라의 80회 생일에 결혼했다.

모잠비크 산악의 삭막함에 지칠 때쯤, 내가 그토록 보고 싶었던 잠베지 강이 나타났다. 황량한 산길을 달려오다 푸른 강물을 보니, 사막을 헤매다 오아시스를 만난 느낌이었다. 중앙아프리카고원에서 발원해 장장 2740킬로미터에 걸쳐 앙골라와 잠비아, 보츠와나, 짐바브웨, 모잠비크를 흘러서 인도양으로 들어가는, 남아프리카에서 가장 큰 강이다. 잠베지 강변에 위치한 테테는 오래전부터 교통의 요지였다. 이미 16세기 초 포르투갈인이 정착하면서 세운 도시로 17세기 중반에는 상아와 금의 거래 시장이었고 그 후 주변 지역에서 채굴한 석탄과 금, 석면, 우라늄을 잠베지 강과 철도를 통해 인도양 항구도시 베이라까지 수송하는 중간 도시로 번창했다.

테테에서 다리를 건너기 전 모잠비크에서는 처음으로 경찰 검문이 있었다. 차가 검문을 위해 멈추자, 환타와 마른 생선을 파는 행상이 몰려들었다. 차량 짐칸까지 열고 검사를 했다. 나는 푸른 강물에 눈길을 빼앗겼다. 가뭄으로 바싹 마른 강만 보다가 유장한 강물을 보니 갈증이 가시는 것 같았다. '위대한 강'이라는 뜻인 잠베지 강 자체가 생명력이었다.

탐험가 리빙스턴은 잠베지 강을 '하느님의 고속도로God's Highway'라고 불렀다. 이 강이 기독교 문명과 교역을 내륙으로 실어 나를 고속도로가 될 것이라는 뜻이다. 당시 리빙스턴이 잠베지 강을 따라 탐험에 나선 것도, 전도를 위한 무역선이 내륙으로 들어가는 뱃길을 알아보려 함이었다. 아프리카 탐험을 하던 리빙스턴은 이곳에서도 노예무역의 비참한 실상을 보고 분노했다. 다섯 살도 안 된 아이들까지 끌려왔고,

한 아이엄마가 아이를 업느라 등짐을 지지 않으려 하자 노예상이 그 아이를 총으로 죽이기도 했다. 리빙스턴은 테테에서 이 노예들을 풀어주었다.

검문을 끝낸 버스는 다리를 통해 잠베지 강을 건너갔다. 테테의 잠베지 강 다리는 길이가 1킬로미터나 되는 길고 아름다운 현수교다. 포르투갈 식민지 시대에 건설한 테테 현수교는 모잠비크뿐 아니라, 말라위와 짐바브웨를 연결하는 중요한 다리다. 차도 옆에 인도가 구분되어 있었고, 다리 밑으로는 배들이 지나다녔다. 다리를 건너자마자 오른쪽 큰 건물에 '잠베지 호텔'이라는 간판이 보였다.

버스는 외곽 도로로 바로 빠져나갔다. 길가에 바위를 깬 작은 돌이 무덤처럼 쌓여 있었다. 뒷산에 바위를 캔 채석장이 휑한 몰골을 드러내고 있다. 삭막한 들판이 이어졌다. 그나마 여행자의 지루함을 덜어주는 것이 여기저기 산 가운데 대못 박힌 듯 서 있는 바오밥나무다. 아프리카 여행 중 가장 많은 바오밥나무를 본 곳이 모잠비크 테테 근처의 산악 지대와 마다가스카르 모론다바의 들판이다. 그러나 같은 바오밥나무지만, 여행자에게 다가오는 인상은 전혀 딴판이었다. 바오밥이 어디 있느냐에 따라 생김새가 달랐고, 여행하는 나의 마음도 달랐기 때문이다. 들판에 자라는 마다가스카르의 바오밥나무가 키 크고 허리 굵은 단단한 몸집이었다면, 척박한 산에 자라는 모잠비크의 바오밥은 키가 작고 기아에 시달린 듯 말랐다. 마다가스카르의 바오밥이 가로수처럼 도로를 따라 밀집해 있다면, 모잠비크의 바오밥은 물이 적은 삭막한 산 여기저기 흩어져 있다. 마다가스카르의 바오밥이 통통한 무처럼 후덕한 인상이라면, 모잠비크의 바오밥은 빼빼한 가시나무처럼 날카로운

얼굴이다. 마다가스카르의 바오밥이 낭만의 상징이라면, 모잠비크의
바오밥은 생명력의 상징이었다.

만디에 지역을 지나자 계곡이 말라붙어 다리 밑에 강바닥이 드러나
고, 마을 사람들이 강턱에 박은 펌프에서 물을 끌어 올리려고 펌프질을
하는데 물이 나오는 것 같지는 않았다. 어떤 마을 어귀에는 빨간색 사
각형에 별을 그린 깃발을 꽂아놓았다. 모잠비크의 국기에서 따온 모양
인 듯하다.

아무리 달려도 상황은 마찬가지였다. 은부제 강Nvuze River이라는
팻말이 나왔다. 다리가 놓일 정도로 제법 큰 강인데도 물은 옹달샘에서
찔끔찔끔 흘러나오듯 한 줄기로 흘렀다. 다 자라지 못한 나무가 산 곳
곳에서 말라 죽은 채로 서 있었다. 내가 간 7월이 비가 오지 않는 건기
여서 그런지, 아니면 최근 몇 년 동안 유난히 비가 오지 않은 것인지는
모르지만, 지독한 가뭄이 느껴졌다. 한참을 달린 뒤에야 강이 조그만
물웅덩이를 이룬 곳을 보았다. 어린이들이 홀랑 벗고 목욕을 하고, 아
낙네들은 그 작은 물에 빨래를 하고 빨래한 것을 강가에 널어놓았다.

꾸벅꾸벅 조는 사이에 버스는 창가라 지역을 지나 니아마판다 국경
에 도착했다. 3시간 만에 말라위 국경인 조부에에서 짐바브웨 국경 니
아마판다까지 횡단한 셈이다. 짧은 시간의 모잠비크 횡단이지만 잠베
지 강의 아름다움과 바오밥나무의 강인한 생명력, 황량한 산하와 지독
한 가뭄, 고달픈 시골 생활을 엿볼 수 있었다.

국경사무소는 기대에 어긋나지 않게 낡고 헐었다. 화장실은 벽돌로
칸막이만 해놓았고, 문이나 지붕은 없었다. 지저분하기는 이를 데 없
다. 분뇨를 수거하지 않아 수북이 쌓인 누런 똥탑이 칼라하리 사막의

흰개미집처럼 높이 솟아 있었다. 승객들은 화장실을 이용하지 않고, 근처 들판에서 일을 본다. 여자들은 들판 저 멀리서, 남자들은 가까운 거리에서 일을 본다. 워낙 햇살이 따갑고 땅이 말라서 승객들의 '실례'는 흔적도 없이 사라진다.

—
수상한 짐바브웨의
뒤죽박죽 세상
—

　짐바브웨 여행은 국경에서부터 꼬이기 시작해 끝날 때까지 뒤죽박죽
이었다. 하드웨어인 국경사무소 건물만 정상이고, 나머지 모든 소프트
웨어는 비정상이었다. 짐바브웨 화폐는 돈이 아니라 휴짓조각이었다.

　한때는 아프리카 대제국을 건설했으나 그 명예는 사라지고 오랫동안
식민 지배의 고통을 당했던 나라, 한때는 아프리카의 곡창지대로 불리
던 풍요의 땅이었으나 세계 최고의 인플레이션으로 하루하루 온 국민
이 생활고에 시달리는 민생지옥 국가, 한때는 아프리카 해방의 아버지
였으나 지금은 고집불통 독재자로 전락한 무가베가 다스리는 나라. 아
프리카 여행 중 짐바브웨처럼 애증이 교차한 나라는 없었다. 어느 한
가지 기준으로 재단할 수 없는 과거와 현재, 현상과 본질이 뒤죽박죽되
어 있었다. 무엇이 짐바브웨를 그렇게 혼란스럽게 만든 것일까.

　국경사무소 안에 짐바브웨준비은행 지점이 있어 환전을 해주고 있었
다. 한국은행과 같은 중앙은행이고 발권 은행이다. 나는 환전을 어디서
할까 잠시 망설이다가 국경사무소의 환율 표시를 보고 현장에서 돈을
바꾸었다. 미국 1달러에 공식 환율이 무려 10만 짐바브웨달러였기 때
문이다. 여행 오기 전 인터넷 등을 통해 짐바브웨에서는 은행보다 암시
장에서 환전하는 것이 훨씬 유리하다는 정보를 본 적이 있었지만, 그래

도 나는 속으로 '1달러를 10만 원으로 바꾸는 것은 괜찮은 환전'이라고 생각했다. 미국 50달러를 바꾸니 정말로 500만 짐바브웨달러를 준다. 주머니에 들어가지 않을 정도로 두둑한 돈 뭉치가 돌아왔다. 갑자기 백만장자가 된 기분이었다. 아프리카 여행을 하면서 미국 돈 1달러에 환율이 1000원 이상 되는 곳은 거의 없었다. 주로 국경에서 개인 환전상에게 바꾸었지만, 공식 환율과 별 차이가 없었다. 짐바브웨는 공식 환율이 가장 높았던 탄자니아보다도 거의 100배나 높았다.

국경 수속을 마친 버스는 오후 5시 하라레를 향해 출발했다. 짐바브웨 땅에 들어서자 마을들이 하얀 시멘트집으로 깔끔하고 깨끗했다. '코트와 개발 지역Kotwa Growth Point'이라는 팻말이 보인다. 집 앞에 트럭과 농사용 트랙터가 있는 곳도 있었다. 도로는 잘 포장되어 있고, 흰색 중앙선이 그어져 있었다. 추월 금지 실선과 추월 가능한 점선도 구분해 그려놓았다. 소 떼가 저녁놀을 배경으로 유유히 풀을 뜯어 먹는다. 짐바브웨의 국경마을은 깔끔하고 목가적이다.

버스가 도로 옆의 바위산을 끼고 달리는데, 바위산이 해질녘의 분위기와 잘 어울렸다. 짐바브웨 국경에는 반달 같은 둥근 산이 겹겹이 쌓여 있는데, 하라레로 가는 버스는 그 반달 같은 산 사이를 뚫고 달렸다.

이미 캄캄한 밤기운이 서린 하라레에 도착한 시간은 저녁 7시 30분. 말라위 릴롱궤에서 모잠비크의 중부 지역을 가로질러 하라레까지 오는데 13시간 걸렸다. 하라레 시내로 들어가는 도로에는 노란 가로등이 불을 밝히고 있었다. 도로가 넓어 시원한 느낌이 들었다. 국제버스 정류장에 내리니 어두워서 밤길을 찾을 수가 없다. 택시 운전사가 배낭을 멘 나를 보더니 "헬로" 하고 인사하며 다가와, 자신의 차에 타라고 손짓했다. 택시를 타고 도심에서 약간 떨어진 여행자 숙소 힐사이드 로지로 갔다. 10분도 채 걸리지 않았다.

나는 택시 운전사에게 고맙다고 말하며 20만 짐바브웨달러를 주었다. 아프리카 시내 택시요금은 대개 2달러 내외이기 때문에, 공식 환율로 미국 2달러에 해당하는 20만 짐바브웨달러는 적절한 요금이라고 생각했다. 그런데 돈을 세던 운전사의 인상이 찡그려졌다. 나를 이상한 눈으로 쳐다보며 "노"라고 말하고 돈을 돌려준다. 의아하게 생각하고 있는데, 그가 하는 말이 뒤통수를 내리쳤다.

"20만이 아니라, 200만 짐바브웨달러를 내라."

"무슨 소리냐. 다른 나라는 시내 택시요금이 미국 돈 2달러인데, 200만 짐바브웨달러면 미국 돈 20달러에 해당한다."

"여기는 짐바브웨다."

"짐바브웨고 뭐고, 도대체 시내 택시요금으로 미국 돈 20달러를 달라는 것이 말이 되느냐."

"당신이 몰라서 그러는데, 여기는 짐바브웨다."

"다른 나라는 이렇게 비싼 택시요금 받는 데 없다. 나는 절대 못 낸다."

택시요금을 둘러싸고 숙소 앞뜰에서 실랑이를 벌이자, 숙소 안에 있던 백인 젊은이들이 무슨 일이 있나 해서 나왔다. 젊은 남자 두 명과 여자 한 명이었다. 택시 운전사는 "환율이 엄청 올라서 200만 짐바브웨달러는 큰돈이 아니다"라며 자신이 절대 바가지를 씌우는 것이 아니라고 우긴다. 암시장에서 미국 1달러는 100만 짐바브웨달러로 바꿔주기 때문에 자신이 달라는 200만 짐바브웨달러는 미국 돈 2달러에 해당한다는 것. 방금 국경에서 1달러에 10만 짐바브웨달러로 바꿨는데 무슨 소리냐며 따지자 운전사는 "정부는 원래 10분의 1로 바꿔준다"며 내가 속았다는 표정을 짓는다.

나는 솔로몬의 선택으로 "그러면 미국 돈 2달러를 내겠다"고 제안했으나, 운전사는 "미국 돈은 받지 않겠다"며 짐바브웨달러로 200만 달러를 달라고 막무가내다.

실랑이가 밤새도록 이어질 것 같아, 백인 젊은이들의 의견을 들어보기로 했다. 그들은 나를 쳐다보더니 한결같이 "여기는 짐바브웨다"라고 말한다. 택시 운전사와 똑같은 말이다. 이게 웬 말이란 말인가. 운전사는 그것 보라는 듯 기세등등해졌다. 백인들은 "짐바브웨는 매일매일 환율이 바뀐다"며 짐바브웨 돈은 휴지나 마찬가지란다. 짐바브웨에 사는 사람들조차 자기 나라 돈을 휴지 취급하니, 여행자가 더 무슨 할 말이 있겠는가. 나는 결국 200만 짐바브웨달러, 미국 돈으로 20달러라는 거금을 한 번의 시내 택시요금으로 지불해야 했다. 국경에서 잠시나마 백만장자가 된 기분을 느꼈던 것은 엄청난 착각이요 봄날의 한바탕 꿈이었다. 이때부터 악몽은 시작되었고 나는 정신을 잃고 말았다.

짐바브웨 화폐는 상식으로 생각하는 돈이 아니라 그저 숫자일 뿐이고 실제 가치는 휴지와 다를 바가 없었다. 미국 달러를 짐바브웨 공식 환율로 바꾸면, 그 순간 앉아서 10배 손해를 보는 셈이다. 짐바브웨 정부는 '환율'이라는 도깨비방망이를 휘두를 때마다 10배 이득을, 그것도 나 같이 가난한 여행자의 주머니를 털어가는 환율 도둑이었다. 나는 '칼만 안 든 도둑' 명단에 케냐의 나이로비에서 만난 택시 운전사에 이어 짐바브웨 정부를 추가했다. 그러고 보니 짐바브웨 돈에는 다른 나라에 없는 돈의 시효가 있었다. 10만 짐바브웨달러에는 "2006년 6월 1일

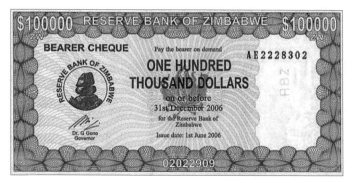
2006년 12월 31일까지 6개월 시한인 짐바브웨의 10만 달러짜리 지폐.

발행, 시효 2006년 12월 31일"이라고 쓰여 있다. 2006년 12월 말까지 사용 가능한 6개월짜리 어음인 셈이다. 돈은 음식처럼 썩는 식품이 아닌데, 무슨 유통 기한이 필요하단 말인가. 짐바브웨에서는 6개월마다 더 큰 단위의 화폐를 계속 찍어내기 때문에 어음처럼 유통 기한이 필요한 것이다. 이러다 100만 달러짜리 지폐가 나올 판이다.

얼이 빠진 나의 정신적 공황 상태를 이용해 백인 젊은이들이 환율 장사를 한다. 그들은 "미국 1달러에 은행보다 4배나 좋은 40만 짐바브웨달러로 바꿔주겠다"고 제의했다. 암시장의 100만 짐바브웨달러보다는 못하지만 국경보다는 4배나 좋은 조건이다. 이미 한 번의 택시 요금으로 가진 돈의 5분의 2를 써버린 나는, 다음날 여행을 위해 현지 돈이 필요했다. 미국 20달러를 주고, 800만 짐바브웨달러를 받았다. 그들은 모두 짐바브웨에서 태어난 백인인데, 나처럼 도착하자마자 정신이 나간 외국 여행자를 상대로 환전 장사를 하고 있었다. 일주일 정도 머물며 공연이나 조각품, 전통 악기인 음비라 연주를 관람하며 문화 예술을 즐기려던 나의 계획은 산산조각 났다.

엎친 데 덮친 격으로 숙소에 빈 방이 하나도 없다. 백인 젊은이들이 "민박집을 소개해주겠다"고 해서 따라갔다. 어두운 밤에 한참을 걸어 백인 민간인 집에 들어갔다. 2층짜리 아담한 집인데 40대 후반 부부와 스무 살, 열두어 살쯤 되어 보이는 아들 두 명, 그리고 70대 할아버지가 살고 있었다. 몰락한 짐바브웨 중산층 백인 가정이다. 나는 큰아들이 자는 1층의 작은 방으로 들어갔다. 큰아들은 1층 침대에 누워 자려다 졸지에 내게 방을 뺏기고, 침대에서 베개와 이불을 들고 2층 동생 방으로 간다. 나는 미국 돈 5달러를 주고 민박을 했다. 백인들은 미국달러를 선호했고, 그것은 내가 바라는 바였다.

이들이 민박을 하면서 살아가는 것은 무가베 정권에게 농장을 몰수당했기 때문이다. 짐바브웨에서 태어나 시골에서 농장을 운영했다는 70대 백인 할아버지는 "지난 2000년 이후 갑자기 농장을 몰수당하는 바람에 위험을 느껴 정리하고 하라레로 왔다"고 한다. 지난 1980년 독립 당시 25만 명에 달하던 짐바브웨 백인은 현재 7만 명 정도로 줄었다.

무가베는 소수 백인이 차지한 대규모 토지를 가난한 흑인 농민들에게 다시 분배한다는 이유를 내세워 '토지 개혁'을 단행했다. 명분은 그럴듯했지만, 과격하고 무리한 토지 개혁은 그 의도야 어떻든 결국 경제 붕괴를 불러왔다. 백인 농장주들은 정부가 일방적으로 정한 토지 수용 가격이 터무니없이 낮다며 반발했고, 이에 짐바브웨 독립전쟁에 참전했던 참전전우회 회원들이 백인 농장을 약탈하고 농장주들을 살해했다. 백인에게서 몰수한 토지는 상당수 무가베의 친인척과 지지 세력인 군인·경찰·정치인들에게 돌아갔다. 그러나 토지를 분배받은 사람들은 농사 경험이 없었다. 농장은 버려지고, 짐바브웨 경제를 떠받들고 있던 농업은 몰락했고, 식량 부족 현상이 발생했다. 백인 농장주 살해가 잇따르자 영국을 비롯한 서방 국가들은 경제제재에 나섰고, 국제통화기금과 세계은행은 지원을 중단했다. 국제사회의 경제제재는 짐바브웨에 치명상을 주었다.

사실 짐바브웨 토지 문제의 뿌리는 서구 제국주의의 영토 약탈에 있다. 영국의 남아프리카 케이프 식민지 총독이었던 세실 로즈(Cecil John Rhodes, 1853~1902)는 다이아몬드와 금광 사업으로 엄청난 돈을 벌면서 1888년 당시 부족 간 갈등으로 분열되어 있던 현재의 짐바브웨와 잠비아 땅을 사들였다. 다이아몬드와 금광 등 광산이 많고 땅이 비옥해 농사짓기에 알맞은 토지를 물색한 다음, 강압과 회유로 형식적 소유권을 획득한 뒤 국경선을 긋고 자신의 이름을 따서 잠비아 지역은 북로디지아, 짐바브웨 지역은 남로디지아라 불렀다. 로디지아Rhodesia는 '로즈의 땅'이라는 뜻이다. 로즈는 짐바브웨의 금맥이 거의 고갈되자 그 땅을 백인 이주민들에게 대규모 농장으로 분배했다. 백인의 농장에서는 주로 담배 등 환금 작물을 재배하게 된다. 영국이 케냐 중앙부의 비옥한 토지 450만 에이커를 백인 전용 토지(화이트 하일랜드)로 지정해 분배했던 것과 같다.

1960년대 아프리카 독립의 기운이 왕성하던 때, 인구의 1퍼센트밖에 안 되는 백인들이 1965년 '로디지아'라는 이름으로 영국으로부터 독립을 선언한다. 남로디지아인 짐바브웨가 1964년 흑인 정권으로 독립한 잠비아(북로디지아)와 달리, 자치 식민지로 머물다가 1980년에야 독립을 할 수 있었던 것은 바로 이때 소수 백인들이 원래 주인이자 다수인 흑인들로부터 독립을 가로챘기 때문이다. 남아공의 소수 백인 정권이 1961년 다수 흑인을 소외시킨 채 영국으로부터 독립을 선언한 뒤 1994년 흑인에게 정권을 넘겨주기까지 아파르트헤이트라는 흑백 차별 정책을 펼친 것과 똑같은 상황이 짐바브웨에서도 일어났다.

무가베는 1980년 독립 이후 30년 동안 장기 독재를 해오고 있는, 2011년 기준 87세의 최고령 독재자다. 독립 영웅이자 건국의 아버지에서 추악한 독재자로 추락한 지 오래다. 국제문제 전문가들은 무가베가 물러나야 짐바브웨 경제가 살아난다고 말하지만, 정작 무가베는 100세까지도 대통령을 할 수 있다고 큰소리치고 있다.

무가베의 추락을 보면 참 씁쓸하다. 애초부터 싹이 노랬던 이디 아민과 달리, 무가베는 푸른 싹이었기 때문이다. 짐바브웨가 독립할 때만 해도 무가베는 남아공의 넬슨 만델라에 견줄 만한 독립 영웅이자 해방자로 추앙받았다. 목수의 아들로 태어난 무가베는 남아공의 포트헤어 대학을 나와 교사 생활을 하다 게릴라 투쟁에 나섰다. 인구의 78퍼센트를 차지하는 최대 부족인 쇼나족 출신인 무가베는 1970년대 짐바브웨 아프리카민족동맹ZANU을 이끌었다. 독립 이후에도 성공한 대통령으로 꼽혔다. 초기 흑백 공존 정책으로 급속한 경제 성장을 이루어, 민주주의와 경제 발전이라는 두 마리 토끼를 잡은 아프리카의 대표적 성공 사례였다. 그러나 권력욕이 문제였다. 무가베는 떠나야 할 때 떠나지 않았다.

1000퍼센트가 넘는 세계 최고의 인플레, 공식 환율과 암시장의 환율 차이 10배, 인구의 3분의 1 이상 식량 부족, 4분의 1 이상 취업 이민,

국민의 80퍼센트가 실업 상태, 경제성장 마이너스 7.1퍼센트, 1인당 국민소득 130달러, 평균 수명 37세.

이것이 오늘날 짐바브웨의 경제 성적표다.

어수선한 기분으로 자고 일어났더니 하라레의 아침은 환하게 웃고 있었다. '햇빛의 도시'라는 별명처럼 따스한 햇살이 도시 전체를 내리쬐었다. 짐바브웨의 햇빛은 시름에 젖은 사람들에게 희망을 잃지 말라는 메시지 같았다. 고원의 쾌적한 날씨와 따스한 햇살이 자카란다나무와 어우러지는 하라레는, 한때 누구나 살고 싶은 꿈의 도시였다.

민박집 가족은 친절했으나, 솔직히 여행자에게 민박은 결코 편한 곳이 아니다. 돈을 낸다고는 하지만 '남의 안방'에서 잔다는 것은 불편하게 마련이다. 오전 7시 일찍 배낭을 메고 나와 전날 찾아갔던 힐사이드 로지로 걸어갔다.

힐사이드 로지에서 커피를 마시며 앞으로 짐바브웨 여행을 어떻게 헤쳐나갈지 곰곰 생각했다. 힐사이드 로지의 넓은 정원에는 오래된 자카란다나무가 잎사귀를 떨군 채 제멋대로 난 줄기와 가지를 드러내고 있었다. 1938년부터 여행자 숙소였던 힐사이드 로지는 아주 운치 있고 고풍스런 집이어서, 언젠가 다시 하라레를 방문하면 꼭 머물고 싶은 곳이다.

하라레 주재 나미비아 대사관에 가려고 힐사이드 로지에서 나왔다. 나미비아는 다른 아프리카 국가와 달리 국경에서 비자를 발급하지 않기 때문에 미리 대사관에서 비자를 받아야 한다. 빅토리아 폭포를 구경한 뒤 보츠와나를 거쳐 나미비아로 갈 계획이었다. 이미 에티오피아의

힐사이드 로드.

나미비아 대사관에서 비자를 받으려고 했으나, 현지인의 초청장을 요구하는 바람에 실패했다.

힐사이드 로지에서부터 1킬로미터 정도 이어진 힐사이드 로드는 자카란다나무와 아름다운 꽃이 늘어선 가로수 길이다. 큰 정원이 딸린 집들에는 커다란 개도 많다. 서울 성북동처럼 부자들이 많이 사는 고급주택가다.

큰길에서 오른쪽으로 걸어가자, 철길이 놓여 있었다. 하라레에서 무타레를 오가는 철도다. 철길을 건너 로베르 무가베 거리라고 쓰인 팻말을 따라 시내 중심가로 걸었다. 대통령이 도로에 자기 이름을 붙였다.

하라레 시내에는 무가베 도로뿐 아니라 유난히 아프리카 국가의 대통령 이름을 딴 도로가 많았다. 줄리어스 니에레레 도로, 넬슨 만델라 도로, 사모라 마셀 도로, 케네스 카운다(잠비아 초대 대통령) 도로, 콰메 은크루마(가나 초대 대통령) 도로, 샘 누조마(나미비아 초대 대통령) 도로……. 짐바브웨의 독립운동을 지원했던 나라의 대통령이거나 아프리카 독립 영웅들이다. 짐바브웨 독립투사 이름을 딴 도로도 많았는데 그중 음부야 네한다 도로는 1896년 첫 해방전쟁인 치무렝가를 이끌었던 여자 무당의 이름이다. 도로 이름에 사람 이름을 붙이는 것은 좋은 일이다. 우리는 도로를 걸으면서, 그 사람 자체보다는 그가 남긴 역사적 발자취를 느낄 수 있기 때문이다. 꼭 영웅의 이름일 필요는 없다. 평범한 보통 사람의 이름도 괜찮다. 나는 여행하면서 도로의 이름을 유심히 살피는 버릇이 있다. 도로 이름과 철길에는 그 나라 역사와 민중의 사연이 깃들어 있기 때문이다.

30분 정도 걸었으나 택시가 보이지 않는다. 아마도 연료난이 심각하다 보니 택시들이 돌아다니지 않고, 택시 승강장에서 승객을 기다리는 것 같았다. 간신히 지나가는 택시를 잡았는데, 자동차운전학원 이름이 택시 위에 붙어 있다. 정식 영업용 택시가 아니라, 지나가던 운전학원 차량이다.

"나미비아 대사관 가는 데 얼마냐?"

전날 택시요금에 덴 나는 요금부터 물어보았다.

"10만 짐바브웨달러만 내라."

나는 가뿐하게 차에 올랐다. 10만 짐바브웨달러라면 공식 환율로 치더라도 미국 돈 1달러다.

하라레 시내는 도로가 넓고 높은 건물이 많았다. 하라레는 영국의 식민지 건설 당시 수상 이름을 따서 솔즈베리로 불리다가 1980년 독립 후 이름을 바꾸었다. 현재의 짐바브웨와 잠비아, 말라위를 묶은 로디지아-니아살란드 연방이라는 이름의 식민지 중앙아프리카연방 시대(1953~1963)에는 연방의 수도이기도 했다. 확실히 다른 아프리카 국가의 도시와 달리 매우 현대적인 느낌이다. 바둑판처럼 시원하게 뚫린 거리가 깨끗하고, 신호등도 여기저기 많이 설치되어 있는, 한마디로 정돈된 도시였다. 넓은 도로에 비해 걸어다니는 사람과 차량이 적은 것이 이상했지만, 여행자가 걷기에는 좋았다. 짐바브웨는 하라레뿐 아니라 지방을 가더라도 도로 등 겉으로 보이는 인프라는 손색이 없었다.

운전사는 10분 정도 달려 시내 중심가에 내려주면서 건너편 건물이 나미비아 대사관이라고 손으로 가리켰다. 그러나 운전사가 일러준 건물에 가보니 앙골라 대사관 간판이 붙어 있었다. 앙골라 대사관 직원에게 묻자 나미비아 대사관은 시 외곽에 있다며 택시 타는 곳을 가르쳐준다. 싼 게 비지떡이었다. 대사관 건너편 택시 정류장에는 많은 택시가 승객을 기다리고 있었다. 내가 가니 운전사들은 가뭄에 단비 만난 듯 환영했다.

"나미비아 대사관까지 가는 데 요금이 얼마냐?"

택시요금은 나에게는 생존 문제다.

"미터 요금으로 계산한다."

택시 운전사는 합리적인 요금 방법이라는 듯 대답한다. 나도 미터 요금은 바가지가 없을 테니 다행이라고 생각했다. 택시에 있는 미터기의 기본요금도 1만 짐바브웨달러였다. 공식 환율로 따져도 미국 돈 0.1달러이니 비싼 것이 아니다. 우리 돈으로 90원 정도. 나는 오히려 "택시 요금이 이렇게 싸냐"라고 속으로 흐뭇해했다.

택시는 그린우드 공원과 철통같은 경호로 유명한 무가베 대통령의 관저, 그리고 국립기록보관소를 지났다. 가로수는 자카란다나무다. 해발 고도 1473미터인 하라레의 공기는 시원하고 맑았다.

전원도시의 멋을 물씬 풍기는 바깥 풍경에 심취해 있던 나는 택시요금 미터기 올라가는 소리에 깜짝 놀랐다. 찰칵찰칵 소리가 거의 1초마다 울리면서 요금이 오르고 있었다. 20여 분을 달려 나미비아 대사관에 도착하니, 택시요금이 무려 500만 짐바브웨달러에 달했다. 공식 환율로 미국 돈 50달러에 해당하는 금액이다. 1분에 25만 짐바브웨달러씩 오른 셈이다. 전날 200만 짐바브웨달러였던 택시요금은 저리 가라였다. 나는 또다시 짐바브웨 택시에 당했다. 기본요금을 1만 달러로 낮게 책정한 것은 승객을 유인하기 위한 술책이었다. 기본요금 거리는 우리같은 2킬로미터가 아니라 200미터인 것 같고, 추가요금 계산 거리도 우리와 비교하지 못할 정도로 짧았다. 짐바브웨에서 택시는 터무니없는 요금으로 이제 내게 공포와 기피의 대상이 되었다.

이렇게 비싼 요금을 주고 달려왔는데, 나미비아 대사관에서는 비자 발급을 거부한다. 분명 대사관 정문 안내문에는 "비즈니스 비자만 발급하지 않고, 여행 비자는 발급한다"고 되어 있는데도. 나미비아 대사관 대문의 인터폰을 통해 연결된 직원이 물었다.

"무슨 목적으로 나미비아에 가려고 하느냐."

"배낭여행자인데 나미비아 사막을 보러 간다."

"남아공에 가느냐."

"갈 계획이다."

"그럼 남아공 가서 비자를 받아라."

비자 발급이 귀찮아서 남아공에 가서 받으라고 떠넘긴 것이다. 케냐 나이로비에서 만났던 대학생은 잠비아에서 나미비아 비자를 받았다는 얘기를 나중에 들었다. 결국 보츠와나에서 직접 나미비아로 가려던 계획을 바꾸어, 도중에 남아공 케이프타운에 들러야 했다. 아무리 준비를 철저히 하더라도, 막상 계획대로 되지 않는 것이 여행이다.

정말 하라레에서는 되는 일이 없었다. "왜 나만 미워해~"하고 외치고 싶을 지경이었다. 환율 도둑과 인플레이션, 바가지 택시요금에 비자까지 발급받지 못하니 하라레에 정이 떨어지려고 했다. 미련 없이 하라레를 떠나 그레이트 짐바브웨 유적지로 가기로 했다. 시내버스를 타고 다시 하라레 시내로 들어가서, 또 다른 버스를 타고 외곽의 음바레 무시카 시외버스 터미널로 갔다.

음바레 무시카 버스터미널로 가는 길에, 오른쪽으로 커다란 루파로 경기장Rufaro Stadium이 있었다. 레게 음악의 거장 밥 말리가 1980년 무가베의 초청으로 노래 〈짐바브웨〉를 부르며 짐바브웨 독립을 축하하는 공연을 했던 곳.

누구나 자기 운명을 스스로 결정할 권리가 있다네
우리는 우리의 권리를 위해 싸워나가야 해
이제 내부 권력 투쟁은 그만
우리는 단결하여 사소한 문제는 극복해야 해
누가 진정한 혁명가인지 곧 알게 될 거야

난 우리가 서로 싸우는 것을 원하지 않아

밥 말리가 짐바브웨의 독립과 단결을 촉구하며 부른 〈짐바브웨〉라는 노래의 가사다. 밥 말리는 1979년 발매한 앨범에 이 노래를 수록했다. 밥 말리는 그전부터 앨범 판매 수익금으로 짐바브웨의 독립운동을 지원했고, 〈아프리카여 단결하라Africa Unite〉라는 노래로 아프리카의 단결과 해방을 부르짖기도 했다. 밥 말리가 꿈꿨던 자유와 해방, 민주주의는 어디로 갔는가.

음바레 무시카 버스터미널은 짐바브웨 정치 상황만큼이나 혼잡했다. 바로 옆에 재래시장이 있어 승객들과 상인들이 뒤엉켜 뒤죽박죽이었다. 터미널의 공중 화장실은 오물을 치우지 않아서 악취가 진동해 사용할 수 없을 정도다.

나는 그레이트 짐바브웨 유적지로 가기 위해 마스빙고 가는 버스에 올랐다. 오래되어 낡을 대로 낡은 버스 문간에는 '좌석 65, 입석 21'이라고 쓰여 있었다. 좌석과 입석을 합친 탑승 가능 인원이 86명이라는 표시다. 마스빙고까지는 보통 5시간인데, 요금은 100만 짐바브웨달러를 받는다. 택시와 달리 정부가 통제할 수 있는 대중버스의 요금은 공식 환율로 쳐도 적절한 가격이었다. 버스 안에 행상이 올라타 음료수와 신문을 팔았다. 나는 5시간 동안 지루할 것 같아 《더 헤럴드The Herald》라는 영자신문 한 부를 샀다. 신문 한 부 가격은 15만 짐바브웨달러, 우리 돈으로 공식 환율 기준 1400원 정도다.

시내를 벗어나자 사바나 지대가 펼쳐졌다. 대량으로 소를 방목하는 목장이 보인다. 옛날 백인들이 운영하던 목장이다. 마스빙고에 가까워졌을 때, 길가에서 놀던 원숭이 3마리가 버스를 보고 급히 초원으로 달아났다. 아프리카에서 원숭이 보는 것은 이제 우리 시골에서 개를 보는 것만큼이나 흔한 일이라 별 감흥이 없다.

마스빙고에서 그레이트 짐바브웨 유적지로 가는 버스로 갈아탔다. 한 시간 이상 기다린 끝에 승객이 꽉 찼는데도 무슨 이유인지 출발을 하지 않는다. 출발할 것처럼 시동을 걸다 끄기를 몇 차례나 하면서도 정작 가지를 않는다. 나이 든 승객 중에는 못마땅한 듯 혀를 끌끌 차는 사람도 있다. 아프리카 사람이라고 차 안에서 무료하게 기다리는 것을 좋아할 사람은 없다. 단지 오랜 습관 때문에 참는 것뿐이다. 아프리카 사람들의 인내심은 정말 놀라울 정도다. 성질 급한 우리나라 같으면 벌써 버스를 뒤집어엎는 승객 폭동이 일어났을 상황인데도, 아프리카 사람들은 참는다. 르완다에서만 운전사가 딴전을 피우거나 제때 운행을 하지 않을 때 따지는 것을 봤을 뿐, 다른 아프리카 국가에서는 승객들이 운전사에게 항의하는 것을 보지 못했다.

그레이트 짐바브웨 유적지에서 돌아올 때 탄 봉고버스의 운전석 옆에는 아예 승객의 기를 죽이는 빨간 스티커를 붙여놓았다.

"당신이 늦는다는 이유로 운전사에게 빨리 달리도록 강요하지 마라."

겉으로는 과속 운전을 강요하지 말라는 뜻이지만, 실제로는 차가 늦게 출발하거나 중간에 오래 지체하고 운전사가 게으름 피우더라도 항의하지 말라는 뜻이다. 솔직히 나는 저 파렴치한 스티커를 떼고 싶은 마음이 굴뚝같았다. 빨간 스티커 옆에는 "공짜 탑승 절대 없음"이라는 스티커도 붙어 있었다. 운전사의 책임이나 안전 운전, 고객 편의 운행에 대한 스티커는 하나도 없다.

문화재 인종 차별의 증거,
그레이트 짐바브웨

뭉그적거리다 마지못해 출발한 버스는 30분 정도 달려 그레이트 짐바브웨 유적지 입구에 도착했다. 나만 내린다. '그레이트 짐바브웨 2킬로미터'라는 팻말이 있다. 해는 이미 서산에 뉘엿뉘엿 지고 있는데, 배낭을 메고 걸어간다. 한참을 걸어가니, 쇼나 조각과 전통 공예품을 파는 상인들이 길거리에 진을 치고 있었다. 돌 속에 영혼이 존재한다고 믿어온 쇼나족(또는 마쇼나)은 돌을 다루는 솜씨로 유명하다. 쇼나족은 조각도 돌 속의 영혼이 인도하는 신성한 작업으로 여긴다고 한다.

고급스런 그레이트 짐바브웨 호텔 입구에는 나뭇잎에 불이 활활 타는 듯한 느낌이 드는 정열적인 꽃나무가 있었다. 아프리카 여행에서 본 가장 아름다운 꽃이었다. 현지어로 무티티라고 하는데, 나중에 알아보니 산호나무coral tree였다.

호텔을 지나 한참 걸어가서 국립공원 야영장에 도착했다. 그사이 해는 지고, 어둠이 하늘을 뒤덮으며 시커멓게 몰려오기 시작했다. 오후 6시쯤 직원들이 막 퇴근하려던 참이었다. 나는 미국 돈 8달러를 내고 공동 기숙사식 숙소로 갔다. 20대 초반 젊은이와 열세 살 정도 된 어린이, 두 명만이 숙소를 지키고 있었다.

기숙사식 숙소는 시멘트로 지은 2동짜리 건물인데, 한 동에 방이 5개

산호나무.

ⓒ 나진영

쇼나 조각.

정도 있었다. 방 안에 들어가니, 시멘트 바닥에 철제 침대가 좌우로 두
개 놓여 있었다. 식당도 없고, 이불도 없었다. 텐트와 침낭, 음식을 가
지고 다니면서 직접 요리하는 여행객을 위한 숙소이지, 혼자 배낭만 달
랑 메고 다니는 여행자가 묵을 곳이 아니었다. 여행자도 나뿐이었다.

　젊은이와 어린이는 돌멩이 사이에 냄비를 얹고 나무 땔감으로 불을
붙여 죽을 끓이고 있었다.

그레이트 짐바브웨 유적지의 여행자 숙소.

"밥을 하는 것이냐?"

"사드자Sadza를 만들고 있다."

사드자는 하얀 옥수수를 으깨어 가루로 만든 뒤, 물에 끓여 만드는 죽이다. 짐바브웨의 주식이다. 사드자는 케냐를 비롯한 동부 아프리카에서는 우갈리라 부르고, 우간다에서는 포쇼, 말라위와 잠비아에서는 은시마, 남아공에서는 팝이라고 부르는 음식과 비슷했다. 사드자도 우갈리와 마찬가지로 카사바로 만들기도 한다. 이들은 사드자에다 채소를 손으로 뜯어 넣고 나무젓가락으로 젓고 있었다.

나는 옆에서 이들이 음식을 만드는 것을 지켜보았다. 달리 할 일도 없었다. 사드자 끓이는 냄새가 배고픈 개코원숭이를 불러 모았다. 캄캄한 나뭇가지 위에서 어미원숭이 두 마리와 새끼원숭이 세 마리가 우리를 지켜보면서 뛰어다니고, 히이익 끼이익 소리를 질렀다. 배고픈 자신들도 봐달라는 듯한 애절한 목소리다.

젊은이는 부글부글 끓는 냄비를 가리키며 내게 말했다.

"사드자가 다 되었으니, 같이 먹자."

이틀 동안 제대로 된 식사를 하지 못해 배가 쪼그라들 지경이었지만, 죽으로 겨우 저녁을 때우는 그들의 밥을 축낼 수는 없었다.

"나는 저녁을 먹어서 배가 부르다. 피곤해서 일찍 자야겠다."

나는 그들이 편하게 식사하도록 자리를 비켜주었다. 원숭이들도 기다리다 지쳤는지, 내가 자리를 뜨자 어디론가 사라졌다. 나는 비상용 손전등을 켜고 배낭 속의 먹다 남은 식빵과 사과 한 개로 굶주린 배를 달랬다. 나중에 귀국해서 보니까, 아프리카를 여행하는 동안 끼니를 제때 챙기지 못해 10킬로그램이나 빠졌다. 기름기 쏙 빠진 훈제 오리고기처럼 갈빗대가 삐죽삐죽 튀어나왔다.

7월 말은 아프리카에서 가장 추운 겨울. 숙소에 이불이 없으니 양말과 바지, 점퍼까지 입은 상태로 침대에 쪼그리고 누웠다. 그러나 한 시간도 안 되어 잠에서 깼다. 머리도 수건으로 감싸는 등 추위를 이기기 위해 몸부림쳤으나, 그 어떤 것도 이불을 대신할 수는 없었다. 밤새 거의 한숨도 자지 못하고 뜬눈으로 새벽을 맞이했다. 아마 배가 고파서 더 추웠는지도 모른다. 돈키호테는 "하늘을 이불 삼아 자는 것은 큰 기쁨이 아닐 수 없다"고 했지만, 나는 용맹한 기사도를 시험하는 방랑 기사가 아니라, 영락없이 현실의 추위에 벌벌 떠는 산초 판사였다.

전기도 밤늦게 잠시 들어와서는 새벽이면 다시 나갔다. 잠자는 시간에만 들어오는 전기다. 우리는 물과 전기를 펑펑 쓰지만, 아프리카에서는 물과 전기가 다이아몬드보다 더 귀하다. 인공위성에서 찍은 지구의 야경 지도를 보면, 빈부의 격차가 야경에 그대로 나타난다. 지도 속 아프리카와 북한은 암흑 그 자체다. 예전에 어느 방송을 보니, 말라위나 르완다, 우간다는 전체 인구의 3퍼센트만이 전기를 제대로 쓰고 있다고 한다. 아프리카에서 얼어 죽을 수도 있다는 실감이 났다. 전날 마스빙고로 오는 버스 안에서 산 신문에는 그레이트 짐바브웨가 있는 마스빙고 지역의 기온이 최저 섭씨 8도, 최고 섭씨 29도라고 했다.

새벽 6시 해가 뜨기 바쁘게 일어나 밖으로 나갔다. 그대로 있으면 침대 위에서 동태가 될 것이 뻔했기 때문이다.

그레이트 짐바브웨는 드넓은 사바나 초원에 화강암 돌산이 병풍처럼 둘러쳐진 곳이었다. 한때 위대했던 아프리카 왕국의 폐허가 돌 건축물로 웅장하게 솟아 있었다. '황금의 나라, 오빌', '솔로몬 왕의 광산', '시바 여왕의 황금 궁전'이라 불리며 신비에 싸여 있던 비밀의 도시다. 짐바브웨Zimbabwe는 쇼나족의 말로 '돌Bwe로 지은 집Zimba'이라는 뜻. 그레이트 짐바브웨Great Zimbabwe는 커다란 석조 유적지라는 의미다. 이 그레이트 짐바브웨에서 나라 이름인 짐바브웨가 나왔다. 짐바브웨는 돌의 나라다.

독일 지질학자 카를 마우흐Carl Mauch가 1871년 시바 여왕의 흔적을 찾다가, 유럽인으로는 처음으로 그레이트 짐바브웨에 발을 디뎠다. 오랫동안 사바나 초원에 버려졌던 그레이트 짐바브웨 발견은 세상을

그레이트 짐바브웨의 신전 유적으로 올라가는 길.

떠들썩하게 만들었다. 기껏해야 유목 생활을 하며 나무와 흙으로 오두막을 짓고 살았을 것으로 생각했던 아프리카인들이 자연 지형을 이용해 대형 석조 건축물을 세웠다니, 놀라울 수밖에 없다. 당연히 아무도 믿지 않았다.

그레이트 짐바브웨는 아프리카인만큼이나 인종 차별의 아픔을 겪어야 했다. 박물관에서 신전 유적지로 올라가는 길목에 있는 안내문에는 그레이트 짐바브웨의 아픈 역사가 기록되어 있다. 영국 식민 지배 시절, 백인들은 그레이트 짐바브웨가 고대 유대의 솔로몬 왕이나 예멘 시바 여왕의 식민지이거나, 고대 지중해 페니키아인들이 만든 유적이라고 주장했다. '미개한' 아프리카인들이 건설했다고 인정하고 싶지 않았던 것. 그것은 아프리카에 '정착과 문명'이 있었다는 역사적 사실을 인정하는 것이기 때문이다. 사하라사막 이남 아프리카의 최대 석조 유적지인 그레이트 짐바브웨는, 단지 아프리카에 있다는 이유만으로, 유럽 백인에게 부정당한 문화재 인종 차별의 증거다.

그레이트 짐바브웨 유적지는 원뿔 모양 탑을 돌로 된 벽이 타원형으로 빙 둘러싼 신전 유적, 중간 계곡에 있는 소규모 돌벽과 사람이 살던 주거지 유적, 언덕 위에 큰 바위로 지은 요새 같은 궁전이자 종교적 장소였던 아크로폴리스 유적으로 이루어져 있다.

신전인 엔클로저는 둘레 255미터에 높이 11미터인 성벽인데, 놀라운 것은 건축술이다. 모르타르 등 어떠한 고착제도 사용하지 않고 화강암을 다듬어 쌓았다는 사실.

마우흐가 발견하기 전, 포르투갈 역사가인 바루스(João de Barros, 1496~1570)는 아프리카 내륙 깊숙이 무역을 하던 스와힐리 이슬람 상

아크로폴리스에서 내려다본 신전(오른쪽)과 계곡 유적(왼쪽).

인들에게서 전해 들은 이야기를 바탕으로 1552년 그레이트 짐바브웨
에 대해 이렇게 기록했다.

엄청난 크기의 돌덩이로 만들어졌으며, 사이사이에 모르타르를 바른 흔
적도 전혀 없는 정사각형 요새가 있다. 이 건물은 언덕으로 둘러싸여 있
는데, 언덕 위 모르타르 없이 돌로만 만든 또 다른 건축물 중에는 높이가
20미터 이상 되는 망루도 있다고 한다.

신전 바깥 성벽과 안쪽 성벽 사이의 통로(위).
신전 안에 있는 원뿔형 탑(아래).

매우 정확한 기록이다.

성벽의 북동쪽 출입구를 통해 들어가서, 이중으로 세워진 성벽 사이의 통로를 70미터 정도 따라가면 안쪽의 원뿔형 탑이 나온다. 원뿔형 탑 역시 돌로 쌓았는데 높이가 10미터나 된다. 경주 첨성대와 비슷한 모양이다. 출입구나 올라가는 계단, 창문 등이 없는 것으로 보아 감시용 탑이 아니라 종교적 상징이다. 부족장의 힘을 과시하기 위한 남근의 상징으로 고고학자들은 보고 있다. 탑 주위 여기저기 돌로 쌓은 작은 건물들이 허물어진 채 시간의 흐름을 보여준다.

작은 원두막 같은 나무 건물이 있는데, 바로 짐바브웨의 상징 새인 '짐바브웨 버드Bird' 석상이 발견된 곳이다. 돌 한 덩이로 만들어진 1.2미터 크기 '짐바브웨 버드'는 돌판 꼭대기에 독수리가 새겨져 있고, 아래쪽에 악어가 기어오르는 모양이 새겨진 석상이다. 독수리와 악어는 산 사람과 죽은 자, 또는 하늘과 땅 사이의 전령으로 활동했던 선조 통치자들을 상징한다고 한다.

신전을 나와 계곡의 유적으로 내려가기 전에 성벽 바깥을 한 바퀴 돌았다. 화강암을 벽돌 모양으로 다듬어 접착제 없이 차곡차곡 쌓아 올린 아프리카인들의 기술과 땀이 성벽에 배어 있다. 신전 벽에 사용된 돌이 무려 90만 개 이상이라고 하니 얼마나 많은 이름 없는 석공과 백성들의 정성이 담겨 있는가.

신전과 아크로폴리스 사이 계곡에 있는 유적에는 작은 돌로 담처럼 쌓은 벽과 사람들이 살던 주거지가 있었다. 계곡의 서쪽 성채에 옛날 주거지 모형을 만들어놓았다. 나무 기둥과 갈대 지붕으로 지은 짐바브웨 전통 가옥인 다가 오두막을 복원한 것인데, 오두막 안내문에는 이곳에서 중국의 명나라 도자기가 발견되었다는 사실이 쓰여 있었다. 그레이트 짐바브웨 유적지에서는 이뿐 아니라 인도의 면과 인도네시아의 염주, 페르시아의 항아리 등이 출토되었다. 계곡에는 누런 갈대가 양탄자처럼 깔려 있어, 배낭을 메고 걷는데도 갈대의 부드러운 촉감이 느껴져서 몸이 한결 가벼웠다. 바위에 앉아 쉬기도 하고, 갈대를 밟으며 산책하듯 유적을 둘러보았다.

언덕 위에 세워진 아크로폴리스는 높이 120미터 화강암 위에 있어 오르는 것이 만만치 않다. 이 유적의 이름은 '언덕 위의 도시'라는 그리스어에서 빌려 왔다. 짐바브웨에서는 작은 언덕을 코피Kopje라고 한다. 지금은 여행객을 위해 왼쪽에 평탄한 새 길을 만들어놓았으나, 나는 경사가 급한 옛날 길을 따라 올라갔다. 급경사 돌계단은 폭도 좁아 위에서 사람이 내려오면 옆으로 피해 있어야 한다. 아침도 먹지 못하고 배낭까지 메었으니 다리가 휘청거린다. 정상에 거의 다다랐을 때 미리 구경을 마친 짐바브웨 초등학생 30여 명이 인솔 교사와 함께 내려왔다. 나는 그들이 다 내려갈 때까지 옆으로 피해 있었는데, 인솔 교사와 학생들이 "감사합니다"라고 인사를 건넨다.

30분 정도 올라갔을 때, 커다란 바위를 따라서 돌로 벽을 쌓아 만든 요새 같은 건축물이 나타났다. 바위 틈새 어두운 미로 같은 통로를 통과하니 안쪽에는 자연석으로 테라스 같은 전망대를 만들어놓았다. 아크로폴리스는 왕이 살던 궁전이면서 종교 의식이 진행된 곳이기도 하다. 쇼나족의 전통에 따르면 지배자의 위상은 지리적 높이에 따라 구분된다. 왕은 가장 높은 언덕의 아크로폴리스에 살고, 언덕 아래쪽의 비탈면에는 귀족들이 살고, 계곡에는 일반 주민들이 살았다. 쇼나족은 전

자연 지형을 이용해 성을 쌓은 아크로폴리스.

통적으로 신성한 언덕과 동굴을 숭배하는데, 아크로폴리스 역시 주위
에서 가장 잘 보이는 언덕에 위치한 데다 바위 틈새의 어두운 미로는
마치 동굴과 같다.

 아크로폴리스에 서면 사방팔방으로 넓은 들판이 탁 트여 있다. 무티
리크웨 호수는 산 너머 있고, 모잠비크 소팔라 항구도 가까우니, 왕국
의 자리로서 훌륭하다는 생각이 들었다.

 한때 그레이트 짐바브웨는 주민 2만 명이 살았던 아프리카 중심 도
시였다. 쇼나 왕국은 전성기인 13~15세기에 동부 짐바브웨와 보츠와

아크로폴리스 성벽 안에서 무티리크웨 호수 쪽으로 내려다본 광경.

나, 모잠비크, 남아공 일부 지역까지 다스렸던 거대 제국이었다. 쇼나 왕국이 다른 곳으로 옮기지 않고 이곳에 정착했다면, 그레이트 짐바브웨는 아프리카 대제국의 수도가 되었을지도 모른다. 그러나 그레이트 짐바브웨는 어느 날 갑자기 사라졌다.

매표소 오른쪽에는 유적지 박물관이 있었지만, 입구에 앉아 있던 여직원이 "전기가 나가 입장이 안 된다"고 해서 들어갈 수가 없었다. 직원은 "미안하다"고 여러 번 이야기한다.

영국 남아프리카회사
경찰서 터 안내문.

　박물관 앞 돌벽에 철판이 하나 붙어 있었다. "영국 남아프리카회사의
경찰서가 1891년 그레이트 짐바브웨의 유적과 유물을 보호하기 위해
이곳에 세워졌다. 그 뒤 1910년 폐쇄되었다"라는 안내문이 쓰여 있었
다. 박물관은 바로 세실 로즈의 영국 남아프리카회사가 운영하던 경찰
서가 있었던 자리에 들어선 것이다.

짐바브웨
탈출

　그레이트 짐바브웨 유적지를 뒤로 하고 나와, 전날 보았던 그레이트 짐바브웨 호텔 식당으로 갔다. 더 이상 허기를 견디지 못할 정도로 배가 고팠기 때문이다. 그 와중에도 가장 싼 메뉴를 시켰다. 소시지, 감자 튀김, 계란 프라이와 커피 한 잔이 나오는 유럽식 아침 식사였다. 허겁지겁 식사를 해치웠다.

　직원이 가져온 계산서를 보고 놀라 자빠질 뻔했다. 총액 450만 짐바브웨달러. 환전한 짐바브웨달러가 많지 않아 미국달러로 계산하겠다고 하자 45달러를 내란다. 미국 돈 1달러＝10만 짐바브웨달러라는 공식 환율로 계산하는 것이다. 다른 아프리카 국가에서 이 정도 아침 식사는 미국 돈 4〜5달러면 충분했다. 현금이 없어 카드로 계산했다.

　짐바브웨의 환율과 인플레이션은 한마디로 미쳤다. 그레이트 짐바브웨 유적지 매점에서 산 작은 생수 한 통이 20만 짐바브웨달러이고, 코카콜라 한 병도 같은 값이었다. 신문 값 15만 짐바브웨달러, 짧은 거리 시내 택시요금 220만 달러, 시 외곽 택시요금 500만 달러, 시내 미니버스 요금 15만 달러, 5시간 장거리 버스 요금 100만 달러, 간소한 아침 식사 450만 달러, 3등석 열차요금 84만 달러. 내가 짐바브웨에 도착해 하루 동안 경험한 물가다.

그레이트 짐바브웨 호텔.

돈의 가치가 땅에 떨어지니 현지인들도 가방에 가득 돈을 넣고 다녔다. 하라레에서 마스빙고 가는 요금 100만 달러는 1만 달러짜리 지폐로 계산하면 100장이다. 버스요금으로 지폐 100장을 내야 한다고 상상해보자. 지갑으로는 결코 짐바브웨달러를 감당할 수 없다.

당연히 정부의 경제정책 실패 때문이다. 그런데도 짐바브웨 어용 신문들은 엉뚱한 이유를 둘러대고 있었다. 내가 전날 산 《더 헤럴드》는 사설에서 경제위기의 원인으로 2005년의 가뭄과 같은 천재지변, 국제

금융기관의 짐바브웨에 대한 대출 금지, 지하시장을 들었다. 어디에도 무가베 정권의 정책 실패와 장기 집권에 따른 부패에 대한 추궁은 없고, 모든 것이 외부의 제재와 국민의 이기심 때문이란다. 짐바브웨 신문에서 진실을 전하는 것은 날씨밖에 없었다.

짐바브웨에 아무런 미련이 없었다. 봉고버스를 타고 마스빙고에 도착한 나는, 환율 유령이 붙잡을까 두려워 바로 불라와요 가는 버스로 갈아탔다. 마음은 급한데, 동물마저 알아주지 않았다. 소 떼와 염소들이 멋대로 도로를 가로질러 가는 바람에 버스는 수시로 멈춰 서야 했다.

석면 산지로 유명한 즈비샤바네를 거쳐 기차역이 있는 불라와요에 도착한 시간은 오후 6시 45분. 다행히 미국달러를 받아준다는 택시를 타고 기차역으로 달려갔다. 7시가 다 되어 기차역에 도착했는데, 표를 사려는 승객들이 긴 줄을 이루고 있었다. 기차역 안의 매표소에서 역 밖으로 60여 미터나 뱀처럼 구불구불 서 있다. 마침 금요일 주말이라

감춰진 짐바브웨달러가
경제를 어지럽힌다는
《더 헤럴드》 머리기사.

승객이 많았다. 다행히 저녁 7시 출발하는 빅토리아 폭포행 열차가 1시간 늦춰졌다. 열차는 몇 시간씩 지연되는 경우가 흔하기 때문에 늦었다고 포기하지 말고 일단 역으로 가보는 것이 좋다.

잔돈으로 요금을 내는 승객은 여직원에게 표를 사기 전에, 돈 세는 것을 전문으로 하는 남직원에게 먼저 계산을 한다. 남자 직원은 은행에서 사용하는 자동 지폐 계산기를 갖다 놓고 돈 뭉치를 세었다. 저 직원이 돈더미에 깔려 죽지나 않을까 걱정될 정도로, 산더미 같은 돈에 둘러싸여 있다. 돈이 쓰레기처럼 쌓여 있었다. 저 돈을 쓰레기장에 그냥 버리기는 아깝고, 그래 불쏘시개로 쓰면 딱이다, 딱이다, 딱이다.

영국인에게는 식민지 개척의 영웅, 아프리카인에게는 탐욕스러운 사기꾼인 세실 로즈의 흔적은 철길에도 남았다. 빅토리아 폭포로 가는 철길은 남아공 케이프타운에서 이집트 카이로까지 아프리카 종단 열차를 만들려는 야심에 찾던 세실 로즈의 작품이다. 1897년 남아공 케이프 식민지에서 올라오는 불라와요 철도가 완공되었고, 이어 빅토리아 폭포까지 가는 철길은 1905년에 이르러 완성된다. 제국주의자 세실 로즈는 불라와요에서 남쪽으로 33킬로미터 떨어진 마토보 국립공원의 산 정상에 묻혀 있다.

사실 불라와요는 짐바브웨 역사에서 빼놓을 수 없는 곳이다. 나도 인플레이션에 쫓기지만 않았다면 며칠 머물며 비운의 은데벨레족(또는 마타벨레족) 왕인 로벤굴라의 궁전 크랄Kraal과 철도 박물관을 구경하고, 근처의 마토보 국립공원 등도 찾아볼 생각이었다.

열차는 저녁 8시 불라와요를 출발했다. 3등석은 모든 객차가 입석도 만원이어서 발 디딜 틈이 없었다. 3등칸에 외국인이라고는 나 혼자였다. 현지인들도 정말 돈 없는 서민들만 타는 곳이 아프리카 열차 3등칸이다. 비어 있는 장소는 한 군데밖에 없었다. 화장실 옆이다. 배낭을 가랑이 사이에 내려놓고, 객차와 객차를 잇는 화장실 앞에 섰다.

3등칸은 사람들로 북적이는 북새통이요, 술을 마시고 고래고래 소리 지르는 난장판이고, 시끄러운 시장터다. 칸을 이동하려는 승객이 비좁은 통로로 지나가면 어깨와 엉덩이가 부딪히고 뭉개졌다. 열차가 움직이자 통로에 서 있던 승객들은 이리 쏠렸다 저리 쏠렸다 하면서 파도타기를 했다. 나는 화장실 통로에서 몸을 이리저리 시계추처럼 왔다 갔다 하면서 균형을 잡으려고 안간힘을 썼다. 방망이로 두들겨 맞은 황태 꼴이 되기 일보 직전, 구원의 손길이 뻗쳤다. 어린 손녀와 함께 가던 60대 후반 노부부가 같이 앉으라며 나를 부른다. 할머니가 다섯 살 정도 되는 손녀를 무릎에 앉히고 내게 자리를 내어주었다.

어두운 밤인데도 기차역에는 차창을 통해 물건을 팔려는 사람들로 북적거렸다. 행상들은 손으로 채소를 높이 들어 승객들에게 보여주며 한 묶음이라도 팔려고 애썼다. 내 앞의 30대 중반 여자는 창문을 통해 파 한 묶음과 다른 채소 두 묶음을 샀는데, 열차가 출발하자 지갑에서 10만 짐바브웨달러 지폐를 꺼내 창문 밖으로 던져주었다. 물건을 받았으니 돈을 주지 않거나 적게 줄 수도 있겠지만, 신의 성실의 원칙은 아프리카 3등칸에서도 잘 지켜지고 있었다.

밤 12시가 되자 여기저기 승객들이 열차 바닥에 주저앉아 술을 꺼내 마시기 시작했다. 바구니에 빵과 음료수, 비스킷, 과일 등을 담은 행상이 복도를 오가며 물건을 사라고 큰 소리로 외친다. 잠시 뒤에는 한 중년 승객이 술에 취해 횡설수설하며 열차 안을 배회하고, 젊은이 다섯 명은 한 무리를 지어 군가를 부르듯 합창하며 객차 사이를 행군하고, 어떤 승객은 뭐가 기분 나쁜지 화장실 문을 발로 차고 지나가고, 또 다른 승객은 심사가 뒤틀렸는지 애꿎은 열차 선반에 대고 욕하며 지나가고, 열차 표를 검사하는 차장도 검사에는 관심이 없고 정신 나간 사람처럼 혼자서 중얼중얼거린다. 복도에 앉아 술을 마시던 승객 두 명은 무엇이 어긋났는지 삿대질을 하며 싸우다가 급기야는 한 명이 토하기 시작했다. 역한 냄새가 진동했지만 다른 객차로 옮길 수도 없다. 모든 객차가 꽉 차 움직일 공간이 없기 때문이다.

열차 출입문도 오래되어 내가 탄 3등칸의 왼쪽 문짝은 아예 떨어져 나갔다. 뻥 뚫린 문으로 새벽의 차가운 초겨울 바람이 쏟아져 들어왔다. 날카로운 얼음송곳이 꽂히는 듯했다. 잠을 잘 수가 없었다.

새벽 2시가 되었는데도, 기차역에 정차할 때마다 승객들은 내리고 타기를 반복한다. 신기한 것은 안내 방송도 없는데, 어두운 밤에도 자신이 내릴 기차역을 승객들은 정확히 알고 있다. 날이 밝기 시작하면서 많은 승객이 내리고 종착역인 빅토리아 폭포 역으로 가는 승객만 남았다. 도떼기시장 같던 열차 안은 어느새 빈자리가 여기저기 생기면서 조용해졌다. 차가운 바람과 역겨운 냄새를 견디던 우리 칸의 승객들은 하나둘 일어나 옆 칸으로 자리를 옮겼다. 나도 배낭을 메고 앞 객차로 갔다.

차창 밖의 나무들은 대부분 누렇게 단풍이 들었고, 조그만 연못 같은 개울물에는 원숭이 20여 마리가 모여 새벽 물을 마시고 있었다. 탄자니아의 타자라 열차에서 보지 못했던 열차 사파리를 빅토리아 폭포 열차에서 경험했다. 지금 열차가 달리는 곳은 코끼리가 많기로 유명한 황게 국립공원. 밤새 움츠렸던 몸이 황게 국립공원의 사바나 초원에 떠오르는 따뜻한 햇살을 맞으며 활기를 되찾았다. 열차의 속도도 빨라졌다. 나도 그렇고, 열차도 그렇고, 우리 모두가 생기를 되찾을 무렵 기차는 잠비아 국경의 빅토리아 폭포 역으로 들어섰다. 오전 9시 30분. 정확히 13시간 30분 걸렸다. 참 독특한 아프리카 열차 3등칸 경험이었다.

열차에서 내린 뒤 서둘러 국경 쪽으로 걸어갔다. 안도의 한숨이 나왔다. 짐바브웨 탈출 작전의 완벽한 성공이다.

빅토리아 폭포의
글라디올러스 • 잠비아 •

빅토리아 폭포에 가면, 나는 무엇보다도 글라디올러스를 만나야겠다고 생각했다. 영화 〈부에나비스타 소셜 클럽〉에 나오는 '깊은 슬픔에 잠긴 내 영혼과 함께 내 뜰에 잠들어 있는 꽃' 글라디올러스 말이다. 빅토리아 폭포는 내 발길이 닿기 전 이미 내 가슴에 도착했다. 굉음과 물보라의 전령이 잠비아 국경까지 나를 마중 나왔던 것이다.

잠비아 국경으로 들어서자, 갑자기 물 쏟아지는 소리와 함께 물보라가 수풀 너머에서 노랑나비처럼 날아와 내 얼굴에 내려앉았다. 물보라는 어느덧 가랑비가 되어 내 옷을 적셨다. 폭포의 모습은 울창한 나무에 가로막혀 보이지 않았지만, 마치 천둥처럼 울리는 물소리와 여행자의 옷깃을 적시는 물보라가, 빅토리아 폭포에 도착했음을 알려주었다.

150년 전 앙골라에서 잠베지 강을 내려오던 리빙스턴은 "거대한 물안개 기둥이 구름과 닿아 있는 듯했다"며 솟아오르는 물안개의 웅장함에 감탄했다. 아프리카의 동서를 연결하는 '하느님의 고속도로'를 만들려던 그의 꿈이 좌절되는 순간이었다. 잠베지 강의 뱃길을 빅토리아 폭포가 가로막고 있었기 때문이다.

옛날 아프리카인들은 빅토리아 폭포를 '천둥 치는 연기'라는 뜻으로 '모시 오아 투니아Mosi-oa-Tunya'라고 불렀다. 하얀 연기가 천둥소리를

376

낸다는 옛 아프리카인들의 표현만큼 빅토리아 폭포를 잘 표현한 말은 없다. 실제로 빅토리아 폭포는 물보라가 300미터 이상 튀어 오르고, 굉음은 몇 킬로미터 밖에서도 들을 수 있다고 한다. 맑은 날에는 저 멀리 50킬로미터 밖에서도 폭포의 물안개를 볼 수 있다니.

짐바브웨와 잠비아를 잇는 빅토리아 폭포 철교가 나왔다. 1905년에 만들어진 다리다. 다리 중간에 다다르자, 계곡 사이로 빅토리아 폭포가 웅장한 모습을 드러냈다. 철교 중간에서는 젊은이들이 잠베지 강을 향해 몸을 날리는 번지점프를 하고 있었다. 높이 111미터짜리 번지점프다. 폭포의 물줄기를 맞으며 잠베지 강으로 떨어지는 번지점프의 짜릿한 쾌감은 어디서도 맛볼 수 없을 것이다. 빅토리아 폭포의 '물보라 터널'을 지나가는 아프리카 열차의 모습은 상상만 해도 시원하다. 러시아의 바이칼 호수를 끼고 달리는 시베리아 철도가 생각났다. 시베리아 열차가 바이칼 호수와 겨우 3~4미터 거리를 두고 달리다 보니, 마치 바이칼 호수로 빨려 들어가는 느낌이 들었다. 다른 지역으로 직선 철길을 낼 수도 있었겠지만, 굳이 바이칼 호수를 끼고 굽이굽이 철길을 낸 혜안이 놀라울 따름이었다.

빅토리아 폭포에서 떨어진 잠베지 강의 물은 계곡을 따라 흐르면서 좌우로 짐바브웨와 잠비아를 나눈다. 짐바브웨 쪽의 도시는 이름도 '빅토리아폭포 시'이고, 잠비아 쪽은 '리빙스턴 시'다. 짐바브웨 쪽의 공원은 빅토리아 폭포 국립공원이고, 잠비아 쪽은 모시 오아 투니아 국립공원이다. 다리 밑 잠베지 강에는 엄청난 물이 흐르고, 그 강물 위에 보트를 타고 래프팅을 즐기는 여행자들이 있었다.

다리를 건너 잠비아 국경사무소에서 비자를 받고, 잠비아 쪽 폭포를

철교 중간에서 본 빅토리아 폭포.

보러 성큼성큼 걸었다. 입구에는 탐험가 데이비드 리빙스턴의 동상이
서 있다. 폭포에서 떨어지는 물이 튀어, 일년 내내 열대우림의 푸른 나
무가 우거져 있다. 나무숲 사이로 난 오솔길을 따라가자 놀라운 장면이
눈앞에서 펼쳐졌다. 쾅~ 하는 소리와 함께 소방호스에서 물이 뿜어지
듯 하늘로 물기둥이 솟아오른다. 잠베지 강에서 흘러 내려오던 물이 계
곡 밑으로 떨어졌다 아래쪽의 바위벽에 부딪치면서 300미터까지 치솟
으니, 주변 하늘은 온통 물안개다. 순식간에 나는 온몸이 흠뻑 젖었다.
폭포의 물이 계곡에서 튀어 오르면서 물거품이 이는 듯하더니, 작은 물
방울인 물보라로 되었다가, 수증기 같은 물안개로 변하고, 순식간에 하
얀 연기가 되어 바람에 실려 날아갔다.

잠비아 쪽에서 본 빅토리아 폭포.

  빅토리아 폭포의 물안개 기둥이 높이 치솟는 이유는 특수한 지형 때문이다. 마치 지진으로 땅이 두 쪽 난 것처럼 물이 떨어지는 위쪽 절벽과 높이가 똑같은 아래쪽 절벽 사이에 계곡이 있다. 폭포의 위아래가 짧은 계곡을 사이에 두고 같은 높이의 절벽으로 이뤄졌다는 점이 다른 폭포와 다르다. 그래서 빅토리아 폭포는 넓은 웅덩이로 떨어져 바로 평지로 흘러가는 것이 아니라, 일단 계곡으로 떨어진 물이 아래쪽의 절벽에 부딪혀 다시 하늘로 치솟는다. 짐바브웨와 잠비아 쪽의 폭포에서 떨어졌다 아래 절벽에 부딪힌 물은 배수로 같은 가운데 계곡으로 합쳐져 흘러간다.
  잠비아 쪽의 맨 아래쪽 절벽 난간으로 내려가면 '칼 모서리Knife

빅토리아 폭포 위쪽 절벽과 아래쪽 절벽을 이은 쌍무지개.

Edge'라는 폭포 전망대가 있는데, 이곳에서는 짐바브웨와 잠비아의 폭포에서 떨어진 물이 하나로 모여 계곡을 따라 흐르는 모습을 볼 수 있다. 계곡의 바로 건너편 짐바브웨 전망대는 '위험 지점Danger Point'이라는 뾰족한 바위가 있는 곳인데, 거기에도 많은 사람이 폭포를 구경하기 위해 몰려 있었다. 여러 줄기로 내려오는 빅토리아 폭포는 폭포의 특성과 모양에 따라 '악마의 폭포', '중심 폭포', '말발굽 폭포', '무지개 폭포', '안락의자 폭포', '동쪽 폭포'라 불린다.

폭포에는 마치 구름다리처럼 아름다운 무지개다리가 놓여 있었다. 물방울이 하늘로 튀어 오를 때 햇빛이 비추면 빅토리아 폭포 어디서나 쌍무지개가 뜬다. 폭포에서 떨어진 물들이 하나로 모여 흐르는 계곡에도 두 줄로 휘어진 활처럼 선명한 쌍무지개가 걸려 있었다. 바위에 부딪힌 물거품이 작은 물방울로 산산이 부서지며 때마침 생긴 무지개에 비치니 나비가 춤추며 날아가거나 비눗방울이 하늘로 올라가는 듯한 환상적인 장면이 펼쳐진다.

쌍무지개가 뜬 절벽 위에 하얗고 노랗고 보랏빛으로 핀 저 우아한 아가씨는 빅토리아 폭포의 물을 머금고 자라는 '안개 속의 소녀' 글라디올러스였다. 100여 년 전 빅토리아 폭포 철교를 놓던 기술자들의 마음을 온통 빼앗았다지. 모네가 수련과 함께 좋아했던 꽃이라지만, 내게는 영화 〈부에나비스타 소셜 클럽〉에서 이브라힘 페레르와 오마라 포르투온도가 같이 부르던 노래 〈실렌시오(Silencio: 침묵)〉의 '나르도스(수선화)'로 다가왔다. 폭포의 물안개가 푸른 잎사귀에 물방울로 내려앉아, 건드리기만 하면 뚝 떨어질 것 같다.

빅토리아 폭포는 브라질과 아르헨티나의 이구아수 폭포나, 미국과 캐나다의 나이아가라 폭포와 함께 세계 3대 폭포로 꼽힌다. 그러나 그 느낌은 확연히 달랐다. 다른 폭포는 웅장하거나 거대하다는 느낌은 들어도 폭포 자체가 아름답다는 느낌을 주지는 못했다. 빅토리아 폭포는 한마디로 아름답다. 빅토리아 폭포에 보름달이 뜨면 달 무지개가 걸린다고 하니, 달밤에 오면 얼마나 환상적일까.

잠비아 관광도시인 리빙스턴으로 갔다. 탐험가 리빙스턴을 기려 이름을 지은 도시다. 관광도시답게 숙소가 많고, 수도 루사카로 가는 철길도 놓여 있고, 외국계 은행들도 많아 여행자에게 편리한 도시다. 인플레 때문에 짐바브웨 쪽보다 잠비아의 리빙스턴 시로 관광객이 몰리다 보니, 방을 잡기가 어려웠다. 숙소를 잡고 오후에는 리빙스턴을 돌아다니면서 시간을 보냈다. 시내에는 은행이 많아 비자카드로 돈을 찾기에 편리했다.

잠비아 화폐는 말라위와 같은 콰차를 통화 단위로 사용했다. 콰차 kwacha는 아프리카 반투어로 '새벽'이라는 뜻인데, 잠비아와 말라위의 민족주의자들이 독립운동 구호로 사용하면서 자유와 해방을 상징하게 되었고, 독립국의 화폐 단위가 되었다.

잠비아Zambia라는 국명은 잠베지 강Zambezi River에서 따온 것. 아프리카 국가 중에서는 잠비아와 콩고민주공화국, 콩고, 세네갈 등이 강의 이름에서 나라 이름을 따왔다.

은행에서 내려오다, 리빙스턴 박물관으로 들어갔다. 1층 왼쪽에는 잠비아 역사와 문화, 전통 생활 등을 보여주는 전시관이 있고, 오른쪽 전시관에는 탐험가 리빙스턴의 탐험일지와 물건들을 전시해놓았다. 1935년 루사카로 수도를 옮기기 전까지 리빙스턴은 식민지 수도였다. 박물관 로비에는 바오밥나무에 대한 잠비아의 전설이 소개되어 있었다. 나는 마지막 여정으로 바오밥나무를 보러 마다가스카르에 갈 계획이어서, 바오밥의 전설을 여행일지에 기록했다.

"잠비아 선조들은 바오밥나무의 열매가 주는 혜택 때문에 오랫동안 바오밥나무를 특별히 보호해왔다. 바오밥나무를 해치면 신의 노여움을 사 뱀의 공격을 받는다고 믿었다."

바오밥나무를 신성시하는 이유가 들어 있었다. 바오밥나무의 열매는 식용하고, 잎과 가지는 소 등 가축의 먹이로 이용하고, 씨앗과 껍질 등에서 추출한 기름은 피부 염증 치료제뿐 아니라 노화 방지와 피부 보습을 위한 화장품 원료로도 사용된다. 바오밥나무는 아프리카인의 삶과

떼려야 뗄 수 없는 존재다.

빅토리아 폭포 근처와 잠베지 강을 따라서 바오밥나무가 많이 자라고, 특히 짐바브웨 쪽의 바오밥은 나이가 200년이 넘고 둘레도 20미터나 되어, 이름도 '빅 트리'라고 부른다.

전시된 리빙스턴의 물건도 다양했다. 탄자니아의 다르에스살람 박물관에는 리빙스턴이 사용하던 나무상자 가방밖에 없는데, 리빙스턴 박물관에는 많은 물건이 전시되어 있었다. 사파리 모자와 코트, 부츠와 망원경, 성경책과 편지, 지도와 지팡이, 시계, 약상자 등등. 리빙스턴은 마지막 탐험 지역이었던 잠비아 방궤울루 호수 남쪽의 치탐보 마을에서 숨졌기 때문에, 잠비아에 많은 물품을 남겼다. 리빙스턴의 육체는 고국인 영국으로 보내졌으나, 그의 심장은 치탐보에 묻혀 마음만은 영원히 아프리카에 남았다.

박물관에는 잠비아의 독립운동을 이끌었던 초대 대통령 케네스 카운다(Kenneth Kaunda, 1924~)의 사진도 있었다. 교사 출신인 카운다는 시민 불복종 운동을 조직해, 이름도 멋진 '차차차Chachacha' 저항운동을 이끌었다. 대통령이 되어서는 마르크스주의와 아프리카의 전통적인 공동체 정신을 결합한 '잠비아 휴머니즘' 운동을 펼쳤다. 카운다처럼 아프리카 독립투사들 가운데는 유난히 교사 출신이 많다. 탄자니아 니에레레와 세네갈 셍고르, 가나 은크루마 등이 그렇다. 식민지 시대 아프리카 중산층의 자녀들이 진출할 수 있는 지적 분야는 주로 교사가 되는 것이었기 때문이다. 카운다는 장기 집권에 대한 불만이 터져 나오자, 스스로 다당제 복원을 선언한 뒤 1991년 대통령 선거를 치렀고, 야당 후보에게 지자 깨끗이 물러났다.

아프리카 지도자들을 생각하다가, 멋진 농담이 떠올랐다. 음식과 권력의 같은 점은 무엇일까? 첫째는 독식하면 반드시 체하고, 둘째는 오래 있으면 반드시 썩는다는 것이다. 리빙스턴 박물관을 나오는데, 문 앞에 있는 리빙스턴 기념상이 나를 보고 웃는 듯하다. 리빙스턴의 탐험은 결과적으로 제국주의 침략을 불렀지만, 그가 잠비아에서 사랑받는 것은 음식과 사랑을 아프리카인들에게 골고루 나눠줬기 때문이다.

둘쨋날에는 하루 종일 잠베지 강에서 짜릿한 래프팅을 즐겼다. 잠베지 강은 세계에서 손꼽히는 래프팅 장소다. 빅토리아 폭포 아래에서 시작해 마치 뱀처럼 꼬불꼬불한 바토카 계곡을 따라 4시간 동안 보트를 탄다. 래프팅을 마치면 '모시'라는 상표의 잠비아 맥주를 무한정 공짜로 주기까지 한다. 잠베지 강변의 검은빛 둥근 바위들은 마치 쇼나 조각품 같고, 깎아지른 듯한 절벽은 대형 병풍이고 한 폭의 수묵화다. 절벽 위에 뾰족한 칼날처럼 선 바위는 세렝게티 초원의 마사이족이 창을 들고 선 듯하다.

래프팅에서 얻은 교훈은 파도와 회오리 물살에는 피하지 말고 맞서 싸워 앞으로 가야 한다는 것이다. 회오리는 노를 저어 벗어나야 하는 것이지, 기다리면 배가 뒤집힐 뿐이다. 래프팅은 여러 명이 함께 하는 레포츠여서 합심이 가장 중요하다. 한두 사람만 노를 젓지 않아도 균형이 깨지면서 배가 뒤집히기 때문이다. 조교가 단단히 지시를 한다.

"아무리 파도가 몰아쳐도 몸을 낮추지 마라. 물살이 셀수록 더욱 힘껏 노를 저어라."

래프팅 코스의 25개 여울(급류)에는 각 지형의 특징과 물살의 속도에 따라 독특한 이름이 있다. 비가 적은 건기인 7, 8월에는 여울 1번부터

21번까지 보트를 즐긴다. 여울 1번은 '부자에서 가난뱅이로'라는 이름으로 불린다. 이름 그대로 고생길이 열린다는 뜻이다. '걸리버 여행'이라는 7번 여울과 '한밤중에 식사하는 사람'이라는 8번 여울, '망각'이라는 18번 여울은 죽음의 코스다. 9번 여울도 너무 험해 '상업적 자살'이라고 부른다. 여기서 사람들은 보트에서 내려 걸어가고, 보트만 먼저 물에 떠내려 보낸다. '상업적 자살'이란 그냥 보트를 타고 내려가면 사고로 래프팅 회사가 망할 정도로 위험하다는 뜻에서 붙인 이름이다. 12번 여울은 작은 소용돌이가 세 번 제멋대로 친다고 해서 '못생긴 세 자매' 또는 '세 마리 작은 돼지'라고 부른다. '세탁기'라 불리는 15번 여울에서는 보드를 준비한 아일랜드 젊은이들이 물속으로 뛰어내려 보드를 타고 내려갔다. 보드로 급물살을 타는 색다른 즐거움이다.

'망각'이라는 18번 여울에서는 엎드리라는 조교의 지시에 따라 일제히 몸을 낮춰 보트의 무게중심을 아래로 두고 밧줄을 꽉 잡아 배의 균형을 잡는다. 계곡이 좁아지면서 양쪽 벽에 부딪힌 물이 다시 파도가 되어 배를 덮칠 때는 노를 젓지 말고 밧줄을 꼭 쥐고 균형을 잡아야 한다. 자연스럽게 물이 흐르는 쪽으로 순응해야 보트가 뒤집히지 않는다.

래프팅 회사 사무실로 돌아와서 우리가 래프팅하는 모습을 비디오 화면으로 보는데, 생각보다 훨씬 역동적이고 아찔한 장면이 많았다. 마치 내가 거센 파도를 헤치며 역경을 이겨내고 항구로 돌아온 《노인과 바다》의 주인공 산티아고같이 느껴졌다. 여행자들이 일시적으로 빠지는 이런 영웅 심리를 래프팅 회사가 놓칠 리 없다. 래프팅 장면을 담은 DVD 판매가 뒤따랐다. 꽤 비쌌지만, 나는 40달러를 주고 덥석 사버렸다.

나미비아
보츠와
남아프리카공화국

캐리비안의 해적은
왜 희망봉을
두려워하는가

• 04 •

보츠와나 • 남아프리카공화국 • 나미비아

앙골라 · 잠비아 · 말라위 · 리빙스턴 · 짐바브웨 · 하라레 · 나미비아 · 오카방고 삼각주 · 그와이 · 마운 · 블라와요 · 빈트후크 · 보츠와나 · 그레이트 짐바브웨 · 모잠비크 · 스바코프문트 월비스베이 · 칼라하리 사막 · 가보로네 · 나미브 사막 · 프리토리아 · 마푸투 · 요하네스버그 · 대서양 · 블룸폰테인 · 더반 · 인도양 · 남아프리카 공화국 · 케이프타운 · 포트엘리자베스

여행자와
미모의 여도둑

보츠와나의 냄새는 무엇일까. 나는 언제부터인가 보츠와나의 향기가
궁금하기도 하고, 그립기도 했다. 보츠와나를 무대로 한 탐정소설을 읽
고 나서다. 짐바브웨 출신 백인인 알렉산더 매콜 스미스가 보츠와나를
무대로 쓴 첫 번째 탐정소설 《넘버원 여탐정 에이전시》에 나오는 대목
이다.

내가 슬펐던 까닭은 오로지, 죽으면 아프리카를 떠나게 되기 때문이었
다. 나는 어머니이자 아버지인 아프리카를 사랑한다. 나 죽으면 아프리
카의 냄새를 그리워할 것이다. 죽은 다음 가게 될 곳은 거기가 어딘지는
몰라도 냄새도 맛도 느끼지 못하는 곳이라고들 하니까 말이다.

아프리카 사람들은 죽어가면서도 죽음의 고통보다 아프리카의 냄새
를 더 생각하는 것일까. 오카방고 델타(삼각주)와 부시맨이라고도 불리
는 산San 족의 고향 칼라하리 사막으로 가면, 뭔가 좋은 일이 있을 것
만 같았다. 아프리카 여행 중 읽은 넘버원 여탐정 에이전시 시리즈 2권
《기린의 눈물》에 나오는 수도 가보로네에도 가서, 진짜 기린이 눈물을
흘리는지도 알고 싶었다.

이른 아침에 보츠와나로 넘어가려던 계획에 차질이 빚어졌다. 나는 여행 오기 전 아프리카 배낭여행자 클럽에서 만난 한 회원으로부터, 자신이 6개월 전 빅토리아 폭포에서 현지인과 함께 찍은 사진을 전달해달라는 부탁을 받았다. 그녀는 잠비아 리빙스턴에 있는 숍라이트 앞에서 과일을 파는 짐바브웨 아주머니를 만나, 며칠간 그 집에 머물며 신세를 졌다고 한다. 그 아주머니는 매일 국경을 넘어와 잠비아 리빙스턴에서 장사를 하고 저녁때면 짐바브웨로 다시 돌아가는 행상이었다. 아주머니 집에서 같이 찍은 사진을 보내주겠다고 약속했으나 여행 중 주소를 적은 노트를 잃어버리는 바람에 보내줄 수가 없었다며 내게 직접 사진을 전해달라고 부탁한 것이다.

나는 짐바브웨 행상들이 모인다는 곳에서 몇 시간 동안이나 찾아 헤맸지만 그 아주머니를 만나지 못했다. 마침 한 젊은 여자 노점상이 내가 찾는 아주머니를 잘 안다고 해서 사진을 맡기고 떠났다. 비록 아주머니를 직접 만나지는 못했지만, 내가 사진을 전달하려는 자초지종을 설명하자 현지인들은 "오, 코리아, 좋다"며 사진 속의 아주머니를 매우 부러워했다. 현지인들이 감격하는 것을 보니 나도 괜히 기분이 좋았다. 여행 중에 배낭 속의 사진이 구겨지지 않을까 신경이 쓰일 때는 솔직히 괜히 객기를 부린 것이 아닌가 후회가 들기도 했지만, 부탁을 들어주길 잘했다는 생각이 들었다.

부랴부랴 버스를 타고 국경마을인 카중굴라에 도착하니 낮 12시. 잠비아와 보츠와나의 국경을 가르는 선은 철조망이 아니라 아름다운 잠베지 강이다. 폰툰 페리Pontoon Ferry라는 거룻배를 타고 강을 건너야 한다.

잠베지 강에서 멀리 보니, 건너편 위쪽으로 나미비아가 보이고, 직선으로는 보츠와나, 아래로는 짐바브웨가 들어왔다. 세계 어느 국경에서 이런 멋진 장면을 볼 수 있을까. 나는 4개국의 꼭짓점에 서 있다. 카중굴라 국경은 본토와 연결된 땅을 기준으로 세계에서 가장 짧은 국경선이다. 잠비아와 보츠와나가 카중굴라에서 국경을 맞대고 있는 거리는 고작 750미터. 세계에서 가장 작은 나라인 바티칸시국이 이탈리아 로마와 맞대고 있는 국경선이 4킬로미터인 것과 비교해도, 카중굴라 국경선이 얼마나 짧은지 알 수 있다. 지도상으로 보면 카중굴라 국경선은 한 점에 불과하다. 잠비아는 보츠와나와 마주한 짧은 국경을 포함해 모두 8개국과 국경을 맞대고 있다. 9개국에 국경을 걸치고 있는 수단, 8개국인 콩고민주공화국과 니제르와 함께 가장 많은 나라와 국경을 맞대고 있는 나라에 속한다.

잠시 나는 배낭을 내려놓고, 흘러가는 잠베지 강과 폰툰 페리를 바라보았다. 잠베지 강은 빅토리아 폭포의 장관을 보여준 뒤 유유히 흘러, 모잠비크를 거쳐 인도양으로 흘러간다. 어머니의 젖줄 같은 잠베지 강에 아프리카인의 애환이 떠내려간다. 너무 서둘지 말고, 천천히 가라고 얘기하는 듯하다. 강은 브레이크 없는 자동차처럼 질주해온 인생을 잠시 멈추게 하는 신호등이다. 나그네에게도 잠시 쉬어가게 하는 여행의 과속 방지턱이다.

거룻배인 폰툰 페리에 올랐다. 배를 타고 잠베지 강을 건너는 데는 5분도 걸리지 않았다. 빅토리아 폭포보다 상류인 카중굴라의 잠베지 강은 폭이 400미터밖에 안 된다. 바닥이 평편한 폰툰 페리는 승객과 승용차, 대형 트럭까지 실어 나른다. 보츠와나에서 바나나 상자를 싣고

카중굴라의 폰툰 페리.

와 잠비아 쪽에 내려놓고, 잠비아 쪽에서는 컨테이너를 실은 대형 화물 트럭이 보츠와나 쪽으로 건너간다. 트럭을 싣고 내릴 때는 거룻배의 앞 뒤 발판이 내려지면서 다리처럼 육지에 닿는데, 마치 수륙양용 장갑차 의 앞문이 열리는 것 같다.

아프리카 여행 중 배를 타고 강을 건너는 국경은 처음이다. 그런데 표를 파는 직원에게 "2008년부터 이곳에서 다리 공사를 시작할 계획" 이라는 말을 들었다. 카중굴라 다리가 완공되면 남아공에서부터 보츠 와나를 거쳐 잠비아를 통해 중부 아프리카와 동부 아프리카 지역으로 가는 물자 수송과 교역이 수월해지고, 자유무역지대를 꿈꾸는 남부아 프리카개발공동체SADC의 지역 통합에 크게 도움이 될 것이다. 강에 다 리가 놓이면, 모잠비크 테테를 지날 때처럼 아름다운 잠베지 강을 눈으로 힐끗 보면서 쏜살같이 지나쳐버리게 될 것이다. 그때는 배를 타고 잠베지 강을 건너던 옛 추억이 그리워지겠지.

강을 건너 보츠와나의 카중굴라 국경사무소에 도착했다. 잔뜩 긴장했다. 비자 발급이 아프리카에서 가장 까다롭다는 정보를 들었기 때문이다. 보츠와나는 소에게 주로 걸리는 구제역 방역을 위해 여행자에 대한 검사가 철저하다. 혹시 지저분한 여행자에게는 비자 발급을 안 해줄까 봐 걱정하면서, 나는 국경사무소로 들어가기 전에 배낭의 먼지를 털고 옷매무새도 가능한 단정하게 했다.

국경사무소는 컨테이너 건물로 아담하고 소박했다. 비자 요금은 500풀라로 엄청 비쌌다. 거의 100달러나 된다. 아프리카 여행 중 비자 요금이 가장 비쌌다. 말라위만 70달러였고, 대부분은 30~50달러였다. 보츠와나는 비자뿐 아니라 물가도 비싸고, 숙박비도 비싸다. 비자 요금으로 미국 돈 100달러를 내자 남자 직원이 "달러는 받지 않으니 풀라로 바꿔 오라"고 한다. 다른 아프리카 국가는 미국달러를 더 좋아하는데, 보츠와나는 특이했다.

미국달러가 필요하지 않은 나라, 보츠와나는 잘사는 티를 국경에서부터 푹푹 풍겼다. 보츠와나의 1인당 국민소득(2005년 기준)은 10,500달러로 아프리카 국가 중 최상위고, 우리나라와도 큰 차이가 없다. 외환 보유고도 74억 달러(2006년)로 인구와 경제력 규모에 견주어 세계적으로도 높은 나라다. 보츠와나는 크기에 비해 인구는 적고 다이아몬드와 구리, 니켈 등 천연자원이 풍부하기 때문이다.

보츠와나의 넓이는 한반도의 2.7배에 해당하지만, 인구는 177만 명(2005년 기준)으로 남북한 인구의 50분의 1밖에 안 된다. 인구 밀도는

1제곱킬로미터당 3.0명으로 나미비아(2.4명)와 함께 아프리카에서 가장 인구 밀도가 낮은 나라다. 인구밀도 487명으로 세계 3위인 한국과 비교하면, 보츠와나는 축구장만 한 목욕탕에서 혼자 여유롭게 때를 밀 수 있는 나라다. 보츠와나에서 땅 투기하는 것은 사하라 사막에서 모래 장사하는 것만큼이나 어리석은 짓이다. 보츠와나Botswana라는 나라 이름은 대표적인 부족인 츠와나Tswana 족의 이름에서 따왔다. 츠와나 족은 전체 인구의 69퍼센트를 차지하며, 부시맨으로 알려진 산족이 칼라하리 사막에서 산다. 츠와나족이 쓰는 언어인 세츠와나Setswana와 영어를 공용어로 한다.

나는 폰툰 페리 선착장으로 가서 한 젊은이에게서 미국달러를 풀라로 환전했다. 비자 신청서도 까다로웠다. 다른 나라에서는 묻지 않는 보츠와나 방문 이유와 구체적인 방문 장소뿐 아니라, 소지 현금 액수와 다른 나라로 간다는 증명 등을 적으라고 했다. 여행자로서는 귀찮은 일이다. 다른 나라는 간단히 여권번호와 머무는 장소 등만 기록하면 되었다. 요구하는 대로 신청서를 작성해 제출하니, 젊은 남자 직원이 반가운 듯 "코리아" 하면서 나를 쳐다본 뒤, 비자를 내준다. 그런데 정작 내가 우려하던 복장 검사는 없었다.

본격적으로 보츠와나 여행에 들어가기 전 화폐 이야기를 해야겠다. 보츠와나 화폐에는 비가 담뿍 들어 있다. 화폐 단위인 풀라Pula는 세츠와나어로 '비'라는 뜻, 보츠와나의 동전인 '테베Thebe'도 '빗방울'이라는 의미. 1풀라는 100테베다. 100 '빗방울'이 모이면 1 '비'가 되는 셈이다. 물이 얼마나 귀하면 돈 이름을 '비'로 했겠는가. 칼라하리 사막을 중심으로 전 국토의 3분의 2가량이 사막이다 보니 물이 귀할 수밖에 없다. 보츠와나가 국가적으로 얼마나 물을 소중히 여기는지는 여러 국가 상징물에도 그대로 나타난다. 국기와 국가문장(국장), 화폐, 도로 이름에도 풀라가 이름으로든 상징으로든 들어 있다. 심지어 국가 구호인 모토가 아예 '풀라'여서 공식 행사를 치른 뒤 부르는 만세 삼창이 "비(풀라), 비(풀라), 비(풀라)"일 정도다. 비를 부르는 보츠와나의 만세 삼창은 세계에서 가장 낭만적인 구호가 아닐까.

오카방고 델타가 있는 마운까지 가려면 길이 멀었다. 먼저 국경도시인 카사네로 가야 하는데, 카중굴라 국경에서 버스를 기다려도 오지 않았다. 그렇다고 비싼 택시를 타고 갈 수도 없었다. 내 손에는 비자 요금을 내고 남은 303풀라밖에 없었다. 다른 나라의 사나흘 생활비를 비자 요금으로 한꺼번에 날린 셈이다. 배낭을 메고 땀을 뻘뻘 흘리며 세세까지 30분을 걸어 나왔다. 간신히 봉고버스를 탈 수 있었다. 카사네로 가는 버스요금이 2풀라다. 카사네로 가는 길은 초베 강을 끼고 달리는데, 초베 국립공원은 코끼리 12만 마리가 서식하는 세계 최대의 코끼리 집단 서식지.

카사네에서 다시 나타라는 도시로 가서 마운으로 가는 버스를 갈아타야 하는데, 나타로 가는 버스는 끊어진 지 오래였다. 아프리카에서 장거리 도시 사이를 이동할 때는 반드시 오전 10시 이전에 버스나 차량을 타야 한다. 교통수단의 부족과 시간상 이유로, 오후에 다른 여행지로 이동하기는 어렵다. 현지인들이 "나타에 가려면 세세에 가서, 지나가는 차를 히치하이킹하라"고 일러준다. 이런. 봉고버스를 타고 세세로 다시 돌아갔다. 이미 현지인 20여 명이 지나가는 차를 얻어 타려고 길가에 늘어서 있었다. 대부분 나타를 거쳐 제2의 도시인 프란시스타운

세세 마을의 정류장 앞 도로를 한 줄로 건너는 코끼리 떼.

으로 가는 사람들이었다. 지나가던 트럭과 승용차가 몇 대 섰지만 모두 나타를 거쳐 프란시스타운으로 가는 차량이다. 마운으로 가는 차는 한 대도 없었다. 1시간 30분이나 길거리에서 시간을 보냈다. 히치하이킹 은 아프리카 여행에서 처음이라 낯설기도 했다.

불가피한 경우가 아니라면 히치하이킹은 가능한 피하는 것이 좋다. 전혀 모르는 운전사에게 자신의 안전과 운명을 맡기는 위험한 방법이 기 때문이다. 배낭여행에서 대중 교통수단을 이용하는 것만큼 안전한 것은 없다. 나는 아프리카를 홀로 여행하면서 하루를 더 묵더라도 대중 교통수단을 이용한다는 원칙을 지켜왔다.

큰 수컷 코끼리가 새끼코끼리 뒤를 지키며 길을 건넌다.

아프리카의 강렬한 햇빛 아래 오랜 시간 히치하이킹을 하다 보니, 피
곤하기도 하고 지루하기도 했다. 그때 내 눈을 즐겁게 해주는 예상치
않았던 장면이 나타났다. 코끼리 떼가 도로를 건너가는 것이 아닌가.
어른코끼리 4마리와 중간 크기 2마리, 새끼코끼리 2마리의 대가족이
다. 원숭이가 지나가는 것은 아프리카에서 흔히 볼 수 있는 광경이지
만, 코끼리가 도로를 활보하는 것은 결코 흔한 일이 아니다. 코끼리들
은 머뭇거리지 않고 재빨리 도로를 건너 숲 속으로 들어갔다. 주변은
카사네 보호림 지역이다. 다시 5마리 코끼리가 나타나 같은 길을 가로
질러 숲 속으로 들어간다. 제일 먼저 가장 큰 수컷 코끼리가 길을 건너

자 중간 크기와 새끼코끼리들이 그 뒤를 따르고, 맨 뒤에 다른 수컷 코끼리가 건넜다. 길을 건너면서도 새끼코끼리를 보호하려고 무리의 가운데에 서게 하는 보호 본능이 작용한 것이다.

정말 세계에서 가장 많은 코끼리 떼가 산다는 초베 국립공원의 길목답다. 초베 국립공원에 직접 가지 않고도, 길거리에서 탄자니아 세렝게티 초원에서 봤던 코끼리보다 더 많은 코끼리 떼를 봤다. 나이로비에서 만난 젊은 의사는 "수백 마리 코끼리 떼가 한꺼번에 움직이면 초베 공원의 땅이 꺼질 듯 쿵쾅거린다"고 했다. 아프리카 여행의 별미는 바로 국립공원에 가지 않더라도 그냥 도로 변이나 차창 밖 가까이에서 야생 동물을 만날 수 있다는 점이다. 코끼리가 도로를 어슬렁어슬렁 건너가고, 길가에서 기린이 목을 길게 빼어 나뭇잎을 먹고, 커다란 쿠두(영양의 일종)가 도로 난간을 뛰어넘어 달아나고, 개코원숭이가 아스팔트 도로에 엉덩이를 깔고 앉아 오후의 휴식을 취한다. 아프리카가 아니고서는 세계 어디에서도 볼 수 없는 장면이다.

차 잡는 일은 제쳐두고 코끼리 구경에 정신이 팔린 내가 현지인들 눈에는 신기한가 보다. 그들에게 코끼리 보는 일이란 우리가 예전 시골에서 소를 보는 것과 같은 일상생활일 테니까. 코끼리가 지나가면 나한테 "코끼리다" 하고 손으로 가리켜주기도 했다.

길가에는 코끼리뿐 아니라 당나귀도 어슬렁거렸다. 그 흔한 고삐도 없고 가축의 낙인이 찍히지 않은 것으로 보아 야생에 그냥 방목하는 당나귀였다. 에티오피아에서 짐을 실어 나르는 당나귀나 노새를 자주 보았으나, 이처럼 아프리카 초원에서 살아가는 야생 당나귀는 처음이다. 뜨거운 태양을 피해 나무 그늘에서 쉬다가 오후가 되자 활동을 시작한 것이다. 온몸이 잿빛이고 배만 흰 야생 당나귀는 카사네 보호림 지역 일대를 누비며 다니는 것 같았다. 예닐곱 마리가 길거리 쓰레기통에 코를 대고 킁킁거리며 냄새를 맡은 뒤, 사람들이 먹다 버린 음식물을 먹는다.

나는 사실상 히치하이킹을 포기하고, 도로에 털썩 주저앉았다. 이제는 지나는 차도 거의 없는 데다, 배낭을 멘 무거운 몸으로는 선 차를 향해 달려가는 다른 현지인들을 따라잡을 수가 없었다.

땅에 앉아 쉬는데, 키 큰 젊은 여자가 다가왔다.

"어디 가느냐?"

"마운에 간다."

야생 당나귀가 어슬렁거리는 세세 마을 정류장.

"오카방고 가는군. 여행객들이 많이 가는 곳이지."

아주 맹랑한 아가씨다. 아주 친한 친구처럼 말을 붙인다. 내가 묻지도 않았는데 자신의 이름이 '초비아'이고 스물다섯 살이라고 한다. 세련된 복장에다 눈에 띄는 미모여서 시골 여자 같지 않은 인상이다. 예상대로 프란시스타운에서 구둣가게를 하는데, 아버지가 사는 고향에 왔다가 다시 프란시스타운으로 돌아가는 길이란다. 40대 중반의 언니와 스무 살 정도 되는 여동생과 함께 차를 기다리고 있었다.

그녀는 아예 내가 앉은 자리 옆에 가까이 다가와 앉는다. 그녀는 한 번도 본 적 없는, 길거리에서 만난 외국인에게도 초등학교 동창같이 친밀하게 다가갈 수 있는 천부적 재능이 있었다. 내가 "두 시간 넘게 허탕만 쳤다"고 하자, 그녀는 "걱정하지 마라"고 큰소리친다. 자신의 긴 치마를 무릎 위로 걷어 올리고 다리를 드는 자세를 취하면서, 엄지손가락을 위아래로 까딱이는 시늉을 한다. 치마만 조금 걷어 올려도 지나가는 차가 선다는 뜻이다. 저 자신감은 어디에서 나오는 것일까.

나로서는 그녀의 자신감에 기대는 방법 외에, 달리 뾰족한 수가 없었다. 나와 그녀의 언니, 동생은 햇볕이 내리쬐는 도로에서 그녀가 잡아오는 사냥감을 애타게 기다렸다. 그렇게 또다시 3시간이 넘게 흘러갔다. 지나가는 차도 점점 줄고 날은 어두워지고 있었다. 기다리던 사람 중 절반 정도는 차를 타고 갔으나, 나머지 절반은 하나둘 집으로 돌아가고 있었다. 그렇게 자신만만하던 보츠와나 아가씨의 치마 걷어 올리기도 결국 소용이 없었다. 트럭이 서기는 했으나, 우리 모두가 타고 갈 좌석이 없었다.

오후 7시 30분이 되자 어둠이 엄습하고, 나와 그녀 가족 3명, 그리고 당나귀 예닐곱 마리만이 남았다. 그녀는 카사네 시내에 있는 아버지 집에서 하루 자고, 다음날 아침 나타로 가는 첫 버스를 타는 방법밖에 없다고 말한다. 그러면서 내게 "아버지와 같은 방을 쓰면 된다"며 같이 가자고 했다.

아프리카 여행 중 이렇게 난감하기는 처음이다. 그동안 아무리 어두운 밤에 도착해도 발품을 팔면, 숙소를 잡는 데 큰 어려움은 없었다. 그러나 여기는 배낭여행자를 위한 값싼 숙소는 아예 찾을 수 없고, 오직 단체 관광객을 위한 하루 숙박비 70달러 이상인 고급 호텔이나 로지만 있다. 선택의 여지가 없었다. 당나귀처럼 길거리에서 밤을 꼬박 샐 수는 없기 때문이다. 코끼리는 숲 속으로 들어가 잠자는데, 당나귀는 겁도 없이 그냥 길거리에서 잔다.

나는 그들을 따라나섰다. 그녀가 약간 미심쩍었지만 그녀의 언니와 동생이 있으니 안심이 되었다. 언니와 동생은 말이 없이 조용하고 착한 성품이었다. 그녀의 아버지 집에 들어서자 우리네 시골의 대가족이 사는 ㄷ자형 시멘트 단층집이 나왔다. 가운데 안방이 있고, 안방을 중심으로 방이 6개나 되는 중산층이다.

집에 도착하자 그녀의 말이 달라졌다. 아버지가 아파서 자고 있기 때문에, 나는 그녀와 여동생이 자는 뒤쪽 방에서 함께 자야 한다는 것이다. 자기 방에는 침대가 두 개 있는데, 오른쪽 침대에서 자신과 여동생이 잘 테니, 나는 그녀가 쓰던 왼쪽 침대를 사용하라는 것이다. 멋진 미녀와 같은 방에 자는데, 왠지 불안해지는 까닭은 무엇일까.

그녀가 저녁을 사라고 해서 같이 저녁을 먹고 돌아와서, 피곤해 바로 잠에 떨어졌다. 부스럭부스럭 소리가 잠결에 흘러간다. 누군가 자물쇠로 잠가놓은 배낭의 지퍼를 열려고 끙끙거리는 소리가 들렸다. 번뜩 이상한 예감이 들어 눈을 떴는데, 놀랍게도 그녀가 내 배낭을 열려고 하고 있었다. 그렇잖아도 조금 의심스러워 내심 경계를 하면서도, 여동생과 함께 자는데 하룻밤 사이에 무슨 꿍꿍이를 부리겠는가 했던 그 '설마'가 잘못이었다. 나는 눈을 뜨고서도 모르는 척 그녀의 손놀림을 한참 지켜보았다. 이 상황을 어떻게 돌파하지……. 그녀의 손을 세게 내리쳤다. "친절한 초비아 씨, 왜 이러시나" 하고 속으로 외치면서. 그녀는 화들짝 놀라 몸을 일으키더니 전깃불을 켜면서 오히려 내게 버럭 화를 냈다.

"왜 나를 때리느냐."

"네가 무슨 짓을 했는지 모르느냐."

"잠을 재워줬는데, 나한테 이래도 되느냐?"

"나를 바보로 아느냐. 내 배낭 속의 지갑을 훔쳐 가려 하지 않았느냐."

그녀의 여동생이 다 들었는지 몸을 뒤척이면서 기침을 했다. 그녀도 여동생 보기에 창피했는지 전깃불을 끄고 슬그머니 다시 여동생 옆자리에 눕는다. 나도 그녀의 체면을 세워줘야 하기 때문에 참기로 했다.

잠시 후 잠결에 다시 촉감이 이상했다. 그녀는 이제는 방법을 바꿔 노골적인 육탄전으로 파고들었다. 이 폭력적 유혹의 결과는 뻔하다. 나는 다음날 아침 보츠와나 경찰서 유치장에 갇히는 신세가 될 것이다. 나는 그녀의 손목을 강하게 비틀며 침대에서 밀어냈다. 그녀는 한참 후에 다시 배낭을 열려고 끙끙거렸다. 참새가 방앗간을 지나칠 수 없듯이, 도둑이 지갑을 보고 그냥 잘 수가 있었겠는가. 이날 밤 내가 겪은 고통을 구구절절이 다 쓰면 아프리카판 단편소설 〈사랑방 여행자와 도둑 아가씨〉가 되기 때문에, 여기서는 다 설명할 수가 없다. 설마가 사람 잡은 하룻밤이었다.

결론은, 숙박요금 낸 셈 치고 300풀라(미국 돈 50달러)를 그녀에게 주어야 했다. 나는 새벽 5시 30분 그녀에게 이끌려 은행의 현금지급기에서 돈을 인출해주고서야 해방될 수 있었다. 역시 나그네의 최대 적은 아름다운 여인이다.

오카방고 갈대숲에서 만난
〈오페라의 유령〉

　나와 도둑인 그녀, 그녀의 언니와 여동생, 네 명은 아침 일찍 버스 정류장으로 갔다. 버스는 레쇼모 강을 따라 짐바브웨 국경선과 나란히 달리면서 내려갔다. 사바나 초원이 끝없이 펼쳐지고, 해바라기와 옥수수를 대량으로 재배하는 농장도 많이 보였는데, 트랙터 등이 있는 것으로 보아 기계화 농업이 이뤄지는 듯했다.

　2시간 30분가량 달렸을 때 처음으로 가축 검역소가 나왔다. 말로만 듣던 보츠와나의 구제역 방역이다. 모든 승객은 버스에서 각자 짐을 들고 내리고, 공항 검색처럼 일일이 짐을 검사받는다. 배낭 옆에 매단 내 슬리퍼도 꺼내 소독을 하도록 한다. 그 다음 소독약을 뿌린 바닥의 깔판을 밟고 지나가야 했다. 도로 검문소에서 구제역 방역을 하는 것은 보츠와나에서만 경험하는 독특한 절차다. 이처럼 구제역 방역을 철저히 하는 것은 보츠와나의 가축산업을 보호하기 위한 것. 보츠와나에서 소는 생계 수단이면서 부의 상징이고, 지금도 쇠고기는 주요 수출품이다.

　보츠와나의 사바나 초원에서는 소 떼를 방목하는 모습을 자주 목격할 수 있다. 소는 가난한 시골 사람들의 양식이자 신부를 맞이할 때 치러야 하는 지참금이다. 남자가 장가를 가려면 신부 가족에게 보통 소 10마리 정도를 줘야 한다. 아프리카판 '갑돌이와 갑순이'인 〈말라이카

Malaika〉는 아프리카에서 아주 유명한 노래다. 스와힐리어로 '천사'를 뜻하는 〈말라이카〉는 신붓값으로 치러야 할 소가 없어 사랑하는 여인을 떠나보내야 하는 젊은이의 아픔을 구슬픈 선율에 실은 노래다.

3시간 정도 걸려 나타에 도착했다. 세 자매는 타고 온 버스로 프란시스타운으로 가고, 나는 차를 갈아타야 한다. 도둑 아가씨는 아침에 돈을 받고 기분이 좋아졌는지, 오는 내내 떠버리가 되었다. 내게 프란시스타운의 집 전화번호와 휴대폰 번호를 적어주며, 오카방고 델타를 구경한 뒤 남아공으로 내려갈 때 자기 집에 들르라고 신신당부한다.

나는 나타에서 다시 히치하이킹을 해야 했다. 보츠와나에서 히치하이킹은 일상적이고, 차량들은 적당한 요금을 받는다. 칼라하리 사막의 강한 바람에 실려 온 거친 모래가 내 얼굴을 냅다 때리고 지나갔다. 뿌연 모래 안개가 하늘을 뒤덮는다. 황사다. 황급히 바람이 불어오는 쪽으로 등을 돌리고 모자를 푹 눌러쓴 뒤 고개를 숙였다. 그 와중에 칼라하리 사막의 따가운 햇살이 맨얼굴에 날카롭게 파고들었다. 이렇게 햇볕가리개 하나 없이 무작정 차를 기다리는 것은 뜨거운 프라이팬에 얼굴을 들이미는 것과 같다.

나타는 보츠와나 전 국토의 3분의 2를 차지하는 칼라하리 사막의 동쪽 초입이다. 북부의 오카방고 델타와 초베 강, 남동쪽에서 남아공과 국경을 이루는 림포포 강과 마리코 강을 제외하고는 1년 내내 물이 흐르는 강이 없을 정도로, 보츠와나는 전 국토가 사막이거나 반사막인 건조 지대다. 나타에서는 사막의 입구에 도착했음을 피부로 느낄 수 있다. 수도인 가보로네와 제2의 도시인 프란시스타운 등 보츠와나의 도시 대부분은 칼라하리 사막을 피해 국토 동남부를 따라 형성되어 있다.

다행히 그리 오래 기다리지 않고 지나가는 차를 얻어 탈 수 있었다. 20대 현지 젊은이가 쩔쩔매는 나를 위해 차를 잡아주었기 때문이다. 여행을 하다 보면 이렇게 이름도 모르는 현지인들의 도움을 많이 받게 된다. 여행을 떠날 때는 혼자지만, 여행을 무사히 마치고 돌아올 수 있는 것은 이런 현지인들의 도움이 있기 때문이다.

차는 국립공원 소속 차량이었다. 앞좌석에 30대 초반 운전사와 다른 직원이 한 명 있어 나는 가운데 자리에 앉았다. 그들은 마운에 교육을 받으러 가는 참이라고 했다.

마운으로 가는 길에는 사막과 반사막, 사바나 초원이 번갈아가면서 나타났다. 보츠와나의 중앙부와 남서부에 있는 칼라하리 사막은 서쪽으로는 나미비아에 걸쳐 있고, 남쪽으로는 남아공에 걸쳐 있다. '메마른 땅'이라는 뜻인 칼라하리는 세츠와나어로는 '크갈라가디Kgalagadi'라고 한다. 칼라하리 사막이 사하라 사막이나 나미브 사막과 다른 점은 온통 모래로 뒤덮여 있는 것이 아니라, 반사막 지대와 풀이나 작은 나무가 자라는 사바나 초원 등이 혼재되어 있다는 것이다. 비가 오는 우기에는 초원 지대가 생기고, 곳곳에 물이 고여 커다란 소금호수를 만들기도 한다. 비가 오면 물이 흐르지만 평소에는 흔적만 있는 사막의 하천인 와디도 칼라하리 사막에서는 자주 볼 수 있다.

불어오는 바람에 하얀 억새풀의 흔들림이 마치 은빛 물결이 치는 것 같다. 초원의 풀들이 사막의 거센 바람을 맞아 붉은악마의 물결 응원처럼 몸을 낮췄다가, 바람이 지나가면 다시 몸을 일으키기를 되풀이한다. 말을 방목하는 곳도 보이고, 소 떼는 더위를 피해 아카시아 우산나무 아래 옹기종기 모여 있다. 우산나무는 우산처럼 가지를 사방팔방으로

칼라하리의 억새밭.

늘어뜨려 넓은 그늘을 드리우면서 아프리카 동물들에게 양산이 되어준다. 탄자니아 세렝게티 초원의 우산나무도 멋있지만, 칼라하리 사막의 우산나무는 강인한 생명력의 상징이자 동물들의 휴식처로서 경외심마저 들게 했다. 기린은 아카시아 나뭇잎을 즐겨 먹고, 몸이 가려운 코끼리들은 아카시아 나무에 몸을 비비고, 가축몰이와 사냥에 지친 마사이족과 산족은 아카시아 나무 밑에서 휴식을 취한다. 칼라하리 사막과 세렝게티 초원에 어스름이 지면, 아카시아나무는 영화의 한 장면 같은 실루엣을 보여주었다. 아카시아 나뭇가지에 고독한 땅거미가 걸려 있는 장면은 마다가스카르 바오밥나무에 황혼이 걸린 장면처럼, 아프리카 여행에서 잊을 수 없는 추억으로 남는다.

그웨타 지역에 이르러서는 도로 양옆으로 사막 염전인 막가딕가디판Makgadikgadi Pans 염호와 은자이 판Nxai Pans 염호가 펼쳐졌다. 오랜 세월에 걸쳐 호수의 물이 증발하고 소금이 말라붙은 염호에는 플라밍고와 얼룩말, 누가 몰려든다. 내가 지금 지나가는 막가딕가디 판 지역은 인간이 견디기 힘들 정도로 황량하고 뜨거운 곳이다. 아스팔트 도로는 뜨거운 햇볕에 녹아내릴 듯하고, 아지랑이가 부글부글 끓어오른다. 아스팔트 도로가 춤을 추듯 위아래로 출렁거리는 신기루가 보인다.

사막을 달리던 차량이 갑자기 멈추더니 후진한다. 20미터 뒤쪽의 반대편 도로에 커다란 도마뱀처럼 보이기도 하고 작은 악어 같기도 한 파충류가 차에 치여 죽어 있었다. 직원이 차에서 내려 죽은 동물을 짐칸에 싣는다. 내가 "무슨 동물이냐"고 묻자 직원은 "이구아나"라고 말한다. 거의 1미터나 되는 큰 이구아나였다. 죽은 지 얼마 안 되었는지 빨간 핏자국이 아스팔트에 그대로 묻어 있었다.

칼라하리 사막을 지나다 보니, 신기한 흙무더기가 있다. 촛대바위 같기도 하고, 진흙 탑 같기도 하고, 무덤이나 비석 같기도 하다. 흰개미집이다. 흙을 물어다 갈댓잎과 침을 섞어서 탑 쌓듯이 높이 지은 것이다. 흙집에는 무수한 구멍이 나 있는데, 개미들이 땅속 보금자리로 들어가는 출입구이자 공기가 통하는 통풍구란다. 곧 개미집은 땅 속에 있는 동굴이고, 땅 위에 쌓은 흙무더기는 통풍구 역할을 하는 굴뚝이다. 동물행동학자인 최재천 교수는 개미집의 굴뚝이 "인간이 사는 최고급 아파트보다 더 좋은 중앙난방 장치와 공기 청정 시스템"이라고 했다. 칼라하리 사막에는 유난히 흰개미집이 많았다.

아프리카 사막에서 흰개미는 최고의 건축가다. 인간이 돌로 만든 최고의 건축물로 높이 146미터인 이집트 피라미드가 있다면, 아프리카 사막에는 흰개미가 흙으로 세운 4미터 높이 개미집이 있다. 어느 학자

오카방고 델타 근처에서 본 흰개미집 굴뚝.

는 "흰개미에게 3미터는 인간으로 치면 높이 3킬로미터에 해당하는 셈"이라고 말했다. "인간은 지상을 돌보지만 흰개미는 지하를 돌본다"는 아프리카 속담이 있으니, 흰개미집의 과학성을 알아본 아프리카인들의 지혜가 얼마나 놀라운가.

마운은 습지인 삼각주에 있어서, 강물이 흐르고 강물을 따라 푸른 풀도 자라고 말들이 한가롭게 풀을 뜯는 곳이었다. 아담한 농촌 풍경과 읍내 풍경이 조화를 이룬 작은 도시였다.

마운 시내에서 택시를 타고 오카방고 델타 강변의 아우디 야영장으로 갔다. 아우디 야영장에는 침대와 이불까지 갖춰진 배낭여행자 천막이 있었다. 공동 화장실과 샤워실, 야외 식당과 간이 바도 있다. 보츠와나에서 배낭여행자가 이용할 수 있는 가장 싼 숙소인데, 비용은 1인용 침대 텐트가 205풀라(미국 돈 37달러)였다. 저녁이 되자 개구리 소리가 울려대는데, 맹꽁이 소리 같기도 하고 탱크 소리처럼 컸다. 아우디 야영장에는 가족 단위로 온 여행자가 많았다. 아프리카 여행을 하다 보면, 의외로 소박한 텐트여행을 다니는 유럽인 가족이 많아 놀라게 된다.

다음날 아침 모코로 관광에 나섰다. 모코로는 보츠와나 전통의 작은 통나무배. 통나무의 속을 파서 만든 우리네 마상이와 같다. 지금도 오카방고 델타에 사는 주민들에게는 강을 건너는 유일한 교통수단으로 이용된다. 델타의 습지대는 물길이 좁고 수심이 낮아 큰 배가 다닐 수 없기 때문이다. 모코로 관광은 오카방고 델타 강줄기를 따라 습지대를 구경하고, 수풀 길을 따라 걸으며 야생 동물을 보는 카누 사파리다.

오카방고 델타는 세계 최대의 내륙 삼각주. 앙골라에서 발원한 오카방고 강은 세롱가 지역에서 갈라지면서 1만 5000제곱킬로미터에 이르는 넓은 삼각형 습지대를 만들고는 결국 바다에 이르지 못하고 칼라하리 사막의 모래 속으로 사라진다. 바다에 이르지 못하는 대신, 칼라하리 사막을 생명의 섬으로 만들어준다.

나는 오카방고 강이 갈라지면서 생긴 지류인 산탄타디베 강과 보로 강 하류 사이의 섬과 수로를 탐험하는 동부 델타 코스를 선택했다. 트럭을 개조한 오카방고 델타 사파리 차량에 독일, 네덜란드, 에스파냐, 이탈리아 등 유럽에서 온 여행자들이 동승했다. 포장도로를 지나 비포장도로로 들어서 한참을 달렸다.

델타 입구에도 철사로 된 '가축 방역 울타리'가 설치되어 있었다. '버펄로 펜스(아프리카물소 울타리)'다. 물소로부터 가축에게 구제역이 전염되는 것을 막기 위해 높이 1.5미터로 설치한 것이다. 보츠와나에서는 1954년 처음 울타리를 세우기 시작했는데, 지금은 오카방고 델타뿐 아니라 칼라하리 동물보호구역 등 전국에 걸쳐 무려 3000킬로미터에 이른다. 그러나 구제역 방역이라는 취지는 좋지만 버펄로 펜스에 대한 논란이 끊이지 않는다. 수많은 야생 동물이 철사 울타리에 걸려 죽고, 계절에 따라 물웅덩이를 찾아가는 야생 동물의 자연적인 이동을 막기 때문이다. 이유야 어떻든 동물들에게는 우리의 38선이나 다름없다.

모코로 선착장에 도착하니, 현지인 남자 4명과 여자 3명이 우리를 반갑게 맞이했다. 모코로를 조종하는 뱃사공인 폴러 겸 안내인들이다. 이들은 모두 바예이족인데, 수백 년 전부터 이곳 오카방고 델타에서 주로 어업을 하며 살아왔다.

모코로는 길이가 보통 4미터, 폭 50센티미터 정도 되는 작은 통나무 배여서, 뱃사공과 여행자 2명만 탈 수 있다. 나는 네덜란드 60대 남자와 같은 배를 탔다. 배 바닥에는 방석처럼 마른 갈대풀이 깔려 있다.

황새 수십 마리가 물을 박차고 하늘로 오르고, 작은 물새들도 비행기 편대처럼 무리를 지어 하늘을 날며 군무를 춘다. 노랑부리황새도 있고, 회색 왜가리 떼도 보이고, 아프리카물수리 한 마리는 하늘을 날면서 물길의 고기를 노려보고 있었다. 오카방고 델타에는 400종류가 넘는 다양한 새가 살고 있다. 갈대숲 여기저기 수련이 햇빛을 받아 고고함을 자랑하고 있었다.

모코로를 타고 갈대숲을 헤치며 한 시간쯤 델타의 중심으로 들어갔을 때, 앞쪽 갈대숲 너머로 갑자기 "끄~옥" 하는 소리가 들리고, 옆쪽 갈대숲에서는 "푸우~" 하며 물 내뿜는 소리도 들렸다. 하마였다. 하마 연못에서 30마리가 넘는 하마들이 다양한 몸짓을 하며 신나게 물놀이를 하고 있었다. 하늘을 향해 입을 쩍쩍 벌리며 하품을 하면 하얀 입천장이 훤히 보였다. 갈대숲 사이로 몰래 접근해 하마가 있는 곳에서 10미터쯤 떨어진 곳까지 다가갔다. 하마들의 일거수일투족을 관찰하듯이 볼 수 있었다. 모코로 관광의 하이라이트다.

하마들이 인기척을 느끼고 일제히 우리 쪽을 쳐다보며 다가왔다. 삿대를 젓는 젊은이가 모코로를 갈대숲 뒤로 후퇴시켰다. 하마는 생긴 외모와 달리 예민하고 공격적이다. 뱃사공은 "하마는 초식동물이지만 자신의 영역을 침범하면 물불 가리지 않고 공격하기 때문에 사람에게도

모코로를 타고 델타의 중심으로 향한다.

가장 위험한 동물"이라고 말했다. 아프리카에서는 사자나 표범 같은 포식동물에 물려 죽는 사람보다 하마에게 공격당해 죽는 사람의 수가 많다고 한다. 학자들의 연구 결과, 하마의 DNA는 고래와 비슷하다. 인간과 침팬지의 관계처럼 하마와 고래는 사촌이다.

물길이 너무 얕은 곳에 이르자 모코로 바닥이 강바닥에 닿았다. 모코로가 옴짝달싹도 못한다. 델타의 물길은 갈대숲에 가려져 있는 데다 깊이도 1~2미터밖에 안 되어, 노련한 뱃사공이 아니면 그 길을 알 수 없다. 갈대숲으로 미로처럼 얽힌 오카방고 델타의 물길을 헤쳐 가려면 힘보다는 혜안이 필요하다. 오카방고에서 여자들도 삿대질을 하는 것은 차분하게 물길을 잘 찾기 때문이다. 우리 배의 젊은 뱃사공은 힘은 있

오카방고 델타의 수련.

입을 쩍 벌리며 하품하는 하마가 보인다.

지만 노련함과 경험이 부족해 여러 번 물길이 아닌 곳으로 들어갔다 배를 빼내느라 고생을 했다. 다른 배의 60대 노인과 50대 후반 여자 뱃사공은 한 번도 좌초하지 않고 노련하게 갈대숲 사이를 헤치며 모코로를 날렵하게 밀고 갔다.

점심을 먹은 뒤 덤불 산책을 했다. 덤불 산책은 델타 주변의 파피루스와 갈대, 나무숲을 걸어다니면서 동물을 구경하는 도보 사파리다. 강가의 파피루스는 종이나 배, 옷감 등을 만드는 데 이용될 뿐 아니라 최고의 환경오염 방지 식물로 대우받고 있다. 최근 관광객의 증가와 각종 생활 오수로 오염된 오카방고 델타의 강물을 파피루스가 빨아들여 줄기와 잎을 통해 정화시키는 것이다.

동물은 많이 보이지 않았다. 안내인은 "동물들이 아침에는 강으로 물을 마시러 나오는데, 낮에는 햇볕을 피해 숲으로 들어가 나오지 않는다"고 말한다. 안내인은 길에 있던 코끼리의 배설물 속에 있는 나뭇가지를 보여주며 "코끼리와 하마는 풀잎뿐 아니라 나뭇가지도 통째로 먹어치운다"고 알려준다. 그가 말한 대로 축구공만 한 코끼리 똥에 소화 안 된 나뭇가지가 그대로 남아 있었다.

오후에 다시 1시간 동안 모코로 관광을 즐겼다. 델타 강의 갈대숲 사이를 오가는 강물 위의 산책이다. 모코로에 다리를 뻗고 앉아 있으니, 나른한 오후답게 저절로 온몸이 풀어졌다. 따뜻한 햇살과 갈대를 가르는 물소리, 바람에 살랑대는 파피루스 갈대숲과 수련 사이를 나아가는 모코로 뱃길은 평화와 고요의 세상으로 가는 물길이다. 눈을 지그시 감으니 멀리서 둥둥둥 울리는 음악 소리와 함께 뮤지컬 〈오페라의 유령〉 노래가 들려왔다. 자욱한 안개 사이로 호수가 나타나고, '유령'은 여주인공을 나룻배에 태우고 노를 저으며 지하세계로 사라진다. 지하 수로를 밝히던 촛불은, 오카방고 델타에서는 하얀 수련으로 변해 길을 밝혀준다. 오카방고 델타의 갈대숲에서 나는 〈오페라의 유령〉을 만났다.

부시맨 산족의
슬픈 운명

　모코로 관광을 한 다음날은 여행 중 가장 몸이 무거운 날이었다. 아침에 눈을 떴으나, 정말 일어나기 싫었다. 벌써 50일을 넘기면서 전체 여행 일정의 3분의 2가 지나자, 긴장감이 풀리면서 피로가 한꺼번에 몰려왔다. 몸이 천근만근 무겁다. 나는 여행하면서 어느 순간 땅에서 떨어지지 않는 무거운 발걸음을 통해 '여행의 중력'을 알게 되었다.
　나는 여행 갈 때 가장 작은 배낭을 메고 간다. 잠시 고단한 삶의 무게는 내려놓고 마음의 평화만을 담을 수 있는 바랑이면 족하지, 큰 배낭이 무에 필요하겠는가. 그렇게 작아 보이던 배낭이 마치 이민용 트렁크처럼 크게 보였다.
　그러나 여기서 주저앉아 있을 수는 없는 법. 신발 끈을 다시 동여매고 떨어지지 않는 발을 일으켜 세웠다. 배낭을 메니 어느새 동자승의 바랑처럼 가벼워졌고, 여행의 관성 법칙이 작용한다. 앞으로 나아가게 하는 여행의 관성 법칙은 결국 발을 땅으로 잡아끄는 여행의 중력을 이긴다.
　마운 시내에서 수도 가보로네로 가는 직행버스를 탔다. 중앙 칼라하리 사막과 막가딕가디 판 염호 사이를 종단해 내려가는 길이다. 잠시 뒤 차는 라콥스Rakops에 도착했다. '중앙 칼라하리 동물보호구역(수렵

금지구역, Central Kalahari Game Reserve)'이라고 쓰인 팻말이 서 있다.

이곳은 영화 〈부시맨〉으로 잘 알려진 산족의 터전이다. 덤불 속에 산다고 해서 부시맨Bushman으로 알려진 산San 족은 주로 사냥을 하면서 살아간다. 보츠와나에서는 '바사르와Basarwa 족'이라 한다. 현재 5만 5000명 정도 남아 있는데, 보츠와나의 중앙 칼라하리 사막을 중심으로 60퍼센트가 살고, 나미비아의 칼라하리 사막에 35퍼센트, 그리고 5퍼센트 정도는 앙골라 동남부와 남아공의 크갈라가디 트랜스프론티어 국립공원 근방에서 살아간다.

'중앙 칼라하리 동물보호구역'이라는 팻말은 산족의 비극적 현실을 웅변으로 말해준다. 산족의 역사는 슬프다. 그들이 살아가는 사막이 황량해서가 아니라, 그들 삶의 여정이 고통의 연속이었기 때문이다. 사막은 그들의 본래 고향이 아니라 강자에게 쫓겨서 도망 온 피난처다. 산족의 고향은 남부 아프리카였다. 석기 시대인 2만 년 전 남아공의 희망봉이 그들의 낙원이었다. 오늘날 누가 희망봉에 올라서 산족을 생각할까. 1세기 무렵 북쪽에서 반투족이 내려와 산족을 내륙으로 밀어내고, 14세기에는 남아공의 츠와나족이, 19세기에는 백인 이주민들이 더욱 안쪽으로 밀어붙였다.

쫓겨난 산족은 복수의 칼을 갈지 않고 바위벽에 그림을 그렸다. 코끼리와 기린, 얼룩말, 비단뱀이 평화의 상징으로 등장했다. 그들이 그린 동물 중에는 바다에 사는 고래와 펭귄 등도 있어, 산족의 고향이 바닷가 희망봉이었다는 것을 말해준다. 오카방고 델타의 팬핸들 지역 서쪽에 있는 초딜로Tsodilo 언덕은 산족이 남긴 수많은 바위그림으로 유명해서 '칼라하리 사막의 미술관', '사막의 루브르'라 불린다.

나미브 사막에 사는 산족 어린이.

서너 가족이 소규모 집단생활을 하는 산족은 문제가 생기면 전쟁을 하려 들지 않고 대화와 타협으로 해결한다. 그들에게 백인이나 다른 흑인은 적이 아니라 공존의 대상이다. 산족의 유일한 천적은 가뭄이다. 야수의 얼굴을 한 백인 제국주의와 부족제일주의에 빠진 다른 흑인들에게 인간의 얼굴을 한 산족이 외치는 평화와 공존은 약자의 비굴함으로 들렸을 뿐이다. 무리를 지어 패를 가르지 않고, 자신의 목적을 위해 폭력을 사용하지 않는 산족에게는 설 땅이 없었다. 아프리카의 그 척박한 사막에서조차.

산족이 최근 다시 국제적 관심을 끌기 시작했다. 1995년부터 보츠와나 정부가 이들을 중앙 칼라하리 동물보호구역에서 내쫓기 시작했기 때문이다. 지난 2002년에는 산족을 내쫓기 위해 정부가 마을 우물을 폐쇄하기도 했다. 보츠와나 정부가 내세우는 이유는 보호구역 안의 관광자원인 야생동물 보호. 그러나 실제 이유는 칼라하리 사막에 매장된 것으로 추정되는 엄청난 다이아몬드 때문이다. 보츠와나는 세계 제1의 다이아몬드 생산국이다. 실제로 산족이 사는 중앙 칼라하리 인근에 세계적 다이아몬드 산지인 오라파 광산이 있다. 동물에게도 밀리고 다이아몬드에게도 쫓겨나야 하는 산족의 슬픈 역사는 언제 끝날 것인가.

여행에서 돌아온 뒤 산족이 보츠와나 정부를 상대로 한 법적 소송에서 승소했다는 뉴스를 들었다. 산족은 유엔인종차별철폐위원회 UNCERM와 국제 비정부조직의 지원을 받아 "정부의 강제이주 정책은 불법"이라는 법원의 판결을 끌어냈다. 그러나 보츠와나 정부는 판결 이후에도 산족이 가축을 데리고 칼라하리로 돌아가는 것을 막고 있다. 사냥을 하지 못하게 된 산족에게 가축은 필수적인 생존 수단이다. 야생동물 보호를 내세워 사냥을 하지 못하게 하면서, 가축도 데려가지 말라는 정부의 속셈은 무엇인가. 고향으로 돌아가지 말거나, 아니면 굶어 죽으라는 말이다.

라콥스와 모피피를 지나자, 오라파가 나왔다. 1967년 세계적인 규모의 다이아몬드 광산이 발견된 곳. 다이아몬드 도시인 오라파는 나미비아 뤼데리츠의 다이아몬드 광산 지역과 마찬가지로, 도시 전체가 철조망으로 둘러쳐져 있었다.

팔라피에를 거쳐 마할라피에를 지나면서는 특이한 팻말을 보게 된다. 남회귀선Tropic of Capricorn 팻말이었다. 남회귀선은 교과서를 통해 머릿속에만 있었지, 손에 잡히지 않는 지리였다. 남회귀선이 중요한 것은 열대와 온대를 가르는 경계선이기 때문이다. '회귀선'은 말 그대로 태양이 왔다가 돌아가는 선이다. 북위와 남위 23도 27분선이다. 지구의 지축이 23도 27분 기울어 자전하면서 태양 주위를 돌기 때문에, 태양이 수직으로 내리쬐는 지역이 적도를 중심으로 북회귀선까지 올라갔다가 남회귀선까지 내려가는 것이다. 우리 북반구에서는 태양이 남회귀선에 수직으로 햇볕을 내리쬘 때를 동지라 부르고, 거꾸로 북회귀선에 수직으로 떠 있을 때를 하지라 부른다. 태양은 남회귀선보다 절대 밑으로 내려가지 않고, 북회귀선보다 더 위로 올라가지 않는다.

태양이 지금 내가 지나가는 보츠와나의 남회귀선을 지날 때, 우리가 사는 북반구는 밤이 제일 길다. 그 밤이 얼마나 길던지 우리 영원한 누님 황진이는 〈동짓달 기나긴 밤을〉 한 허리 베어내느라 하얀 밤을 꼬박 지새워야 했다. 남회귀선을 북반구에서는 동지선이라고 하니, 아프리카 여행할 때 남회귀선을 지나게 되면 잠 못 이루던 우리 황진이의 외로움도 기억하시라.

남회귀선을 지나면서는 도로와 철길이 누가 반듯한지 경주하듯 나란히 달린다. 이 철길은 애초 보츠와나 가보로네에서 짐바브웨 불라와요를 연결하는 노선이었는데, 짐바브웨의 경제 악화로 운행이 중단되어 프란시스타운까지만 달리고 있었다. 가보로네 경계에 들어서자 왕복 4차선 넓은 도로가 시원하게 펼쳐졌다. 중앙 가로등이 양쪽 도로를 밝게 비추었다. 12시간 걸려 도착한 시각은 저녁 7시 30분. 현대식 건물이 높이 솟은 가보로네 시내는 어둠이 짙게 깔렸다.

버스에서 내려 택시를 타고, 보이케틀로 게스트하우스로 갔다. 간단한 저녁식사도 주문하면 나왔다. 쌀밥과 닭고기에 찐 호박이 나왔다. 아프리카에서 찐 호박을 만나니 신기하기도 하고 반가웠다. 아프리카 호박에서도 옛날 어릴 적 시골에서 어머니가 쪄주시던 그 맛이 났다.

숙소의 텔레비전을 켜니, 아프리카에서 보기 드물던 미국 CNN 방송이 나온다. 우리나라 삼성과 엘지의 휴대폰과 에어컨 광고도 나왔다. CNN 방송은 이곳에 국제적인 비즈니스맨들이 많이 온다는 것을 의미하고, 휴대폰과 에어컨 광고는 중산층 이상의 구매력 있는 소비자들이 있다는 것을 말한다. 가보로네는 40여 년밖에 안 된 신생 도시다. 1966년 영국의 보호령인 '베추아날란드Bechuanaland'에서 보츠와나라는 이름으로 독립하면서 수도로 건설되었다.

다음날 아침 6시, 남아공 요하네스버그로 가는 인터케이프 버스에 올랐다. 버스 정류장은 숙소에서 5분도 안 걸리는 거리인데, 한참을 헤매다 간신히 찾았다. 인터케이프는 깨끗한 대형 고속버스다. 아프리카 여행 중 처음으로 제대로 된 고속버스를 탔다. 좌석 45명만 태우고 입석은 없다. 의자도 안락의자다. 중간에 승객을 태우는 경우도 없다. 마치 완행열차를 타다가 KTX를 타는 느낌이었다.

가보로네는 건물이나 포장도로, 대형버스 등 사회 시설이 완전히 유럽식이다. 보츠와나와 나미비아는 오래전부터 남아공의 영향을 받아 남아공과 시스템이 비슷하다. 남아공이 형님이고, 보츠와나와 나미비아는 동생 같다. 동부 아프리카에서 남부 아프리카로 종단 여행을 하다 보니 이들 '남아공 3총사'는 다른 아프리카 국가와 확연히 다르다는 걸 알게 되었다.

버스에서 영자신문 《보츠와나 가디언》을 읽다가 깜짝 놀랐다. 짐바브웨가 내가 떠난 지 겨우 며칠 뒤에 화폐 개혁을 단행(공식 환율을 미국 돈 1달러=10만 짐바브웨달러에서 1달러=25만 짐바브웨달러로 조정했다)하고 국경에 민병대를 배치해 화폐 유출을 막고 있다는 기사도 놀라웠지만, 그 다음 면의 '여론난'이 신선한 충격이었다. 우리나라 신문의 독자투고란 같은 난이다.

"모가에는 진실을 말하고 있지 않다."

여론난 머리에 뽑힌 제목이다. 워낙 거짓말하는 사람이 많으니, 모가에라는 사람이 진실을 말하지 않는 게 뭐 그리 대수이겠는가. 어느 나라나 사기꾼은 득실거리게 마련이다. 그런데 모가에는 당시 보츠와나 대통령인 페스투스 모가에를 말하는 것이었다. 내용의 요지는 "모가에 대통령이 바사르와족(산족) 강제이주 정책에 대해 사실과 다른 말을 하고 있다." 산족을 옹호하는 국제단체 '서바이벌Survival International'의 반박문이었다. 이때만 해도 강제이주 정책에 대해 잘 몰랐기 때문에 이 글의 주장이 옳은지 그른지 알 수 없었지만, '현직 대통령이 거짓말을 하고 있다'는 제목의 글을 실은 신문의 용기가 놀라웠다.

대통령에 대한 비난이 가능하다는 것은 어찌 보면 당연한 일인데, 짐바브웨 유력지라는 영자신문《더 헤럴드》의 어용적 보도 태도를 보고 난 뒤여선지 기분이 남달랐다. 적어도 보츠와나가 독재국가가 아니라는 점은 분명했다. 모가에가 흉악한 독재자라면 이런 신문은 아예 폐간시켰을 테니까. 나는 여행자에 불과하지만, 권력자를 비판하는 반골 신문에는 늘 박수를 보낸다. 물론 제대로 된 비판이어야지, 막돼먹은 트집 기사에까지 무개념 박수를 보내는 것은 아니다. 언론의 보도 태도는 그 나라 민주주의의 척도다.

나무와 풀로 지은 보츠와나의 전통 가옥 론다벨.

버스가 국회의사당 건물 앞 풀라 환상교차로를 지나 틀로크웽 거리 Tlokweng Road를 달릴 때, 나는 이 거리에 '스피디 모터스' 자동차 정비소가 있는지 차창을 통해 찾아보았다. 넘버원 여탐정 에이전시 시리즈 2권 《기린의 눈물》에 나오는, 여주인공인 보츠와나 최초의 사립 여탐정 음마 라모츠웨의 약혼자 마테코니가 소유한 카센터 이름이다. 혹시 실존하는 정비소인가 찾아보았으나, 내 눈에는 보이지 않았다. 설령 가상의 장소라 하더라도 소설이나 영화 속의 장면을 찾아보거나 상상하는 것은 여행의 또 다른 재미다. 음마 라모츠웨의 집 앞에 있다던 '얼룩말 도로'도 보이지 않았다. 실제로 이런 도로 이름이 있으면 얼마나 좋을까? 높은 빌딩이 하늘을 가리는 도로는 '기린 도로', 교외의 큰 대로는 '코끼리 도로', 작은 바위언덕 길은 '이구아나 도로', 강변도로는 '악어 도로', 늪지대의 도로는 '하마 도로', 시내 중심가의 가장 큰 도로는 '사자 도로', 큰 도로의 샛길은 '하이에나 도로', 좁은 골목길 같은 도로는 '가젤 도로'……. 내가 지금까지 아프리카 도시를 여행하면서 동물 이름이 붙은 거리를 본 것은 마운에서 보았던 쿠두 도로뿐이다. 아프리카에 동물은 많지만, 동물 이름 도로는 눈을 씻고 찾아봐도 없었다.

소설의 제목 '기린의 눈물'은 보츠와나의 전통 바구니에 쓰이는 문양의 이름이다. 보츠와나에서는 생활 용품인 바구니와 항아리에 기린의 눈물, 황소의 오줌 자국, 얼룩말의 이마, 제비의 비상, 거북의 무릎 등을 상징하는 문양을 짜 넣는다. 기린의 눈물은 점선이나 평행선으로 표현되는데, 사냥에 나서는 남자를 뒤따라가는 여자를 의미한다. 삼각형의 상징적 문양으로 그려지는 참새의 비상은 풀라(비)를 불러오는 행운을 의미하고, 황소의 오줌 자국은 지그재그 선으로 표현된다.

그러나 나는 기린의 눈물을 보면서 산족 여인을 생각했다. 기린의 눈물을 통해 인간의 아픔, 특히 삭막한 칼라하리 사막에서 살아가야 하는 산족 여인네의 아픔을 바구니에 담은 것이 아닐까. 작가의 의도가 뭐가 그리 중요하리, 읽는 독자가 느낀 마음이 중요하지.

백인에겐 축복,
흑인에겐 재앙 • 요하네스버그 •

"여긴 아프리카가 아니야."

남아공에 들어서는 순간 저절로 나온 탄성이다. 보츠와나 국경을 넘어 남아공에 들어서자마자, 마치 유럽에 온 듯한 착각이 들었다. 국경통과부터 달랐다. 나는 오래간만에 〈아! 대한민국〉을 흥얼거리며 국경을 넘어갔다. 대한민국 여권을 전자 감식기로 감지한 남아공 국경 출입문이 "웰컴 투 남아공, 미스터 대한민국"이라고 인사하며 비자 없이도 대문을 활짝 열어주었다. 아프리카 여행 중 비자 없이 입국하기는 남아공이 처음이자 마지막이었다. 남아공은 아프리카에서 우리나라와 비자 면제 협정을 맺은 유일한 나라다.

남아공은 땅도 기후도 달랐다. 남회귀선을 넘어왔다는 것을 실감한다. 따뜻한 봄날 같은 온대성 기후다. 남아공은 크기가 한반도의 5.5배나 될 정도로 광활하고, 아프리카에 있는 모든 것이 있는 나라다. 가진 것이 너무 많아 백인에게서 고통받은 땅이다.

국경에서 한 시간 정도 가자, 작은 도시가 나왔다. 니에트베르디엔드라는 도시다. 왼쪽으로 그리 높지 않은 산과 호수가 보이고, 오른쪽에는 오렌지 재배 단지가 보이는데 농가도 목가적인 유럽풍 전원주택이다. 버스 여승무원이 커피를 서비스해주고, 커다란 쓰레기봉투를 들고

서 승객들 좌석에서 종이잔과 콜라병, 음식물 등 쓰레기를 수거해간다. 닭장차 버스에서는 상상도 할 수 없는 서비스다.

버스는 정확히 3시간을 달린 뒤, 그루트마리코라는 도시의 주유소 겸 슈퍼마켓에 다시 정차했다. 주유소, 슈퍼마켓, 화장실 등을 제대로 갖춘 휴게소다. 버스가 출발할 때 보니 흑인 운전사 대신 백인 운전사가 운전석에 앉았다. 3시간마다 운전사가 교대한다. 보츠와나 가보로네에서 탑승할 때 승차권을 검사했던 백인 남자는 승무원이 아니라 운전사였다. 여자 승무원은 승객 서비스를 담당하고, 승차권 검사는 운전하지 않는 다른 운전사가 맡아서 하는 것이다.

요금을 받는 고속도로 톨게이트가 나왔다. 아프리카에서 요금을 받는 도로는 처음인데, 역시 남아공에 왔다는 것이 실감 난다. 지금까지 내가 지나온 도로는 요금을 받을 정도로 포장된 4차선 도로가 아예 없었다. 톨게이트 위에 설치된 건물 환기용 에어컨을 보니 영어로 '삼성'이라는 글자가 선명하게 보인다. 어떻든 외국에서 우리나라 기업의 로고를 보면 뿌듯하다.

톨게이트를 벗어나 고원 지대를 달리던 버스가 언덕길을 내려오자 루스텐버그에 도착했다. 마갈리스버그 산맥Magaliesberg Mts.의 끝자락을 달려왔다. 루스텐버그는 초기 네덜란드계 백인인 아프리카너(Afrikaner, 또는 보어인Boer)들이 건설한 도시인데, 도시 이름도 아프리카너의 언어인 아프리칸스Afrikaans 말로 '휴식의 도시Town of Rest'라는 뜻이다. 붉은색 푸른색 지붕을 인 벽돌집이 예쁘다. 주유소 겸 휴게소에서 하차할 승객을 내려주는데, 버스 짐칸에서 짐을 내려주면서 운전사와 여승무원이 일일이 꼬리표를 확인하고 승객으로부터 짐을 받았다는 서명을 받았다.

요하네스버그 외곽에 다다랐다. 왼쪽으로 프리토리아로 가는 표지판이 보였다. 남아공 행정수도인 프리토리아는 2005년 '츠와니Tshwane'로 이름이 바뀌었다. 예전 이름 프리토리아는 1838년 은코메 강 전쟁에서 줄루족 3000여 명을 죽인 보어인 학살자 프레토리우스Pretorius에게서 따온 이름. 본래 프리토리아는 보어인들이 영국의 케이프 식민지와 별도로 1852년 세운 트란스발 공화국의 수도였다. '츠와니'는 '우리는 같다'라는 뜻이라는데, 흑백 공존을 모색하는 남아공의 도시 이름으로 아주 적절하다는 생각이 든다. 1994년 흑인 정권이 들어선 민주화 이후 요하네스버그 국제공항의 이름도 민주화 투사의 이름을 따서 O. R. 탐보 국제공항으로, 더반 국제공항은 전설적인 줄루족 지도자의 이름을 따 킹 샤카 국제공항으로 바꾸었다. '남아공판 역사 바로 세우기'다.

샤카(1787?~1828)는 1820년대 나탈 지역을 중심으로 강대한 줄루 왕국을 건설하면서 주변 부족을 정복한 왕이다. '검은 나폴레옹'으로 불린 샤카의 침략은 무자비했는데, 이를 피해 주변 부족들이 대거 이동하면서 남아공뿐 아니라 보츠와나, 나미비아, 짐바브웨, 잠비아, 말라위 등 남부 아프리카 전 지역에 엄청난 혼란과 부족 간의 세력 변화가 일어났다. 샤카 왕의 정복 전쟁으로 일어난 19세기 초의 부족 대이동을 음페카네(Mfecane, 또는 디파카네Difaqane)'라고 부른다. 음페카네 중에도 줄루족에 맞서 싸운 부족이 소토족과 스와지족인데, 지금 남아공 영토에 둘러싸여 독립된 작은 왕국을 이루고 있는 레소토와 스와질란드는 바로 이들이 만든 나라다.

파란 하늘이 깔린 언덕을 넘어 요하네스버그 시내로 들어섰다. 30~

40층에 이르는 현대식 초고층 빌딩과 복잡한 도로망, 북적거리는 차량, 분주히 움직이는 사람들. 800만이 넘는 인구가 밀집한 남아공 최대 도시답게 경제와 공업의 중심지다.

요하네스버그가 포함된 주 이름 가우텡Gauteng은 소토족 말로 '금이 나는 곳'이라는 뜻. 요하네스버그는 1886년 금광 발견과 함께 발전해온 도시다. 요하네스버그의 금과 킴벌리의 다이아몬드 발견은 남아공을 순식간에 아프리카 대륙에서 가장 잘사는 나라로 만들었다. 남아공은 현재도 세계 1위 금 생산국이고, 다이아몬드는 세계 2위 생산국이다. 그러나 금과 다이아몬드 발견은 이주민인 백인들에게는 축복이었지만, 원주민인 흑인들에게는 재앙이었다. 다른 아프리카 국가처럼 백인들이 금광으로 몰려들면서, 원주민인 흑인들은 쫓겨나야 했다. 백인들끼리도 싸웠는데, 금과 다이아몬드를 둘러싼 네덜란드계 백인 보어인과 영국인 사이의 싸움이 보어전쟁이다.

짐바브웨를 비롯해 동아프리카 일대를 약탈했던 세실 로즈가 벼락부자가 된 곳도 킴벌리다. 세실 로즈는 킴벌리에서 드비어스De Beers'라는 다이아몬드 회사를 세워 엄청난 돈을 벌었다. "다이아몬드는 영원하다A Diamond Is Forever"라는 기발한 광고로 지금도 세계 다이아몬드 시장을 지배하는 바로 그 회사다. 다이아몬드와 영원한 사랑을 동일시하게 하는 그 놀라운 광고는 상업성의 극치를 보여준다.

요하네스버그 중앙 기차역인 파크 스테이션에 도착했다. 기차역과 버스 터미널이 붙어 있었다. 밝은 오후인 1시 30분이었지만 공포심이 몰려왔다. 여행 오기 전 요하네스버그의 무시무시한 치안 상황에 대해 수없이 들었기 때문이다. 버스에서 내리자마자 배낭을 메고 뛰듯이 기차역 안으로 들어갔다. 막상 기차역 안으로 들어가니 버스 터미널과는 거리가 10미터. 창피할 정도로 가까운 거리였다.

그러나 요하네스버그에서는 대낮에도 길거리에서 강도를 당하는 경우가 허다하다고 한다. 세계에서 가장 위험한 도시다. 버스를 타고 오면서 옆자리에 앉은 40대 중반의 인도계 남자 승객에게 물어봐도 답은 다르지 않았다. 그는 요하네스버그에 사는 주민이다.

"요하네스버그는 치안이 불안하다고 하는데 어떠냐?"

"말도 마라, 현지인들조차 대낮에도 시내는 잘 안 돌아다닌다."

기차역은 번잡했다. 매표소에 가보니 케이프타운 가는 열차는 다음 날 낮 12시밖에 없었다. 대신 오후 6시 30분 출발하는 그레이하운드 버스표를 예매했다. 기차역 안은 그나마 경찰이 서너 명씩 조를 이루어 수시로 순찰을 하고 있었다. 요하네스버그에서 여행자에게 안전한 곳은 기차역 안과 숙소뿐이다. 요하네스버그를 여행자 혼자서 돌아다니는 것은 자살행위다. 여행에서 힘든 모험을 하는 것은 가치가 있지만, 치안 위험을 감수하는 것은 무모한 짓이다.

역 안에 현금인출기가 여러 대 있기에 남아공 화폐인 랜드로 돈을 찾았다. 남아공은 현금인출기 주변도 위험하다고 해서, 안전한 역 안에 있는 인출기에서 앞으로 쓸 돈을 충분히 찾아두었다. 남아공의 화폐 단위인 랜드는 요하네스버그 인근에 있는 금광 지대 비트바테르스란트 Witwatersrand(또는 비트바터스랜드)를 줄인 말 '란트(랜드)'에서 온 것이다. 란트(랜드)는 아프리칸스 말로 '산등성이ridge'라는 뜻이다.

나는 역사 문간에 있는 싸구려 옷가게로 들어갔다. 팬티와 겨울용 점퍼를 각각 15랜드와 50랜드에 샀다.

그동안 입었던 팬티는 낡아서 버려야 했다. 평상시라면 몇 개월 가는 팬티도 아프리카에서는 한 달이 적절한 사용 기한이다. 내 팬티는 단순히 엉덩이를 가려주는 부끄럼 차단막이 아니라, 아프리카 닭장차와 엉덩이 사이에 완충 작용을 하는 베어링 내지 관절의 연골 역할까지 해야 하지 않았던가. 덜컹거리는 닭장차의 철제 의자와 연한 엉덩이 사이에서 일어나는 마찰을 필사적으로 막다 보니, 너덜너덜 구멍이 송송 뚫리기 일보 직전이었다.

겨울용 점퍼는 소 잃고 외양간 고치는 격이었지만, 지금이라도 입으니 지지리 궁상이었던 내 몸이 한결 따뜻했다. 지금까지 얇은 등산용 점퍼로 에티오피아에서 남아공까지 내려오면서 추위에 벌벌 떨었다. 아프리카 겨울을 우습게 여겼다가 혹독한 대가를 치렀다. 적도의 추위가 생사람 잡는다.

역 안에 서점이 있었다. 버스를 타고 가면서 읽을 주간지 《타임》을 사고, 2층 옥상 주차장으로 올라갔다. 시내의 전망이 한눈에 들어왔다. '리식 거리Rissik St'와 '요우베르트 거리Joubert St'라는 길이 보였다. 옛 트란스발 공화국 국유지 감독관 이름이란다. 이들의 이름은 요한 리식과 크리스티안 요하네스 요우베르트. 요하네스버그는 이들의 공통 이름 '요하네스Johannes(요한)'에서 따왔다고 한다. 19세기말 이곳으로 토지 조사를 나왔다가 자기들 네덜란드식 이름에 도시라는 뜻의 영어 '버그burg'를 붙여 '요하네스버그'라고 이름 지었다.

시내 고가 밑으로 기차가 지나가고 있었다. 초호화 열차인 블루 트레인으로 주요 도시를 연결하는 철길이 거미줄처럼 뻗어 있고, 멀리 현수교형 고가다리와 높이 239미터인 뾰족한 브릭슨 타워 철탑도 보인다.

마천루 같이 높이 솟은 건물보다 낮게 깔린 하늘은 여전히 파랗고, 하얀 구름이 떠 있다. 마음 같아서는 곧장 거리로 뛰어들어 마음껏 활보하고 싶다. 단지 치안 때문에 걷지 못하는 현실이 여행자의 마음을 아프게 한다.

오랜 기다림 끝에 요하네스버스를 떠난다. 그레이하운드는 오후 6시 30분 정각에 파크 스테이션 정류장을 출발했다. 버스가 큰길로 나오자 요하네스버그대학 광고 간판이 보였다. "앞장서라, 도전하라, 창조하라, 탐구하라." 대학이 추구할 젊은이의 도전정신을 잘 집약한 표현이다.

밤이 되자 건물마다 전깃불이 켜지면서 번화한 도시 야경이 피어났다. 요하네스버그의 밤은 아름다웠다. 그레이하운드는 한 바퀴 원을 그리듯 시내를 크게 돌더니, 빠른 속도로 외곽으로 빠져나갔다. 요하네스

요하네스버그의 야경.

총에 맞은 헥터 피터슨을 한 동료 학생이 옮기는 사진.
왼쪽이 그의 누이.

버그에서 케이프타운까지는 19시간, 1400킬로미터나 되는 먼 거리다.
시 외곽으로 나오자마자 소웨토 팻말이 보였다. 남아공 최대 빈민촌인
소웨토로 가는 길이다.

　소웨토는 존재 자체가 바로 인종 차별의 상징이다. 백인 정권 시절
아파르트헤이트 정책으로 도심에서 쫓겨난 흑인들의 집단 거주지다.
요하네스버그에 가면 소웨토에 꼭 가보고 싶었다. 노벨 평화상 수상자
인 넬슨 만델라 전 대통령과 데즈먼드 투투 대주교가 살던 집과 헥터
피터슨 박물관도 찾아보고 싶었다. 소웨토는 아파르트헤이트 반대 운
동의 상징이자 자유와 인권, 민주주의의 성지가 아닌가.

　내가 아프리카로 올 때 이용한 남아공항공사 비행기의 기내 잡지에
'소웨토 봉기 30주년' 특집 기사가 실려 있었다. 표지 주인공은 30여
년 전 소웨토 항쟁의 첫 번째 희생자인 열두 살 헥터 피터슨이었다. 피

를 흘리며 누군가의 부축을 받으며 옮겨지는 헥터 피터슨의 사진은, 1987년 6·10민주항쟁 당시 이한열의 사진을 떠올리게 했다.

1976년 6월 16일 학교에서 네덜란드 백인들의 언어인 아프리칸스 말로만 수업을 하도록 하라는 백인 정권의 정책에 반발해 소웨토 학생들이 들고 일어났다. 흑인 학생들은 코사어 등 자신들의 고유 언어로 수업을 받아왔는데, 그것을 금지한 것이다. 백인 정권의 아프리칸스 말 강제 수업 정책은 일제강점기에 일본어만 사용하도록 한 조선어 말살 정책과 다를 바 없다.

버스는 소웨토를 지나, 댄스 뮤지컬 〈우모자〉의 도시인 골드리프시티를 거쳐, 1번 국도(N1)를 따라 달렸다. 나는 잠에 떨어졌다. 피곤에 절어 몸을 뒤로 젖히고 한참 자는데, 내 무릎에 쿵 하고 무엇인가 떨어진다. 하늘에서 운석이 버스 천장을 뚫고 내려와 내 무릎을 박살내는 줄 알았다. 눈을 뜨니, 내 옆자리 승객의 두 발이 내 무릎에 올려져 있다. 60대 중반의 백인은 내가 다리를 내려놓아도 다시 올려놓기를 반복한다. 남의 무릎을 발판 삼아 편안하게 잘 수 있는 그의 배짱이 부럽다. 어떻든 잠을 잘 수가 없어 여승무원에게 좌석을 바꿔달라고 했다. 승무원도 혀를 끌끌 차더니, 마침 승객이 내려 비어 있는 앞좌석으로 자리를 바꿔주었다.

그레이하운드는 밤새 달리면서 정확히 3시간마다 휴게소에 정차했다. 휴게소에는 늦은 밤에도 그레이하운드, 인터케이프, 트랜스룩스 등 장거리 고속버스들로 북적거렸다. 여승무원은 요하네스버그와 케이프타운 중간에서 다른 여승무원과 교대했다. 차 맨 뒤쪽에는 화장실도 있어 편리했다. 주로 나이가 많은 노인들이 버스 화장실을 이용한다. 일흔이 넘은 백인 할머니가 제대로 걷지 못하자, 여승무원이 부축해주었다. 커피와 차는 언제든지 요구하면 갖다 준다.

한참을 자다 깨어 보니, 어느덧 차창 밖으로 밝은 빛이 들어온다. 벌써 오전 8시. 케이프 주에 있는 그레이트 카루Great Karoo 고원을 달리고 있었다. 그레이트 카루가 끝나면 케이프타운에 다다르게 된다. 아침 햇살과 함께 차 안도 살아 움직인다. 햇볕은 죽어가는 생물을 살아 움직이게 하는 놀라운 힘을 갖고 있다. 초원의 풀도 햇볕을 받아 잎을 곧추세우고, 동물들도 아침 식사를 하며 즐거워한다. 버스 차창 밖으로 사바나 지형이 나타나고, 양떼가 이른 아침으로 풀을 뜯고 있었다.

멀리 보이던 산맥이 가까워졌다. 가장 높은 산의 정상에는 하얀 눈이 쌓여 있다. 아프리칸스 말로 '검은 산'이라는 뜻인 스와르트버그Swartberg 산맥이다. 정말 이름 그대로 검은색 바위산이 이어져 있었다. 큰 산 밑으로 아기자기한 동산들이 아침 햇살을 받아 빛났다.

할리 데이비슨 오토바이를 탄 남자 15명이 우리 버스를 앞질러 달린다. 똑같은 검은색 가죽옷을 입고 있다. 아마 오토바이 동호회에서 단체로 여행을 가나 보다.

마침내 케이프타운에 이르렀다. 오른쪽으로 대서양 바다가 보이고, 철길이 보이고, 항구에 쌓인 컨테이너들, 컨테이너를 싣고 내리는 크레인, 하버 플레이스라는 건물에는 우리나라 회사인 '현대Hyundai' 간판이 보인다.

오후 1시, 햇살이 비치는 케이프타운은 세계에서 가장 아름다운 도시다. 푸른 바다와 아름다운 해안선, 낭만이 있는 항구, 깨끗한 고층 건

케이프타운 시내에서 올려다본 테이블마운틴.

물, 언덕을 따라 지어진 예쁜 집, 바다를 바라보며 커피와 맥주를 마실
수 있는 카페, 춤을 추고 노래를 부르는 거리의 악사들, 도시 뒤로 높이
솟은 산, 테이블 마운틴Table Mountain은 놀라움 그 자체다.

　아름다운 도시에 치안마저 좋으니, 여행자에게는 더 이상 좋을 수가
없다. 살벌한 요하네스버그의 분위기에 빼앗겼던 여행의 자유를 케이
프타운에서 되찾았다. 자물쇠로 잠겨 있던 배낭이 열리고, 발걸음도 한
결 가볍고, 무엇보다 짓눌려 있던 내 마음이 하늘의 연처럼 높이 날았
다. 나는 걸었다. 시내를 걸으니 여행하는 맛이 났다. 배낭여행자들이
가장 많이 이용하는 롱스트리트의 숙소로 가는데, 시내 중심에 한국전

케이프타운의 워터프론트 항구.

쟁 참전 기념비가 보인다. 롱스트리트 백패커스 게스트하우스의 6인용 방에 침대 하나가 남아 있었다.

배낭을 숙소에 내려놓자마자 다시 거리로 나섰다. 여행자를 위한 한 장짜리 시내 지도가 나를 안내했다. 여행 책자에는 보통 3~4년 전의 정보가 실려 있지만 여행자 숙소나 관광안내소에서 구할 수 있는 시내 지도는 가장 최근의 정보인 데다, 걸어서 시내 구경을 하려는 여행자가 가볼 만한 장소들이 잘 표시되어 있다. 시내 구석구석을 다니면서 현지 인들의 삶을 구경하고, 그들의 문화를 느끼고, 전통 음식을 맛보며, 그리고 내 마음의 찌꺼기를 비우는 것만큼 행복한 여행은 없다.

뭐니 뭐니 해도 케이프타운 하면, 우뚝 솟은 테이블 마운틴이다. 산이라고 하면 우뚝우뚝 하늘로 치솟고, 뾰죽뾰죽 튀어나온 모습만 보아온 우리로서는 줄기를 잘라낸 나무밑동처럼 평평한 정상이 신기할 뿐이다. 질펀한 잔치를 벌이기 위해 길고 커다란 탁자를 올려놓은 듯했다.

롱스트리트 거리의 피자 가게에서 늦은 점심을 먹었다. 새우와 생선이 들어간 해물피자 맛이 일품이었다.

점심을 먹은 뒤 디스트릭트 식스(6지구) 박물관으로 갔다. 아파르트헤이트 정책의 유산을 보여주는 박물관이다. 디스트릭트 식스는 옛날 유색 인종들이 주로 살면서 다양한 인종과 문화가 공존을 이뤄 '케이프타운의 영혼'이라 불렸던 지역인데, 1966년 백인 정권이 백인 전용 지구로 지정하면서 강제 철거되었던 역사가 어린 곳이다. 박물관에는 당시 인종차별 정책을 고발하는 자료들이 전시되어 있었다. 백인과 흑인, 말레이계, 유럽인과 아프리카인 사이의 혼혈인 케이프 컬러드cape colored 등으로 인종을 세분한 신분증명서는, 국민을 피부 색깔에 따라 1등 국민과 2, 3, 4등 국민으로 나눈 것이었다. 흑인은 투표도 할 수 없었고, 사는 지역도 분리되었으며, 특별한 허가 없이 백인들이 사는 도심에 들어갈 수도 없었다. 학교도 공원도 해변도 버스도, 화장실까지 모두 흑백을 분리했다. 심지어 다른 인종 간의 결혼도 금지되었고, 성행위 자체도 불법이었다. 어떻게 민주주의와 인권, 자유를 중시하는 20세기에 그런 비인간적 체제가 용인되었으며, 그렇게 오랫동안 유지되었는지 믿어지지 않았다.

박물관을 나와서 달링스트리트를 건너면 높은 성곽으로 둘러싸인 오래된 성이 보인다. 남아공에서 가장 오래된 건물인 캐슬 오브 굿 호프

캐슬 오브 굿 호프.

(Castle of Good Hope, 희망의 성)'다. 네덜란드인들이 처음으로 케이프
타운에 정착하면서 1666년부터 1967년 사이에 별 모양으로 지은 성곽
이다. 네덜란드 동인도회사의 관리였던 얀 반 리벡Jan Van Riebeeck이
1652년 상륙해 진흙과 나무로 만들었던 요새를, 나중에 돌과 시멘트벽
으로 다시 지은 것이다. 애초 케이프타운은 유럽과 인도를 오가는 선박
들의 식량을 보충하는 보급 기지이자 정박지로서 개발되었다. 남아공
의 파란만장한 역사를 가져온 백인 식민 지배가 여기서 시작된 것이다.
    그러나 케이프타운을 건설한 것은 사실 노예들이다. 1600년대 중반
부터 1800년대 초기까지 케이프타운에 끌려온 노예의 수는 6만 3000명
에 이른다. 주로 네덜란드동인도회사가 인도네시아와 말레이시아, 인
도, 실론(현 스리랑카) 등에서 데려왔고, 잔지바르와 마다가스카르, 앙골
라, 모잠비크 등에서도 끌어왔다.
    바람에 나부끼는 성곽 위의 6개 깃발은 남아공에서 공식적으로 사용
했던 국기를 차례대로 오른쪽부터 꽂은 것이다. 네덜란드 국기에서부

터 옛 영국 국기, 네덜란드, 영국, 백인 정권의 남아공, 1994년 민주화 이후의 새로운 남아공 국기 순이다. 이 깃발의 수와 순서만 봐도 남아공의 억압과 해방의 역사를 짐작할 수 있다. 케이프타운에 유럽의 백인들이 몰려들면서 애초 주인인 아프리카인들과 싸움이 일어났고, 또 백인들끼리 싸웠고, 이제는 인종차별 정책인 아파르트헤이트를 거쳐 다민족 다문화 공존을 모색하는 '민주화된 남아공'에 다다랐다.

케이프타운 시청사의 발코니를 보니 가슴이 뭉클하다. 넬슨 만델라가 1990년 2월 11일, 케이프타운 근처에 있는 빅터 버스터 교도소에서 석방되어 27년간의 오랜 감옥 생활을 끝내고 처음으로 대중 연설을 했던 곳이다. 일흔두 살 백발노인이 되어 나타난 만델라는 "나는 여기 선

왼쪽 봉우리는 라이온스 헤드, 오른쪽 뾰족탑 건물이 케이프타운 시청이다.

지자로서가 아니라, 국민의 종으로 여러분 앞에 섰다"고 연설했다.

말레이인의 후손인 이슬람교도들이 모여 사는 보캅 거리도 산책했다. 그곳은 빨갛고 파랗고 노란색 집들이 어우러진 원색의 집합체였다.

따뜻한 아프리카의 날씨를 만끽하며 즐긴 멋진 오후였다. 그러나 걷다 보니 아쉬운 점도 눈에 띄었다. 시내의 주요한 유적지와 명소를 걸어서 다닐 수 있도록 도로에 '도보 여행길'을 화살표로 표시해주면 좋겠다는 생각이 떠올랐다. 출발지에서 종착지까지 도로 위에 화살표로 방향을 표시해놓으면, 여행자는 지도 없이도 화살 표시만을 따라가면서 시내 주요 명소를 차례대로 구경할 수 있으니까. 오래전 연수를 다녀왔던 미국 보스턴에서 길바닥 붉은 선으로 주요 유적지를 이은 '프리덤 트레일(Freedom Trail, 자유의 길)' 표시를 보면서, 참신하고 기발한 아이디어라고 생각했다. 케이프타운의 유적지 탐방로는 희망봉을 따서 '호프 트레일(희망의 길)'이라고 하면 어떨까.

내가 묵었던 롱스트리트는 밤에도 마음껏 돌아다닐 수 있을 정도로 안전했다. 경찰차가 돌아다니며 순찰을 하고, 해가 지자 별도의 안전요원이 두세 명씩 한 조가 되어 길목마다 거리를 지키고 있었다. 여행객이 많은 거리의 안전을 위해 시청이나 지역 상가에서 별도로 고용한 경비원인 모양이었다. 마침 토요일이어서 롱스트리트에는 여행자들이 몰려나와 축제하듯 밤늦도록 술을 마시거나 춤을 추었다.

희망봉과
플라잉 더치맨

희망봉!

그 이름만으로도 가슴이 설레는 말이다. 어린 시절 세계 지도에서 희
망봉을 볼 때마다, 왠지 희망봉에만 가면 모든 희망이 이뤄질 것 같았다.
희망봉은 여럿이 함께 가야 희망이 커질 것 같아 패키지여행으로 가기
로 했다. 나는 케이프 반도 관광에 끼었다. 희망봉과 펭귄 해변, 포도주
농장 등을 둘러보는 하루짜리 패키지여행이다. 관광버스에 같이 탄 여
행자들은 무슨 걱정거리가 그리 많은지, 심각한 표정이다. 유일하게 밝
은 얼굴은 안내인인 60대 후반의 백인 할아버지다. '하인'이라는(머슴이
라는 뜻이 아니라 진짜 이름이 그냥 하인이다) 백인 할아버지는 이어폰 마이
크를 끼고 열정적으로 설명했다. 에티오피아 악숨의 할아버지 안내인처
럼 백인 할아버지의 설명에는 역사, 지리 지식과 삶의 경륜이 묻어났다.

씨 포인트Sea Point의 해변 길이 아름답다. 젊은 여자들이 해변 길을
따라 조깅을 하고 남자들은 단체로 자전거 하이킹을 하고 있다. 반트리
베이에는 재미난 '역사적' 장소가 있다. 안내인은 "진화론 창시자 찰스
다윈이 이곳에서 지질 탐사를 했다"고 설명한다. 탐사 항해를 마치고
돌아가던 다윈이 1836년 내린 이곳에 기념판이 세워져 있다. 어떻게
보면 유럽인들은 사소한 발자취라도 기념판 하나로 역사적 장소로 탈

바꿈시키는 놀라운 재주가 있다. 나라의 역사가 짧아서 그런 면도 있겠지만, 인간의 발자취 하나하나를 그냥 흘려버리지 않는 자세는 높이 평가해야겠다. 화강암 바위가 아름다운 클리프턴 해변을 지나, 우리 차량은 캠프스베이 해변에 섰다.

바닷가 전망대 오른쪽은 하얀 바위 해변이고, 왼쪽은 하얀 모래 해변이다. 모래 해변 뒤로 높은 바위산 12개가 솟아 있는데, 예수의 열두 제자에 빗대어 12사도 봉우리라고 부른다. 어떤 제자는 얼굴이 뾰족하고, 다른 제자는 둥글고, 그 옆의 제자는 울퉁불퉁하고, 12제자 모두 생김새가 다르다. 해변에 낮게 깔려 있던 하얀 안개가 바람에 실려 올라가다 12사도 봉우리의 중간에 구름이 되어 머물렀다. 해변을 따라 줄지어 선 하얀색 카페가 푸른 바다와 만나자, 네모난 액자 속에 들어간 한 폭의 인상파 그림이 되었다.

다시 차를 타고 해변의 교차로에 이르러 앞서 가던 자전거가 오른쪽으로 도는데 손 신호가 재미있다. 자전거 운전자가 왼손으로 자전거 손잡이를 잡고 오른손을 오른쪽으로 길게 활 모양으로 내밀어 우회전 신호를 보낸다. 자동차의 깜박이 대신 손으로 방향 신호를 보내는 것이다.

바닷가를 따라 달리다 작은 산을 넘으니 산 아래로 바다가 육지 깊숙이 들어와 있는 해안이 나온다. 옛날 나무가 많았다고 하여 붙여진 이름인 후트베이(Hout Bay, 또는 하우트베이)다. 후트는 네덜란드어로 나무라는 뜻이란다. 남아공을 여행하다 보면, 후크(모퉁이)와 코메키(작은 분지)처럼 우리에게는 낯선 아프리칸스 지명을 많이 만난다. 베르크(산), 부르크(작은 도시), 보스(수풀), 브라이(바비큐), 달(계곡), 스타트(도시), 스타지(역), 플라이(습지), 플라이스(고기), 폰테인(샘), 코피(작은 언

캠프스베이 해변 뒤로 보이는 12사도 봉우리.

덕), 도르프(마을), 크랄(요새화된 마을), 펠트(평야), 바이(바다의 만), 카프(곶), 스트라트(거리), 케르크(교회), 스트란트(모래사장)……

여기서부터 세계 최고의 드라이브 코스라는 찬사가 부족하지 않은 채프먼스 피크 드라이브 해안도로를 달린다. 해안선의 절벽을 따라 둥글게 돌아가는 아찔한 체험과, 옆에서 바위를 깎아 들어간 반터널식 도로가 잊을 수 없는 추억을 만들어준다.

할아버지 안내인은 갑자기 바다를 가리켰다. 고래였다. 뭍에서 500미터 정도 떨어진 바다에서 고래 두 마리가 헤엄을 치고 있었다. 한 마리는 덩치가 크고, 다른 고래는 아기같이 작았다. 푸른 바다에서 고래의 등이 보였다 사라졌다 한다. 이렇게 가까운 해변에서 고래를 볼 수 있다는 것이 놀랍다.

바다와 멀어져 내륙으로 조금 들어가사 초원이 나타나고 영양이 풀을 뜯고 있었다. 길가에 원숭이 가족 3마리가 웅크리고 앉아 서로 이를 잡아주고 있다. 여행자들이 사진을 찍자 새끼원숭이가 암컷의 배 밑에 거꾸로 매달려 숨는다. 그 앞에는 원숭이 30~40마리가 떼를 지어 행군하듯 도로 양옆을 걸어가고 있었다. 안내인은 "원숭이가 일요일 아침 단체 산책을 나왔다"고 말한다. 들판을 헤매는 야생 타조와 얼룩말들이 풀을 뜯는 모습도 보았다.

남아공 최남단이라는 케이프포인트Cape Point에 도착했다. 언덕 위에 전망대와 등대가 서 있다. 궤도버스가 정상의 등대 바로 밑까지 운행했으나, 나는 주저 없이 걸어서 올라갔다. 입구에 서 있는 팻말에 적힌 케이프포인트의 위치는 남위 34도 21분 24초, 동경 18도 29분 51초. 전망대로 올라가는 길가에 아프리카데이지의 일종인 해안수풀엉경퀴의 노란 꽃이 활짝 피어 있었다. 대서양에서 불어오는 바람이 나를 밀어 사뿐히 전망대로 올려놓았다.

케이프포인트 정상에서 1860년 설치한 등대(해발 249미터)가 여행객을 맞이했다. 정말 더 이상 갈 수 없는 땅끝이다. 에티오피아에서 최남단인 케이프포인트까지 배낭을 메고 힘차게 달려왔다. 한 발짝만 더 내디디면 바로 절벽이고, 그 절벽 아래로는 끝없는 푸른 바다가 펼쳐진다. 앞을 봐도, 좌우를 둘러봐도 모두 바다뿐이다. 나는 그 자리에 그대로 섰다. 포르투갈 시인 카몽이스(Luís Vaz de Camões, 1524~1580)는

옛 등대가 있는 케이프포인트.

포르투갈 서쪽 끝 카보 다 로카(로카 곶)에서 "여기 땅이 끝나는 곳에 바다가 시작된다"고 외쳤다. 인도로 가기 위해 희망봉으로 출항하는 포르투갈 탐험선에게 바쳤던 카몽이스의 헌시는, 희망봉에 대한 헌시이기도 했다.

전망대에는 남극 6248킬로미터, 뉴욕 1만 2541킬로미터, 뉴델리 9296킬로미터 등 전 세계 주요 도시의 방향과 거리가 표시된 말뚝이 서 있었다. 자기 나라의 도시가 표시된 방향 표지를 배경으로 여행자들은 기념사진을 찍었다. 내가 사진 찍을 장소는 없었다. 우리의 자랑스

새 등대가 있는 디아스포인트.

러운 서울은 표시되어 있지 않았다.

　희망봉 등대로 알려진 이곳은 사실 지금은 등대 역할을 하지 않는 퇴역 등대다. 아래쪽 바다에 더 가까운 곳 디아스포인트Dias Point(해발 87미터)에 1919년 새로 설치된 등대가 그 역할을 대신하고 있다. "등대가 자주 구름과 안개에 가리는 문제가 있어" 새로운 등대로 대체되었다는 안내문이 붙어 있다. 여행자에 대한 친절한 설명 같기도 하고, 한때의 영광을 아쉬워하는 노병의 퇴임사 같기도 하다.

　진짜 희망봉은 케이프포인트가 아니라 케이프포인트 전망대에서

2킬로미터 떨어진 바닷가 언덕이다. 그러나 지리적 구분일 뿐, 역사적으로나 일반적으로 케이프 반도 전체가 희망봉으로 받아들여진다. 우리에게 '희망봉'으로 알려진 곳은 케이프 오브 굿 호프Cape of Good Hope로 엄밀히 말하면 '희망곶'이다. 케이프 오브 굿 호프를 '희망봉'으로 번역한 것은 희망을 안겨주는 '봉우리'라는 말이 띠는 상징적 의미 때문일 것이다. 인도로 가는 항로를 찾던 포르투갈 탐험가 바르톨로뮤 디아스가 1488년 이곳에 처음으로 발을 디뎠을 때는 파도와 바람이 거센 장애물이라는 의미에서 '폭풍의 곶'이라고 불렀다. 그런데 포르투갈 왕 주앙 2세(1455~1495)는 아프리카의 끝을 발견했으니, 그곳만 돌아 동쪽으로 가면 인도를 찾아갈 수 있는 희망을 얻었다고 생각했다. 그래서 '희망의 곶'으로 이름을 바꾸도록 했다. 이름 때문인지, 10년 뒤 포르투갈 탐험가 바스쿠 다 가마는 결국 희망봉을 지나 향료의 나라 인도에 도착했다. 유럽의 오랜 꿈이었던 동방 항로를 개척하는 데 성공한 것이다.

희망봉은 우리 역사와도 연결된다. 1904년 조선을 놓고 패권 다툼을 벌인 러일전쟁의 승패를 희망봉이 갈라놓았다. 북유럽 발트 해에 있던 러시아의 최정예 발트 함대는 영국의 방해로 수에즈 운하를 통과하지 못하고, 무려 7개월이나 걸려 희망봉을 돌아서 쓰시마 해협에 도착했다. 그 사이 이미 뤼순은 일본에 완전히 함락되었고, 긴 항해로 물자가 부족하고 병사들의 사기마저 저하된 러시아 발트 함대는 일본 해군에 궤멸당했다. 조선은 일본의 식민지가 되었고, 러시아는 1905년 1차 혁명에 이어 1917년 역사상 최초의 공산주의 혁명으로 차르 체제가 무너졌다. 그런데 내가 학교 다닐 적에는 왜 역사 시간에 이런 재미난 이야

바다로 비죽 튀어나온 부분이 희망곶.

기를 알려주지 않았는지 모르겠다.

희망봉은 영화 〈캐리비안의 해적2-망자의 함〉의 무대이기도 하다. 이 영화에서 "플라잉 더치맨이다"라는 외침에 해적들은 혼비백산한다. 바다의 무법자 해적들도 두려워했던 것이 플라잉 더치맨. 인도양으로 항해하던 선원들이 희망봉을 돌아가면서 가장 두려워했던 것도 플라잉 더치맨이다. '플라잉 더치맨Flying Dutchman'이란 '날아다니는 네덜란드인', 또는 '방랑하는 네덜란드인'이라는 뜻으로, 유령선의 대명사다. 플라잉 더치맨 전설의 고향이 희망봉이다. 불쌍한 플라잉 더치맨이 희망봉 앞바다에서 영원히 헤매야 하는 것은, 코이코이산 원주민을 내쫓고 아프리카 땅을 식민지로 만든 원죄 때문이리라.

처음 희망봉을 발견했던 디아스가 다시 항해에 나섰다가 1500년 폭풍우로 조난당해 죽은 곳도 이곳 희망봉 앞바다고, 1641년 동인도에서 네덜란드로 돌아가던 반 데르 데켄Hendrik van der Decken 선장(플라잉 더치맨 전설의 주인공)의 배가 폭풍우를 만나 침몰한 곳도 희망봉이다. 그래선지 카몽이스로부터 허먼 멜빌에 이르기까지 시대를 뛰어넘어 전설과 문학의 소재가 되어왔다.

일반적으로 희망봉이 아프리카의 최남단으로 알려졌지만, 지리적으로 정확하게 최남단은 희망봉에서 동남쪽으로 160킬로미터 떨어진 아굴라스 곶Cape Agulhas이다. 아굴라스는 포르투갈어로 바늘이라는 뜻이다. 아굴라스 곶이 동경 20도 00분 09.15초, 남위 34도 50분 00초니까 희망봉보다 29분 정도 아래쪽에 있는 셈이다. 그러나 역사적 의미와 해양생태계의 측면에서 보면 희망봉이 대서양과 인도양이 만나는 곳이라고 할 수 있다. 아굴라스 곶은 암초가 많아 항구 기능을 하지 못하지만, 케이프 반도는 만으로서 항해자들에게 안전한 피난처 구실을 했다. 그리고 적도에서 내려온 인도양의 아굴라스 난류와 남극에서 올라온 대서양의 벵겔라 한류가 교차하는 지점이 바로 희망봉이다.

남아공의 인종차별 정책이 사라지면서 희망봉은 마침내 아프리카인의 품으로 돌아왔다. 그동안 희망봉은 유럽인에게는 아프리카 침략의 발판이자 인도로 가는 항로의 기착지며 종교적 자유가 보장된 희망의 상징이었지만, 아프리카인에게는 삶의 터전을 빼앗기고 인종 차별과 식민 지배가 시작된 고통의 시발점이었다. 희망봉이 오랜 옛날 백인들에게 인도로 갈 희망을 주었듯이, 이제는 흑인들에게 자유와 평등의 세상으로 가는 희망이 되어주겠지.

케이프포인트를 떠나서 20여 분 달려 도착한 사이먼스베이는 찰스 다윈의 비글호가 5년간의 세계 일주를 마치고 영국으로 귀환하는 길에 1836년 정박했던 곳이다. 오른쪽 볼더스 해변Boulders Beach에 아프리카 펭귄이 산다. 둥근 화강암 바위에 바다에서 헤엄치다 막 나온 아프리카 펭귄들이 앉아 햇볕을 쬐고 있었다. 아프리카 펭귄은 왜 그리도 작은지 모르겠다. 어떤 새끼는 귀여운 병아리 같다. 갓 돌을 지나 걸음마를 시작한 아이가 아장아장 걷는 듯 귀엽다.

아프리카 펭귄을 소개하는 테이블 마운틴 국립공원의 팸플릿을 보고 오랫동안 궁금했던 의문이 하나 풀렸다.

"펭귄의 배가 흰 것은 바닷속에서 노리는 포식자를 속이고, 등이 검은 것은 하늘 위에서 노리는 포식자를 속이기 위한 위장술이다."

아, 그랬구나. 펭귄의 검은 등은 푸른 바다에 있으면 눈에 잘 띄지 않아 독수리와 물수리, 바다갈매기의 공격을 피할 수 있고, 하얀 배는 물속의 맑은 물에서 잘 보이지 않아 상어나 고래, 물개를 피할 수 있다.

사이먼스베이가 있는 사이먼스타운은 바닷가를 따라 줄지어 선 멋진 집들이 펭귄처럼 아름다웠다. 길가의 병솔나무Bottle Brush Tree에는 붉은 꽃이 한가득 피어 있다. 꽃이 병을 씻는 솔을 닮았다고 하여 병솔나무라고 하는데, 정말 이름 그대로 병솔과 똑같이 생겼다.

그런데 아름다운 꽃과 나무들로 둘러싸인 사이먼스타운의 고급 주택가는 안녕하지가 못하다. 마치 성을 쌓은 듯 높은 담장을 올렸고, 대문간에는 보안경비회사가 무단 침입하는 경우 즉각 사격한다는 의미로

사이먼스베이의 아프리카 펭귄.

고급 주택가가 멀리 보이는 바닷가를 펭귄 한 마리가 뒤뚱거리며 걷고 있다.

'무장 대응'이라는 무시무시한 경고문을 붙여놓았다. 성을 쌓는 자는 망하고, 길을 만드는 자는 흥한다고 했거늘.

볼더스 해변에서 1시간 정도 달려 와인 농장으로 유명한 스텔렌보쉬에 도착했다. 스텔렌보쉬는 온통 사방이 포도밭과 와인 농장이었다. 남아공에서 케이프타운에 이어 두 번째로 오래된 도시답게, 고풍스런 분위기를 물씬 풍겼다. 푸른 잔디밭과 검은 지붕을 인 하얀색 가옥, 그리고 도시 뒤편에 우뚝 선 검은 바위산이 멋진 조화를 이루며 마치 그림 같은 도시 풍경을 만들어냈다. 어디를 가나 보통 200년은 된 건물들이

병솔나무 꽃.

도시의 역사를 말해주었다. 마침 내가 간 날은 매년 8월 3일부터 6일 사이에 열리는 스텔렌보쉬 와인 페스티벌 기간이었다. 포도주를 좋아하는 전 세계의 여행자들로 붐볐다.

스텔렌보쉬를 중심으로 근처의 팔과 프랑쉬후크, 서머셋 웨스트, 웰링턴 지역을 통틀어 와인랜드라 한다. 남아공 포도주의 중심지다. 1688년 프랑스에서 쫓겨난 위그노파 신교도들이 프랑쉬후크에 이주하면서부터 와인을 생산하기 시작했다.

해발 1000미터 이상의 고원 지대를 달리는 와인랜드의 도로 양옆으로는 가도 가도 포도밭이다. 이미 수확이 끝나, 포도나무에는 잎도 모

체벤바히트 농장 화장실에 걸려 있던 여러 종류의 포도 잎사귀.

두 떨어지고 줄기만 남았다. 그 앙상한 포도나무 사이의 고랑에 밀이 파랗게 자라고 있다. 포도를 수확한 뒤에는 포도나무 사이에 밀농사를 이모작으로 짓고 있었다. 그림 같은 와인 농장에서 포도주 시음과 함께 치즈를 시식하고, 시큼하면서도 감미로운 여운을 즐기며 숙소로 돌아왔다.

로벤 섬의
〈대지의 저주받은 자들〉
—

  다음날 아침, 케이프타운에 가면 반드시 가보리라고 다짐했던 로벤 아일랜드Robben Island 섬을 찾았다. 넬슨 만델라는 이스턴케이프 주의 음타타에서 태어나 요하네스버그의 소웨토에 살았으나, 고독한 외딴 섬인 로벤 아일랜드의 교도소에서 세계적인 위인으로 다시 태어났다. 어떻게 교도소에서 오랜 시간을 갇혀 지내면서 좌절하거나 복수심에 불타지 않고, 오히려 관용과 포용의 위대한 영웅으로 다시 태어날 수 있었을까?

  지금도 처음 만델라를 보았던 기억이 선명하게 떠오른다. 신문기자 시절 하버드 대학 초청연구원으로 연수를 받던 1998년 9월, 만델라가 하버드대로 왔다. 명예박사 학위를 받기 위해서였다. 명예박사 학위 수여식이 있기 몇 시간 전부터 하버드대 야외 교정 행사장에는 학생과 시민 수만 명이 몰려들었다. 당시 남아공 대통령이었던 만델라는 희끗희끗한 머리로 행사장에 나타났다. 떠들썩했던 행사장은 일순간에 조용해졌다. "자유와 평등을 향한 인간의 여정은 아직도 끝나지 않았다"고 말하는 만델라의 연설에 나는 깊은 감명을 받았다.

  케이프타운 앞바다인 테이블베이의 V&A 워터프론트the Victoria & Alfred Waterfront 항구에는 '넬슨 만델라 게이트'라는 작은 전시관이 있

배에서 본 로벤 섬.

었다. 로벤 아일랜드와 아파르트헤이트의 역사를 보여주는 사진과 설명을 보면서 전시관 통로를 걷다 보면 페리 탑승장에 다다른다. 페리를 타고 40여 분 만에 로벤 섬에 도착했다. 케이프타운에서 12킬로미터밖에 되지 않는 짧은 거리다. 네덜란드어로 '물개'라는 뜻인 '로벤' 섬답게, 항구와 방파제 여기저기서 물개가 헤엄치거나 뭍에 올라와 쉬고 있었다. 알제리 혁명가 프란츠 파농의 표현을 빌린다면 '저주받은 땅' 아프리카에서 '저주받은 자들'의 유배지에 첫발을 내렸다.

로벤 섬의 첫인상은 푸른 나무가 우거진 아름다운 유원지 같았다. 승객들을 태운 버스가 섬을 돌기 시작하자, 제일 먼저 나무가 우거진 사

수감자들이 노역하던 채석장과 대피 동굴.

이로 비석 하나가 눈에 들어왔다. 한센병 환자의 묘지였다. 로벤 아일랜드는 1836년부터 1931년까지 한센병 환자와 정신병자들을 격리하는 집단수용소로 이용되었다. 물개 10여 마리가 도로까지 올라와 고개를 흔들며 나를 환영했다. 등대가 있는 바닷가에는 오래 전 좌초한 어선들의 파편이 그대로 나뒹굴고 있었고, 대서양의 파도에 죽은 해조류도 밀려왔다.

해조류를 보자, 미국 작가인 폴 서룩스Paul Theroux의 영문판 아프리카 여행기 《다크 스타 사파리Dark Star Safari》에 나오는, "로벤 섬 주위 바다에서 10피트(약 3미터) 되는 해초를 채취하는 일에 동원되었는데, 그 해초는 대만과 한국에 수출되었다"고 한 로벤 아일랜드 정치범의 증언이 떠올랐다. 만델라의 《자유를 향한 머나먼 길》에도 "우리는 우선 해변에 몰려온 큰 해초들을 수집하고, 이어 바다로 나가 바위와 산호에 붙어 있는 해초들을 채집하도록 지시받았다. 해초는 일본으로 수출되어 비료로 쓰인다고 들었다"는 내용이 있다. 우리는 70~80년대 만델라와 정치범들이 로벤 섬에서 채취한 미역과 다시마를 먹었던 것이다. 펭귄 해변과 케이프타운의 해변에서도 다시마 종류 해초가 둥둥 떠다니고 있었다. 남아공 사람들은 해초를 먹지 않기 때문이다.

만델라와 수감자들이 돌을 캐는 노역을 하던 석회암 채석장과, 그들이 일을 하다 폭풍우가 오면 임시로 대피하던 동굴도 보았다. 수감자들이 캐낸 돌은 도로 자갈용으로 사용되었다.

로벤 섬은 아파르트헤이트 전에도 영국의 식민 지배에 저항했던 흑인 추장들을 가두던 장소였다. 1658년 케이프 식민지의 원주민인 코이코이족 지도자 아우추마토Autsumato가 투옥된 것을 시작으로, 코사족 추장인 마코마Maqoma가 1871년 이 섬에 유배되었다가 사망하고, 콰줄루 나탈 지역의 추장인 랑갈리발레레Langalibalele도 1874년 유배되었다. 로벤 섬 전체가 박물관으로 지정되어 있고, 1999년에는 유네스코 세계문화유산으로 등재되었다.

우리를 안내하는 사람은 벤저민이라는 70대 후반 노인이었다. 큰 키에 인자하면서도 친절한 그는, 넬슨 만델라와 함께 로벤 섬에서 11년간 투옥되었던 역전의 용사였다. 로벤 섬의 안내인들은 대부분 아파르트헤이트 철폐 투쟁을 벌이다 이곳에 투옥되었던 사람들이다. 인권 투사에서 여행안내인, 아니 역사 해설가로 바뀐 노영웅의 안내를 받으며 넬

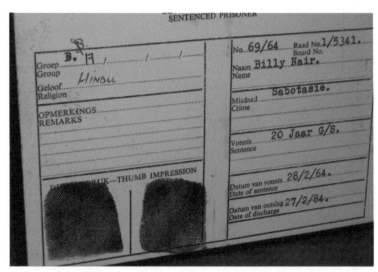

B그룹으로 분류된 수감자의 개인기록카드.

슨 만델라와 흑인 정치범들이 수용되었던 교도소로 들어가니 가슴이 뭉클하다.

우리가 처음으로 간 F동은 마치 학교 교실처럼 넓었는데, 최고 60명을 함께 수용하던 집단 수용방이다. 백인 정권은 교도소에서 먹는 음식조차 인종에 따라 차별했다. 혼혈과 아시아계는 B그룹으로, 아프리카 흑인은 C그룹으로 나누었는데, 백인이 속했을 A그룹에 대한 자료는 없다. 그 까닭은 만델라의 《자유를 향한 머나먼 길》에서 알 수 있다. "(로벤 섬에는) 단 한 명도 흑인 간수가 없었고, 백인 죄수도 단 한 명 없었다." 최하위 급수인 D그룹은 넬슨 만델라 같은 요주의 정치범들이었다.

로벤 섬 감옥의 만델라동.

만델라가 수감되었던 방.

교도소 안에는 당시 수감자의 개인기록카드가 전시되어 있었다. 1964년 파업 중 사보타주 혐의로 20년형을 선고받은 빌리 네어Billy Nair라는 사람은 힌두교도로 B그룹에 분류되었다. 인도계 사람으로 보이는 빌리 네어의 수인 번호는 69/64였다. 1964년도의 69번째 죄수라는 뜻이다. 넬슨 만델라의 수인 번호는 466/64로, 1964년도 466번째 죄수라는 의미다.

주로 아파르트헤이트 정책에 반대한 흑인 정치범들을 수용한 독방이 있는 A, C동을 지나 마지막으로 넬슨 만델라가 수감되었던 감방으로 갔다. 만델라가 수감되어 '만델라동'으로 알려진 B동이다. 만델라는 1964년 차가운 겨울바람이 부는 6월 어느 날 새벽, 프리토리아 교도소에서 군용 수송기에 실려 로벤 섬으로 옮겨졌다. 한두 해면 석방될 것이라는 기대는 무참히 깨어지고, 18년이 흘러갔다. 넬슨 만델라는 1964년부터 1982년까지 18년을 산 뒤 케이프타운 근처의 교도소로 이감되었다가 1990년에야 석방된다. B동은 최고 보안 교도소답게 높다란 시멘트 담장 위에 철조망이 쳐져 있고, 감시탑이 별도로 설치되어 있고, 또 담장 위에 교도관들이 경비견을 끌고 다니면서 감시하는 통로가 있었다.

만델라의 방은 아무런 표시 없이 그대로 보존되어 있었다. 그 흔한 표지판조차 설치하지 않아, 안내인이 가르쳐주지 않으면 누구도 알 수 없는 옛날 모습 그대로였다. 1.5제곱미터 크기에 이중 철창, 담요와 사이잘로 만든 매트, 모직 깔개, 작은 나무 탁자와 철제 식기, 붉은색 덮개가 있는 변기통이 있고, 작은 철제 사물함 3개가 벽에 붙어 있었다. 여행자들은 만델라의 방 앞에서 떠날 줄을 몰랐다. 만델라는 한 인간에게 빚지지 않은 세계인이 누가 있는가.

D급 죄수 만델라에게 주어진 자유는 6개월마다 허용된 단 한 명의 면회와 편지 한 통이었다. 장남이자 외아들인 만델라는 어머니의 장례식에도 참석할 수 없었다. 1965년 말 어느 날 만델라는 당시 부인 위니에게서 뜻밖의 편지를 전달받았다. 체 게바라의 편지였다. 콩고의 탕가니카 호수 근처 키부에서 게릴라 활동을 벌이던 체 게바라는, 1965년 8월 남아공에서 달려온 위니 만델라를 비밀리에 만났다. 모든 제국주의적 억압과 인간 차별에 저항했던 체 게바라가 넬슨 만델라에게 동지

교도소 안마당에 전시된 사진을 설명하는 안내인 벤저민.

의식과 연대감을 느낀 것은 너무나 당연했다. 1963년 넬슨 만델라의 4시간에 걸친 인종차별 정책 비난 연설에 감명받았던 체 게바라는, 1964년 12월 쿠바 대표로서 뉴욕 유엔본부 연설을 통해 남아공의 아파르트헤이트를 강력히 규탄했다.

　"흑인과 백인 모두가 가슴속에 어떤 두려움도 없이 당당하게 걸을 수 있는 무지개 나라를 만들겠다"는 만델라의 꿈은 데즈먼드 투투 대주교를 만나면서 현실이 되었다. 민주화 이후 흑백이 공존하는 남아공을 상징하는 말이 된 '무지개 나라'는 아파르트헤이트 반대 운동으로 역시 노벨평화상을 받은 투투 대주교가 처음으로 사용한 표현이다. 나는 남아공 여행사의 안내책자 겉표지에서 본 투투 대주교의 말을 여행일지에 기록해두었다.

나는 지금 구름 위를 걷고 있다. 마치 사랑에 빠진 것처럼, 믿을 수 없이 황홀한 느낌으로. 우리 남아공은 세계의 무지개 인민Rainbow people이 될 것이다.

만델라가 대통령에 오른 뒤 1996년 설치된 '진실화해위원회'의 위원장이 된 투투 대주교는 "고백 없이 용서 없고, 용서 없이 미래 없다"며 흑인과 백인 모두를 설득했다. 아파르트헤이트 시절 자행된 인권 침해 범죄에 대해 진실은 밝히되 처벌하지 말자는 뜻이다. "백인의 독재도 흑인의 독재도 용납하지 않겠다"는 만델라의 생각과 같았다. 만델라와 투투의 '용서와 화해' 정신은 350년간에 걸친 인종 차별을 끝내고 남아공을 다민족 다문화의 무지개 나라로 가는 터전을 마련했다.

인간의 역사는 끊임없는 이동의 역사고, 이주의 역사였다. 우리나라에서도 수많은 국민이 다른 나라로 이민을 가고, 거꾸로 동남아시아 국가를 비롯한 세계 여러 나라에서 이민을 오고 있다. 엄밀히 말하면 지구상 어느 땅에도 원주민이란 존재하지 않는다. 먼저 살아온 선주민이 있을 뿐이다. 먼저 정착한 선주민은 뒤에 오는 이주민에게 문을 열어주고, 이주민은 선주민의 문화를 존중하면서 화합과 공존의 길을 찾아가야 한다. 과거 유럽의 백인들이 아프리카에서 추구했던 길은 선주민과 공존하는 것이 아니라, 선주민인 흑인을 지배하려는 것이었다. 아메리카와 호주에서도 마찬가지였다.

혹인이 압도적 다수이면서 백인과 혼혈인, 아시아인뿐 아니라 공용어만 11개일 정도로 많은 부족이 어울려 사는 남아공의 미래는 공존 속의 화합을 추구하는 '무지개 나라'가 될 수밖에 없다. 남아공의 국가 구호도 '무지개 나라'와 참으로 잘 어울리는 "다양성 속의 통일Unity in Diversity"이고, 민주화 이후 새로 채택된 남아공 국기도 6가지 색을 사용했으나 여러 색이 조화롭게 하나로 통합되는 것을 의미한다고 하여 '무지개 국기'라고 부른다.

로벤 섬은 이제 자유의 기념관으로 바뀌었다. 항구로 나오는데 길가의 나무숲에서 평화롭게 풀을 뜯어 먹던 토끼 한 마리가 나를 힐끗 보더니 숲으로 달아난다. 독일의 역사학자인 알브레히트 하게만Albrecht Hagemann은 《넬슨 만델라 평전》에서 만델라의 성공 비결을 한마디로 "화해자 대통령" 역할에서 찾았다. 아프리카에 뿌리를 두되 인류의 보편적 가치인 자유와 민주주의, 인권을 추구한 데서 만델라의 진정한 힘이 나온 것이리라.

로벤 섬을 떠나 케이프타운 항구로 돌아왔다. 돌아오는 배에서 바라보는 케이프타운은 테이블마운틴과 테이블베이에 둘러싸여 사발처럼 움푹 팬 도시였다. '시티 보울(City Bowl, 사발 도시)'이라는 별명 그대로다.

테이블마운틴의 꼭대기를 감싸고 있던 하얀 안개가 짙은 구름으로 변하면서 어둠이 깔리자, 여기저기 전깃불이 들어오기 시작했다. 워터프론트는 가장 번화한 거리답게 쇼핑몰과 멋진 레스토랑, 카페가 즐비하고, 거리에는 악사들의 공연이 벌어진다. 페리와 요트들도 밤이 깊기

항구 거리에서 공연하는 아카펠라단.

전 돛을 내리기 위해 항구로 들어오고 있었다. 케이프타운은 오랜 항행
에 지친 선원들에게 잠시나마 평온을 주는 '바다의 선술집'이다.

　오지 여행을 하다 보면, 그것도 홀로 배낭을 메고 힘든 여정을 걷다
보면 나 자신에 대해 겸허해진다. '나'라는 존재는 광활한 자연의 한 부
분이라는 것을 아프리카의 저 넓은 초원과 사막의 밤하늘이 알려준다.
실패한 선택은 대부분 자신을 세상의 중심에 놓고 자의적으로 판단한
오만의 결과다. 자신을 가장 낮은 위치에 놓고 판단한다면 잘못된 길에
들어설 일이 없다. 내가 태양 주위를 도는 것이지, 태양이 내 주위를 도
는 것이 아니다. 나는 주체이되, 세상의 전부는 아니라는 진리를 여행
은 깨우쳐준다. 불교에서 말하는 '하심下心'이다. 하심은 자기를 낮추
되, 하찮게 여기는 것이 아니다. 일단 자기를 낮춰야 세상이 제대로 보
이고, 가슴속의 울림이 들린다.
　왜 그 옛날 고승 대덕들이 고난의 순례에 나섰는가. 인도로 간 당나
라의 현장과 신라의 혜초가 파미르 고원을 넘고 타클라마칸 사막을 건
넌 것이 단순히 불경을 얻기 위해서였을까. 인도로 가는 순롓길은 생명
을 담보로 한 고행이었다. 만해 한용운도 강원도 백담사에서 득도한
뒤, 드넓은 세계를 알기 위해 1906년 세계 일주에 나섰다. 원산에서 배
를 타고 당시 해삼위(블라디보스토크)까지 간 한용운은 친일단체 일진회
로 오인받아 현지 조선인들로부터 생명의 위협을 받고 중도에 귀국해

야 했지만…….

여행은 내게 사색이자 종교다. 여행을 하면 자신과 많은 대화를 나눌 시간이 생기고, 눈앞을 가렸던 세속의 구름이 걷힌다. 도시에서 많은 사람들과 부대끼면서 살아가야 하는 우리에게는 정작 나 자신과 대화할 시간이 부족하다. 인간은 부나비처럼 화려한 불빛을 쫓아 도시로 찾아든 뒤로, 불면의 나날을 보내고 있지는 않은가. 우리는 거대한 도시라는 탐욕의 숙주에 불과한 존재는 아닌가. 인생의 새로운 결정을 하기 전에, 한 번쯤 오지로 여행을 떠나라. 집 안의 골방에 틀어박혀 잡념에 휩싸이거나, 문화평론가 진중권이 말했던 "인터넷의 바다에서 떠도는 디지털 유령선 '플라잉 더치맨'"으로 헤매지 말고, 배낭을 메고 일단 집을 나서라.

진리는 우리가 사는 저 넓은 거친 세상에 있는 것이지, 좁은 집안이나 가상 공간인 '인정머리 없는' 인터넷에 있지 않다. 현실의 세계는 '익명'의 사회가 아니고, '실명'의 사회다. 인터넷에서는 '화장발'이 통하지만, 현실은 '쌩얼'의 세상이다. 자연은 그 자체로 실명이고 쌩얼이다. 나 자신을 찾기 위해서는 자기 맨얼굴을 광야에 내놓아야 한다. 광활한 자연 속을 홀로 걷는 용감한 방랑자가 되어야 한다. 여행은 자기 자신과 대화하는 시간이며, 자연과 소통하는 공간이다. 자기 자신과 자연과 대화하고 소통한 다음에는, 다시 돌아와 사회와 소통해야 나를 잃어버리지 않는다. 튼튼한 두 다리와 배낭 하나만 있으면 가능한 일이다.

체 게바라는 스물세 살에 남미 여행을 마치고 "나는 더 이상 내가 아니다. 과거의 나는 이제 없다"고 외쳤다. 그래서, 여행을 떠나는 자에게서 나는 혁명을 본다. 혁명은 거창한 구호가 아니다. 혁명가는 멀리 있는 것이 아니다. 불의에 분노할 줄 알고 정의에 귀를 기울이는 자세가 혁명이고, 남의 아픔을 헤집기보다는 조용히 감싸주는 따뜻한 마음을 가진 사람이 진정한 혁명가가 아닐까. 사랑이 없는 혁명은 잔혹한 폭력일 뿐이니까.

다음날 나미비아 수도 빈트후크로 가려고 기차역 겸 버스 정류소로 나왔다. 기차역 매점에 있는 신문을 보니 오늘 8월 9일이 '여성의 날 Women's Day'이라며 특집 기사를 실었다. 케이프타운 시내의 곳곳에도 각종 행사를 알리는 벽보가 붙어 있었다. 남아공에서는 여성의 날이 국경일로 지정되어 있다. 백인 정권 시절인 지난 1956년 8월 9일, 흑인 여성 2만여 명이 흑인을 차별하는 통행법에 항의해, 대통령 관저가 있는 프리토리아 유니언 빌딩 광장을 향해 전국에서 거리 행진을 벌인 것을 기념하는 날이다. 지금 남아공에서는 여성 국회의원이 전체 의석의 3분의 1을 차지하고, 장관의 40퍼센트도 여성이 차지하고 있다.

버스가 케이프타운을 벗어나자마자, 푸른 초원이 펼쳐졌다. 탄자니아의 세렝게티는 누런 초원인데, 남아공은 푸른 초원이다. 올리판츠 강을 건너자마자 시트러스 오렌지로 유명한 시트러스달이 나오고, 뒤이어 루이보스 차가 많이 나는 클랜윌리엄 지역이 나왔다. 조그만 마을 푸른 잔디 운동장에서 어린이들이 럭비를 하고 있었다. 유럽의 어느 선진국 못지않은 어린이 운동장이다. 에티오피아와 우간다, 탄자니아 국경마을의 어린이들은 맨발로 갈댓잎을 둘둘 말아서 만든 축구공을 차고 놀았는데.

가리에스 지역을 지나자, 넓은 들판에 갖가지 하얗고 노랗고 붉은 데

퀴버 트리.

이지 꽃이 흐드러지게 피어 꽃의 물결을 이루고 있다. 세계적으로 들꽃
군락지로 유명한 나마콸란드Namaqualand다. 코이코이족의 한 갈래로
금속 가공 기술이 뛰어난 나마Nama 족이 사는 지역이라서 나마콸란드
라고 한다. 대서양에 인접한 나마콸란드 지역은 반사막 지대다. 나마콸
란드에서 나미비아로 가는 길가의 들판에는 알로에의 일종인 퀴버 트
리(Quiver Tree, 코커붐)가 많이 자란다. 나무가 가볍고 속이 스펀지처
럼 부드러워 옛날 이곳에 살던 산족이 화살통을 만들던 나무다. 퀴버는
영어로 화살통을 뜻하는데, 아프리칸스 말로는 코커붐이라고 한다. 애

초 산족은 초제Choje라고 불렀다.

　퀴버 트리와 함께 희귀한 나무로 하프멘스(halfmens: 절반의 인간) 트리가 있는데, 사람의 상반신 모습을 닮았다고 붙여진 이름이다. 산족의 전설에 따르면, 북쪽의 칼라하리 사막에 살던 산족이 다른 부족의 침략을 당해 남쪽으로 떠나오는 길에, 오렌지 강을 건너면서 다시 못 올 고향을 뒤돌아보는 순간 그 자리에서 나무로 변했다. 그래서 하프멘스 트리의 잎사귀는 언젠가 고향으로 되돌아갈 날을 갈망하며 항상 북쪽을 향해 있다는 슬픈 얘기다.

　남아공과 나미비아 국경에는 오렌지 강이 흐른다. 레소토의 드라켄즈버그 산맥에서 발원해 대서양으로 흐르는, 길이 2100킬로미터에 이르는 강이다. 이 강의 이름은 우리가 먹는 과일 오렌지와는 아무런 상관이 없고, 1770년대 네덜란드 군주였던 오렌지 공의 이름을 딴 것이다. 처음에 이 이름을 들었을 때는 오렌지 강가에 맛있는 오렌지 과수원이 수백 킬로미터 이어져 있을 것으로 상상하기도 했다. 차라리 몰랐으면, 그냥 무식하게 "오렌지 강변에는 주먹만 한 오렌지가 주렁주렁 매달려 있다"고 큰소리쳤을 텐데.

어둠이 짙게 내린 오렌지 강 다리를 건너자마자, 나미비아 국경사무소가 나온다. 케이프타운에서 미리 나미비아 비자를 받았기 때문에 수속은 20여 분 만에 끝났다. 에티오피아와 짐바브웨의 나미비아 대사관에서 비자 발급을 퉁명스럽게 거절당했던 것에 비해, 남아공의 나미비아 대사관 여직원은 친절하기 그지없는 태도로 비자를 내주었다.

오늘도 별을 보면서 국경을 넘었다. 보름달이 하늘 중간에 떠서 태양 같은 가로등 역할을 한다. 나미비아에는 캄캄하게 어두운 밤은 없다. 흐릿한 백야 현상이 벌어지고 있었다. 손전등 없이도 밤거리를 다닐 정도로 밝다. 저 멀리 나미브 사막의 붉은 모래언덕을 비춘 달빛의 반사가 나미비아의 도로를 밝히는 것일까.

버스는 새벽 5시에 빈트후크에 도착했다. 남아공과 나미비아를 다니는 국제버스는 유독 나미비아 구간에서는 밤에만 달린다. 새벽 5시에 빈트후크에 내리라니, 이 새벽에 여행자는 어디로 가란 말인가.

여행자 숙소를 찾아 택시를 탔다. 가장 싸다는 카드보드박스 백패커스에 갔으나, 현관문이 잠겨 있었다. 너무 이른 새벽이다. 초인종을 눌러도 인기척이 없다. 새벽이라 걸어서 시내 구경을 할 수도 없었다. 현관문 앞에서 꼬박 한 시간을 기다린 뒤에야 중년의 여자 종업원이 와서 사무실로 들어갈 수 있었다.

"남은 방이 있느냐."

"나는 청소하는 사람이어서 잘 모른다. 매니저가 오면 물어봐라."

"매니저는 언제 오느냐."

"아마 한 시간 후에 올 것이다."

다시 한 시간을 사무실 의자에 앉아 기다렸다. 매니저라는 젊은 여자가 출근해서는, 모든 방이 꽉 찼단다. 다른 숙소를 알아봐 달라고 부탁하자 몇 군데 전화를 하더니, 역시 빈방이 없다고 한다. 날도 밝았으니 나는 직접 숙소를 찾아 나서기로 했다.

빈트후크는 거리 이름부터 아름다웠다. 언덕을 내려오는 첫 번째 거리가 베르디 거리, 두 번째는 브람스 거리, 그 아래로 로시니 거리와 모차르트 거리, 푸치니 거리, 바흐 거리, 베토벤 거리가 나를 반긴다. 세계적 작곡가들의 이름을 딴 음악가의 거리였다. 브람스와 모차르트의 아름다운 선율과, 베르디와 푸치니의 오페라 아리아가 들려오는 듯했다. 누가 봤으면 캥거루가 껑충껑충 뛰어가는 것으로 착각했을지 모를 정도로 내 발걸음은 가볍게 통통 튀었다.

빈트후크의 아이들은 사는 집을 말할 때 얼마나 뿌듯할까. 너의 집은 어디냐고 물으면 한 아이는 "브람스", 다른 아이는 "나는 바흐", 또 다른 아이는 "우리 집은 모차르트"라고 대답할 것이다. 얼마나 운치 있는 이름인가.

정말 거리 이름을 지으려면 이 정도는 돼야 하지 않을까. 빈트후크에는 음악가 거리뿐 아니라, 생리·의학자 거리(파블로프 거리, 슈바이처 거리, 프로이트 거리)와 철학자 거리(소크라테스 거리, 플라톤 거리, 헤겔 거리,

사르트르 거리), 과학자 거리(아인슈타인 거리, 에디슨 거리, 갈릴레이 거리), 별자리 거리(안드로메다 거리, 전갈 거리), 새 거리(플라밍고 거리, 펠리컨 거리), 나무 거리(아카시아 거리, 야자수 거리), 광물 거리(니켈 거리, 구리 거리), 운동 거리(럭비 거리, 테니스 거리)도 있었다. 지역별 특성에 맞게 붙여진 이름이었다. 내가 찾던 동물 거리도 있었다. 쿠드 거리와 스프링복 거리, 임팔라 거리, 누 거리, 오릭스 거리……

빈트후크의 멋진 거리를 한 시간 동안 헤매다가, 나는 결국 모차르트 거리 근처에 있는 폰델호프 게스트하우스로 들어갔다. 그레이트 짐바브웨 어귀에서 보았던 산호나무 꽃이 활짝 핀 독일 중세풍 집이었다. 주인은 도회적인 분위기가 물씬 풍기는 독일계 백인 여성이었다. 투숙객들은 나이 지긋한 가족 단위 여행자가 많았다. 피곤이 몰려와 숙소에서 푹 자고 일어나, 오랜만에 제대로 된 샤워를 했다. 라벤더 향이 나는 비누로 씻으니 몸이 매끄러워졌다. 지난 두 달 동안 피곤에 햇볕에 혹사당하다가 오래간만에 호강하는 날이다. 침대도 포근하기 그지없다. 내 몸이 "웬일이야!" 하며 놀라는 것을 느낄 수 있었다. 방값이 520나미비아달러(미국 70달러)나 되었으니 그럴만하지 않은가. 싼 숙소를 구하지 못한 바람에 아프리카 여행 중 전무후무한 사치를 부린 날이었다.

시내 산책에 나섰다. 숙소에서 나오자마자 철도가 보였다. 빈트후크에서 스바코프문트까지 달리는, '사막 특급열차'라 부르는 트랜스나미브 철길이다. 철길을 건너 나미비아 독립 영웅이자 초대 대통령의 이름을 딴 '샘 누조마 드라이브' 거리를 따라 걷다가 왼쪽으로 꺾었다. 상점가에서 식당에 들어가 돼지고기 찜을 골랐는데, 입맛에 딱 맞았다.

뭐, 저렇게 '못생긴' 돌도 거리에 전시하나, 그런 의문이 들 정도로

빈트후크 시내에 전시된 기베온 운석.

정말 '안 생긴' 돌들이 식당 앞 작은 광장에 늘어서 있었다. 마치 훈제한 칠면조를 꼬치에 꽂아놓은 것처럼 울퉁불퉁 멋대로 생긴 돌멩이들이다. 그런데 이 볼품없는 돌멩이 33개가 그 유명한 45억 살 먹은 기베온 Gibeon 운석이란다. 아주 오랜 옛날 우주를 떠돌다 나미비아 남부의 기베온 지역에 떨어진 별똥별이었다. 기베온에 떨어진 77개 운석 중 33개가 전시되어 있었다. 작아 보이지만 그 무게가 적은 것이 200킬로그램이고, 많은 것은 무려 500킬로그램이 넘는다고 한다. 지구 대기와 마찰하면서 다 타버리고 철 성분만 남은 돌이라 보통 돌보다 훨씬 무거운 것이다. 나미비아에서는 기베온 지역뿐 아니라, 북부의 그루트폰타인 근처 호바 농장에서 세계 최대 60톤짜리 호바 운석이 발견되기도 했다.

45억 년 전에 만들어져 우주 공간을 떠돌던 별똥이 떨어지던 당시의 상황이 그려진다. 정확한 시기를 알 수 없는 먼 옛날, 우주를 떠돌던 커다란 돌덩어리가 나미비아 사막 지대에 떨어졌다. 커다란 돌덩어리가 지구의 대기권을 통과하면서 여러 개로 깨어지면서 떨어지는 모습은 마치 하늘에서 천둥이 치면서 우박이 쏟아지는 듯했다. 하늘에서 떨어진 검은 우박은 이 지역에 살던 산족의 나무집을 산산조각 내버렸고, 재수 없는 젊은이는 머리를 맞아 피를 흘리며 쓰러졌다. 대재앙이었다. 산족은 오랫동안 하늘의 저주라고 생각해 검은 우박이 떨어진 근처에 가지 않았다. 한 세대가 지난 뒤 호기심 많은 후손들이 검은 우박을 돌로 깨어보니 은색 빛깔이 나타나기 시작했다. 산족은 검은 우박이 별똥이라는 것을 그때서야 알게 된다. 그들을 별똥을 깨고 갈아서 날카로운 화살촉으로 사용했다.

빈트후크Windhoek는 아프리칸스 말로 '바람Wind이 부는 모퉁이 Hoek'라는 뜻이다. 거리가 깨끗하고 사람도 그리 많지 않다. 정처 없이 걷기에 안성맞춤이었다. 한 나라의 수도라기보다는 조용한 전원도시 같은 분위기다. 가장 번화가인 인디펜던스 애비뉴 거리에는 현대식 쇼핑센터와 카페, 전통 공예품을 파는 상점이 많았다.

인디펜던스 애비뉴 거리에서 피델 카스트로 거리를 따라 언덕길을 올라갔다. 나미비아 독립투쟁을 지원한 쿠바에 대한 감사 표시로 거리에 카스트로의 이름을 붙였다. 박물관으로 가는 언덕길 한가운데에 우뚝 솟은 건물은 한눈에 교회라는 것을 알 수 있었다. 철탑 꼭대기에 십

전통공예품을 파는 힘바족 여인.

자가가 있다. 1907년 지어진 크리스투스키르헤라는 독일 루터파 교회다. 붉은색 철탑과 하얀색 창문의 아기자기한 모습이 마치 동화 속의 교회를 보는 듯했다.

　나미비아 국립박물관인 알테 페스테에는 초기 원주민인 산족의 이주와 삶, 독일의 식민 지배, 헤레로족의 봉기, 다이아몬드 발견, 남아공의 통치와 독립 역사가 파노라마처럼 시대별로 전시되어 있었다. 박물관 입구에는 나미비아 독립 과정에서 중요한 1989년 마운트 에초Mount Etjo 평화협정 때 앙골라와 쿠바, 남아공 대표단이 축배의 잔으로 사용

크리스투스키르헤.

한 유리잔 3개가 놓여 있다. 마운트 에초 선언은 나미비아 무장 독립투쟁 단체인 남서아프리카인민기구(SWAPO, 스와포)의 병력을 앙골라로 철수하는 대신, 나미비아의 독립을 인정한 1988년의 브라자빌 의정서를 실천한다는 합의다. 스와포는 나미비아 초대 대통령이 되는 샘 누조마가 이끌고 있었다.

나미비아는 1885년부터 '독일령 남서아프리카'로 독일의 지배를 받다가, 1차 대전 때부터 남아공의 신탁통치를 받았다. 남아공은 나미비아 통치 시절 악명 높은 아파르트헤이트를 이곳에도 적용했다. 빈트후크 외곽의 흑인 빈민촌 카투투라는 아파르트헤이트의 잔재인데, '나미비아의 소웨토'로 불린다. 여우를 피하니 호랑이가 온다고, 독일 지배 30년과 남아공 통치 75년 등 모두 105년이란 세월 동안 식민 지배를 겪은 뒤에야, 아프리카 식민지 국가로는 가장 늦은 1990년 독립을 찾았다.

산족의 바위그림.

　박물관에는 산족의 후예답게 바위그림(암각화)이 많이 전시되어 있었다. 산족이 창을 들고 동물을 사냥하는 그림과, 돌에 기린을 새긴 그림이 눈에 띄었다. 1000년 전 산족이 살던 바위 계곡에 잠시 들어갔다 나온 느낌이 들었다.

　박물관과 루터교회의 중간쯤에 있는 언덕에 백인이 개선장군처럼 말을 타고 있는 기마상이 서 있다. 의아했다. 나미비아 독립을 위해 기여한 백인 장군이 있단 말인가. 독일어로 '기마상 기념물'이라는 뜻인 라이터 덴크말Reiter Denkmal이라는 동상이다. 나는 기마상 받침돌에 적힌 문구를 보고 까무러칠 뻔했다. 이렇게 쓰여 있었다.

　"헤레로와 나마족 봉기 과정에서 숨진 독일 병사 1628명과 여성 4명, 어린이 한 명을 추모한다."

　한 자도 의역하지 않고 그대로 옮긴 문구다. 여기는 독일 땅이 아니라 나미비아 땅인데, 나미비아 민족의 봉기 과정에서 죽은 독일 병사를

라이터 덴크말.

기린다니 말이 되는가. 3·1운동 진압 과정에서 숨진 일본군 병사를 기념하는 동상을 서울 광화문 거리에 세워놓았다고 상상해보라. 식민 지배에 항거하다 숨진 헤레로족과 나마족에 대해서는 한마디도 없었다. 누가 침략자이고 누가 주인인지, 누가 학살자이고 피해자인지 어리둥절하게 만드는 기념물이었다.

정작 기려야 할 독립투사들의 기념탑은 빈트후크 외곽에 있다. '영웅묘지'와 함께 있는 이 기념탑은 북한의 '만수대창작사'가 만들었다. 북한은 아프리카에 기념탑을 수출하거나 '사회주의 연대의 선물'로 줬다. 에티오피아 아디스아바바에 있는 '주체사상탑'을 비롯해 짐바브웨, 보츠와나, 나미비아, 콩고, 앙골라, 세네갈, 말리, 베냉 등에도 북한은 대형 동상을 수출했다.

루터파 독일 교회인 크리스투스키르헤 안에도 당시 학살에 참여했던 독일군 희생자의 이름만 기념판에 새겨져 있을 뿐, 나미비아인의 이름

보츠와나 가보로네에 있는
북한 제작 부족장 동상.
높이가 6미터나 된다.

은 한 줄도 없다. 옛날 동물원이었던 주 파크Zoo Park에도 나미비아 해
방 봉기 때 진압하다 숨진 독일 병사들을 위한 추모탑이 있고, 독일 정
복자로서 총독을 역임했던 쿠르트 폰 프란코이스의 동상도 빈트후크를
건설했다는 이유로 시내에 세워져 있다.

독일의 식민 지배에 항거해 1904년 봉기를 일으켰다 학살된 나미비
아인은 무려 7만5000명이었다. 독일이 2차 세계대전 당시 저지른 유대
인 학살보다 먼저 자행한 헤레로족 말살 작전은 '첫 번째 인종 대학살'로
부른다. 데이비드 데이는《정복의 법칙》에서 역사상 정복자가 저지른 대
표적인 인종 말살 정책으로 독일의 1904년 헤레로족 학살, 2차 세계대
전 당시의 유대인 학살, 1915년 터키의 아르메니아인 학살, 1925년 쿠
르드족 학살, 미국의 체로키족 학살, 호주의 태즈메이니아인 학살을 꼽
았다.

학살자를 용서할 수는 있어도 기념할 수는 없는 법. 나는 1912년 당

시 독일 총독이 세운 기마상이 독립 이후에도 그대로 보존되는 이유를 알 수 없다. 독일군 기마상 대신에 독립 영웅이나 무명의 독립투사 기념탑이 세워져야 할 자리가 아닌가? 정복자와 침략당한 자의 역사를 같이 보여주자는 취지인지, 아니면 독일로부터 막대한 경제적 지원을 받고 있는 예속의 현실을 반영한 것일까. 국립미술관 등 공공건물에도 독일의 경제적 지원으로 건설됐다는 팻말이 많았다.

루터교회 뒤쪽으로 걸어가다 보면 의회 건물이 나온다. 옛날에는 독일의 총독부 건물로 사용되었다. '틴텐팔라스트Tintenpalast'라고 하는데, 독일어로 '잉크 궁전'이라는 뜻이다. 식민 지배 시절 총독부에서 공식 문서와 각종 서류에 잉크를 너무 많이 사용해 붙은 이름이다. 의사당 앞에는 독립운동가들의 동상이 서 있다. 헤레로족 지도자인 호세아 쿠타코(1870~1970), 성공회 신부로 남아공을 상대로 독립운동을 했던 테오필루스 하무툼반겔라(1917~1990), 남아공 백인 정권의 아파르트헤이트 정책에 맞서 싸운 캡틴 헨드릭 사무엘 비트부이(1906~1978)의 동상이다.

나미비아에는 옴부즈맨 제도가 있다. 시민의 입장에서 행정을 감찰하고 민원을 해결하는 제도다. 우리나라의 국민고충처리위원회 같은 기관인데, 루터교회 앞쪽에 옴부즈맨 건물이 있었다. 나미비아는 아프리카 국가 중에서 정치가 안정되고, 민주주의가 상당히 정착된 나라로 꼽힌다. 옴부즈맨 건물의 정문에 걸려 있는 구호와 상징물이 참 재미있다. "다른 면의 이야기(The Other Side of The Story)." 모든 사물에는 양면이 있다는 것을 표현한 것이다. 행정부의 입장이 아닌, 국민의 입장에서 이야기를 듣는다는 취지이기도 하다. 정부기관도 이렇게 재치 있

옴부즈맨 청사.   나미비아 옴부즈맨의 로고.

고 멋있게 홍보할 수가 있구나.

빈트후크 시내에서 빼놓을 수 없는 또 다른 볼거리는 쿠두 상이다. 영웅의 동상은 많이 보았어도, 동물을 기념하는 동상은 처음이다. 더욱 감동적인 것은 쿠두 상을 세운 이유다. "1896년 전염병으로 희생된 쿠두를 추모하기 위한 것"이란다. 동물이 인간과 동격으로 인정받는 곳은 빈트후크밖에 없지 않을까. 이 쿠두 상이 세워진 이후 보츠와나 칼라하리 사막에 사는 쿠두들이 동물의 존엄을 찾아 나미비아로 집단 망명했다고 한다. 믿거나 말거나.

오웰라 자연사박물관에 갔을 때는 여직원이 박물관 팸플릿을 주면서 "입장료는 없지만, 기부는 할 수 있다"고 '친절하게' 설명한다. 박물관에서 내가 오랫동안 궁금했던 새의 이름을 알았다. 첫 전시실에 들어가니, 여행 내내 궁금했던 새가 박제되어 있었다. 온몸이 청록빛인 새다. 팻말을 보니 이름이 '버첼스 스탈링Burchell's Starling'이다. 아프리카 여행 중 바닷가와 숲에서 자주 눈에 띄어 내 마음을 끌었던 버첼스 스탈링, 아프리카 푸른찌르레기였다. 안쪽에는 박제된 치타와 검은코뿔소, 악어 등 각종 동물이 전시되어 있는데, 뿔이 2개인 검은코뿔소는 그 수가 급격히 줄고 있는 멸종 위기 동물이어서 별도의 전시 공간으로 대접받고 있었다.

시내 관광안내소에 있는 여행 지도를 보니, 빈트후크 시내를 한눈에

쿠두 상.

볼 수 있는 산책 코스가 있었다. 알테 페스테 박물관의 뒤쪽 길인 휘겔 스트리트를 따라 언덕길을 30여 분 올라갔다. 우리 남산과 같은 작은 산에 오솔길이 나타났다. '호프마이어 산책길Hofmeyer Hiking Trail'이 라는 팻말이 있었다. 운치가 이만저만이 아니다. 산새들도 지저귀고, 우리 산에서 볼 수 있는 다람쥐보다 두 배 정도 큰 다람쥐들이 다니고, 도마뱀도 바위에 매달려 있다. 야생 알로에가 여기저기 솟아 있는데, 빈트후크의 상징인 알로에 리토랄리스Aloe Littoralis다. 시내 중간에 있 는 산이다 보니, 한 바퀴 돌다 보면 빈트후크가 병풍처럼 펼쳐진 그림 으로 다가온다. 나는 산책을 하다가 시원한 바람이 불어오면 가끔씩 의 자에 앉아 멋진 시내 전경을 바라보았다. 호프마이어 산책길은 환상적 인데, 낮인데도 걷는 사람이 없었다. 산책길 어귀에 "강도를 조심하라"

© 위키피디아

푸른찌르레기.

빈트후크 시내 모습.

는 경찰의 경고 팻말이 붙어 있기도 해서, 으슥한 오솔길에서는 머리가
쭈뼛한 기분이 들었다.

출발점의 반대쪽으로 길을 내려오니, '사랑의 길'이 나를 반겼다. 농
담이 아니라, 실제 거리 이름이 '사랑의 길(Love St. 러브스트리트)'다. 빈
트후크를 동쪽으로 감싸고 있는 산은 '연애의 산(Eros Mountains, 에로
스마운틴)'이다. 거리 이름도, 산 이름도, 빈트후크의 지명은 어디를 가
나 아름다웠다.

붉은 나미브 사막의
유혹

　나는 아프리카 여행을 오기 전부터 붉은 모래언덕의 사진을 보면 가슴이 뛰었다. 사막, 붉은 모래언덕, 그 위로 붉게 타오르는 해돋이와 서서히 지는 해넘이, 인적이 없는 사막에 홀로 선 나무 한 그루, 오아시스, 동심으로 돌아가게 하는 《어린 왕자》와 《연금술사》…….

　내가 나미비아에 온 것은 순전히 나미브 사막을 보기 위한 것이다. 왜 그런지 그 이유는 모르겠다. 사막에 가봐야 알 것 같다. 여행 책자들도 만장일치로 "세상에서 가장 아름다운 사막", "세계의 사진작가들이 가장 찾고 싶어하는 사막", "세계에서 가장 큰 모래사막", "세상에서 가장 오래된 사막"이라고 칭송하는 나미브 사막을.

　오늘 그 붉은 모래언덕이 부르는 나미브 사막으로 나는 간다. 빈트후크에서 출발해 소수스플라이Sossusvlei 모래언덕을 보고 돌아오는 2박 3일짜리 사막 관광에 나섰다.

　동반한 여행자들 6명이 모두 미국 국적이다. 미국 국적이라고 해도 인종 구성은 다양했다. 30대 후반인 백인 남자 의사와 일본계 부인, 컴퓨터 회사에 다니다 그만두고 세계 일주를 하고 있는 30대 초반의 백인 연인들, 엔지니어로 일하는 30대 초반의 백인 남자, 그리고 30대 초반의 한국계 젊은이가 있었다.

한국계 젊은이는 뉴욕에서 공인회계사로 일하다가 두 달째 세계 여행을 하고 있었다. 아프리카 여행을 끝내면 10년 만에 한국을 방문하러 간다고 잔뜩 기대하고 있었다. 고등학교 때 부모를 따라 미국으로 이민 간 젊은이는 "이번 여행을 통해 세계를 바라보는 눈이 커졌다"며 "미국에 직장을 잡고 미국에 사는 것을 당연하게 생각했는데, 이번 유럽과 아프리카 여행을 통해 유럽과 아시아에서도 일자리를 찾아볼 생각을 하게 되었다"고 말했다. 여행을 통해 시야를 넓히는 것은 좋은 일이다.

빈트후크 시내를 벗어나자, 드문드문 작은 바위산이 보이는 황량한 들판이 나타났다. 전형적인 반사막 지대다. 고갯길을 지나는데, 나뭇가지에 매달린 위버새 둥지가 보였다. 이엉으로 만든 복주머니가 나뭇가지에 거꾸로 주렁주렁 매달려 있는 듯한 위버새 둥지는 언제 봐도 귀엽다. 운전사인 찰스는 "위버새 둥지 아래에는 알이 떨어지기만을 기다리는 아프리카코브라가 있다"고 말했다. 위에 있는 둥지만 쳐다보지 말고, 그 아래 코브라를 조심하라는 경고다.

3시간 정도 달렸을 때, 사바나 지대가 끝나고 메마른 사막이 시작되는 어귀에 작은 마을이 나타났다. 사막 초입의 오아시스 마을이다. 그 이름도 솔리테르Solitaire다. 이름도 멋지다. 마을 이름이 '고독'이라니.

솔리테르는 소수스플라이로 가는 여행자들이 잠시 쉬어 가는 마을이다. 우리 차도 솔리테르가 고독하지 않도록 잠시 머물렀다. 사막의 꽃인 커다란 선인장과 알로에, 아무렇게나 버려진 오래된 폐차 한 대가 나를 고독하게 반겼다. 작은 주유소와 식당 겸 바, 조그만 잡화점이 있어 차는 기름으로 목을 축이고, 여행자들은 생수나 음료수로 갈증을 해소한다.

주민이라고는 주유소에서 아르바이트하는 옆 동네 젊은이와 애완용 강아지까지 모두 끌어모아 봐야 20명 안팎이니, 마을이라기보다는 간이 정거장이다. 영화 〈바그다드 카페〉가 떠오르는 마을이다. 영화의 주제가 〈콜링 유Calling You〉가 애잔하게 흘러나오는 듯하다. 실제로 솔리테르에는 영화처럼 여행자를 위한 모텔이 있다.

솔리테르에서 얼마 더 달려서 도착한 곳은 나미브나우크루프트 Namib-Naukluft 국립공원의 나우크루프트 뷰Naukluft View. 우리가 묵을 야영장이다. 자갈밭에 커다란 에보니나무가 자라고, 잎사귀에 이슬 같은 물방울이 맺혀 있는 사막얼음나무Desert Ice plant도 있었다. 두 명이 한 텐트에 묵는데, 나는 교포 젊은이와 짝이 되었다.

오후에는 차로 20여 분을 달려 차우차브 강Tsauchab River으로 갔다. 강이라고 해야 우리네 개울 정도지만, 풀 한 포기 살 수 없을 것 같은 사막에서 물이 흐르는 것이 얼마나 놀라운 일인가. 검은 개코원숭이가 강에서 혼자 물을 마시고, 강물에는 올챙이 같은 물고기도 헤엄친

솔리테르 마을.

사막얼음나무.

다. 강 주변의 바위들은 오랜 세월의 역사를 보여주듯, 마치 사각형 벽돌 조각을 쌓아놓은 것처럼 차곡차곡 포개져 있었다. 강 주변을 따라 산얼룩말들의 산책 코스라는 '산얼룩말 오솔길Mountain Zebra Trail'을 걷다가 숙소로 돌아왔다.

사막에서는 해가 일찍 진다. 오후 5시 30분이 되자, 사막에 어둠이 몰려오기 시작했다. 텐트 안에 호롱불을 밝힌다. 사막의 보름달 아래 텐트에 누우니, 천막 사이로 하늘이 보였다. 아프리카 사막의 별을 보니, 와리스 디리가 생각났다. 소말리아 태생인 세계적 슈퍼모델 와리스 디리 말이다. 그녀의 자서전 제목이 '사막의 꽃Desert Flower'이다. 그녀의 이름 와리스Waris가 소말리아어로 '사막의 꽃'이다. 유목민 소녀에서 가정부를 거쳐 세계적 모델이자 여성인권의 수호자가 된 와리스의 놀라운 삶과 아프리카 사막 생활, 현실의 어려움을 극복하려는 아프리카 여성들의 용기와 의지를 생생하게 그린 책이다. 사막에서 태어나 자란 와리스가 도시에 왔을 때 가장 싫었던 것은 "하늘을 가리는 천장"이었다. 하루도 별을 바라보며 잠들지 않은 날이 없었던 유목민 소녀에게, 도시의 천장은 꿈을 가로막는 장막이었다. 우리도 도시에 살면서 우중충한 매연으로 하늘과 계절을 잃어버리지 않았는가.

다음날 새벽 5시부터 부지런을 떨었다. 커피 한 잔으로 아침을 때우고 해 뜨는 사막을 보기 위해 달렸다. 차는 자갈길을 열심히 달렸지만, 아침 해가 더 부지런하다. 붉은 모래언덕이 아직 나타나지 않았는데도, 해는 차 뒤쪽에서 붉은 빛을 비추기 시작했다. 해는 뒤쪽에 이미 50미터 정도 떠올랐는데, 앞쪽의 달은 저 멀리 하늘 위 100미터 높이에 걸터앉은 채 넘어가려고 하지 않는다. 나미브 사막에서는 해와 달이 동시

나미브 사막 해돋이.

차우차브 강변.

에 하늘에 떠 있는 장면을 볼 수 있다.

한 시간 정도 달려 소수스플라이로 들어가는 입구인 세스리엠에 도착했다. 세스리엠에서 소수스플라이까지는 65킬로미터를 더 달려야 한다. 5500만 년 전에 만들어진 나미브 사막은 나미비아와 남아공 국경인 오렌지 강에서부터 대서양 해안을 따라 북쪽 앙골라 남부까지 뻗친, 길이 1600킬로미터, 최대 너비 160킬로미터에 이르는 해안사막이다. 나미브Namib는 '아무것도 살 수 없는 황량한 땅'을 말한다. 나미비아라는 나라 이름이 이 나미브 사막에서 왔다. 안내인은 "나미브 사막의 모래언덕은 칼라하리 사막에서 만들어진 자갈과 흙, 모래 등이 오렌지 강을 통해 흘러가다, 대서양에 이르러 북쪽 연안을 따라 밀려간 뒤 바람에 소수스플라이까지 날아와 만들어졌다"고 한다. 소수스플라이의 모래언덕은 700만 년 전에 만들어졌다. 대서양으로부터는 고작 55킬로미터 떨어져 있다.

붉은 언덕이 멀리서 흐릿하게 나타났다. 길이 모래로 덮인 곳에서부터는 봉고버스가 더 나아갈 수 없다. 사막 팻말에는 "소수스플라이 5km, 4×4"라고 쓰여 있다. 소수스플라이가 5킬로미터 남았는데, 네 바퀴 굴림(사륜구동) 자동차로만 갈 수 있다는 표시다. 네 바퀴 굴림 차량이 아니면 바퀴가 모래에 빠져버린다. 차를 바꿔 타고 간다.

나미브 사막에 아침 해가 솟으면, 붉은 모래언덕을 무대로 빛과 그림자의 향연이 펼쳐진다. 사막인가? 성인가? 길게 뻗은, 둥근 모래언덕은 마치 만리장성을 옮겨놓은 것 같았다. 해가 비추는 사막의 오른쪽은 붉은색을 띠고, 왼쪽의 반대쪽 모래는 그림자가 짙게 깔려 어둡게 변한다. 모래언덕의 등성이를 경계로 명암이 선명하다. 모래언덕 아래로는

나미브의 모래언덕.

끝없이 펼쳐지는 붉은 바다다. 아직 언덕이 되지 못한 모래는 파도처럼 바람에 휩쓸리면서 잔물결을 만들어내고 있었다. 모래바다에 강렬한 햇살이 쏟이자 아지랑이 파도가 출렁거렸다.

나미브 사막을 보자 머릿속에 갑자기 시상이 떠올랐다. 여행이 끝난 뒤에 보니, 너무 유치해서 글로 옮길 수 없을 정도다. "소수스플라이 사막의 붉은 모래언덕은 칼보다 더 날카롭고, 밀가루보다 더 곱고, 여자의 허리보다 더 완만하고, 산보다 더 높고, 바다보다 더 넓고, 노을보다 더 붉고, 클레오파트라보다 더 아름답다", 뭐 이런 유치찬란한 사막 찬가다.

여행 후에, 여행의 감정이 끝나고 냉정한 이성을 되찾은 뒤 여행일지를 읽어보면, 정말 얼굴이 화끈거릴 정도로 유치한 대목이 많다. 그렇다고 당시의 감정을 부정할 수도 없는 노릇이다. 때로는 감성이 지배하는 감정에 내 마음을 맡겨둘 필요도 있다. 아프리카의 사막과 밤하늘의 별, 그리고 무지개는 나를 유치하게 만들었지만, 유치한 만큼 행복한 여행이었다. 아프리카 여행은 이성과 감성, 어른과 어린이를 오가게 한다. 나미브 사막에서 쓴 일지를 보니, 어느 때보다도 감성이 나를 지배했던 모양이다. 그러나 분명한 것은 소수스플라이의 붉은 모래언덕에 대한 그 어떤 찬사도 결코 빈말이 아니라는 점이다.

생텍쥐페리가 사막이 아름다운 건 오아시스가 있어서라고 말했듯이, 소수스플라이 모래언덕 아래에는 목마른 여행자의 목을 축이라는 듯 작은 연못 같은 오아시스가 있었다. 안내인은 "소수스Sossus는 나마족 말로 '물이 모이는 장소'를 뜻한다"고 했다. 플라이Vlei는 아프리칸스 말로 '물이 모이는 웅덩이'다. 소수스플라이 국립공원에서는 소수스플라이와 그 옆의 나라플라이, 그리고 건너편 데드플라이와 히든플라이가 유명하다. 나우크루프트 산맥에서 시작하는 차우차브 강은 대서양의 바다에 이르지 못한 채 나미브에서 플라이를 만들고는 사막으로 빨려든다. 나미브 사막의 플라이에 물이 고일 정도의 강물이 흐르는 것은 고작 5~10년 만에 한 번씩 비가 올 때뿐이다.

오아시스 오른쪽에는 가장 웅장하면서도 아름다운 모래언덕으로 꼽히는 높이 300미터짜리 '빅 마마Big Mama' 언덕이 있다. 나미브 사막에서 두 번째로 큰 빅 마마는 풍만한 여인의 엉덩이같이 육감적인 곡선을 자랑한다. 모래언덕을 오르는데, 잔지바르 눙귀 해변의 모래처럼 부드러웠다. 누군가가 먼저 밟고 간 자리를 내가 밟고 오르고, 또 내 뒤에서 다른 사람이 내가 지나간 발자국을 따른다. 인생에서 족적을 남기려는 사람은 모래사막이 아니라, 탄자니아 올두바이 계곡의 라에톨리로 가야 한다.

모래언덕을 오르는 길은 그 자체가 인생길이다. 한걸음에 내달리거나 뛰어가려면 뒤로 더 밀려난다. 나미브 사막의 모래는 결코 뜀박질을 허용하지 않는다. 정상에 올라보니, 저 건너편 모래언덕이 나를 오라고 부른다. 한 백인 여성은 왈칵 눈물을 쏟으려는 듯, 눈에 이슬이 그렁그렁하다. 마침 시원한 바람이 모래언덕을 타고 올라와 내 얼굴을 스치고 언덕 아래로 내려갔다. 나는 바람을 따라 내려왔다. 내 발길에 치인 모래가 한 움큼 밀려나는데, 경사면을 따라 돌돌돌 굴러가는 게 아니라, 마치 물살이 흐르듯 잔잔한 모래 파도를 일으키며 흘러내렸다.

소수스플라이 모래언덕 아래 물웅덩이 근처에는 큰 나무가 있었다. 아프리카 아카시아의 일종인 낙타가시나무Camelthorn Tree다. 사막의

소수스플라이의 물웅덩이.

식물들이 낙타가시나무처럼 잎이 작은 것은 물의 증발을 막기 위해서
고, 뿌리는 모래 속의 지하수를 찾아 길게 뻗어내린다. 나무에 앉은 까
치가 마치 까마귀처럼 우짖는다. 왜 사막의 까치는 우리나라에서처럼
"깍, 깍" 하고 짧으면서도 경쾌한 소리를 내지 못하고, 까마귀 소리를
내는 것일까. 여행 뒤에 의문이 풀렸다. 동물행동학자인 최재천 교수가
쓴《최재천의 인간과 동물》을 읽으니, 새가 고향이 아닌 다른 곳에서 살
경우에는 부모로부터 물려받은 '표준말'이 아닌 그 지역의 사투리를 새
로 배운다고 한다. 나미브 사막의 까치도 사투리를 쓰는 모양이다.

나미브 사막 빅 마마.

소수스플라이 건너편의 데드플라이로 가는 길에는 멜론의 일종으로 잎은 없고 가시만 있는 '나라 식물Nara Plant'과 마치 기어가듯 땅에 붙어 있는 '악마의 가시나무'가 샛노란 꽃을 활짝 피우고 있었다. 옆에서 검은 딱정벌레 한 마리가 땅속에서 나와 재빨리 기어갔다. 딱정벌레는 새벽에 땅 위로 나와 짙은 안개로 생기는 이슬을 등과 뒷다리로 받아서는 몸을 숙여서 입으로 들어가게 한다. 몸 자체가 사막의 생수 공장이라 할까. 운전사 찰스는 "세렝게티 초원에 '빅5(덩치 큰 동물 5가지)'가 있듯이, 나미브 사막에는 '리틀5(작은 동물 5가지)'가 있다"며, 나미브의

모래언덕을 걷는 사람들.

낙타가시나무.

나미브의 까치.

터줏대감 '리틀5'로 딱정벌레와 물갈퀴도마뱀, 춤추는 거미, 나미브모
래뱀, 전갈을 꼽았다.

　차에서 내려 걸어가는 길은 꽤나 힘들었다. 발이 모래에 푹푹 빠져서
산을 오르는 것보다 더 어려웠다. 일흔이 훨씬 넘은 프랑스 노부부가
작은 배낭을 어깨에 메고 걸어가고 있었다. 멋진 모래언덕을 배경으로

악마의 가시나무.

데드플라이 이정표.

할머니가 자세를 취하자, 할아버지가 자연스럽게 사진을 찍어준다. 늙어감에 동행하는 프랑스 노부부의 뒷모습이 아름다웠다.

데드플라이Dead Vlei는 옛날에는 물웅덩이였으나 지금은 모래언덕에 막혀 물이 흘러들지 못해 '죽은 물웅덩이'라는 뜻이다. 축구 운동장만 한 둥근 평지에 소금이 되어 하얗게 말라붙은 대지와 검게 죽어 있는

데드플라이.

나무, 그 뒤를 빙 둘러싼 붉은 모래언덕이 묘한 조화를 이룬다. 사막은 원색을 더 원색답게 한다. 검게 말라 죽은 나무들은 낙타가시나무인데, 오래된 것은 900년이나 되었다고 한다. '살아서 100년, 죽어서 1000년'이라는 고사목의 유래는 그냥 생긴 것이 아니었다. 살아서 100년의 푸름을 자랑하던 저 나무가 이제는 죽어서 1000년의 의연함을 보여준다. 어느 날 갑자기 물이 끊기자 나무들은 선 채 그대로 숯처럼 검은 미라가 되었고, 땅 위에 드러난 화석이 되었다.

　나는 우주의 끝에 온 느낌이었고, 공룡의 종말과 지구의 종말을 떠올렸다. 모든 생물은 땅에 드러눕는 순간 한 줌의 재로 썩어 없어지는데, 데드플라이에서는 누워 있는 나무도 썩지 않고 미라가 되었다. 죽은 나뭇가지 사이로 붉은 모래언덕이 비치는 순간, 모래언덕은 마치 숨을 쉬는 생명체처럼 꿈틀거렸다. 데드플라이는 시간이 정지한 듯한 시간여행의 정류장이고, 의식과 무의식의 실험장이고, 현실과 환상이 뒤섞이는 초현실주의 풍경이었다.

사진기를 들이대니, 렌즈 속으로 보이는 모습은 어디나 멋진 액자 속 풍경이 되었다. 세계의 사진작가들이 가장 찾고 싶어하는 장소를, 나 같은 초보자가 겁 없이 마구 카메라를 들이대도 작품이 된다. 죽음조차도 사막에서는 왠지 낭만적으로 느껴진다는 말은 결코 빈말이 아니다. 이곳에서는, 소수스플라이의 푸른 나무가 되기보다, 데드플라이의 미라 나무가 되고 싶어진다. 저 멀리 홀로 서 있는 죽은 나무 옆에 내 발걸음이 그대로 멈추면, 앙상한 뼈만 남은 검은 미라로 살게 되리.

죽음이 무섭지 않은 것은 아마 죽음보다 더 '나쁜 놈'이 있기 때문이다. 조지프 콘래드가 《암흑의 핵심》에서 말한 '거짓말'이라는 놈이 생각났다. 콘래드는 "거짓말에는 죽음의 흔적이랄까, 사멸의 맛이 있다"고 했다. 거짓말은 단순히 죽는 것이 아니라 '죽어서 없어지는 것, 곧 사멸'이다. 인간의 죽음은 자신이 죽음으로써 새로운 싹을 틔우는 진화의 한 과정일 뿐으로, 인간이라는 종 자체를 사라지게 하는 것은 아니다. 그런데 '거짓말'이란 생명체는, 실제로 거짓말이란 놈은 인간보다 더 활동력이 있는 전천후 전방위 바이러스인데, 그것이 말로 표현되는 순간 아예 다른 종인 인간을 사멸, 멸종시킨다. 진화가 아니라 반反진화다.

데드플라이는 죽음이 두려운 사람이 반드시 가야 할 성지다. 죽음으로 가는 길은 그리 두렵거나 삭막하지만은 않으며, 이승에서 이웃에게 해를 끼치지 않고 조금은 인정을 베풀며 살아가면, 소풍 가듯이 즐겁게 갈 수 있는 길이 죽음이라는 것을 데드플라이는 친절하게 가르쳐준다. 나는 예루살렘, 메카, 부다가야에 이어 데드플라이를 종교와 상관없이 누구나 한 번쯤은 반드시 가야 할 세계 4대 성지로 내 멋대로 선정했다.

돌아오는 길에 '모래언덕Dune 45'라는 언덕에 들렀다. 세스리엠 공원에 들어서면 거의 첫 번째로 볼 수 있는 언덕인데, 우리는 먼저 소수스플라이와 데드플라이를 보려고 지나쳐 갔었다. 소수스플라이 5킬로미터 전방까지 아스팔트 도로가 포장되기 전에는 가장 유명했던 모래언덕이다. '45'는 공원 입구에서 45킬로미터 떨어져 있다는 뜻이다. '모래언덕 45'는 옛날의 명성을 잃었지만, 지나가는 여행자들은 잠시 머물러 높이 150미터에 이르는 옛 영웅에게 예의를 갖춘다.

운전사 찰스에게 들으니, 나미브 사막의 모래가 붉은 이유는 철 성분 때문이라고 한다. 모래에 섞여 있는 석류석과 자철석의 산화에 따른 화학 현상이란다.

스프링복 10여 마리가 모래사막 한편에 돋아난 풀과 노란 들꽃을 뜯어 먹고 있다. 강렬한 햇살과 붉은 모래만이 있는 나미브 사막에서 살아가는 스프링복의 생명력이 놀랍다. 타조 5마리가 먹이를 찾아 열심히 땅을 쳐다보면서 성큼성큼 걷는 모습도 보였다.

숙소로 오기 전 세스리엠 근처의 세스리엠 캐니언Sesriem Canyon에 들렀다. 길이 2킬로미터, 깊이 30미터인 아담한 계곡이다. 1500만 년 전에 만들어졌다고 한다. 계곡의 동굴에는 비둘기가 날아다니고, 계곡 밑에는 작은 웅덩이도 있다. 가을처럼 선선한 계곡 밑에서 사막의 햇볕

모래언덕 45.

에 익은 몸을 식혔다.

  야영장의 어두운 밤하늘에 별이 하나둘 찾아오기 시작했다. 우리나라에서는 볼 수 없는 '남반구의 북두칠성'인 남십자자리(남십자성)가 하늘의 중앙을 차지하고, 그 아래로 카멜레온자리도 보인다. 어둠이 짙어지자 구름같이 하얀 띠가 나타났다. 은하수다. 은하수에서 조금 떨어진 밝은 구름 조각은 마젤란 은하다. 마젤란 은하도 밤의 향연에 빠질 수 없다는 듯 자태를 뽐내고 있었다. 은하수를 이렇게 선명하게 본 것은

나미브 사막에서
풀을 뜯고 있는 스프링복.

나미브 사막의 타조.

난생 처음이다. 사막 위의 밤하늘에 놓인 은하수 다리를 보니, 정말 칠
월칠석이 되면 견우와 직녀가 두 손을 잡고 나올 것만 같았다.

사막을 여행하다 보면, 그것도 홀로 배낭을 메고 걸어서 가다 보면,
마치 내가 로드무비 한 편의 주인공이 된 듯한 착각에 빠진다. 사막의
밤하늘 별들이 쏟아지듯, 고승의 사리처럼 응어리진 고독의 눈물이 홍

세스리엠 캐니언.

수처럼 흐른 뒤에, 어느덧 나는 오랜 구도에서 깨달음을 얻은 수도승이 되어 있다. 《어린 왕자》의 '나'와 《연금술사》의 산티아고는 사막에 이르러서야 여행을 마친다. 홀로 떠나는 많은 여행자들의 발길이 사막으로 향하는 이유는 무엇일까.

다음날 아침 야영장을 출발했다. 빈트후크로 돌아가는 길에 차리스 산맥을 보았다. 마치 케이프타운의 테이블마운틴을 보는 듯, 평평한 탁자처럼 생긴 산마루가 이어지는데, 테이블마운틴보다 훨씬 크고 웅장했다. 억새풀을 닮은 실리아타가 바람에 출렁이며 은빛 바다를 연출한다.

차리스 산맥.

　차 앞으로 커다란 쿠두 무리가 길을 가로질러 실리아타 들판으로 달아났다. 눈 깜짝할 사이에 나타난 쿠두 때문에 과속으로 달리던 우리 차량은 갑자기 속도를 줄여야 했다. 아프리카에서는 언제 튀어나올지 모르는 야생 동물이 천연 과속방지턱 역할을 한다. 빈트후크에서 나미브 사막을 오가는 길에 내가 본 가장 아름다운 영양은 키보다 더 큰, 곱슬머리처럼 비틀어진 뿔을 가진 쿠두와, 날카롭고 곧게 뻗은 창 모양 뿔을 가진 오릭스다. 1000년 이상 산다는 '살아 있는 화석 식물' 웰위치아Welwitschia도 볼 수 있었다. 가장 삭막한 사막에서 살아가는 모든 생명체에 경외의 경례를 보낸다.

—
사막과 바다를
가르는 길
—

　나미비아 대서양 연안에는 그 이름도 무시무시한 '해골 해안Skeleton Coast'이 있다. 나는 이상하게도 기괴하거나 무시무시한 지명이 있거나 그런 전설이 내려오는 장소는 꼭 가보고 싶은 충동을 느낀다. 해골 해안이 있는 휴양도시 스바코프문트로 가는 봉고버스에 올랐다. 차는 씽씽 달려, 얼마 걸리지 않아 빈트후크 북쪽으로 72킬로미터에 있는 오카한자라는 작은 도시에 도착했다.

　아카시아나무와 야자수가 늘어선 오카한자는 헤레로족의 고향. 독일군은 1904년 봉기를 일으킨 헤레로족이 사막으로 달아나자 물웅덩이를 철저히 봉쇄하는 작전으로 굶어 죽게 만들었다. 1904년 8만 명이었던 헤레로족은 1년 사이에 6만 4000명을 잃었다. 독일군은 "우리는 헤레로족이 도망친 사막을 봉쇄했을 뿐, 아무도 죽이지 않았다"고 한다. 절멸의 임무는 독일군이 완수했으나, 살인자는 사막이란다. 오카한자를 지날 때면, 지금도 칼라하리 사막에서는 "물 좀 달라"고 외치는 헤레로족의 절규가 들린다고 한다.

　젊은 운전사는 마치 애인과 약속한 시간에 늦으면 안 되는 사람처럼 속도를 냈다. 앞좌석에 앉은 내가 속도계를 보니 무려 시속 120킬로미터다. 스바코프문트에 도착한 것이 오후 5시 30분. 해는 져서 시내에는

스바코프문트 거리.

어둠이 깔려 있었다. 나미비아는 마침 서머타임을 실시해 1시간이 앞당겨졌다. 여기저기 헤매고 다녔으나 역시 성수기라 싼 방이 없었다.

결국 해안에 있는 중급 호텔에 들어갔다. 호텔에서 가까운 식당에서 파도 소리를 들으며 쌀밥이 나오는 생선 케밥을 맛있게 먹었다. 타펠Tafel이라는 나미비아 맥주는 진한 맛이 났다.

다음날 아침 일찍 일어나, 대서양 바닷가로 달려갔다. 부지런한 갈매기들은 파도를 타면서 잠이 덜 깬 어수룩한 고기를 잡고 있었다. 방파제에 하얀 파도가 부딪히며 깨어지는 포말이 아름다웠다. 스바코프문트는 해골 해안의 초입답게 바람과 파도가 그 이름값을 하고 있었다. 희망봉에서 시작하는 아프리카 대서양은 해골 해안으로 연결되어 앙골라까지 거센 바람과 거친 파도를 일으키며, 죽음의 해안 공동묘지를 만든다. 지금도 십자가곶Cape Cross 앞바다에는 오래전 좌초한 난파선이 그대로 방치되어 있다.

야자수와 파인애플이 도로를 따라 죽죽 늘어서고, 넓은 도로들은 무

해골 해안.

더운 날씨에 바닷속으로 풍덩 빠지고 싶은 듯 해변을 향해 뻗어 있었다.
스바코프문트는 도시 자체가 바닷가를 따라 만들어진 독일풍의 해변도
시다. 애초 독일이 식민지 개척을 위한 항구도시로 개발했다. 1900년대
초 지어진 식민지 시대의 건물들이 그대로 남아 있었다. 총독부 건물이
며 학교, 기차역, 호텔과 교회, 등대…….
　시내에는 다이아몬드의 나라답게 보석 가게가 많았다. 크리스털 갈
레리Kristall Galerie라는 보석 가게에는 무려 5억 2000만 년 전에 만
들어진, 세계에서 가장 큰 자수정이 전시되어 있다. 무게가 14톤에 사
람 키 두 배가 넘는 거대한 수정 덩어리다.

아프리카 대륙의 마지막 발걸음은 플라밍고와 펠리컨이 춤추는 대서양의 작은 항구도시 월비스베이로 내딛기로 했다. 스바코프문트에서 월비스베이까지 거리는 30킬로미터. 차로 30분이면 충분하다. 오후 5시 빈트후크에서 남아공 요하네스버그까지 가는 인터케이프 버스표를 예매해놓았는데, 인터케이프 버스의 출발지가 마침 월비스베이다. 월비스베이를 보고 그곳에서 빈트후크 가는 인터케이프 버스를 타면, 요하네스버그까지 잇따라 연결된다.

문제는 시간이었다. 인터케이프 버스가 월비스베이에서 출발하는 시간은 정확히 오전 11시 15분이고, 현재 스바코프문트의 시각은 오전 10시. 나에게 남은 시간은 75분. 번갯불에 콩 구워먹듯, 숙소에서 짐 챙기고 체크아웃을 하고 배낭을 멘 채 뛰어가 길거리에서 차를 기다렸다. 15분이 걸렸다. 남은 시간은 이제 60분.

운 좋게 지나가는 소형 픽업트럭을 히치하이킹할 수 있었다. 운전사는 70대 백인 할아버지였다. 할아버지는 월비스베이로 일하러 가는 길이었다. 애초 남아공에서 태어났으나 25년 전 나미비아로 옮겨 왔다고 한다.

스바코프문트에서 월비스베이로 가다 보면, 왼쪽으로 유명한 '모래언덕 7'로 가는 길이 나온다. 나미브 사막에서 가장 높은 모래언덕으로 소수스플라이의 '빅 마마'에 견줘 '빅 대디'라 부른다. 높이가 무려 383미터로 세계에서도 세 번째로 높은 모래언덕이다.

월비스베이로 가는 길에서 만나는 붉은 모래사막은 소수스플라이 사막과는 전혀 달랐다. 작은 모래언덕이 끊어지지 않고 높아졌다 낮아졌다 하는 포물선의 연속이다. 그 모습이 마치 아름다운 여인의 허리 같다. 소수스플라이의 언덕이 100미터 이상 높은 산의 정상처럼 웅장한 아름다움을 뽐낸다면, 월비스베이로 가는 해변의 모래언덕은 동네 어귀의 작은 동산같이 정감 있는 아름다움을 보여준다.

할아버지가 바닷가의 고급 리조트 호텔을 가리키며 "브래트 피트와 안젤리나 졸리가 아이를 낳은 곳"이라고 한다. 내가 방문하기 두 달 전, 미국의 유명한 영화배우인 브래트 피트와 안젤리나 졸리가 스바코프문트에서 딸을 낳았다고 해서 시끌벅적했다.

월비스베이는 동화에 나오는 항구였다. 하얀 소금이 산더미처럼 쌓인 염전과 야자수 가로수가 늘어선 깔끔한 도시다. 나미브 사막의 붉은 모래언덕이 뒷산처럼 든든히 버티어 섰고, 앞마당에는 대서양의 푸른 바다가 펼쳐진 월비스베이는 유치원 아이들이 그리는 바닷가 마을의 모습 그대로였다. 바다에 작은 점 같은 땅이 보이는데, 펠리컨이 많이 사는 펠리컨포인트 모래곶이다. 펠리컨포인트 모래곶이 월비스베이를 감싸듯 바다 쪽으로 튀어나와, 천혜의 항구를 만들었다.

인도양 항로 개척에 나섰던 바르톨로뮤 디아스는 희망봉으로 가기 전 1487년 이곳에 닻을 내렸다. 그러나 이곳의 활용 가치를 알아차린 것은 영국. 영국은 1840년 월비스베이를 점령해버렸다. 나미비아가 독일의 지배를 받던 시절에도 월비스베이는 영국의 땅이었다. 월비스베이는 나미비아 뤼데리츠와 앙골라 루안다 사이의 유일한 천연 항구로서 전략적 가치가 크다. 남아공은 1990년 나미비아 독립 이후에도 월비스베이만은 넘겨주지 않으려다 1994년에야 주권을 넘겼다.

나는 할아버지의 차를 타고, 월비스베이 개펄로 가서 플라밍고를 보았다. 플라밍고 수만 마리가 바다 위에 서 있는 모습이 마치 붉은 섬이다. 언뜻 보면 플라밍고가 바다에서 헤엄치고 있는 것으로 보이지만, 실제는 바닷물 아래 보이지 않는 산호초에 발을 딛고 서 있다. 월비스베이는 플라밍고뿐 아니라 펠리컨과 제비갈매기, 물떼새 등 물새 40여 종이 서식하는 새들의 천국이다.

할아버지는 월비스베이 버스 정류장까지 나를 데려다주었다. 감사하다며 인사치례를 하려 하자 돈을 받지 않고, "즐거운 여행을 하라"는 말을 남긴 뒤 차를 몰고 떠났다. 아프리카 여행 중 가장 짧은 만남이지만, 가장 뇌리에 남는 할아버지였다.

덕분에 시간에 맞춰 빈트후크로 돌아가는 인터케이프 버스를 탈 수 있었다. 스바코프문트를 거쳐 빈트후크와 남아공 어핑턴에서 각각 버스를 갈아타고, 요하네스버그까지 가는 길이다. 무려 30시간에 걸친 긴 버스 여행이었다. 아프리카 여행 중 가장 긴 탑승 시간.

버스 차창으로 비치는 풍경에 잠시 넋을 잃었다. 사막과 바다가 만나는 환상적인 길이다. 육지에서는 붉은 모래언덕이 차 안으로 무너져 내려오는 듯하고, 바다에서는 대서양의 푸른 물결이 하얀 파도와 함께 밀려왔다. 나미브 사막의 붉은 모래언덕과 대서양의 푸른 바다가 어우러진 그림 같은 풍경이 펼쳐졌다. 길은 붉은 사막과 푸른 바다를 가르며 달린다. 사막 특급열차 철길은 바다를 따라 자동차 도로와 어깨동무하며 나란히 달린다. 나에게 스바코프문트와 월비스베이 사이의 이 30분이 없었다면, 아프리카 여행에 큰 구멍이 남을 뻔했다.

마다가스카르

뉴욕의 동물들은
탈출해서 왜 이곳으로
달려갔을까

· 05 ·

마다가스카르

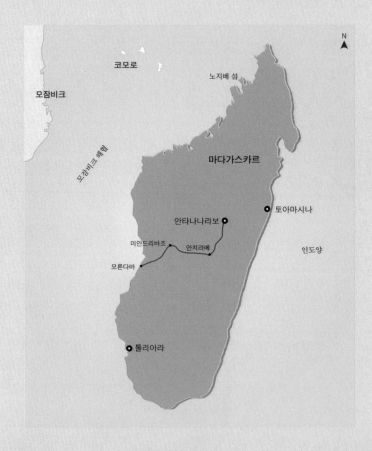

코모로

모잠비크

노지베 섬

모잠비크 해협

마다가스카르

안타나나리보

미안드리바조   안치라베

모론다바

토아마시나

인도양

톨리아라

N

타나의
골목길 순례

—

"어디 딴 데로 가요."

"그러죠. 어딜 가고 싶은데요?"

"마다가스카르요."

영화 〈은하수를 여행하는 히치하이커를 위한 안내서〉에서 '아름답고 재치 있고 열정이 가득한' 여성 트릴리언이 처음 만난 남자주인공 아서와 함께 가고 싶어했던 마다가스카르.

진화론의 다윈 분장을 하고 가장무도회에 참석했던 트릴리언이, 아프리카 탐험가 리빙스턴 분장을 한 아서에게 한 번도 가본 적이 없는 마다가스카르로 가자고 한 이유는 무엇일까? 정작 아서는 직장을 그만 둘 수 없다며 주저한다. 나는 영화를 보기 전 읽은 소설 《은하수를 여행하는 히치하이커를 위한 안내서》에서 트리시아(트릴리언)가 아서를 두고 우주로 떠난 이유가 궁금하던 참이었다. 영화를 보니 트리시아가 아서를 떠난 이유를 알 것 같았다. 여자가 여행을 떠나자고 하는데 머뭇 거리는 멋없는 남자를 누가 좋아할까. 더구나 여행지가 마다가스카르 인데. 마음에 드는 여자가 여행을 떠나자고 제안하면, 앞뒤 가리지 말고 무조건 따라가라. 이 영화에서 얻을 교훈은 이거 하나다. 지구인들은 소중한 사람이 떠난 뒤에야 뒤늦게 후회를 한다.

그 마다가스카르로 나는 지금 떠난다. 혹시 아서에게 실망해 떠난 트리시아가 마다가스카르 공항에서 '멋진' 나를 기다리고 있을지. 마다가스카르는 어떤 나라일까. 소설과 책, 영화, 텔레비전 등에서 읽고 보았던 상상 속의 마다가스카르는 "생태학의 보고이자 파충류의 천국! 거인성 진화와 난쟁이성 진화가 동시에 이뤄지는 진화의 타임머신!《어린 왕자》의 바오밥 세상! 18세기 해적 키드가 한때 해적 왕국을 건설했던 〈캐리비안의 해적〉의 나라!" 간단히 말해서 세상의 끝과 시작이 만나는 신비의 섬이다. 아, 하나가 빠졌다. 도도새의 큰형님뻘인 아이피오르니스가 한때 주름잡고 살다가, 호모 사피엔스라는 무지막지한 생태계 파괴자를 잘못 만나 어느 날 갑자기 사라져야 했던 불행의 섬.

내가 탄 비행기는 남아공 요하네스버그에서 3시간을 날아 마다가스카르 수도 안타나나리보에 도착했다. 아프리카 대륙을 떠나 모잠비크 해협을 날던 비행기는, 마다가스카르 섬이 저 멀리 보이기 시작한 뒤에도 한 시간 정도 더 날았다. 날씨가 화창해 하늘에서도 안타나나리보의 모습을 선명하게 볼 수 있었다. 하늘에서 보는 안타나나리보 교외는 한가로운 농촌 풍경이다. 시내가 가까워질수록 집이 많아졌다. 평지에 건물이 빽빽이 들어찼고, 언덕 위까지 계단식 논처럼 집이 들어서 있었다. 공항 근처에는 호수도 보인다. 땅에 발을 딛기도 전에 비행기에서 바라본 첫인상부터 마다가스카르는 섬 전체가 한 폭의 수채화였다. 마다가스카르 여행기는 글로 쓰는 것보다는 병풍처럼 그림으로 그리는 것이 더 어울린다.

공항에 내리자 여기저기서 프랑스말이 들렸다.

"봉주르, 마담(안녕하세요, 여사님)."

"봉주르, 무슈(안녕하세요, 선생님)."

공항의 입국 절차는 까다롭기보다는 복잡했다. 제복을 입은 출입국 직원이 내 여권을 대충 훑어본 뒤, 다른 직원이 다시 입국신고서가 제대로 작성되었는지 확인한다. 그 다음 나이 든 직원이 날카로운 눈초리로 여권 사진과 내 얼굴을 대조한다. 다른 직원 두 명은 내가 보기에는 할 일도 별로 없는데, 우두커니 서서 이를 지켜본다. 그런 다음에야 여권은 내 손에 돌아왔다. 다른 나라에서 한 명이 하는 일을 우두커니 선 두 남자까지 포함해 무려 5명이 하고 있었다. 실업률 해소 차원에서 이렇게 많은 인원을 쓰나 생각했는데, 그게 아니었다. 여권 검사하는 직원들 옆에 컴퓨터가 없었다. 아직 전산화가 되지 않아 일일이 눈으로 확인하는 것이다. 가난한 아프리카 나라들도 공항만큼은 전산화되어 있는데, 마다가스카르는 정보화가 뒤처진 듯했다.

여기저기서 프랑스말이 들려오는 데다 사람들의 얼굴은 동남아시아인 같아서 마다가스카르는 아프리카 같지가 않았다. 마다가스카르는 동남아시아와 아프리카의 만남에, 프랑스와 아랍의 혼합이다. 2000년 전 인도네시아인들이 배를 타고 건너와 살기 시작한 뒤, 아랍의 상인들과 아프리카인 노예, 유럽의 제국주의가 밀려온 탓이다. 마다가스카르의 오늘은 역사의 흔적을 그대로 담고 있었다.

요하네스버그 공항에서 출발할 때 무거운 가방을 들고 끙끙거리던 한 중국 여성을 도와주었더니, 자기 회사 차로 숙소까지 데려다주겠다고 한다. 이름이 '사라 리'라는 그녀는 중국 본토 출신인데, 아주 세련되어 보였다. 중국에서 대학을 졸업하고 요하네스버그의 중국 통신회사에서 근무하고 있는데, 1년 전부터 마다가스카르 지사에 파견되어 일하고 있단다.

마다가스카르의 수도 안타나나리보를 현지인들은 '타나'라고 불렀다. 무슨 심오한 이유가 있는 것은 아니고, 그냥 이름이 길어서 줄여 부른단다. 타나 시내로 들어가는데, 주변에 모내기를 위해 물을 받아놓은 논이 많다. 무엇보다도 가장 인상적인 것은 강에서 빨래하는 아낙네와 붉은 벽돌공장이다. 고갱이 남태평양의 타히티 섬으로 가지 않고 이곳으로 왔다면 〈타히티의 여인들〉이 아니라, 〈마다가스카르의 빨래하는 아낙네들〉이라는 멋진 그림을 남겼을 것이다. 고갱이 프랑스를 떠난 1891년 남태평양 섬 타히티는 이미 프랑스의 식민지였지만, 마다가스카르는 그 5년 뒤인 1896년 프랑스 식민지가 되었다.

변두리를 지나자, 갑자기 복잡한 시내가 나타났다. 기차역이 나오고 그 앞에 가장 번화한 '독립로Ave de l'indépendance(아브 델랭데팡당스)'가 길게 뻗어 있다. 지명은 아직도 프랑스어로 되어 있는 곳이 많다. 호텔과 레스토랑, 카페, 선물 가게가 많고 택시와 일반 차량, 사람들로 북적였다. 도로 가운데에 중앙 분리대 화단이 있고, 도로 옆으로는 사람이 걸어다니는 인도가 있고, 그 뒤로 상가와 건물이 들어서 있다. 리틀 샹젤리제다. 실제 타나의 독립로는 파리의 샹젤리제 거리를 본떠 만들었다.

식민지의 기차역은 제국주의 통치의 상징이다. 서울역과 마찬가지로 건물 가운데 시계가 있고, 천장은 둥근 돔 형식으로 복고적이며 웅장한 모습이다. 식민 지배가 얼마나 커다란 발전을 가져왔는지를, "저 기차역을 봐라" 하면서 말할 수 있도록 제국주의는 어디서나 기차역을 웅장하게 지었다. 기차역에는 프랑스가 식민 지배하던 1903년 만들었다는 것을 보여주기라도 하듯 여전히 프랑스어로 '타나나리브Tananarive'라고 쓰여 있었다. 타나나리브는 안타나나리보(타나)의 옛날 프랑스식 이름이다. 비유하자면 서울역에 한자로 '경성京城'이라고 쓰여 있는 셈이다. 안타나나리보는 1625년 호바족의 안드리안자카 왕이 처음 건설했으나, 오늘날의 도시 형태는 프랑스 식민지 시대의 도시 계획에 따라 이뤄졌다.

자카란다 게스트하우스라는 여행자 숙소를 찾아갔다. 주인인 50대 아주머니가 "살라마(안녕하세요)" 하고 반갑게 맞는다. 주인아주머니는 현지어인 말라가시Malagasy 말과 프랑스어를 능숙하게 구사했다. 3층의 2인실을 찾아 올라갔는데, 1인실 방문이 열려 있고 한 70대 후반 프랑스 할머니가 누워 있다가 "봉주르" 하고 인사한다. 유럽 할머니들은 일흔이 넘어서도 혼자 해외여행을 잘 다닌다.

저녁 식사는 시내 한국식당에서 했다. 이번 아프리카 여행에서 처음으로 한국식당에서 하는 식사였다. 친절한 사라가 자기 단골 한국식당에서 저녁을 같이하자고 제안해준 덕분이다. 사라와 그녀의 중국인 동료들과 함께 간 한국식당 이름은 '뉴 코리아'다. 오징어 바비큐와 김치를 먹으니 힘이 났다. 중국인들도 김치를 좋아했다. 식당 주인과 현지에서 중고 자동차 수입을 하는 우리나라 사업가를 우연히 만나 합석했다. 뜻밖에 우리나라 사람을 만나니 반가웠다. 사라는 중국인 동료들과 먼저 가고, 나는 두 교포와 밤늦게까지 이야기를 나눴다. 해물전을 시켜 먹으며 이민 생활의 애환과 아프리카 여행 이야기를 했다. 한국 사람들은 정말 지독하다는 표현대로 세계 어디서나 잘 적응하며 살아가는 것 같다.

우연히 누리게 된 즐거운 시간이었지만, 나는 여행을 하면서 일부러 한국식당을 찾지는 않는다. 모든 관계로부터 벗어나 여행자로서 자유를 누리려면 익숙한 것으로부터 멀어질 필요가 있다. 사람이든 음식이든 풍경이든.

다음날은 타나 시내를 온종일 걸었다. 타나는 치안이 좋기 때문에 걷기에 좋은 도시였다. 숙소에 있는 프랑스어 시내 지도를 들고 거리로 나섰다. 마다가스카르의 특징 중 하나는 지명이나 사람 이름이 매우 길다는 것이다. 정치인들의 이름은 그중에서도 유독 길었는데, 국민들이 알아봤자 피곤하다는 뜻인지 알쏭달쏭하다. 예를 들면 '라이니라이아리보니Rainilaiarivony'라는 이름을 가진 옛 총리도 있었다.

나의 도보 여행길은 시내 제일 높은 곳에서 시작해 제일 낮은 곳으로 내려가는 코스였다. 출발지와 종착지만 머릿속에 그리고 나머지는 마음 내키는 대로 걷기로 했다. 타나에서 가장 높은 언덕에 위치한 옛 왕궁 로바로 갔다. 로바는 말라가시 말로 왕궁이라는 뜻. 일반인들에게는 '만자카미아다나'로 알려져 있는데, 말라가시 말로 '통치하기 좋은 장소'라는 의미다.

로바에서는 시내 전경이 훤히 보이고, 종합운동장 건너편에 마지막 도착지인 아노지 호수가 보였다. 그러나 불행하게도 로바는 철문이 굳게 닫혀 있었다. 1995년 화재로 왕궁의 일부가 불타버려, 공사용 철망을 씌우고 크레인을 동원해 보수 공사를 하고 있었다.

왕궁 안으로 들어가지 못하고 철문 창살 사이로 빠끔히 들여다보는 것으로 만족해야 했다. 왕궁 안으로 들어가지 못하는 아쉬움은 돌로 된

궁의 정문 위쪽에 세워진 조각품을 보는 것으로 달랠 수 있었다. 정문 위에는 왕궁을 지키는 조각상 두 개가 있는데, 하나는 군사력을 상징하는 독수리상이고, 그 왼쪽에 보이는 것은 할례와 고결함의 상징인 남근상이다. 마다가스카르에서는 지금도 할례를 성스럽게 생각해서, 아이의 음경에서 떼어낸 포피를 할아버지나 아버지가 '토카'라는 술과 함께 꿀꺽 먹어버린다. 어린아이의 포피에 마술적인 힘이 있단다.

로바는 19세기 메리나 왕국의 여왕들이 주로 살았기 때문에 '여왕의 궁전'이라 불리고, 타나 북쪽에 '왕의 궁전'이 있다고 한다. 로바는 메리나 왕국의 라나발로나 1세 여왕(재위 1828~1861년) 때 설계되었고, 라나발로나 2세 여왕(재위 1868~1883년) 때 완공되었다. 프랑스는 지난 1885년 타나를 공격했을 때 로바에 있던 왕과 여왕의 시신을 멋대로 파내서 옮겨 원성을 샀다. 지금은 다시 원상태로 돌려놓았다고 한다.

철문 밖에서 왕궁을 구경하고 있는데, 문 옆에서 앉아 있던 젊은 남자 대여섯 명 중 한 명이 다가와 안내를 자처한다. 다른 젊은이들은 여행객을 기다리며 무료하게 서 있거나 앉아 있었다. 여행객이 많지 않으니 이들은 할 일이 거의 없다. 더욱이 왕궁이 공사 중이라 안내인을 청하는 여행객도 없다. 그냥 철문 밖에서 왕궁을 보고 돌아갈 뿐이다.

젊은이는 자격증을 보여주면서 자신은 공인 여행안내인이라고 강조한다. 젊은 안내인은 왕궁이 불타기 전의 사진과 불타는 모습의 사진을 비교해 붙인 사진첩을 보여준다. 화재 당시의 사진을 보니 정말로 내부가 완전히 화염에 휩싸였다. 안내인은 "왕궁 안으로는 들어갈 수 없지만, 뒤쪽으로 한 바퀴 돌면서 전체의 모양을 볼 수 있다"며 나를 이끌었다. 또 다른 젊은이가 같이 안내하겠다며 따라붙었다. 내가 "한 명이면

수리 중인 로바.

된다"고 해도 막무가내다. "돈은 안 주어도 괜찮으니 둘이서 안내해주
겠다"고 한다. 말은 그래도 어떻게 안내를 받아놓고 한 사람에게만 돈
을 줄 수가 있나. 오죽하면 두 사람이 안내하겠다고 나설까 하는 데 생
각이 미치자 그냥 놔두기로 했다. 그래서 두 안내인이 양옆으로 나를
호위하듯이 안내하게 되었다.

　로바 정문에서 왼쪽으로 돌아가니 다 쓰러져가는 집들이 다닥다닥
붙어 있다. 영락없는 달동네 판자촌이다. 그 바로 윗길에는 고급 주택
이 나란히 들어섰다. 고급 주택가와 허름한 판자촌이 길 하나를 두고
공존하고 있다. 왕궁 뒤편에서 보니 로바의 전체 외형이 나타난다. 사

안내인이 보여준 화재 전과
화재 당시 로바의 사진.

로바 철문 밖의 안내인들.

각형 궁전이다. 정문 쪽에서 보이지 않던, 꼭대기에 피뢰침이 박힌 돌
탑이 뒤에서는 잘 보였다.

　로바 정문 바로 아래 내리막길의 오른쪽 벽에는 옛날 마다가스카르
의 왕과 왕비가 행차하는 모습과 프랑스 식민지 총독이 말을 타고 가는
모습 등을 그린 그림판이 붙어 있었다. 마다가스카르의 역사를 압축해

로바 뒷골목.

보여주는 벽화 같다. 길을 따라 내려가니 옛 법원과 안다피바라트라 국
립박물관이 나왔다.

3층짜리 박물관 앞에는 "1872년 프랑스 건축가인 풀Pool이 총리 관
저로 지은 것"이라는 안내문이 박혀 있다. 아담한 박물관에는 왕관과
금 의자, 도자기, 보석이 박힌 방패와 목걸이 같은 장식품도 있고, 왕자
들이 포경 수술을 하는 동안 가톨릭 사제들이 입었던 '베탈리Betaly'라
는 장신구도 있고, 영국 빅토리아 여왕이 선물한 항아리와 대형 성경책
도 전시되어 있었다.

무엇보다도 '폭군 여왕' 라나발로나 1세와 잇따른 '허수아비' 여왕 세

로바 아랫길의 그림판을 설명해주는 안내인(위).
옛 법원(사진 오른쪽)과 안다피바라트라 박물관(아래).

명의 초상화가 눈길을 끌었다. 세 여왕과 잇따라 결혼해 권력을 좌지우지했던 라이니라이아리보니 총리의 초상화도 여왕들 옆에 버티고 있었다. 총리에 휘둘리다 결국 프랑스에 나라를 빼앗긴 무기력한 여왕들의 초상화를 보니, 고통 받는 민중이 떠올랐다. 가브리엘 가르시아 마르케스의 《백 년 동안의 고독》에서는 '축제의 여왕' 페르난다가 "마다가스카르의 여왕으로 임명할 것"이라는 약속을 믿고 축제에 참여하는데, 마다가스카르 여왕은 당시에도 사치와 허영의 대명사였나 보다. 여왕이 빼앗긴 나라를 되찾기 위해 마다가스카르 민중은 1947년 프랑스에 대한 봉기를 일으켰다 8만여 명이 희생되었다. 자고로 왕을 잘못 만나면 백성이 고생한다.

마다가스카르가 프랑스의 식민지가 된 것은 이런 무능한 여왕에 제국주의의 교활한 속임수가 덧붙여진 결과다. 마다가스카르의 역사에 관한 정보를 찾다가 우연히 아주 재미난 글을 발견했다. 약간 긴 글이지만, 독자 여러분도 같이 즐겨보시라.

근래 들리는 바에 의하면, 프랑스인이 마도(마다가스카르)에 밀사를 보내어 그곳의 반도(반란 무리)들과 조약을 체결하기를 '그대들이 뜻을 얻어 성공하면 땅을 분할하여 프랑스에 주기로 한다'고 하였으나, 그 반도들은 끝내 성공을 하지 못한 채 복주(형벌을 순순히 받아 죽음)되고 말았다 한다. 프랑스인이 이 조약을 들고 나와서 마도 정부에 그 약속을 지키도록 촉구하였으나 따르지 않자, 이를 빙자해 전쟁을 도발, 마도를 공격하여 함락시킨 다음 드디어 프랑스의 보호국으로 만들고 말았다. 에스파냐(필리핀 루손 섬 침략을 의미)와 프랑스가 주모(어떤 일을 도모하는 계책이나 책략)를 마음대로 부려 불의를 행한 짓이 참으로 너무도 심했다.

이 글이 지금으로부터 120여 년 전 우리나라 신문의 칼럼이라고 하면 믿을 수 있겠는가. 믿기지 않지만 사실이다. 유럽 제국주의를 비판한 이 글은 1886년 3월 8일자 조선 관보 《한성주보》에 '천하 시국을 논한다'란 제목으로 실린 논설이다.

《한성주보》는 미국에 대해서도 "미리견(미국) 또한 유럽 사람들이 침노해 들어가서 원주민들을 학살하고 나서 세운 나라. 그곳의 원주민들은 산골짝 암벽 사이에서 근근이 종족을 보전해가고 있는 실정"이라고 꼬집었다. 그리고 "유독 아시아에서 스스로를 지키고 있는 나라는

높이 솟은 탑이 있는 건물이 앙파마리나나 교회.

우리나라와 중국, 일본뿐인데, 동양 각국의 위정자들은 의당 신중히 살펴서 사전에 방지하는 대책을 세워야 한다"고 경고했다. 조선시대 신문이 이랬다. 이렇게 똑똑했던 조선이 어째서 20여 년 후 유럽 제국주의가 아닌, 일본 제국주의에 나라를 잃어버릴 운명은 깨닫지 못했을까. 등잔 밑이 어두운 법인가.

박물관의 전통 문화관에서는 장례를 지내는 장면의 사진이 눈길을 끌었다. 시신을 람바Lamba라는 하얀 천으로 감싼 뒤 상여에 넣고 옮겨 묻는 장면이 우리나라와 비슷하다. 장례 문화는 조상을 섬기는 아시아적 전통에서 나온 것이다. 마다가스카르의 장례 문화는 아시아적 전통이고, 소 숭배는 아프리카에 뿌리를 두고, 운명론은 이슬람 세계관에서 나왔다.

박물관을 나오자, 거리에 불꽃나무 한 그루가 이름 그대로 나무에 불이 난 듯 빨간 꽃을 피우고 있었다. 이 나무의 원산지는 바로 마다가스카르. 아프리카 대륙에서도 많이 볼 수 있는 나무다.

박물관 아래로 100미터 정도 내려가자, '폭군 여왕'인 라나발로나 1세가 기독교도들을 밀어뜨려 숨지게 한 절벽과 당시 숨진 기독교도 14명을 기리기 위해 세운 앙파마리나나 교회가 있었다. 폭군 여왕은 기독교도뿐 아니라, 신하들을 죽이는 데도 엽기적이었다. 톱으로 신체의 반을 자르거나 팔다리를 절단하고, 뜨거운 물을 끼얹어 익혀 죽이거나, 자루에 사람을 넣고 꿰매어 서서히 질식사시켰다. 그녀의 집권 33년 동안 전체 인구가 4분의 1로 줄어들었다. 그녀는 지금도 마다가스카르에서 악녀의 대명사다.

마다가스카르 전통 가옥이 보이는 골목길.

걸어 내려오는데, 비탈길이 참 예쁘다. 마다가스카르의 전통 집도 아름답다. 좁지만 높게 올라간 빨간 벽돌집의 몸체, 가파른 삼각형 지붕과 작은 창문, 야외 베란다와 베란다를 지탱하는 벽돌 기둥. 집의 창문은 북동쪽으로 나 있는데, 자신들의 조상이 인도네시아에서 왔기 때문

골목길에서 마다가스카르 체스를 두는 사람들.

이란다. 여우도 죽을 때는 머리를 자기가 살던 굴 쪽으로 둔다는데, 하물며 사람이야. 고향을 그리워하는 동양적 정서가 집 건축에 그대로 스며들었다.

비탈길을 내려오자, 더 아름다운 골목길이 나타났다. 골목길에 들어서면 언제나 가슴이 뛴다. 타나에는 골목길이 많았다. 사람들이 골목에서 이야기를 나눈다.

나는 이런 골목길 여행을 좋아한다. 골목길에서는 훈훈한 사람의 정이 느껴진다. 여름이면 더위를 식히기 위해 웃옷을 훌렁 벗어던지고 퍼질러 앉아 있어도 창피하지 않은 곳이 골목이다. 애틋한 짝사랑이 흐르는 곳도 골목길이다. 그녀가 혹시 창문을 열고 얼굴을 내밀지 않을까 하는 애타는 청춘이 골목길에 있다. 골목길은 막다른 골목에서 끊어질 듯하다가도 꺾어지면 다시 구불구불 이어진다. 소박하지만 끊이지 않

이코파 강변의 공동 빨래터.

이코파 강변.

　는 서민들의 따뜻한 인정을 닮았다.

　　평지로 내려왔다. 높다란 담 위에 철조망을 둘러치고 총을 든 군인들
이 지키고 있는 대통령 관저가 나왔다. 마다가스카르 대통령 관저는 한
때 관계가 돈독했던 북한의 원조로 지은 건물이다. 마다가스카르는 옛
날 김일성 주체사상의 아프리카 전초 기지였다.

내가 갔던 당시 마다가스카르의 집권 여당 이름은 '티아이엠(Tiako I Madagasikara: TIM)'인데, '나는 마다가스카르를 사랑한다'는 뜻이다. 정말 이름 하나 끝내주게 잘 지었다. 마다가스카르가 걸어온 길은 우리에게 낯설지 않다. 영국과 프랑스의 식민 지배에 이어 자치령 '말라가시공화국'으로 있다가, 1960년 프랑스로부터 독립한 뒤 독재와 군사쿠데타, 대통령 암살, 사회주의 정권, 민주화 시위, 대통령 탄핵이라는 험난한 과정을 거쳤다. 사회주의 정권을 제외하면 우리나라가 걸어온 길과 너무나 비슷해 깜짝 놀랄 정도다.

라침바 거리의 재래시장으로 들어갔다. 철물점과 청과상, 사이잘로 만든 모자와 바구니 등을 파는 특산 공예품점에 사람들이 북적거렸다. 수많은 사람에 채여 헤매다가 시장 통을 벗어났다.

철길과 광장이 나오더니, 강이 보인다. 이코파 강변의 대형 공동 빨래터에서 100명도 넘을 것 같은 여자들이 빨래를 하고 있었다. 열차가 다니지 않는 철길이 빨랫줄 대용이다.

강 건너 도로 변에서 오래된 푸조 승용차의 트렁크 뚜껑에 걸터앉은 네다섯 살배기 어린이 두 명이 작은 기타를 연주하고 있다. 사진을 찍으려 하자 멋진 자세를 취한다. 나는 한국에서 올 때 선물용으로 가져간 전통신과 북을 모델 값으로 건네주었다.

다시 아래쪽으로 이코파 강을 건너 철길을 따라 시내로 들어가니 호찌민 흉상이 있는 호찌민 광장이 나온다. 마다가스카르는 사회주의 정권 시절 중국, 베트남, 북한과 돈독한 관계를 맺었다. 또 마다가스카르는 베트남에게 같은 옛 프랑스 식민지로서 동병상련을 느꼈을 것이다. 1930년대 식민지 해방운동을 이끌었던 교사 출신 공산주의자이자 민

나무 기타를 치던 어린이들.

족주의자 장 랄라이몬고(Jean Ralaimongo, 1885~1944)는 프랑스 파리
에서 공부할 때 젊은 호찌민과 같은 방을 쓰기도 했다.

종착지인 아노지 호수가 보였다. 호숫가에 나무 칸막이가 30여 개가
나란히 서 있다. 거리의 이발소였다. 얼굴이 둥글고 인상 좋은 젊은 이
발사가 나를 보고 들어오라고 손짓한다. 그의 나무 칸막이로 들어갔다.
뭔지 아스라한 추억이 떠오른다. 아버지와 아들이 손을 잡고 머리를 깎
던 어릴 적 시골의 이발소가.

이발료는 2000아리아리(1000원)다. 0.5평 정도 되는 작은 공간이었

아노지 호숫가의 간이 이발소들.

다. 내가 나무 의자에 앉고 이발사가 서니, 공기가 밀려서 나갈 정도로
좁았다. 어떻게 깎을지 물어보지도 않고, 머리에 물을 뿌리지도 않고
모자에 짓눌린 머리를 그냥 머리 깎는 기계로 밀어댄다. 다행히 기계의
성능이 좋아 머리가 씹히지는 않는다. 어릴 적 시골에서 오래된 바리캉
으로 머리를 깎을 때면, 절반은 기계에 씹혀 통째로 머리가 뽑혀 나가
는 고통을 감수해야 했다. 그러고는 왼손에 머리빗을 들고 오른손에 가
위를 잡고서 내 머리카락을 쓱싹쓱싹 자른다. 가위를 놀리는 솜씨가 만
만치 않다. 머리를 다 자르고, 비누거품을 뒷머리에 대충 바른 뒤, 말가
죽에 쓱싹쓱싹 간 면도칼을 들이대자 등살이 움칠했다. 천하의 나폴레
옹도 "면도할 때가 가장 무섭다"며 이발사의 아들을 인질로 잡고 면도

538

아노지 호수 전경.

를 했다지 않은가.

　내가 벌벌 떠는 동안, 어느새 이발사는 뒷머리를 말끔히 면도한 뒤 휴지로 거품을 닦아내고, 먼지떨이로 얼굴과 옷에서 머리카락을 털어낸다. 이발에서 면도까지 5분도 채 안 걸리는 초고속 이발이다. 이발사는 의기양양한 표정으로 작은 손거울을 내 얼굴에 들이댄다.

　'천 원의 이발'과 작별하고, 나는 호숫가 길을 따라 걸었다. 아노지 호수 중앙에는 날개를 펼친 평화의 여신상이 올리브 나뭇가지를 들고 30미터 높이로 우뚝 서 있다. 무명 용사탑이다. 프랑스가 1차 세계대전에 참전했다 희생된 프랑스와 마다가스카르 병사들을 추모하기 위해 만들었다. 미국 뉴욕에 있는 '자유의 여신상'과 비슷했다. 자유의 여신상과 평화의 여신상이 비슷한 것은, 둘 다 프랑스제이고 프랑스를 의인화한 여성상 '마리안느'의 자매들이기 때문이다. 마리안느의 뿌리를 더 거슬러 올라가면 들라크루아의 그림 〈민중을 이끄는 자유의 여신〉에 이른다.

호수에는 하얀 해오라기 몇 마리가 먹이를 잡고 있고, 기념탑 주위에서는 젊은 남녀가 서로 끌어안으며 사랑을 확인하고 있었다. 내가 출발했던 언덕 위의 로바가 눈에 들어왔다. 호숫가에 늘어선 자카란다 가로수를 따라 숙소로 돌아왔다. 해가 언덕 위의 로바 뒤로 서서히 저물면서, 어두운 그림자가 타나 시내를 덮기 시작했다.

아프리카에서 가장 밝은 마다가스카르 사람들. 그들의 순수함과 친절함, 해맑은 얼굴과 환한 웃음, 너그러운 여유와 은은한 포근함은 어디에서 오는 것일까. 마다가스카르 사람들은 해바라기 얼굴에 천사의 미소를 가졌다.

마다가스카르의
심야 버스

다음날은 바오밥나무를 보러 서쪽 해안의 도시 모론다바로 출발했다. 타나에서 갈 때는 버스로 가고, 올 때는 비행기를 이용할 계획이었는데 비행기 표가 없어 일단 대기자 명단에 올려놓고 출발했다. 버스로 타나에서 모론다바까지는 빨라도 19시간, 늦으면 24시간 걸리는 장거리다. 시간은 둘째 치고 지옥의 비포장도로로 악명이 높은 길이다.

나는 30년은 되어 보이는 르노4 택시를 타고 버스 정류장으로 갔다. 운전사는 기름을 아끼려고 언덕에서 내려갈 때는 아예 엔진을 끄고, 평지에 다다르면 다시 시동을 걸었다. 버스 정류장은 혼잡하고, 차량이 내뿜는 검은 연기로 숨이 막힐 지경이었다. 호객꾼들이 달라붙어 서로 자기 버스를 타라고 한다. 아프리카에서 닭장차라 불리는 봉고버스를 마다가스카르에서는 '택시-브루스Taxi-Brousse'라고 한다. 프랑스어 브루스Brousse는 '덤불'이라는 뜻이니, 택시-브루스는 덤불 지역을 달리는 택시다.

정류장 근처 식당에 들어갔다. 할머니가 주인이다. 나는 항상 그렇듯 가장 친숙하고 탈이 나지 않을 음식, '라이스(쌀밥)'와 '치킨(닭고기)'을 주문했다. 할머니가 알아듣지를 못한다. 마다가스카르에서는 주로 말라가시 말과 프랑스어를 쓰고, 영어를 거의 사용하지 않는다. 이때만큼

르노4 택시.

'바벨 피시(소설 《은하수를 여행하는 히치하이커를 위한 안내서》에서 우주 언어를 통역해주는 물고기)'가 간절한 적이 없었다. 내 귓속에는 바벨 피시가 들어 있지 않으니, 나와 할머니 사이에서 유일하게 소통이 되는 것은 코카콜라 하나뿐이었다.

세계 최대의 바닐라 생산국인 마다가스카르는 코카콜라에 따라 울고 웃는 나라다. 이러다 보니 코카콜라를 모르는 사람은 아무도 없다. 바닐라는 코카콜라에 들어가는 주요한 성분이다.

현지인이 먹는 음식을 가리키며 같은 것을 달라고 하자, 그때서야 할머니는 "로마자바Romazava!"라며 씩 웃는다. 쌀밥과, 채소를 넣어 끓인 쇠고깃국, 으깬 감자 등이 나왔다. 음식 값은 모두 2700아리아리밖에 안 된다. 우리 돈으로 1350원. 마다가스카르는 식당 주인에게 미안할 정도로 음식이 싸서, 음식을 먹고 돈을 안 내고 나오는 기분이 들 정도다. 손님에게 음식 대접이 후한 것은 속담에도 드러난다. "준비된 음식에는 주인이 없다(음식에는 따로 주인이 없으니, 아무나 먹어도 된다는 뜻)"나.

오후 2시 30분 출발한다던 버스는 오후 4시나 되어 떠났다. 15인승 봉고버스에 승객이 꽉 찰 때까지 기다린 것이다. 운전석에는 20대 초반의 젊은이가 앉았다. 젊은 운전사는 시동을 걸기 시작했다. 치지직치지직 소리가 들린다. 열쇠를 꽂고 몇 번을 세게 돌려도 귀에 거슬리는 소리뿐이다. 시동이 걸리는 붕붕 소리가 아니다. 출발부터 심상치 않았다. 결국 승객 중 남자 네다섯 명이 내려 뒤에서 차를 밀자, 그제야 철컥 기어 걸리는 소리가 나면서 차가 움직인다.

간신히 출발한 버스는 100미터 정도 가자마자 주유소에서 기름을 넣으려고 엔진 시동을 껐는데, 다시 출발하려고 하니 역시 시동이 걸리지 않는다. 주유소 직원 세 명이 달라붙어 차를 밀자 시동이 걸렸다. 마다가스카르 주유소 직원들은 기름만 넣는 것이 아니라, 시동을 위해 차량을 미는 신종 '푸시카Push car 서비스'도 해주고 있었다. 시커먼 매연을 콜라 마시듯 들이켜며 차를 밀어주는 주유소 직원들을 보니 차 안에 앉아 있기가 미안했다.

버스가 20분쯤 달렸을까. 경찰이 검문을 했다. 총을 어깨에 메고 검문을 하는 경찰에게서 위압감이 느껴졌다. 지붕 위에 가득 실은 짐을 보더니, 운전사에게서 자동차등록증과 운전면허증을 빼앗아 검문소로

간다. 과적으로 교통 법규를 위반했다는 것이다. 출발할 때부터 너무 많이 싣더라니. 차 높이와 지붕 위에 쌓은 짐 높이가 비슷할 정도였으니, 화물차인지 버스인지 구분이 안 될 지경이었다. 운전사가 경찰에게 건넨 면허증 사이에는 지폐가 몇 장 들어 있었다. 운전사가 1분도 안 되어 등록증과 면허증을 되찾아 왔다. 돈이 되니 운전사는 과적을 하고, 걸리면 푼돈으로 경찰의 단속을 넘어간다. 부패의 고리요 뇌물의 먹이사슬이다.

다시 20분 정도 달리자, 경찰이 또 검문을 한다. 이번에도 등록증을 달라고 한 뒤, 짐을 문제 삼는다. 경찰이 면허증을 달라고 하고, 운전사는 면허증 사이에 지폐 몇 장을 넣어 건넨다. 경찰은 면허증을 몸 뒤로 돌려 지폐만 빼고, 등록증과 면허증을 그 자리에서 운전사에게 돌려준다. 그리고 버스는 다시 출발한다. 앞선 경찰은 그래도 아무도 없는 검문소 사무실로 운전사를 데려갔는데, 이번 경찰은 선 자리에서 일을 끝낸다.

한 시간 정도 달려 타나 남쪽 외곽으로 들어서자 도로 변에 과일을 파는 노점상들이 보인다. 한 아주머니가 노점상에게서 과일을 사겠다고 하자 버스가 멈춘다. 승객이 물건을 산다고 버스가 멈추는 것도 처음 본다.

높은 언덕길에 들어서자 완연한 시골 풍경이 펼쳐진다. 이코파 강을 따라 논이 잇따르고, 계곡에도 계단식 논농사를 짓고 있다. 방목하는 소들도 보인다. 언덕 꼭대기 오른쪽에 교회가 있는데, 십자가를 두 개나 세웠다.

강물의 색깔이 붉은색을 띤다. 황톳길에 황톳물이고, 황토 논이고 황토집이다. 흙 색깔이 붉은색인데, 집들도 그 흙으로 지어 어느 것이 집이고 어느 것이 언덕인지 분간이 안 된다. 좁고 높은 몸채에 가파른 삼각형 지붕은 전형적인 마다가스카르 건축 양식이다. 2층짜리 전통 가옥인데, 1층은 가축을 기르는 우리, 2층이 주거용이다. 에티오피아의 전통 가옥인 투쿨과 같다. 붉은색 천지에 철길만이 검은색이다. 반 고흐의 액자 속에 있는 그림 풍경이다. 강렬한 색채로 거칠게 그려나간 고흐의 그림과 마다가스카르 시골의 투박한 붉은 풍경이 잘 어울린다. 반 고흐는 "나는 붉은색과 녹색으로 인간의 지독한 열정을 그릴 것"이라고 했다.

마다가스카르는 고흐가 아니더라도, 어떤 화가가 와도 멋진 그림을 그릴 수 있는 곳이다. 밀레가 온다면 〈모내기하는 사람들〉을 그릴 것이고, 세잔이라면 〈칭기의 바위〉, 마네라면 〈제부(인도혹소)를 모는 소년〉, 모네라면 〈인도양의 일출〉, 그리고 뭉크라면 하늘을 붉게 물들이며 지는 해넘이를 보며 〈붉은 절규〉를 그릴 것이다. 마다가스카르는 어느 풍경을 잘라내더라도 그림엽서가 된다.

뱀이 지나간 길처럼 구불구불한 언덕길을 넘어 도착한 곳은 안치라베. 고원의 서늘한 날씨 때문에 19세기 노르웨이 선교사들이 만든 온천 휴양도시다. 버스는 주유소에서 다시 기름을 채웠다. 노점상들이 달려와서 감자와 마늘, 당근을 판다. 우리네 농작물과 같다.

안치라베는 산 자와 죽은 자가 만나는 땅이다. 메리나족이 많이 사는 안치라베에는 산 자와 죽은 자가 만나는 '파마디하나'라는 독특한 장례문화가 있다. 묘지에 안치한 시신을 7년마다 꺼내어 깨끗한 새 '람바(비단 수의)'로 싼 뒤 다시 묘지에 안치한다. 마다가스카르의 가족묘는 돌이나 시멘트로 반지하 참호처럼 만들고 다양한 색채로 치장을 한다. 무덤 조차 마다가스카르 사람들의 손길이 닿으면 미술관으로 바뀐다. 시신은 땅 밑에 파묻지 않고 무덤 내부에 나란히 안치해 놓는다.

죽은 뒤에도 시신이 추위를 탈까 봐 새로 비단옷을 입혀주고, 예쁘게 그림으로 무덤을 장식해주는 가족이 있으니, 이들에게 죽음은 영원한 이별이 아니라 다시 만나기 위한 잠깐의 헤어짐이다. 마다가스카르 사람들의 행복한 얼굴은 죽음이 없는 내세관에서 왔는지도 모른다. 나미브 사막의 데드플라이에서 보았던 아름다운 죽음을 마다가스카르 사람들은 오래전부터 맞이하고 있었다.

작은 산을 넘고 또 넘으면서 버스는 달렸다. 언덕 너머 또 언덕이다. 산길을 따라 20~30여 호의 작은 마을이 잊힐 만하면 나타났다. 캄캄한 어둠에 전깃불이 하나도 없다. 버스의 전조등에 얼핏 잠자던 마을의 잔영이 보일 뿐이다.

밤 9시께 마텔로나에서 차가 섰다. 호텔리Hotely라는 길거리 음식점에서 밥과 뜨거운 닭고기 국물로 배를 채웠다. 다시 잘 달리던 버스가 자정쯤 갑자기 멈추더니 꼼짝도 안 한다. 남자 승객들이 차에서 내려 밀어도 시동이 걸리지 않는다. 젊은 운전사는 보닛을 열고 오일 호스를 입으로 빨아 석유를 뱉어낸 뒤 엔진 곳곳을 망치로 두드리며 점검한다. 승객들이 손전등을 비춰주고, 운전사는 차 밑으로 기어 들어가 차축의 틈새를 조정한다. 차가 고장 나면 승객들도 같이 고치고, 시동을 걸 때는 내려서 차를 밀어야 하지만 아무도 불평하지 않는다.

나는 길가에 앉아 밤하늘을 보았다. 마치 누군가 하늘에 별을 골고루 뿌려놓은 것처럼 온 밤하늘 천장에 별이 깔려 있다. 몽골의 별이 무더기로 쏟아져 내린다면, 마다가스카르의 별은 평온하게 떠 있다가 조용히 땅 위로 하나씩 내려온다. 영화 〈마다가스카르〉에서 동물들은 저 별들을 보고 "전 세계의 헬리콥터를 다 모아놓은 것 같다"고 감탄했다. 밤하늘에 반짝반짝 빛나는 별들을 깜박깜박 불빛을 내며 날아가는 헬리콥터에 비유하다니, 얼마나 기발하면서도 천진한 발상인가.

간신히 출발한 버스는 새벽 1시에 미안드리바조에 정차했다. 버스에서 승객들이 내리자, 제일 먼저 다가오는 것은 동남아시아의 인력거와 비슷한 수레다. 사람이 끄는 수레를 여기서는 '푸스푸스Pousse-Pousse'라고 부른다. 프랑스어로 '푸스pousse'는 영어 '푸시push'와 같은 뜻이다. 언덕을 오를 때 지나가는 사람들에게 밀어달라고 "푸스푸스" 하며 부탁하는 소리에서 따왔다고 한다. 자세히 보니 뒤쪽에 매단 페트병 안에 촛불을 달아서 전등 대용으로 사용했다. 푸스푸스는 지방 소도시에서는 중요한 교통수단이다.

미안드리바조부터는 지옥의 비포장도로였다. 차가 덜컹거리고, 삐걱거리고, 차체가 하늘로 튀어 올랐다가 땅에 떨어지는 소리가 천둥 같다. 한밤중이 지나자 차가 아무리 흔들려도 이제 익숙해졌는지, 피로가 몰려와서 잠에 곯아떨어졌다. 잘 자고 있는데, 새벽 4시쯤에는 승객들을 모두 차에서 내리게 한다. 깊은 계곡을 내려가는 길이 너무 험해 승객들을 걸어가게 하고 버스는 엉금엉금 기다시피 내려간다. 컴컴한 산길에서 광부들이 쓰는 헤드랜턴을 머리에 쓴 한 여자 승객이 앞장서고, 다른 승객들은 뒤를 쫓아간다. 산속의 도로는 쇳덩이만 한 우박에 정통으로 맞은 듯 중간중간 움푹 패었고, 어느 곳은 엿장수가 엿가락을 기분 좋게 잘라준 듯 길 한쪽이 통째로 떨어져 나갔다. 버스 혼자 내려가기도 힘든 길이다.

　난데없는 야간 행군에 그나마 위안이 되는 것은 초저녁에 보이지 않던 눈썹달이 바로 산 정상에 걸려 나를 지켜주고 있다는 사실. 별들도 마을 위 산자락에 걸쳐 있다. 달은 그렇다 쳐도, 별은 왜 이리도 가깝고도 낮게 떠 있는 것일까. 은하계에서 지구와 가장 가까이 있는 별도, 달보다 400배나 멀리 떨어져 있는 태양보다도 27만 배 더 먼데……

　나미브 사막에서 계산하려다 포기했던 지구와 태양의 거리, 지구와 달의 거리, 지구와 별의 거리, 그리고 빛이 도달하는 시간을 다시 계산해보았다. 빛의 속도가 초속 약 30만 킬로미터인 것을 기준으로 계산하면, 빛이 달에서 지구에 오는 데는 1초가 조금 넘게 걸리고, 태양에서 오는 데는 500초(8분 20초)가량 걸리고, 가장 가까운 별에서 오는 데는 무려 4년이 넘게 걸린다. 별은 얼마나 먼 길을 마다하지 않고 밤마다 우리를 찾아와 주는 고마운 손님인가. 지금 보는 저 하늘의 별은 사실 지구로 오는 4년 사이에 이미 죽은 별인지도 모른다. 밤하늘의 모든 별은 빛이 오는 데 걸리는 시간만큼의 과거의 모습이다.

　택시-브루스는 수시로 고장이 나고, 다시 고치고, 밤을 헤치며, 밤새 달린다. 오전 7시 마남피소아를 지나 암바톨라히 지역에 이르러 해가 뜨자, 밤새 어둠에 묻혔던 마다가스카르의 시골 풍경이 되살아났다. 어디나 강에 물이 풍부하고 논에는 벼가 자라고 있다. 마다가스카르는 1년 내내 물이 많고 날씨가 좋아 한 해에 세 번 벼농사를 짓는다. 마을 사람들이 품앗이로 함께 모내기를 하고, 젊은 부부가 논에서 피를 뽑기도 한다.

　지오프레이 파린더의 《아프리카 신화》에 따르면, 마다가스카르에서는 죽은 아이의 무덤에서 벼이삭이 달린 나무가 자라자 어머니가 그 아이의 이름을 따서 '바리(쌀)'라고 불렀다. 쌀은 소중한 자식 그 자체다. 마다가스카르에는 농경문화에 따른 신화와 전설이 많다. 인간이 너무 욕심을 부려 신의 노여움을 사게 되어 죽음이 생겼다는 이야기와, 죽음에 대한 구제 방법을 황소가 먹어버려 그 대가로 병이 나면 황소를 희생양으로 바치게 되었다는 이야기, 인간은 육지에 사는 동물들만 먹도록 한 신의 계시에 따라 애초 바닷물로 만든 육지거북은 먹지 않는 금기가 생겼다는 이야기, 강물의 덫에 걸린 악어가 한 남자와 결혼해 두 아들을 낳아준 뒤 다시 강으로 돌아가 악어가 되었기 때문에 어머니인 악어를 절대 먹지 않게 되었다는 이야기…….

길가에 바나나무와 야자수나무에 이어 바오밥나무들이 보이기 시작했다. 모론다바가 가까워진 것이다. 논두렁에 서 있는 바오밥나무는 영락없는 허수아비. 오후 2시 마침내 모론다바에 도착했다. 22시간을 달려왔다.

노을 지는
바오밥 거리 ∙모론다바∙

　인도양 바닷가의 소도시 모론다바에서 나를 맞이한 것은 쨍쨍 내리
쬐는 따가운 햇볕과 부글부글 끓는 모래바닥이었다. 소여물을 끓이는
무쇠솥에 넣고 푹푹 삶는 듯한 열기로 나를 열렬히 환영했다.
　처음 찾아간 오아시스 호텔에 방이 없어, 허름한 방갈로식 게스트하
우스를 소개받았다. 커다란 야자수가 인상적인 '노아의 방주' 방갈로였
다. 나에게 숙소를 소개해준 젊은이의 이름은 찰스. 붙임성 있는 30대
초반이다. 나는 처음 이 젊은이를 오아시스 호텔의 직원이라고 생각했
는데, 나중에 서로 인사를 하고 보니 음반을 낸 아마추어 가수였다. 가
수 활동이 잘 안 되자 오아시스 호텔에 거주하면서 아르바이트로 안내
인 일을 하고 있었다. 내가 모론다바에 머무는 동안 나의 여행안내인이
자 음악 선생, 그리고 마다가스카르 젊은이들의 대변인 역할을 했다.
　방갈로에 배낭을 내려놓았다. 가벼움의 쾌감이 어깨에서부터 사타구
니를 거쳐 발바닥까지 보드카가 퍼지듯 급속도로 전달되었다. 나무로
된 침대에 시체처럼 쓰러져, 인도양의 파도 소리가 창문으로 밀려오는
소리를 들으며 깊은 잠에 빠졌다. 한숨 자고 나서, 75킬로그램에서
0.75그램짜리 보푸라기처럼 산뜻해진 몸을 이끌고 시내 산책에 나섰다.
　모론다바 시내는 모래와 흙으로 뒤덮인 도시였다. 길이 포장되어 있

노아의 방주 방갈로.

방갈로 뒤편의
모론다바 해변.

지 않아, 먼지가 하루 종일 황사처럼 날아다닌다. 대신 모래와 흙으로
된 길은 맨발로 걷기에 좋아, 사람들은 뜨거운 햇살 아래 맨발로 길거
리를 다니고 있었다. 나도 신발을 벗고 그들처럼 맨발로 다녔다. 혹시
아프리카 여행 중 생겼을지도 모르는 발가락 사이의 무좀이 완전 퇴치
되리라. 불에 달군 듯한 모래가 발가락 사이까지 살 속 깊이 파고들어

마치 침을 맞는 듯 따끔따끔한 충격을 주었다. 나는 자연스럽게 나미브 사막의 춤추는 거미와 전갈처럼 왼발 오른발 번갈아 떼거나, 나중에는 발레리나처럼 발가락을 세우고 사뿐사뿐 춤추듯이 걸어야 했다. 타는 듯한 더위와 화상 일보 직전의 뜨거운 모래 바닥, 거칠고 야성적인 모래알갱이의 3박자를 고루 갖춘 모론다바 거리는 내가 다녀본 세계 어느 곳도 감히 범접할 수 없는 최고의 무좀 치료 거리였다.

내가 모론다바 거리에서 두 번째로 놀란 점은 패션의 고장이 이탈리아 밀라노가 아니라 마다가스카르 모론다바라는 사실이다. 모론다바 여성들은 누구나 어깨선을 드러낸 채 가슴부터 걸치는 튜브드레스를 입고, 매일 모래 카펫을 맨발로 밟으며 자연이 요구하는 다양한 포즈를 취한다. 빨랫감이나 커다란 물고기를 머리에 이고, 과일을 담은 바구니를 손에 들고, 갓난아기에게 젖을 물리고, 수탉의 날갯죽지를 오른손으로 잡고 걸어간다.

여성 화장의 본고장도 모론다바였다. 여자들은 한결같이 하얗거나 누런 팩을 붙이고 있었다. 안내인인 찰스는 여성의 전통적인 얼굴 치장을 "마손조아니Masonjoany"라고 했다. 하얀색 팩은 마손조아니라는 나무의 껍질을 갈아서 물을 조금 섞어 얼굴에 바른 것이고, 갈색 팩은 땅콩을 갈아 바른 것이라고 한다. 뜨거운 햇볕에 얼굴 피부를 보호하고, 수분을 보충해 피부를 촉촉하고 부드럽게 하면서, 잡티를 제거하기 위한 것이라고 하니, 과연 미용 팩의 기원이다. 마손조아니에 야자수 등 과일의 즙을 섞기도 하는데, 그렇게 되면 과일향이 은은하게 배어나 향수 역할도 한단다.

남자 아이들은 웃통을 아예 벗고 다닌다. 뒷골목의 집들은 널빤지로 지었고, 외곽의 흙집이나 초가집은 야자수 잎으로 지붕을 이었다. 시내 한복판에 작은 시장이 있고, 교회도 보이고, 이슬람 사원도 보인다. 이 슬람 아이들은 얼굴을 드러낸 채 머리 부분만 가린 두건을 쓰고 있다. 가게 주인들도 여행객에게 물건을 팔려고 안달하지 않는다. 여행객이 들어와 마음에 맞으면 사고, 그렇지 않으면 다른 곳으로 가도 부담을 주지 않는다. 호객 행위를 손님 대접으로 생각한다면, 모론다바의 가게 주인들은 기분 나쁠 정도로 무대접이다. 주인도 손님도 모두에게 느긋하고 여유로운 도시다.

해가 지기 전 일찌감치 바오밥 거리로 갔다. 바오밥 거리는 저녁 해 질 무렵이 가장 아름답다고 한다. 모론다바 시내에서 북쪽으로 15킬로미터 떨어진 바오밥 거리에 택시를 타고 도착하자 오후 4시가 넘어서고 있었다. "와~" 하는 감탄사가 절로 나왔다. 지구인가, 소행성인가. 나는 어느새 《은하수를 여행하는 히치하이커를 위한 안내서》를 들고 외계인의 우주선을 히치하이킹하여 《어린 왕자》가 살던 '소행성 B612호'에 와 있었다.

바오밥 나무들 사이로 난 붉은빛 황톳길로는 호기심 많은 지구인들이 제부 마차를 타고 지나가고 있었다. 황톳길을 사이에 두고 양옆으로 바오밥나무가 가로수처럼 쭉 늘어서 있었다.

생김새도 제각각이다. 한 줄기로 뻗어나가다 가지가 우산처럼 가지런히 퍼진 것이 있는가 하면, 어느 나무는 줄기가 오른쪽으로 90도 휘어져 마치 허리를 굽혀 인사하는 모습이고, 어떤 나무는 가지가 옆으로 퍼지지 않고 하늘로 그냥 올라갔다. 한 뿌리에서 올라오다 두 줄기로 갈라져 자라는 일란성 '쌍둥이 바오밥'도 있고, 밑줄기부터 꽈배기처럼 꼬여 서로 끌어안은 '연인 바오밥'도 있고, 홀로 외로이 서 있는 '고독의 나무'도 있고, 두 그루가 사이좋게 나란히 서 있는 '우정의 나무'도 있고, 폐허가 된 집을 꿋꿋이 지키고 있는 '의리의 3총사 나무'도 있다. 모두 뿌리가 나무 꼭대기에 거꾸로 매달려 있는 모양이다. 케냐 키쿠유족의 전설에 따르면, 은가이라는 신이 실수로 바오밥나무를 거꾸로 심은 뒤 깜빡 잊고 되돌려놓지 않았기 때문이다.

큰 나무는 둘레가 10미터나 될 정도로 크고, 20미터 이상 하늘을 향해 높다랗게 솟아올랐다. 가난에 찌든 모잠비크의 바오밥과 달리, 모론다바의 바오밥은 대부분 허리가 통통하고 굵었다. 찰스는 "모론다바 바오밥나무는 보통 700년 정도 됐다"고 한다.

바오밥 거리 어귀에는 바오밥 열매를 파는 행상이 많다. 방금 딴 것은 속이 꽉 차서 소리가 들리지 않으나, 오래된 열매는 오그라들어 열매 부딪히는 소리가 들린다.

바오밥나무의 껍질은 겉은 강철같이 단단하지만, 안은 종이를 여러 장 겹쳐놓은 듯 물렁물렁하다. 나중에 오아시스 호텔 뒤편에서 죽은 바오밥나무 잘라놓은 것을 보았는데, 나이테를 보니 단단한 나무의 속이 아니라 물을 흠뻑 머금었다가 말라버린 종잇조각 같았다. 사막의 낙타와 아프리카 소가 등의 혹에 물을 가득 담고 있듯이, 바오밥나무는 나이테 안에 물을 담고 있다. 지독한 가뭄을 견디기 위한 것이다. 아프리카 소와 바오밥나무는 몸속에 저수지를 갖고 있다. 바오밥나무는 비가 안 와도 9개월을 꿋꿋이 버틴다. 바오밥나무의 속은 살아서는 많은 물을 저장할 수 있어 생명의 저수지이지만, 죽으면 물기가 빠지면서 속이

바오밥나무 거리

푸석푸석해져 목재로도 쓰지 못한다.

해가 인도양 서쪽으로 넘어가는 동안 바오밥 거리는 옷을 갈아입기 바쁘다. 저녁노을이 지면서 바오밥의 색깔도 모양도 시시각각 변한다. 두 마리 소가 끄는 달구지도 바오밥나무 사이로 돌아오고, 여행자들의 뒤꽁무니를 졸졸 따라다니던 강아지도 어디론가 사라졌다.

바오밥 거리에 와서, 나는 〈마다가스카르〉의 동물들이 망망대해를 표류하다 하필 마다가스카르 섬에 상륙한 이유를 알았다. 이곳보다 더 멋진 놀이공원이 어디 있겠는가.

바오밥 가지에 걸쳐 있던 저녁노을이 인도양을 향해 뚝 떨어졌다. 세네갈 밴드 '오케스트라 바오밥'이 부르는 감미로운 〈니자이(Nijaay: 결혼의 즐거움과 책임을 찬미하는 노래)〉가 들려오면서, 거리에 길고 짙은 그림자가 드리워졌다. 바오밥나무는 계절이 바뀌어도, 찾아온 나그네가 떠나도, 아프리카의 삭막한 토양을 탓하지 않고 그 자리에 그대로 서 있다. "움직이는 것은 땅이 아니라 사람이다"라는 마다가스카르 속담처럼.

숙소로 돌아왔다. '노아의 방주'에는 식당이 없어 오아시스 호텔로 저녁을 먹으러 갔다. 호텔 문간에 활짝 웃는 밥 말리의 얼굴이 걸려 있다. 그의 초상이 그려진 커다란 걸개그림에 쓰인 글은 "웃어요, 자메이카"다. 내 안내인 찰스의 음반에도 〈밥 말리〉라는 노래가 들어 있었는데, 밥 말리는 체 게바라만큼이나 에티오피아에서부터 남아공, 마다가스카르까지 아프리카 전체에서 사랑받고 있었다.

작은 야외 바에서는 전통 음악을 공연했다. 남자 7명으로 구성된 타악기 연주단이 악기를 연주하면서 춤을 추고 노래도 부른다. 가수인 찰

바오밥 거리의 해넘이.

스는 "마다가스카르의 전통 음악은 흥겨운 댄스음악이 대부분"이라며
"지금 연주하는 음악은 인도네시아와 케냐의 영향을 받은 살레지Salegy
음악"이라고 한다. 듣고 보니 케냐 사파리사운드밴드의 흥겨운 노래와
비슷하다는 느낌이 들었다.

식당과 바에서 둘러앉아 맥주를 마시던 여행자 20여 명이 야외무대
로 몰려 나갔다. 미국 라스베이거스에서 온 50대 후반의 여자 여행자는
온몸을 흔들며 광란의 춤을 추고, 프랑스에서 온 40대 여성은 어깨춤만

토요일 밤마다 전통음악
공연이 벌어지는
오아시스 호텔 야외 바.

바오밥나무를 자른 단면.

춘다. 나는 저물어가는 여행에게 술을 먹여 취하게 해서 잠시라도 붙들
어놓으려고 '세 마리 말'이라는 마다가스카르 맥주를 연신 권했는데, 여
행은 멀쩡하고 내가 술에 취해버렸다.

모론다바에서 북쪽으로 150킬로미터 떨어진 칭기 드 베마라하 Tsingy de Bemaraha 국립공원 가는 길은 모론다바 오는 길만큼이나 험하고 힘들었다. 마다가스카르의 오지 중 오지다. 당연히 제대로 된 길이 없고, 대중교통이 있을 리 없다. 지프차를 전세 내도 모론다바에서 베마라하 갔다 오는 데 보통 3일이 걸린다.

나는 아침에 찰스와 함께 모론다바 버스 터미널로 가서 대형 트럭을 탔다. 사람과 짐을 실어 나르는 대형 트럭을 마다가스카르 사람들은 프랑스어로 '카미옹-브루스camion-brousse'라고 불렀다. 비를 맞지 않도록 폴리에틸렌 포대를 덮어 천장을 만들고, 트럭 양쪽 난간에는 철제 간이의자를 설치해 7명씩 앉도록 했고, 가운데 트럭 바닥에는 널빤지를 깔아 승객들이 옹기종기 모여 앉도록 했다.

나는 트럭 난간에 앉았는데, 옆에 앉은 80대 할머니가 다리를 모아 옆으로 비스듬히 앉아서 두 명이 앉을 공간을 차지해버린다. 내가 엉덩이를 비비며 할머니 쪽으로 자리를 넓히려 하자, 할머니는 발로 내 엉덩이를 밀어낸다. 보다 못한 한 아주머니와 남자 승객이 할머니에게 똑바로 앉으라고 이야기한다. 할머니는 아예 못 들은 척하다가 끝내는 고래고래 고함을 지른다. "네가 뭔데 상관하느냐"는 투다. 마다가스카르 사람들에게는 "손님 보기 창피하다"는 우리네 정서와 통하는 무엇인가가 있었다. 아마 다른 나라에서라면, 할머니의 행동에 대다수 사람들이 모른 척 그냥 넘어갔을 것이다. 그래도 할머니는 끄떡도 안 했지만.

트럭도 택시-브루스처럼 사람이 밀어야 시동이 걸렸다. 또 트럭은 한 시간마다 차가 섰다. 고장이 아니라, 엔진의 열을 식히기 위해서다. 차가 한번 멈췄다가 출발한 자리는 기름이 흘러 땅이 검게 물든다. 젊은 남자 차장 세 명이 차가 멈췄다가 출발할 때면 뒤에서 승객들과 함께 차를 밀고, 엔진이 꺼지면 일제히 엔진오일과 물통을 트럭 지붕 위에서 가져와 숙련된 조수처럼 보닛을 열고 물과 엔진오일을 보충한다. 10분 정도 엔진을 식힌 뒤 차를 밀면 신기하게도 다시 시동이 걸려 출발한다.

전날 보았던 바오밥 거리를 지나 북쪽으로 먼지 나는 비포장 흙길을 달려갔다. 도로 옆에는 탄자니아 아루샤의 포장도로에서 보았던 '마다가스카르-일본 우정 도로'라는 팻말이 있었다. 일본이 앞으로 이곳 도로를 포장하면, 관광객이 폭발적으로 늘어날 것이다.

오후 2시 치리비히나 강에 도착했다. 5시간이나 엉덩이를 혹사당했지만, 아프리카 여행을 통해 내 궁둥이에는 이미 거북등 같은 굳은살이 배었다. 이 정도는 아무것도 아니다. 통나무배인 피로그pirogue를 타고 치리비히나 강을 건넜다. 강물은 역시 불그스름하다. 사실 마다가스카르의 땅과 강물이 붉은 것은 화전으로 산이 황폐해져서 흙이 부식되었기 때문이다. 저 붉은 물이 인도양으로 흘러들어 바다를 오염시킨다. 장차 마다가스카르는 '아름다운 붉은 섬'이 아니라 '건강한 푸른 섬'으로 바뀌어야 한다.

치리비히나 강을 건넌 피로그.

강가에는 맹그로브나무들이 솥단지 다리처럼 여기저기 강바닥에 뿌리를 박고 있었다. 30여 분 정도 걸려 건너편 선착장에 이르렀다. '벨로 쉬르 치리비히나Belo-Sur-Tsiribihina' 지역이다. 작은 시골 마을이다. 조그만 가게에서 생수를 사는데, 주인이 인도계 여자다. 마다가스카르에서도 중국인들은 음식이 먹여 살리고, 인도인들은 주판이 먹여 살린다.

작은 구멍가게가 시끌벅적하다. 한낮인데도 어린아이들이 길을 막을 정도로 몰려 있었다. 무슨 공연을 하나 했는데, 가까이 가보니 텔레비전을 보고 있었다. 어린이 노래자랑 프로였다. 흑백텔레비전으로 화면이 파도치듯 지직거리고 소리도 웅웅거리는데, 아이들은 눈을 떼지 못한다. 내가 태어난 시골에도 초등학교 6학년 때에야 전깃불이 들어왔고, 텔레비전이 따라왔다. 마다가스카르의 어린이들에게서 잊어버리고 살아온 어릴 적 내 모습을 본다.

여기서 다시 차를 타고 북쪽으로 80킬로미터 이상을 가야 한다. 안내인으로 따라온 찰스는 열심히 차량을 수소문하고 있었다. 찰스가 마침 치리비히나 강을 카페리로 건너오는 지프차 한 대를 발견했다. 지프차에는 20대 젊은 운전사와 차장이 한 명 타고 있었는데, 베마라하로 가는 길이라고 했다. 지프차는 가는 도중 길거리에서 기다리는 모든 사람을 태우고 갔다. 도중에 아주 멋진 작은 바오밥 거리가 나왔다. 바오밥나무 40여 그루가 도로를 따라 줄지어 서 있는데, 앞으로 수십 년이 지나면 모론다바 바오밥 거리에 못지않은 거리로 사랑받을 수 있을 것이다.

흙길에서 만나는 교통수단이라고는 두 마리 소가 끄는 수레뿐이었다. 찰스는 아프리카혹소인 '제부'가 끄는 우차를 '샤레트charrette(두 바퀴 짐수레를 가리키는 프랑스어)'라고 불렀다. 해질 무렵, 황톳길을 따라 집으로 돌아오는 붉고 누런 두 마리 소가 이끄는 우차와 마주치면, 가슴이 뭉클해진다. 내가 그 우차와 함께 풍속화 속으로 들어가는 느낌이 들기 때문이다.

키가 작은 남자 대여섯 명이 활과 뾰족한 창, 새총 등을 가지고 사냥을 하고 있었다. 찰스는 "인도네시아에서 온 사람들은 주로 쌀농사를 짓는데, 아프리카에서 온 베조족이 목축과 함께 사냥을 한다"고 했다.

지프가 달리는 동안 어둠이 찾아왔다. 칠흑 같은 장막을 헤치며 나아가다가 멈춰 섰다. 다시 강물이 우리를 막고 있었다. 밤 9시다. 어디가

아프리카혹소 제부.

강이고 어디가 땅인지 구분이 안 될 정도로, 어둠이 겹겹이 내려앉았다. 지프차의 전조등을 켜니, 흐르는 강물이 보였다. 마남볼로 강이다.

지프차를 실어 나르는 거룻배를 부르기 위해 경적을 여러 차례 울렸다. 30여 분 만에 거룻배가 왔는데, 밤이라 거룻배에 지프차를 싣는 것이 쉬운 일이 아니다. 몇 사람이 강물에 들어가 배를 육지 쪽으로 붙이고는, 지프차가 거룻배에 올라갈 때 밀리지 않도록 밧줄로 배를 육지의 버팀목에 묶는다.

거룻배를 타고 건너자 칭기 드 베마라하 국립공원의 매표소가 있는 베코파카가 나온다. 모론다바에서 12시간, 트럭과 지프를 갈아타고, 두 번

베코파카 마을의 망고나무와 전통 가옥.

강을 건너고, 어둠 속의 비포장도로를 달려 비로소 목적지에 도착했다.

　여행자 숙소는 '탄안코아이'라는 멋진 전통식 방갈로였다. "통가 소아(환영합니다)"라는 팻말이 나를 맞았다. 방갈로 식당에서 늦은 저녁을 먹었다. 촛불이 야외 식당을 밝히고 있었다. 주인과 종업원이 말동무가 되어주었다. 여주인은 키가 큰 50대의 프랑스 여인이었다. 그녀는 "프랑스에서 오랫동안 약사로 일하다가 마다가스카르가 좋아서 눌러앉게 되었다"고 했다. 30대의 현지인 여자 종업원도 자연스럽게 어울려 촛불 아래서 오순도순 이야기를 나누었다.

　나는 여행을 마치고 귀국한 뒤 6개월 지나 서울에서 열린 마다가스카르 사진 전시회에 갔다가 깜짝 놀랐다. 전시회장에서 산 사진책에서 탄안코아이의 여주인과 종업원을 만났기 때문이다. 여행사진작가인 신미식의 《마다가스카르 이야기》라는 책에 나오는 '빌리지의 프랑스 여인'이 바로 내가 만난 사람이었다.

다음날 아침 공원 매표소에서 공인 안내인을 지프에 태우고 '그랑칭기(Grand Tsingy)'로 향했다. 나는 전날 타고 온 지프를 하루 종일 빌리기로 했다. 지프차가 없으면 칭기에 갈 수 없으니, 다른 방법이 없다. 그랑칭기는 베코파카에서 북쪽으로 울창한 숲 속을 20킬로미터 정도 달려야 만날 수 있다. 가파른 바위산과 동굴이 많아 위험하고, 바위를 오를 때는 등산용 안전장비가 필요하기 때문에 공인 안내인과 함께 가야 한다.

흰 나뭇가지 위의 하얀 여우원숭이.

아침에 숲 속을 달리니, 삼림욕하는 기분이다. 콧속으로 시큼한 나무 냄새와 풀 내음이 들어와, 내 코를 확 뚫어주었다. 푸른 숲을 지나 누렇게 된 풀밭을 달리자, 꽤 많은 물이 흐르는 개울이 나타났다. 산속에 물이 많으니, 나무가 빽빽한 밀림이 이어졌다. 길가에서 꼬마 아이 두 명이 손을 흔든다. 숲 속에 나무로 지은 오두막집 두 채가 보인다.

공인 안내인이 오른쪽 숲 속을 가리키며 "마키, 마키"라고 소리쳤다. 여우원숭이를 마다가스카르에서는 '마키maki'라고 불렀다. 지프를 세우고 숲 속으로 걸어갔다. 높은 나무 위 하얀 점 같은 것이 하얀 나무줄기에 붙어 있다. 시파카Decken's Sifaka라는 여우원숭이다. 하얀 원숭이가 하얀 줄기에만 골라서 앉는 것은 자기 보호를 위한 자연스런 행동이다. 사람 소리가 나자 옆 나무로 뛰어간다. 통통 튀듯이 이 나뭇가지에서 저 나뭇가지로 옮아간다.

마다가스카르의 여우원숭이는 가장 작은 쥐여우원숭이를 비롯해 아이아이여우원숭이, 호랑이꼬리여우원숭이, 목도리여우원숭이와 가장 큰 인드리 등 모두 50여 종이나 된다. 여우원숭이가 진화론적으로 의미 있는 것은 영장류 중에서 가장 오래된 동물이기 때문이다. 다른 지역에서는 모두 멸종된 여우원숭이가 마다가스카르에서만 생존하는 것은 아프리카 대륙과 떨어져 고립된 섬에서 1억 년 전부터 별도의 진화 과정을 거쳤기 때문이다. 마다가스카르는 갈라파고스처럼 진화의 보고다.

숲 속 빈터에 지프를 주차하고, 암벽 등반용 안전고리를 허리에 채운 뒤 본격적인 칭기 등반에 들어갔다. 바위산이 위험하기 때문에 안내인이 먼저 가고, 나는 그 뒤를 따랐다. 30여 분 정도 나무가 울창한 숲을 걸어 올라갔다. 떨어지는 빗물에 팬 듯 곰보처럼 움푹움푹하고 뾰족한 바위가 나타났다. 고갯길을 넘어서자, 칭기 세상이 펼쳐졌다.

바오밥 거리가 인상파 화가의 그림 전시장이라면, 칭기는 기암괴석과 소나무가 멋진 풍경을 보여주는 한 폭의 수묵화였다. 일반적인 기암괴석이 아니라 구름 위에 솟은 바위탑 공원이다. 바위 위에 가시가 박힌 것 같기도 하고, 칼날이 서 있는 것 같기도 하고, 톱니가 삐죽삐죽 튀어나온 것 같기도 했다. 1억 6000만 년 동안 비바람을 맞으며 깎이고 닦여서 만들어진 석회암 조각이니, 어느 석공도 빚어낼 수 없는 정교한 예술품이다.

칭기는 현지어로 '발끝으로 걷다'라는 뜻. 1500년 전에 이곳에 살았던 초기 원주민인 바짐바족이 뾰족한 바위탑이 솟은 형상을 보고, 발끝으로 걷는 모양을 떠올리며 칭기라는 이름을 지었다. 정말 발끝을 세우고 걷는다는 칭기라는 이름보다 더 좋은 표현이 없다.

칭기는 구경하는 데만 3시간 이상 걸린다. 지하 동굴, 수직 동굴, 지하 강물, 열대우림이 어우러진 뾰족바위 왕궁이었다. 바위 속에 박혀 있는 조개껍데기와 산호 화석은 이곳이 아주 오랜 옛날 바다였다는 것을 말해준다.

지금 내가 지나고 있는 좁고 미로 같은 지하 계곡은 마다가스카르 최초의 주민으로 알려진, 키가 1미터도 안 되었다는 전설적인 바짐바족의 피난처이자 신성한 의식의 장소였다고 한다. 마다가스카르 중부 고원 지대에 살던 바짐바족은 메리나족에게 쫓겨 칭기로 왔다. 땅을 기다시피 해서 바위 동굴을 지난다. 안내인이 손전등을 비춰주면서 바위에 부딪히지 않도록 머리를 조심하라고 주의를 준다. 동굴을 지나면 사다리를 타고 높이 70미터에 이르는 바위 꼭대기까지 오른다. 안전을 위해 쇠줄이

그랑칭기.

그랑칭기의 구름다리.

곳곳에 설치되어 있다. 위험하다고 느끼면 그 쇠줄에 안전고리를 걸어서 천천히 올라가야 한다.

꼭대기에 오르니 하늘이 활짝 열렸다. 내 눈을 의심할 정도인 또 다른 세상, 땅이 아닌 천상의 세상이다. 꼭대기는 또 다른 꼭대기와 구름다리로 연결되어 있었다. 길이 30미터 정도 되는 구름다리 밑으로 깊이가 100미터 정도 되는 낭떠러지 계곡이 펼쳐져, 건너가는 데 땀방울이 고드름으로 얼 정도로 아찔했다.

바위성을 휘감고 있는 구름 아래로 내려오니 계곡이다. 바람을 타고 구름 위로 올라가 천상세계를 구경하고 온 것 같았다.

내려오는 길에 죽은 나무의 움푹 팬 구멍에 몸을 깊숙이 숨긴 스포티브여우원숭이sportive lemur를 보았다. 그랑칭기에서는 난쟁이 바오밥이라 불리는 파키포디움나무Pachypodium horombense와, 다른 나무를 뱀처럼 휘감으며 올라가는 스트랭글러 피그strangler fig, 암꿩과 비슷한

파키포디움나무.

데 부리 주위가 파란색인 자이언트 쿠아giant coua도 볼 수 있었다.

프티칭기(Petite Tsingy)는 베코파카 매표소 옆에 있었다. 그랑칭기만
큼 웅장하고 광대한 느낌은 없지만, 아기자기하고 섬세한 느낌이었다.
그랑칭기의 100분의 1 모형도랄까. 산책하듯 둘러보는 데 1시간 정도
걸렸다.

계곡 아래 나무 틈새에 붉은 눈빛을 발하는 부엉이가 앉아 있었다.
자는 것인지 쉬는 것인지 알 수 없다. 부엉이는 사진을 찍어도 꼬떡 않
는다. 하늘 위로는 마다가스카르 물수리 '안코아이' 세 마리가 "낮에는
내가 왕이야"라고 위세를 부리며 날아갔다.

프티칭기 근처에서는 논에 푸른 벼가 자라고, 하얀 해오라기들은 벌
레를 잡아먹고, 제부는 논두렁에서 풀을 뜯었다. 나무줄기에 붙어 있는
파슨스 카멜레온parson's chameleon도 만났다. 정말 카멜레온은 나무 색

프티칭기.

눈이 붉은 부엉이.

파슨스 카멜레온 암컷.

깔과 똑같아서 나무껍질이 도톰하게 튀어나온 것으로 착각할 정도였다.

모론다바로 돌아가야 할 시간이다. 강변에서 물장구치는 아이들과 망고나무 우거진 베코파카 마을을 뒤로 하고, 거룻배를 타고 마남볼로 강을 건넜다. 거룻배에는 바구니에 쌀을 가득 담고 팔러 가는 아낙네들도 탔다. 우리 쌀보다 아주 작고 가늘다. 차진 맛이 없는 안남미다.

오는 도중 한 젊은이를 지프에 태웠다. 젊은이가 도로에서 차를 태워 달라고 손을 흔들자, 운전사가 내게 물어보았다.

"태워도 되느냐?"

"자리가 많이 남으니 그렇게 해라."

지프는 내가 대절한 것이니, 운전사가 내게 의견을 물은 것이었다. 젊은이의 손에는 작은 자루가 들려 있었는데, 자루 안에 닭 두 마리가 들어 있었다. 마다가스카르에서는 닭뿐 아니라, 돼지를 어깨에 메고 팔러 가는 젊은이들도 볼 수 있다. 닭 팔러 가는 젊은이는 넉살도 좋다.

"모자를 주면 안 되느냐?"

"남아공에서 기념으로 산 것이어서 줄 수가 없다."

"당신은 다시 살 수 있지 않느냐. 여기는 가게가 없다."

"다시 남아공을 가지 않을 것이기 때문에, 다시 살 수가 없다."

그는 내가 남아공 케이프포인트를 방문했을 때 기념으로 사서 쓰고 다니던 야구모자를 탐냈다. 콩고 비룽가 국립공원에서 마운틴고릴라를 보고 내려올 때 지프차에 태워줬던 콩고 젊은이도, 내가 쓴 등산용 모자를 달라고 졸라서 애를 먹었다. 따지고 보면, 햇볕이 쨍쨍 내리쬐는 아프리카 들판에서 모자만큼 필요한 것도 없다. 콩고나 마다가스카르의 외딴 지역에서는 우리에게는 흔한 모자조차 구하기가 어렵다.

젊은이가 팔러 가는 닭이 울어대기 시작한다. 한 놈이 울다 그치면, 다른 놈이 이어받아 운다. 아침을 알리는 수탉의 꼬끼오 소리나, 먹이를 쫓는 암탉의 *꼬꼬댁 꼭꼭* 소리가 아니다. 꾸끼우~ 꾹끼욱 하면서 서글피 울부짖는 소리다. 젊은이가 작은 마을에 내릴 때까지 우리는 닭

울음에 진저리를 쳐야 했다. 닭이 그렇게 구슬프게, 오랫동안 귀를 째는 듯한 소리로 우는 것은 처음 보았다. 주인이 자기들을 파는 것이 슬퍼서였을까.

오후 6시가 되어 해가 지는데, 온 천지가 산불 난 것처럼 붉게 물든다. 운전사도 마다가스카르의 해넘이가 얼마나 '무서운 아름다움'을 띠는지 아는 듯, 가속을 밟으며 쉬지 않고 9시간을 달려 밤 11시께 모론다바 숙소에 도착했다.

—
지옥과 천국을 오간
마지막 날
—

다음날 모론다바 교외에 있는 에어 마다가스카르 항공사 사무실로 갔다. 내일 비행기 대기자로 예약했는데 표를 살 수 있느냐고 물으니, 항공사 여직원이 잠시 기다리라고 하고는 밝게 웃으며 표를 살 수 있다고 대답한다.

이런 행운이 따르다니……. 괜히 어깨가 들썩거렸다. 기분 좋게 다음날 오후 3시 비행기 표를 예매했다. 만약 비행기 표를 예매하지 못하면, 나는 그날 오후 타나로 가는 버스를 타고 출발해야 했다. 이틀 후 새벽에 타나 공항에서 남아공 요하네스버그를 거쳐 귀국하는 비행기를 예약했기 때문이다.

비행기 표를 구한 나는 모론다바에서 하루를 더 쉴 수 있는 여유를 얻었다. 인도양 해변으로 걸어갔다. 맨발에 닿는 모래의 감촉은 따끔하면서도 부드러웠다. 마지막 휴가가 못내 아쉬운 듯, 남은 여행자들과 현지인들이 어울려 파도타기를 하거나 수영을 즐기거나 모래에 벌렁 누워 피부를 태우고 있었다. 모론다바는 파도가 세고 바람도 강하게 부는 데다, 진흙 모래에 바닷물 색깔도 흐리다. 그러나 바닷물이 있고 모래만 있으면 어디인들 해변의 즐거움을 느끼지 못하겠는가. 물에 뛰어들면 다 즐거운 것이 바다다.

모론다바에서 본 인도양의 일몰.

 인도양에 해가 저물고 있었다. 멀리서 세모난 돛을 단 다우선 두 척이 꼬리를 물고 돌아온다. 고기잡이 나갔던 어선들의 귀향이다. 70대 후반의 백인 할머니가 선글라스를 낀 채 해변에 앉아 지는 해를 바라보고 있었다. 모래 해변의 발자국도 파도가 밀려오면서 사라졌다. 그렇게 강렬하게 얼굴을 달구며 영원히 바닷가를 비출 것 같던 해마저 붉은 노을을 남기면서 바닷속으로 뚝 떨어졌다. 끝없이 계속될 것 같던 내 여행의 종착을 알리는 듯했다.
 아프리카 여행이 끝나가고 있었다. 젊은이는 청춘의 진로를 묻기 위

마다가스카르방사상거북.

해, 중년은 새로운 인생을 살아가기 위해, 노년은 인생의 행복한 정돈을 위해 여행이 필요하다. 여행은 자신이 살아온 삶을 온전히 안고 떠나고, 그 삶으로 보고, 또 그 삶으로 느끼는 것이 아닌가. 인생에서 적절한 방랑은 삶을 더욱 윤택하게 한다. 아프리카 여행길에서는 부모의 손을 잡고 온 초등학생부터 젊은 연인, 중년 부부, 70대 노부부까지, 인생의 모든 구간을 걷는 사람들을 만날 수 있다. 그래서 여행은 인생의 100만분의 1 지도다.

　오아시스 호텔에는 나와 미국에서 온 50대 후반의 여자만 남았다. 그사이 유럽 여행자들이 약속이나 한 듯 썰물처럼 빠져나간 덕분에 오아시스 호텔에 빈방이 생겼다. 호텔 마당에서 마다가스카르방사상거북을 보았다. 등껍데기에 방사상으로 뻗은 노란색 무늬가 한눈에도 다른 거북과 달랐다.

　다음날 편안한 마음으로 공항에 갔다. 짐으로 부칠 배낭을 저울에 올리고 탑승 수속을 밟으려고 하는데, 공항 직원이 "짐을 부칠 수가 없다"며 내려놓으란다. 짐칸이 없는 비행기도 있나? 나는 "그러면 짐을 들고 타는 것이냐" 하고 물었다. 직원이 나를 빤히 쳐다보았다. 다음 순간, 나는 하늘이 무너져 내리는 듯했다.

"그 표는 대기자 탑승권이란 말입니다!"

"뭐, 뭐, 뭐, 뭐라고요?"

비행기 탑승권에는 프랑스어로 '에타 레스(ÉTAT RES: 예약 상태)' 난에 'RQ'라고 되어 있었다. OK로 되어 있어야 정식 탑승권이고, 'RQ는 대기자 탑승권'이라는 뜻이라고 직원이 설명한다.

이런 황당한 일이 있나. 나는 오늘 이 비행기를 타지 못하면, 다음날 새벽 5시 마다가스카르에서 남아공을 거쳐 한국으로 돌아가는 비행기를 놓치게 된다. 전날 항공사 여직원과 의사소통에 심각한 문제가 있었던 것이다. 나는 여직원이 표를 살 수 있다고 하니 당연히 정식 탑승권으로 생각했는데, 여직원은 내가 대기자로 예약했다고 하니 공항에서 다른 승객이 탑승을 취소하면 탈 수 있는 대기자 탑승권을 팔았던 것이다.

대기자 명단에서도 나는 무려 다섯 번째였다. 20인승 소형 비행기의 승객 3분 1인 다섯 명이 포기해야 내게 순서가 돌아오는데, 내일 지구와 화성이 충돌할 확률보다도 낮은 일이 아닌가. 한 시간 뒤 비행기가 왔는데, 역시 단 한 명도 결원이 없다. 혹시나 했으나 역시나였다.

머리가 멍해졌다. 타나에서 비행기가 출발할 시간은 다음날 오전 5시지만, 최소 한 시간 전에 공항에 도착해야 하는 상황을 고려하면 오후 3시 현재 내게 남은 시간은 13시간밖에 없다. 아무리 빨리 달리더라도 13시간 안에 타나에 도착할 수 있는 육로 교통수단은 없다. 그렇다고 그냥 포기할 수도 없다. 마침 공항에는 일본 단체 여행객을 인솔하고 온 현지 여행안내인이 있었다. 내가 사정 얘기를 하면서 타나까지 가는 차를 대절할 방법을 부탁했다. 안내인은 시내에 들어가면 알아봐 줄 수 있다고 했다. 안내인이 타고 온 지프를 얻어 타고 다시 시내로 들어갔다. 마침 타나로 가는 지프가 있어 거금을 주고 대절할 수 있었다.

지프는 오후 4시 30분 모론다바를 출발했다. 남은 시간은 11시간 30분이다. 운전사는 "12시간 안에 타나에 도착하는 것은 거의 불가능하니 큰 기대는 하지 말라"고 한다. 내가 왜 그것을 모르겠는가. 나는 그저 "최선을 다해보라"고 말했다. 밤새 별을 보며 달려가는 것은 올 때와 똑같다. 올 때는 바오밥 거리를 본다는 기대라도 있었으나, 지금은 비행기를 놓칠지 모른다는 초조함만이 머리를 짓누르고 있다.

운전사는 초인적인 힘을 발휘한다. 타나로 오는 동안 저녁을 먹으려고 5분 정도 쉰 것을 제외하고는, 한시도 지체 없이 달렸다. 졸음이 오자 담배를 꺼내 물고, 담배도 몰려오는 졸음을 쫓아내지 못하자 잠시 차를 길가에 세우고는 큰 물통의 물을 머리부터 얼굴까지 들이붓는다. 밤 날씨는 제법 쌀쌀했다. 내가 미안해 운전사에게 "천천히 가도 된다"고 위로했다.

어두운 밤과 몰려오는 졸음과 싸우며 달려왔지만, 초조한 내 마음의 시간에 따라 거리가 줄어들지는 않았다. "타나 67킬로미터"라는 팻말이 보였을 때는 이미 비행기 출발 시간인 아침 5시를 넘기고 있었다. 다 끝났다. 나는 오히려 마음이 편해졌다. 깨끗이 포기하면 평온함이 찾아온다. 사람은 미련이 있을 때 초조해지는 것이다. 운전사도 이미 알아차렸다. 차의 속도가 갑자기 줄어들었다. 마침 비까지 추적추적 내렸다.

더 속도를 낼 수도 없었다. 차가 공항에 도착했을 때는 아침 6시 30분. 비행기가 떠난 지 한 시간 반이나 지난 시각이다.

나는 다음 비행기라도 타고 요하네스버그로 가야겠다고 생각했다. 공항청사에 들어가 남아공 항공사 직원에게 오늘 요하네스버그로 가는 비행기가 있느냐고 물었더니, "타나에서 요하네스버그로 가는 비행기는 아침 5시에 출발하는 한 편밖에 없다"고 한다. 앞이 캄캄해졌다. 한참 만에 정신을 차리고, 다음날 비행기 표라도 끊으려고 항공사 직원에게 물었다.

"내일 요하네스버그로 가는 비행기 표 있느냐?"

"내일도 비행기가 운항할 수 있을지 알 수 없다."

"비행기에 무슨 문제가 생겼나?"

"오늘 아침 비행기도 기체 결함으로 뜨지를 못했다."

"뭐라고!"

나도 모르게 환성이 튀어나왔다. 정말, 이런 일이 일어날 수가 있나. 온몸에 전율이 느껴졌다. 내가 놓쳤다고 생각한 비행기가 뜨지 못한 것이다. 비행기의 불행이 내게는 더할 수 없는 행운이었다.

나는 항공사가 제공한 버스를 타고 승객들이 머물고 있는 르샬레트 호텔로 갔다. 배낭을 내려놓고, 먼저 시내로 달려가서 대기 탑승권을 환불받았다. 비행기 결항 덕에 덤으로 생긴 하루를 어떻게 보낼까 생각하다가, 동해안 쪽에 있는 안다시베만타디아 국립공원Parc National d'Andasibe-Mantadia으로 갔다. 비가 오는 열대우림 지역을 3시간이나 달려 공원에 도착했는데, 여우원숭이 중 가장 크지만 멀리 뛰고 아름다운 노랫소리를 내는 인드리는 한 마리도 만나지 못했다. 그러나《어린왕자》와 영화〈마다가스카르〉에 나오는 마다가스카르나무보아뱀과 난쟁이여우원숭이, 여행자의 나무, 그리고 카멜레온과 벗바람까마귀와 마다가스카르까치울새 등 다른 곳에서는 볼 수 없는 특이한 새들을 볼 수 있었다.

마다가스카르의 마지막 밤은 편안했다. 최후까지 반전에 반전을 거듭했던 스릴러 영화의 짜릿함을 안고 잠든 다음날 아침 5시, 호텔 방

안다시베만타디아 국립공원의
가로등 안에서 잠든 보아뱀.

안의 전화벨이 울려 공항으로 갈 시간을 알린다. 오랜 여행으로 지친 내 몸이 바로 일어나지를 못했다. 이제 돌아갈 길만 남아서 긴장이 풀렸나 보다.

마다가스카르 항공사가 제공한, 방콕을 거쳐 한국으로 오는 비행기에 올랐다. 76일간 배낭을 메고 걸어온 아프리카의 풍경이 필름의 되감기처럼 파노라마로 펼쳐진다.

인천공항에 도착해 짐을 찾았는데 배낭이 열려 있다. 들여다보니 김광석 노래 CD와 나이로비에서 샀던 CD플레이어가 사라졌다. 누군가가 가져간 것이다. 그러나 김광석 노래와 CD플레이어는 이미 내 아프리카 여행의 동반자로서 임무를 모두 마친 뒤였다. 이상하게 물건을 잃어버리고도 그렇게 아깝지 않았다. 그 역할을 다한 물건이어서일까, 아니면 내 마음의 평온 때문일까. 내가 여행하는 동안 빚진 것이 그것들보다 훨씬 더 많기 때문일까.

여행하는 내내 현지에서 만난 아프리카인들과 세계의 배낭여행객들, 그리고 한국인 여행자들의 도움을 많이 받았다. 떠난 것은 나 혼자인데, 내 여행을 가능케 해준 것은 바로 이런 사람들의 도움이었다. 인생에서도 마찬가지다. 지금까지 살아오면서 참으로 많은 사람의 도움을 받아왔다는 것을 새삼 느낀다. 그동안 도움을 받은 사람을 헤아려보니, 아프리카 밤하늘의 별만큼 셀 수 없을 정도로 많은 얼굴이 떠올랐다. 내 삶은 '빚진 인생'이었다. 여행은 살아오면서 내가 보지 못했거나, 애써 보지 않으려고 했던 빚진 부분을 비춰주는 인생의 거울이다.

나는 아프리카 대륙을 걸었지만, 정작 아프리카는 보지 못했을지도 모른다. 그러나 나는 아프리카 여행에서 나 자신을 보았다. 그리고 떠

날 때 배낭 속에 넣고 갔던 구질구질한 '과거'를 떠나보냈다. 나는 지금
싱싱한 '현재'다.